법무사
5개년 기출문제해설
2차시험 전과목

시대에듀

2025 시대에듀 법무사 2차시험 전과목 5개년 기출문제해설

Always **with you**

사람의 인연은 길에서 우연하게 만나거나 함께 살아가는 것만을 의미하지는 않습니다.
책을 펴내는 출판사와 그 책을 읽는 독자의 만남도 소중한 인연입니다.
시대에듀는 항상 독자의 마음을 헤아리기 위해 노력하고 있습니다. 늘 독자와 함께하겠습니다.

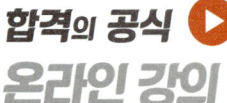  

보다 깊이 있는 학습을 원하는 수험생들을 위한
시대에듀의 동영상 강의가 준비되어 있습니다.
www.sdedu.co.kr ➔ 회원가입(로그인) ➔ 강의 살펴보기

PREFACE 머리말

2024년 제30회 법무사 2차시험에서는 866명의(접수 인원은 1,131명)의 수험생이 시험에 응시하여 195명(동차합격자 37명 포함)이 합격하였습니다. 2024년의 2차 합격선은 52.43점으로 2023년 합격선 53.90점과 비슷하게 결정되었지만, 응시자의 56.81%의 수험생(492명)이 과락으로 불합격하였다는 점에서 2차시험의 어려움이 더욱 크게 다가왔습니다.

2024년 법무사 2차시험은 전체적으로 문제의 지문이 길어졌고, 형법과 형사소송법에서는 최신 판례의 내용을 묻는 문제가 다수 출제되어 시험장에서의 체감 난도는 더욱 높았을 것으로 생각합니다. 개정 법령과 관련하여 2024년 9월 20일 공포 및 시행된 부동산등기법 제7조의3의 상속등기의 관할에 관한 문제가 출제되었지만, 참조 법전에서 조문만 찾을 수 있었다면 큰 어려움은 없었을 것으로 보입니다.

기출문제의 분석은 중요쟁점의 확인에서 그치는 것이 아니라 다음 시험에 출제될 쟁점을 예측하는 데에도 도움이 되기 때문에 반드시 확인하고 공부해야 합니다. 기출문제에 최근 3년간 전원합의체판결을 비롯한 중요 판례를 잘 정리한다면 동차합격도 충분히 노려볼 수 있다고 생각합니다. 2024년에 1차에 합격한 수험생이라면 이미 2023년 이전의 기출문제를 공부했을 것이지만, 개정 법령과 최신 판례·예규·선례를 반영한 이 책의 해설을 다시 확인함으로써 기출쟁점을 보다 정확히 이해할 수 있을 것입니다.

올해 처음 출간하는 『2025 시대에듀 법무사 2차시험 전과목 5개년 기출문제해설』은 실전답안 작성을 고려하여 정확하고 간결한 해설을 담고 있습니다. 따라서 분량의 부담 없이 단시간 내에 법무사 2차 전과목의 최근 5년간 기출문제를 빠르게 정리할 수 있을 것입니다. 2차시험의 답안을 어떻게 작성할지 고민이 된다면 이 책의 해설을 모범으로 삼아 연습을 하면 될 것입니다.

이 책이 법무사 2차시험에서 합격하는 데 큰 도움이 되기를 진심으로 기원합니다.

편저자 대표 **박종화**

이 책의 구성과 특징 STRUCTURES

1 실전답안을 고려한 정확하고 간결한 해설

▶ 법무사 2차시험의 실전답안을 고려하여 정확하고 간결한 해설을 하였습니다.

2 최신 판례·예규·선례에 따른 답안의 작성

형사소송법

● 해설 1

Ⅰ 설문 1-1.의 해결

1. 결론

제1심법원이 국민참여재판으로 진행하기로 한 것은 적법하다.

2. 이유

① 국민의 형사재판...
재판을 원하는지...
제2항, 피고인이...
는 것으로 보며...
의사를 바꿀 수...
국민참여재판 신...
부본을 송달받은...
열리기 전까지는...
진행할 수 있다...

② 사안의 경우, 비...
신청하였더라도...
의 의사를 확인...

Ⅱ 설문 1-2.의 해결

1. 결론

항고법원은 결정으로...

2. 이유

① 국민의 형사재판...
의사에 따라 국민...
그에 관한 이의...
판결 전의 소송...
없으므로 위 결정...

② 따라서 국민참여...
법률상의 방식에...
제407조 제1항, 제...
기각하여야 한다...

부동산등기법

● 문제 2

甲이 사망하였다. 甲의 상속인으로는 자녀인 乙과 丙이 있고(모두 성년임), 상속부동산으로는 A등기소의 관할에 속한 X부동산과 B등기소의 관할에 속한 Y부동산이 있다(각 설문은 상호 관련성 없음).

2. 미국에 거주하는 乙과 한국에 거주하는 丙은 상속 부동산 전부에 대하여 丙이 단독으로 상속하기로 약속하였다. 乙은 丙 앞으로 상속등기를 마치기 위하여 필요한 서류를 한국으로 송부할 예정이다. 상속등기 신청 시 등기소에 제...
구분하여 설명하시오...

● 해설 2

Ⅰ 협의분할에 의...

1. 상속재산분할협의...

협의분할에 의한 상...
첨부정보로 등기소...

2. 상속인 전원의 인...

상속재산분할협의서...
에 제공하여야 한다...
를 제공하는 대신 국...
제202001-1호).

3. 상속을 증명하는...

'등기원인을 증명하...
피상속인의 기본증명...
(상세), 친양자입양...

등기신청서류의 작성

등기신청서류의 작성 | 2022년 제28회 기출문제해설

● 해설 1

소유권일부이전등기신청(유증)

접수	년 월 일	처리인	등기관 확인	각종 통지
	제 호			

부동산의 표시

서울특별시 강남구 수서동 11 답 1,000㎡

— 이 상 —

등기원인과 그 연월일	2022년 9월 2일 유증
등기의 목적	乙 김길동지분 전부이전
이전할 지분	2분의 1

구 분	성 명 (상호·명칭)	주민등록번호 (등기용등록번호)	주 소 (소재지)	지 분 (개인별)
등기 의무자	유증자 망 김길동	420717-1530333	서울특별시 서초구 강남대로 21 (서초동)	2분의 1
	위 유언집행자 김철수	730402-1982547	서울특별시 송파구 송파로 1	
등기 권리자	학교법인 우정 이사장 정기호	111132-0000036	서울특별시 강동구 2(고덕동) 서울특별시 강동구 강동로1(암사동)	2분의 1

취득세(등록면허세)	금	원
지방교육세	금	원
세액합계	금	원

등기신청수수료	납부번호 :
	일괄납부 : 건 원

▶ 2025년 5월 기준 최신 판례·예규·선례를 반영하여 해설함으로써 2025년 법무사 2차시험 대비에 적합하도록 하였습니다.

자격시험 소개 INFORMATION

※ 2025년 제31회 시험공고 기준

♦ 법무사란?

일반인에게 법률서비스 및 조언을 제공하는 인력으로, 타인의 위촉에 의하여 법원과 검찰청에 제출할 서류나 등기·등록과 관련된 서류를 작성하고, 등기·공탁사건의 신청을 대리하는 자

♦ 주요업무

❶ 법무사의 업무는 다른 사람이 위임한 다음 각 호의 사무로 한다.

> [1] 법원과 검찰청에 제출하는 서류의 작성
> [2] 법원과 검찰청의 업무에 관련된 서류의 작성
> [3] 등기나 그 밖에 등록신청에 필요한 서류의 작성
> [4] 등기·공탁사건신청의 대리
> [5] 「민사집행법」에 따른 경매사건과 「국세징수법」이나 그 밖의 법령에 따른 공매사건에서의 재산취득에 관한 상담, 매수신청 또는 입찰신청의 대리
> [6] 「채무자 회생 및 파산에 관한 법률」에 따른 개인의 파산사건 및 개인회생사건신청의 대리. 다만, 각종 기일에서의 진술의 대리는 제외한다.
> [7] [1]부터 [3]까지의 규정에 따라 작성된 서류의 제출대행
> [8] [1]부터 [7]까지의 사무를 처리하기 위하여 필요한 상담·자문 등 부수되는 사무

❷ 법무사는 [1] ~ [3]까지의 서류라고 하더라도 다른 법률에 따라 제한되어 있는 것은 작성할 수 없다.

♦ 응시자격

❶ 법무사법 제6조 각 호의 결격사유에 해당하지 아니하는 자

> 다음 각 호의 어느 하나에 해당하는 자는 법무사가 될 수 없다.
> [1] 피성년후견인 또는 피한정후견인
> [2] 파산선고를 받은 자로서 복권되지 아니한 자
> [3] 금고 이상의 실형을 선고받고 그 집행이 종료(집행이 종료된 것으로 보는 경우를 포함한다)되거나 집행이 면제된 날부터 5년이 경과되지 아니한 자
> [4] 금고 이상의 형의 집행유예를 선고받고 그 유예기간이 만료된 날부터 2년이 경과되지 아니한 자
> [5] 금고 이상의 형의 선고유예를 받고 그 유예기간 중에 있는 자
> [6] 공무원으로서 징계처분에 따라 파면된 후 5년이 경과되지 아니하거나 해임된 후 3년이 경과되지 아니한 자
> [7] 이 법에 따라 제명된 후 5년이 경과되지 아니한 자

❷ 2차시험은 당해 연도 1차시험 합격자 및 면제자(법무사법 제5조의2) 또는 전년도 1차시험 합격자

🛡 시험과목

구 분	1차시험(객관식)	2차시험(주관식)
1과목	• 헌법(40) • 상법(60)	• 민법(100)
2과목	• 민법(80) • 가족관계의 등록 등에 관한 법률(20)	• 형법(50) • 형사소송법(50)
3과목	• 민사집행법(70) • 상업등기법 및 비송사건절차법(30)	• 민사소송법(70) • 민사사건 관련 서류의 작성(30)
4과목	• 부동산등기법(60) • 공탁법(40)	• 부동산등기법(70) • 등기신청서류의 작성(30)

※ 괄호 안의 숫자는 각 과목별 배점비율입니다.

🛡 시험일정

구 분	1차시험	2차시험	최종합격자 발표
2025년 제31회	2025.08.30	2025.10.31~11.01	2026.02.04

※ 선발예정인원 및 시험일정은 시행처의 사정에 따라 변경될 수 있으니, 2025년 시험일정은 반드시 대한민국 법원 시험정보 홈페이지(exam.scourt.go.kr)에서 확인하시기 바랍니다.

🛡 합격기준

구 분	합격자 결정
1차시험	매 과목 100점을 만점으로 하여 매 과목 40점 이상을 득점한 자 중에서 시험성적과 응시자수를 참작하여 전 과목 총득점의 고득점자순으로 합격자를 결정
2차시험	매 과목 100점을 만점으로 하여 매 과목 40점 이상을 득점한 자 중 선발예정인원(1·2차 시험 일부면제자는 포함하지 아니한다)의 범위 안에서 전 과목 총득점의 고득점자순으로 합격자를 결정
일부면제자	매 과목 100점을 만점으로 하여 매 과목 40점 이상을 득점한 자 중 최종순위합격자의 합격점수(2차시험 일부면제자에 대하여는 과목별 난이도를 반영하여 일정 산식에 따라 산출되는 응시과목들의 평균점수를 합격점수로 한다) 이상 득점한 자를 합격자로 결정

※ 동점자로 인하여 선발예정인원을 초과하는 경우에는 해당 동점자 모두를 합격자로 합니다. 이 경우 동점자의 점수는 소수점 이하 둘째자리까지 계산합니다.

이 책의 차례 CONTENTS

1과목　민 법

2024년 제30회 기출문제	002
2023년 제29회 기출문제	023
2022년 제28회 기출문제	045
2021년 제27회 기출문제	064
2020년 제26회 기출문제	078

2과목　형 법

2024년 제30회 기출문제	108
2023년 제29회 기출문제	118
2022년 제28회 기출문제	127
2021년 제27회 기출문제	138
2020년 제26회 기출문제	147

3과목　형사소송법

2024년 제30회 기출문제	162
2023년 제29회 기출문제	175
2022년 제28회 기출문제	186
2021년 제27회 기출문제	202
2020년 제26회 기출문제	224

4과목　민사소송법

2024년 제30회 기출문제	240
2023년 제29회 기출문제	256
2022년 제28회 기출문제	273
2021년 제27회 기출문제	289
2020년 제26회 기출문제	298

5과목　민사사건관련서류의 작성

2024년 제30회 기출문제	312
2023년 제29회 기출문제	329
2022년 제28회 기출문제	344
2021년 제27회 기출문제	353
2020년 제26회 기출문제	365

6과목　부동산등기법

2024년 제30회 기출문제	378
2023년 제29회 기출문제	390
2022년 제28회 기출문제	401
2021년 제27회 기출문제	414
2020년 제26회 기출문제	426

7과목　등기신청서류의 작성

2024년 제30회 기출문제	444
2023년 제29회 기출문제	461
2022년 제28회 기출문제	469
2021년 제27회 기출문제	477
2020년 제26회 기출문제	483

제1과목 민 법

01 2024년 제30회 기출문제

02 2023년 제29회 기출문제

03 2022년 제28회 기출문제

04 2021년 제27회 기출문제

05 2020년 제26회 기출문제

2024년 제30회 기출문제

민법

문제 1

[기본적 사실관계]

2020.2.1. 甲은 X에게 1억원을 대여해 주었다. 甲이 X에게 보증인을 요구하자, X는 乙에게 주채무가 5,000만원이라고 기망하였고 甲도 이러한 사실을 알 수 있었던 상태에서, 2020.2.3. 乙은 甲과 X의 채무를 보증하는 내용의 보증계약(이하 '이 사건 보증계약'이라고 한다)을 체결하였다.

[위 기본적 사실관계에 추가하여]

2020.3.4. 甲은 乙에 대한 이 사건 보증계약에 기한 채권만을 丙에게 양도한 후 乙에게 채권양도 통지를 하였다(양도통지 시 주채무에 대한 채권의 양도에 대해서는 언급이 없고, 보증채무에 대한 채권을 양도한다는 취지의 기재만 되어 있었다).

2020.4.3. 甲은 丁에게 X에 대한 채권을 양도하고, X에게만 양도통지를 할 뿐, 보증인인 乙에게는 별도로 양도통지를 하지 않았다(보증채무에 대한 채권과 분리하여 주채무에 대한 채권만을 양도한다는 등의 특별한 사정은 없다).

1. 이 사건 보증계약이 X의 기망에 의해 무효는 아닌지, 취소가 가능한지 근거를 들어 설명하시오. [10점]

2. 丙이 乙에 대하여 보증채무의 이행을 청구할 수 있는지 근거를 들어 설명하시오. [5점]

3. 丁이 乙에 대하여 보증채무의 이행을 청구하자, 乙은 이미 보증채권이 丙에 양도되었고, 보증채권에 대한 별도의 채권양도계약이 없었으며, 乙에게 양도통지도 없었으므로 자신에게 대항할 수 없다고 주장한다. 丁의 청구가 인정될 수 있는지 근거를 들어 설명하시오. [10점]

4. 乙이 X의 기망을 이유로 보증계약의 취소를 청구하는 경우, 법원은 어떻게 판단해야 할지 결론과 근거를 설명하시오. [10점]

[위 기본적 사실관계와 달리]

甲과 乙은 X부동산을 각 1/2 지분씩 공유하고 있는 공유자인데, 2023.2.1. 甲과 乙은 丙에게 X부동산을 매매하는 계약(이하 '이 사건 매매계약'이라고 한다)을 체결하고, 丙은 甲과 乙에게 계약금 2억원을 지급하였다.

계약금 2억원 중 甲은 1억 5,000만원을 취득하였고, 乙은 5,000만원을 취득하였다.

2023.3.5. 丙은 甲과 乙을 상대로 이 사건 매매계약이 甲과 乙의 이행거절로 해제되었다고 주장하며 계약금의 반환을 구하는 소를 제기하였고, 위 판결에서 丙의 청구를 인용하는 판결이 확정되어 甲은 丙에게 계약금 전액을 지급하였다.

2024.4.3. 甲은 乙을 상대로 乙이 1/2 지분을 가지고 있다고 주장하며 丙에게 지급한 금액의 1/2인 1억원(지연손해금을 청구하지 않았다)을 구상금으로 청구하고 있다.

5. 甲의 청구가 인정될 수 있는지 결론과 근거를 설명하시오(다툼이 있는 경우 판례에 의한다). [15점]

문제 2

[기본적 사실관계]

甲은 2019.5.1. 乙에게 甲 소유의 상가 건물(이하 '이 사건 건물'이라 한다)에 대하여 보증금 10억원, 월 차임 1,000만원(매월 초 지급), 기간 5년(2024.5.1.까지)으로 정하여 임대하기로 약정하였다. 乙은 2020.8.1.자 월 차임(이하 '제1 차임'이라 한다)을 연체하였는데, 甲은 乙이 이전에는 한 번도 차임을 연체한 적이 없었기에 그 달에는 지급을 깜빡 잊어버렸다고 생각하고 다음에 연락할 때 제1 차임을 지급하라고 청구해야겠다고 생각하였으나, 본인의 생업에 바빠 그 사실을 잊고 지내다가 乙이 2024.2.1.자 월 차임(이하 '제2 차임'이라 한다) 및 2024.3.1.자 월 차임(이하 '제3 차임'이라 한다)의 지급을 차례로 연체하게 되자 2024.3.15. 乙에게 연락하여 제1 차임까지 포함하여 연체된 3개의 차임 총 3,000만원을 지급하라고 독촉하게 되었다.

이에 乙은 甲에게 "임대차계약이 아직 종료되기 전이고 연체차임이 임대차보증금 10억원보다 적은 금액이므로 차임을 지급하지 않겠다."고 대답하였다.

甲은 그 말을 듣고 더 이상 乙을 신뢰할 수 없다는 생각이 들어 2024.3.25. 乙의 차임연체를 이유로 계약을 해지하는 의사가 적힌 내용증명을 보냈고, 위 내용증명이 2024.4.1. 乙에게 도달하였다.

1. 乙은 甲으로부터 받아야 할 임대차보증금이 존재하는 이상 본인은 차임을 연체한 것이 아니므로 甲의 위 임대차계약 해지는 부적법하다고 주장한다. 甲과 乙 사이의 위 임대차계약은 적법하게 해지되었는지 결론과 이유를 밝히시오. [15점]

[추가된 사실관계]

乙은 2024.5.1.이 되자 이 사건 건물에서 집기와 비품의 철거 및 반출을 완료하고 그 이후에는 이 사건 건물을 전혀 사용하지 않았지만 건물의 출입구에 설치된 도어락의 비밀번호를 초기화하거나 그 열쇠를 반환하지 않고 있는 상태이다.

乙은 2024.6.1. 甲과 통화 중 임대차가 2024.5.1. 기간 만료로 종료되었으니 임대차보증금을 반환해줄 것을 청구하였다. 이에 甲은 乙에 대하여 임대차 관계에서 갖게 된 각 채권을 공제하고 보증금을 반환하겠다는 주장을 하였다. 다음의 각 상황에서 주어진 질문에 답하시오.

2. 甲이 연체차임 총 3,000만원을 공제하겠다고 하자 乙은 제1 차임의 경우 소멸시효가 완성되었으므로 그 부분 1,000만원에 대해서 甲이 공제하는 것은 부당하다고 주장한다. 제1 차임에 대한 乙의 주장은 타당한지 결론과 논거를 밝히시오. [15점]

3. 甲은 또한 乙에게 통화 당일까지 乙이 이 사건 점포의 열쇠를 반환하지 않고 있으므로 연체 차임과는 별도로 차임 상당의 부당이득 총 2,000만원을 공제하겠다고 주장하는바, 위 주장은 타당한지 만일 부당하다면 구체적으로 공제되어야 하는 액수와 그 논거를 밝히시오. [10점]

4. 甲은 차임 상당의 부당이득이 아니더라도 임대차 계약이 해지된 이후에 乙이 이 사건 건물을 계속 점유한 것은 불법점유이기 때문에 乙의 불법점유로 인한 甲의 손해배상청구권을 공제하고 보증금을 돌려줄 수도 있다고 주장하였다. 위 주장은 타당한지 그 결론과 논거를 밝히시오. [10점]

민 법 | 2024년 제30회 기출문제해설

문제 1-1

[기본적 사실관계]

2020.2.1. 甲은 X에게 1억원을 대여해 주었다. 甲이 X에게 보증인을 요구하자, X는 乙에게 주채무가 5,000만원이라고 기망하였고 甲도 이러한 사실을 알 수 있었던 상태에서, 2020.2.3. 乙은 甲과 X의 채무를 보증하는 내용의 보증계약(이하 '이 사건 보증계약'이라고 한다)을 체결하였다.

[위 기본적 사실관계에 추가하여]

2020.3.4. 甲은 乙에 대한 이 사건 보증계약에 기한 채권만을 丙에게 양도한 후 乙에게 채권양도 통지를 하였다(양도통지 시 주채무에 대한 채권의 양도에 대해서는 언급이 없고, 보증채무에 대한 채권을 양도한다는 취지의 기재만 되어 있었다).

2020.4.3. 甲은 丁에게 X에 대한 채권을 양도하고, X에게만 양도통지를 할 뿐, 보증인인 乙에게는 별도로 양도통지를 하지 않았다(보증채무에 대한 채권과 분리하여 주채무에 대한 채권만을 양도한다는 등의 특별한 사정은 없다).

1. 이 사건 보증계약이 X의 기망에 의해 무효는 아닌지, 취소가 가능한지 근거를 들어 설명하시오.

[10점]

✓ 해설 1-1

I 결론

이 사건 보증계약은 X의 기망에 의해 무효가 되는 것은 아니고, 민법 제110조 제2항에 따라 취소할 수 있다.

II 근거

1. 이 사건 보증계약이 반사회질서의 법률행위로서 무효인지 여부

(1) 판례

단지 법률행위의 성립 과정에서 불법적 방법이 사용된 데 불과한 때에는, 그 불법이 의사표시의 형성에 영향을 미친 경우에는 의사표시의 하자를 이유로 그 효력을 논의할 수는 있을지언정, 민법 제103조의 반사회질서 법률행위로서 무효라고 할 수는 없다(대판 2002.9.10. 2002다21509).

(2) 사안의 경우

이 사건 보증계약의 법률행위의 성립 과정에서 X의 기망행위라는 불법적인 방법이 사용된 데 불과하므로, 민법 제103조의 반사회질서 법률행위로서 무효라고 할 수는 없다.

2. 이 사건 보증계약을 취소할 수 있는지 여부

(1) 민법 제110조 제2항

상대방 있는 의사표시에 관하여 제3자가 사기를 행한 경우에는 상대방은 그 사실을 알았거나 알 수 있었을 경우에 한하여 그 의사표시를 취소할 수 있다.

(2) 사안의 경우

이 사건 보증계약은 제3자 X의 기망에 의하여 체결된 것이고, 보증계약의 상대방 甲은 X의 기망행위를 알 수 있었으므로, 乙은 이 사건 보증계약을 민법 제110조 제2항에 따라 취소할 수 있다.

문제 1-2

[기본적 사실관계]

2020.2.1. 甲은 X에게 1억원을 대여해 주었다. 甲이 X에게 보증인을 요구하자, X는 乙에게 주채무가 5,000만원이라고 기망하였고 甲도 이러한 사실을 알 수 있었던 상태에서, 2020.2.3. 乙은 甲과 X의 채무를 보증하는 내용의 보증계약(이하 '이 사건 보증계약'이라고 한다)을 체결하였다.

[위 기본적 사실관계에 추가하여]

2020.3.4. 甲은 乙에 대한 이 사건 보증계약에 기한 채권만을 丙에게 양도한 후 乙에게 채권양도 통지를 하였다(양도통지 시 주채무에 대한 채권의 양도에 대해서는 언급이 없고, 보증채무에 대한 채권을 양도한다는 취지의 기재만 되어 있었다).

2020.4.3. 甲은 丁에게 X에 대한 채권을 양도하고, X에게만 양도통지를 할 뿐, 보증인인 乙에게는 별도로 양도통지를 하지 않았다(보증채무에 대한 채권과 분리하여 주채무에 대한 채권만을 양도한다는 등의 특별한 사정은 없다).

2. 丙이 乙에 대하여 보증채무의 이행을 청구할 수 있는지 근거를 들어 설명하시오. [5점]

해설 1-2

I. 결론

丙은 乙에 대하여 보증채무의 이행을 청구할 수 없다.

II. 근거

1. 판례

주채권과 보증채권의 귀속주체를 달리하는 것은 보증채무의 부종성에 반하고, 주채권을 가지지 않는 자에게 보증채권만을 인정할 실익도 없기 때문에 주채권과 분리하여 보증채권만을 양도하기로 하는 약정은 그 효력이 없다(대판 2002.9.10. 2002다21509).

2. 사안의 경우

2020.3.4. 甲은 乙에 대한 이 사건 보증계약에 기한 채권만을 丙에게 양도한 후 乙에게 채권양도통지를 함으로써 주채권과 분리하여 보증채권만을 양도하는 약정을 하였다. 그러나 주채권과 분리하여 보증채권만을 양도하기로 하는 약정은 그 효력이 없으므로, 丙은 乙에 대하여 보증채무의 이행을 청구할 수 없다.

문제 1-3

[기본적 사실관계]

2020.2.1. 甲은 X에게 1억원을 대여해 주었다. 甲이 X에게 보증인을 요구하자, X는 乙에게 주채무가 5,000만원이라고 기망하였고 甲도 이러한 사실을 알 수 있었던 상태에서, 2020.2.3. 乙은 甲과 X의 채무를 보증하는 내용의 보증계약(이하 '이 사건 보증계약'이라고 한다)을 체결하였다.

[위 기본적 사실관계에 추가하여]

2020.3.4. 甲은 乙에 대한 이 사건 보증계약에 기한 채권만을 丙에게 양도한 후 乙에게 채권양도 통지를 하였다(양도통지 시 주채무에 대한 채권의 양도에 대해서는 언급이 없고, 보증채무에 대한 채권을 양도한다는 취지의 기재만 되어 있었다).

2020.4.3. 甲은 丁에게 X에 대한 채권을 양도하고, X에게만 양도통지를 할 뿐, 보증인인 乙에게는 별도로 양도통지를 하지 않았다(보증채무에 대한 채권과 분리하여 주채무에 대한 채권만을 양도한다는 등의 특별한 사정은 없다).

3. 丁이 乙에 대하여 보증채무의 이행을 청구하자, 乙은 이미 보증채권이 丙에 양도되었고, 보증채권에 대한 별도의 채권양도계약이 없었으며, 乙에게 양도통지도 없었으므로 자신에게 대항할 수 없다고 주장한다. 丁의 청구가 인정될 수 있는지 근거를 들어 설명하시오. [10점]

해설 1-3

I 결론

丁의 乙에 대한 보증채무의 이행을 청구할 수 있다.

II 근거

1. 보증채권이 丙에 양도되었는지 여부

주채권과 분리하여 보증채권만을 양도하기로 하는 약정은 그 효력이 없으므로, 이미 보증채권이 丙에게 양도되었다는 乙의 주장은 타당하지 않다.

2. 주채권의 양도시 보증채권의 양도에 관한 대항요건을 별도로 구비하여야 하는지 여부

(1) 판례

보증채무는 주채무에 대한 부종성 또는 수반성이 있어서 주채무자에 대한 채권이 이전되면 당사자 사이에 별도의 특약이 없는 한 보증인에 대한 채권도 함께 이전하고, 이 경우 채권양도의 대항요건도 주채권의 이전에 관하여 구비하면 족하고, 별도로 보증채권에 관하여 대항요건을 갖출 필요는 없다(대판 2002.9.10. 2002다21509).

(2) 사안의 경우

주채무자에 대한 채권이 이전되면 당사자 사이에 별도의 특약이 없는 한 보증인에 대한 채권도 함께 이전하고, 이 경우 채권양도의 대항요건도 주채권의 이전에 관하여 구비하면 족하고, 별도로 보증채권에 관하여 대항요건을 갖출 필요는 없다. 따라서 보증채권에 대한 별도의 채권양도계약이 없었으며, 乙에게 양도통지도 없었으므로 자신에게 대항할 수 없다는 乙의 주장은 타당하지 않다.

문제 1-4

[기본적 사실관계]

2020.2.1. 甲은 X에게 1억원을 대여해 주었다. 甲이 X에게 보증인을 요구하자, X는 乙에게 주채무가 5,000만원이라고 기망하였고 甲도 이러한 사실을 알 수 있었던 상태에서, 2020.2.3. 乙은 甲과 X의 채무를 보증하는 내용의 보증계약(이하 '이 사건 보증계약'이라고 한다)을 체결하였다.

[위 기본적 사실관계에 추가하여]

2020.3.4. 甲은 乙에 대한 이 사건 보증계약에 기한 채권만을 丙에게 양도한 후 乙에게 채권양도 통지를 하였다(양도통지 시 주채무에 대한 채권의 양도에 대해서는 언급이 없고, 보증채무에 대한 채권을 양도한다는 취지의 기재만 되어 있었다).

2020.4.3. 甲은 丁에게 X에 대한 채권을 양도하고, X에게만 양도통지를 할 뿐, 보증인인 乙에게는 별도로 양도통지를 하지 않았다(보증채무에 대한 채권과 분리하여 주채무에 대한 채권만을 양도한다는 등의 특별한 사정은 없다).

4. 乙이 X의 기망을 이유로 보증계약의 취소를 청구하는 경우, 법원은 어떻게 판단해야 할지 결론과 근거를 설명하시오. [10점]

◆ 해설 1-4

I 결론

법원은 乙의 보증계약의 취소는 5,000만원을 초과하는 범위 내에서만 그 효력이 생긴다고 판단해야 한다.

II 근거 - 보증계약의 일부취소의 인정 여부

1. 판례

하나의 법률행위의 일부분에만 취소사유가 있다고 하더라도 그 법률행위가 가분적이거나 그 목적물의 일부가 특정될 수 있다면, 그 나머지 부분이라도 이를 유지하려는 당사자의 가정적 의사가 인정되는 경우 그 일부만의 취소도 가능하다고 할 것이고, 그 일부의 취소는 법률행위의 일부에 관하여 효력이 생긴다(대판 2002.9.10. 2002다21509).

2. 사안의 경우

채권자 甲과 보증인 乙 사이에 체결된 주채무를 1억원으로 하는 보증계약은 제3자 X의 기망행위에 의하여 체결되었고, 채권자 甲도 이러한 사실을 알 수 있었으므로 적법하게 취소되었다고 할 것이다. 다만, ① 이 사건 보증계약에 따른 보증채무는 금전채무로서 채무의 성격상 가분적이고, ② 보증인 乙에게 보증한도를 5,000만원으로 하는 보증의사가 있었던 이상 乙의 보증계약의 취소는 5,000만원을 초과하는 범위 내에서만 그 효력이 생긴다고 보는 것이 타당하다.

문제 1-5

[위 기본적 사실관계와 달리]

甲과 乙은 X부동산을 각 1/2 지분씩 공유하고 있는 공유자인데, 2023.2.1. 甲과 乙은 丙에게 X부동산을 매매하는 계약(이하 '이 사건 매매계약'이라고 한다)을 체결하고, 丙은 甲과 乙에게 계약금 2억원을 지급하였다.

계약금 2억원 중 甲은 1억 5,000만원을 취득하였고, 乙은 5,000만원을 취득하였다.

2023.3.5. 丙은 甲과 乙을 상대로 이 사건 매매계약이 甲과 乙의 이행거절로 해제되었다고 주장하며 계약금의 반환을 구하는 소를 제기하였고, 위 판결에서 丙의 청구를 인용하는 판결이 확정되어 甲은 丙에게 계약금 전액을 지급하였다.

2024.4.3. 甲은 乙을 상대로 乙이 1/2 지분을 가지고 있다고 주장하며 丙에게 지급한 금액의 1/2인 1억원(지연손해금을 청구하지 않았다)을 구상금으로 청구하고 있다.

5. 甲의 청구가 인정될 수 있는지 결론과 근거를 설명하시오(다툼이 있는 경우 판례에 의한다). [15점]

✅ 해설 1-5

I 결론

甲의 乙에 대한 구상금청구는 5,000만원의 범위 내에서 인정될 수 있다.

II 근거

1. 甲과 乙의 공유 부동산 매매계약의 계약금 반환채무의 성질

(1) 분할채무의 원칙

① 민법상 다수당사자의 채권관계는 원칙적으로 분할채권관계이고 채권의 성질상 또는 당사자의 약정에 기하여 특히 불가분으로 하는 경우에 한하여 불가분채권관계로 되는 것이다(대판 1992.10.27. 선고 90다13628).

② 채권자나 채무자가 여러 사람인 경우에 특별한 의사표시가 없으면 각 채권자 또는 각 채무자는 균등한 비율로 권리가 있고 의무를 부담한다고 할 것이므로, 피고를 포함한 4인의 매도인이 원고를 포함한 4인의 매수인에게 임야를 매도하기로 하는 계약을 체결한 경우 매매계약의 무효를 원인으로 부당이득으로서 계약금의 반환을 구하는 채권은 특별한 사정이 없으면 불가분채권채무관계가 될 수 없으므로 매도인 중의 1인에 불과한 피고가 매수인 중의 1인에 불과한 원고에게 위 계약금 전액을 반환할 의무가 있다고 할 수 없다(대판 1993.8.14. 91다41316).

(2) 예외적으로 불가분채무에 해당하는 경우

판례는 공유자가 부동산을 공동으로 매매하고 매매대금을 공동으로 받은 경우, 계약해제로 인한 원상회복으로서 공동매도인의 매수대금 반환의무는 불가분채무 관계에 있다고 보았다(대판 2020.7.9. 2020다208195참조).

(3) 사안의 경우

甲과 乙은 丙에게 각자의 지분(1/2)을 매매한 것이 아니라 X부동산을 공동으로 매매하고 丙으로부터 계약금 2억원을 공동으로 받은 것으로 보이고, 이 사건 매매계약이 해제됨에 따라 매수인 丙이 甲과 乙을 상대로 2억원의 계약금 반환청구소송에서 패소한 甲이 丙에게 계약금 2억원 전액을 지급한 것을 보면, 공유자 甲과 乙의 계약금 반환채무는 불가분채무라고 보는 것이 타당하다.

2. 불가분채무의 구상권

(1) 판례의 태도

불가분채무자가 변제 기타 자기의 출재로 공동면책을 얻은 때에는 다른 불가분채무자의 부담부분에 대하여 구상권을 행사할 수 있고, 이때 부담부분은 균등한 것으로 추정한다(민법 제411조, 제425조 제1항, 제424조). 그러나 불가분채무자 사이에 부담부분에 관한 특약이 있거나 특약이 없더라도 채무자의 수익비율이 다르다면 그 특약 또는 비율에 따라 부담부분이 결정된다. 즉, 불가분채무자가 변제 등으로 공동면책을 얻은 때에는 다른 불가분채무자의 부담부분에 대하여 구상할 수 있다(대판 2020.7.9. 2020다208195).

(2) 사안의 경우

공유자 甲과 乙이 丙에 대하여 부담하는 매매계약금 반환채무의 성질은 불가분채무에 해당한다. 불가분채무자 甲과 乙 사이에 부담부분에 관한 특약은 없지만, 수익비율은 3 : 1(1억 5,000만원 : 5,000만원)이므로, 부담비율 또한 3 : 1이다(甲의 부담비율은 3/4이고 乙의 부담비율은 1/4). 따라서 甲이 매수인 丙에게 2억원을 전액 지급한 경우, 甲은 乙을 상대로 5,000만원의 범위에서 구상권을 행사할 수 있다.

문제 2-1

[기본적 사실관계]

甲은 2019.5.1. 乙에게 甲 소유의 상가 건물(이하 '이 사건 건물'이라 한다)에 대하여 보증금 10억원, 월 차임 1,000만원(매월 초 지급), 기간 5년(2024.5.1.까지)으로 정하여 임대하기로 약정하였다. 乙은 2020.8.1.자 월 차임(이하 '제1 차임'이라 한다)을 연체하였는데, 甲은 乙이 이전에는 한 번도 차임을 연체한 적이 없었기에 그 달에는 지급을 깜빡 잊어버렸다고 생각하고 다음에 연락할 때 제1 차임을 지급하라고 청구해야겠다고 생각하였으나, 본인의 생업에 바빠 그 사실을 잊고 지내다가 乙이 2024.2.1.자 월 차임(이하 '제2 차임'이라 한다) 및 2024.3.1.자 월 차임(이하 '제3 차임'이라 한다)의 지급을 차례로 연체하게 되자 2024.3.15. 乙에게 연락하여 제1 차임까지 포함하여 연체된 3개의 차임 총 3,000만원을 지급하라고 독촉하게 되었다.

이에 乙은 甲에게 "임대차계약이 아직 종료되기 전이고 연체차임이 임대차보증금 10억원보다 적은 금액이므로 차임을 지급하지 않겠다."고 대답하였다.

甲은 그 말을 듣고 더 이상 乙을 신뢰할 수 없다는 생각이 들어 2024.3.25. 乙의 차임연체를 이유로 계약을 해지하는 의사가 적힌 내용증명을 보냈고, 위 내용증명이 2024.4.1. 乙에게 도달하였다.

1. 乙은 甲으로부터 받아야 할 임대차보증금이 존재하는 이상 본인은 차임을 연체한 것이 아니므로 甲의 위 임대차계약 해지는 부적법하다고 주장한다. 甲과 乙 사이의 위 임대차계약은 적법하게 해지되었는지 결론과 이유를 밝히시오. [15점]

✅ 해설 2-1

I. 결론

甲과 乙 사이의 임대차계약은 2024.4.1. 적법하게 해지되었다.

II. 이 유

1. 임차인이 임대차보증금의 존재를 이유로 차임의 지급을 거절할 수 있는지 여부

(1) 판례의 태도

임대인에게 임대차보증금이 교부되어 있더라도 임대인은 임대차관계가 계속되고 있는 동안에는 임대차보증금에서 연체차임을 충당할 것인지를 자유로이 선택할 수 있다. 따라서 임대차계약 종료 전에는 공제 등 별도의 의사표시 없이 연체차임이 임대차보증금에서 당연히 공제되는 것은 아니고, 임차인도 임대차보증금의 존재를 이유로 차임의 지급을 거절할 수 없다(대판 2016.11.25. 2016다211309).

(2) 사안의 경우

임차인 乙이 차임의 지급을 연체한 경우, 임대인 甲은 임대차보증금으로 이를 충당할 수도 있고, 乙에게 그 연체된 차임의 지급을 청구할 수도 있다. 따라서 임대인이 임대차보증금으로 연체된 차임을 충당하지 않은 이상, 임차인 乙은 임대차보증금의 존재를 이유로 차임의 지급을 거절할 수 없다.

2. 임대차계약의 해지가 적법한지 여부

(1) 상가건물 임대차보호법의 적용 여부

상가건물 임대차의 경우, 임차인의 차임연체액이 3기의 차임액에 달하는 때에 임대인은 계약을 해지할 수 있다(상가건물 임대차보호법 제2조 제3항, 제10조의8). 그러나 사안의 경우, 甲은 乙에게 甲 소유의 상가건물에 대하여 보증금 10억원, 월 차임 1,000만원으로 정하여 임대하기로 약정하였으므로 상가건물 임대차보호법이 적용되지 않는다(상가건물 임대차보호법 제2조 제1항 단서, 같은 법 시행령 제2조).[1]

(2) 민법상 임대차계약 해지의 요건

건물 기타 공작물의 임대차의 경우 임차인의 차임 연체액이 2기의 차임액에 이른 때에는 임대인은 계약을 해지할 수 있다(민법 제640조). 2기의 차임 연체는 연속적이 아니어도 무방하다(예를 들면, 매월 차임을 지급하기로 한 경우에 연속해서 2달의 차임을 연체한 것은 물론, 1월분 차임을 연체하였다가 5월분 차임을 연체한 경우도 포함한다). 민법 제640조에 의해 계약을 해지하는 경우, 임대인은 상당한 기간을 정하여 최고를 할 필요는 없다(대판 1962.10.11. 62다496).

---

[1] 대통령령으로 정하는 보증금액(서울특별시는 9억원, 수도권정비계획법에 따른 과밀억제권역 및 부산광역시는 6억 1천만원, 광역시는 5억 1천만원, 그 밖의 지역은 3억 1천만원)을 초과하는 임대차에 대하여는 상가건물 임대차보호법이 적용되지 않는다.

(3) 사안의 경우

乙은 2020.8.1.자 월 차임(이하 '제1 차임'이라 한다)을 연체하였고, 이후 2024.2.1.자 월 차임(이하 '제2 차임'이라 한다) 및 2024.3.1.자 월 차임(이하 '제3 차임'이라 한다)의 지급을 연체하였다. 임차인 乙의 차임 연체액은 2기의 차임액을 넘어 3기의 차임액에 달함으로써 계약해지 요건은 충족하였다. 따라서 乙의 차임 연체를 이유로 계약을 해지하는 임대인 甲의 의사가 적힌 내용증명이 2024.4.1. 乙에게 도달한 이상, 甲과 乙의 상가임대차계약은 2024.4.1. 적법하게 해지되었다.

문제 2-2

[기본적 사실관계]

甲은 2019.5.1. 乙에게 甲 소유의 상가 건물(이하 '이 사건 건물'이라 한다)에 대하여 보증금 10억원, 월 차임 1,000만원(매월 초 지급), 기간 5년(2024.5.1.까지)으로 정하여 임대하기로 약정하였다. 乙은 2020.8.1.자 월 차임(이하 '제1 차임'이라 한다)을 연체하였는데, 甲은 乙이 이전에는 한 번도 차임을 연체한 적이 없었기에 그 달에는 지급을 깜빡 잊어버렸다고 생각하고 다음에 연락할 때 제1 차임을 지급하라고 청구해야겠다고 생각하였으나, 본인의 생업에 바빠 그 사실을 잊고 지내다가 乙이 2024.2.1.자 월 차임(이하 '제2 차임'이라 한다) 및 2024.3.1.자 월 차임(이하 '제3 차임'이라 한다)의 지급을 차례로 연체하게 되자 2024.3.15. 乙에게 연락하여 제1 차임까지 포함하여 연체된 3개의 차임 총 3,000만원을 지급하라고 독촉하게 되었다.

이에 乙은 甲에게 "임대차계약이 아직 종료되기 전이고 연체차임이 임대차보증금 10억원보다 적은 금액이므로 차임을 지급하지 않겠다."고 대답하였다.

甲은 그 말을 듣고 더 이상 乙을 신뢰할 수 없다는 생각이 들어 2024.3.25. 乙의 차임연체를 이유로 계약을 해지하는 의사가 적힌 내용증명을 보냈고, 위 내용증명이 2024.4.1. 乙에게 도달하였다.

[추가된 사실관계]

乙은 2024.5.1.이 되자 이 사건 건물에서 집기와 비품의 철거 및 반출을 완료하고 그 이후에는 이 사건 건물을 전혀 사용하지 않았지만 건물의 출입구에 설치된 도어락의 비밀번호를 초기화하거나 그 열쇠를 반환하지 않고 있는 상태이다.

乙은 2024.6.1. 甲과 통화 중 임대차가 2024.5.1. 기간 만료로 종료되었으니 임대차보증금을 반환해줄 것을 청구하였다. 이에 甲은 乙에 대하여 임대차 관계에서 갖게 된 각 채권을 공제하고 보증금을 반환하겠다는 주장을 하였다. 다음의 각 상황에서 주어진 질문에 답하시오.

2. 甲이 연체차임 총 3,000만원을 공제하겠다고 하자 乙은 제1 차임의 경우 소멸시효가 완성되었으므로 그 부분 1,000만원에 대해서 甲이 공제하는 것은 부당하다고 주장한다. 제1 차임에 대한 乙의 주장은 타당한지 결론과 논거를 밝히시오.　　　　　　　　　　　　　　　　　　　　　　　　　　　　　　　　[15점]

● 해설 2-2

I 결 론

제1 차임을 甲이 공제하는 것은 부당하다는 乙의 주장은 타당하지 않다.

II 논 거

1. 차임채권의 소멸시효 기산점

(1) 판례의 태도

소멸시효는 법률행위에 의하여 이를 배제, 연장 또는 가중할 수 없다(민법 제184조 제2항). 그러므로 임대차 존속 중 차임을 연체하더라도 이는 임대차 종료 후 목적물 인도 시에 임대차보증금에서 일괄 공제하는 방식에 의하여 정산하기로 약정한 경우와 같은 특별한 사정이 없는 한 차임채권의 소멸시효는 임대차계약에서 정한 지급기일부터 진행한다(대판 2016.11.25. 2016다211309).

(2) 사안의 경우

차임채권의 소멸시효기간은 3년이므로(민법 제163조 제1호), 甲의 乙에 대한 2020.8.1. 자 제1 차임은 2023.8.1.에 소멸시효가 완성되었다.

2. 소멸시효가 완성된 연체차임을 임대차보증금에서 공제할 수 있는지 여부

(1) 판례의 태도

민법 제495조는 "소멸시효가 완성된 채권이 그 완성 전에 상계할 수 있었던 것이면 그 채권자는 상계할 수 있다."라고 규정하고 있다. 다만 이는 '자동채권의 소멸시효 완성 전에 양 채권이 상계적상에 이르렀을 것'을 요건으로 하는데, 임대인의 임대차보증금 반환채무는 임대차계약이 종료된 때에 비로소 이행기에 도달하므로, 임대차 존속 중 차임채권의 소멸시효가 완성된 경우에는 소멸시효 완성 전에 임대인이 임대차보증금 반환채무에 관한 기한의 이익을 실제로 포기하였다는 등의 특별한 사정이 없는 한 양 채권이 상계할 수 있는 상태에 있었다고 할 수 없다. 그러므로 그 이후에 임대인이 이미 소멸시효가 완성된 차임채권을 자동채권으로 삼아 임대차보증금 반환채무와 상계하는 것은 민법 제495조에 의하더라도 인정될 수 없지만, 임대차 존속 중 차임이 연체되고 있음에도 임대차보증금에서 연체차임을 충당하지 않고 있었던 임대인의 신뢰와 차임연체 상태에서 임대차관계를 지속해 온 임차인의 묵시적 의사를 감안하면 연체차임은 민법 제495조의 유추적용에 의하여 임대차보증금에서 공제할 수는 있다(대판 2016.11.25. 2016다211309).

(2) 사안의 경우

甲의 乙에 대한 2020.8.1. 자 제1 차임은 2023.8.1.에 소멸시효가 완성되었으므로, 甲은 소멸시효가 완성된 제1 차임채권을 자동채권으로 삼아 임대차보증금 반환채무와 상계하는 것은 인정될 수 없지만 민법 제495조의 유추적용에 의하여 임대차보증금에서 공제할 수는 있다. 따라서 제1 차임은 소멸시효가 완성되었으므로 甲이 공제하는 것은 부당하다는 乙의 주장은 타당하지 않다.

● 문제 2-3

[기본적 사실관계]

甲은 2019.5.1. 乙에게 甲 소유의 상가 건물(이하 '이 사건 건물'이라 한다)에 대하여 보증금 10억원, 월 차임 1,000만원(매월 초 지급), 기간 5년(2024.5.1.까지)으로 정하여 임대하기로 약정하였다. 乙은 2020.8.1.자 월 차임(이하 '제1 차임'이라 한다)을 연체하였는데, 甲은 乙이 이전에는 한 번도 차임을 연체한 적이 없었기에 그 달에는 지급을 깜빡 잊어버렸다고 생각하고 다음에 연락할 때 제1 차임을 지급하라고 청구해야겠다고 생각하였으나, 본인의 생업에 바빠 그 사실을 잊고 지내다가 乙이 2024.2.1.자 월 차임(이하 '제2 차임'이라 한다) 및 2024.3.1.자 월 차임(이하 '제3 차임'이라 한다)의 지급을 차례로 연체하게 되자 2024.3.15. 乙에게 연락하여 제1 차임까지 포함하여 연체된 3개의 차임 총 3,000만원을 지급하라고 독촉하게 되었다.

이에 乙은 甲에게 "임대차계약이 아직 종료되기 전이고 연체차임이 임대차보증금 10억원보다 적은 금액이므로 차임을 지급하지 않겠다."고 대답하였다.

甲은 그 말을 듣고 더 이상 乙을 신뢰할 수 없다는 생각이 들어 2024.3.25. 乙의 차임연체를 이유로 계약을 해지하는 의사가 적힌 내용증명을 보냈고, 위 내용증명이 2024.4.1. 乙에게 도달하였다.

[추가된 사실관계]

乙은 2024.5.1.이 되자 이 사건 건물에서 집기와 비품의 철거 및 반출을 완료하고 그 이후에는 이 사건 건물을 전혀 사용하지 않았지만 건물의 출입구에 설치된 도어락의 비밀번호를 초기화하거나 그 열쇠를 반환하지 않고 있는 상태이다.

乙은 2024.6.1. 甲과 통화 중 임대차가 2024.5.1. 기간 만료로 종료되었으니 임대차보증금을 반환해줄 것을 청구하였다. 이에 甲은 乙에 대하여 임대차 관계에서 갖게 된 각 채권을 공제하고 보증금을 반환하겠다는 주장을 하였다. 다음의 각 상황에서 주어진 질문에 답하시오.

3. 甲은 또한 乙에게 통화 당일까지 乙이 이 사건 점포의 열쇠를 반환하지 않고 있으므로 연체 차임과는 별도로 차임 상당의 부당이득 총 2,000만원을 공제하겠다고 주장하는바, 위 주장은 타당한지 만일 부당하다면 구체적으로 공제되어야 하는 액수와 그 논거를 밝히시오. [10점]

✅ 해설 2-3

I. 결론

연체 차임과는 별도로 차임 상당의 부당이득 총 2,000만원을 공제하겠다는 甲의 주장 중 2024.4.1.자 차임 상당의 부당이득 1,000만원의 공제 주장은 타당하나, 2024.5.1.자 차임 상당의 부당이득 1,000만원의 공제 주장은 타당하지 않다.

II. 논거

1. 임대차 종료 후 임차인의 차임 상당액 부당이득반환의무의 성립 여부

① 임대차계약의 종료에 의하여 발생된 임차인의 임차목적물 반환의무와 임대인의 연체차임을 공제한 나머지 보증금의 반환의무는 동시이행의 관계에 있는 것이므로, 임대차계약 종료 후에도 임차인이 동시이행의 항변권을 행사하여 임차건물을 계속 점유하여 온 것이라면 임차인의 그 건물에 대한 점유는 불법점유라고 할 수는 없으나, 그로 인하여 이득이 있다면 이는 부당이득으로서 반환하여야 한다(대판 1992.4.14. 91다45202).

② 다만, 법률상의 원인 없이 이득하였음을 이유로 한 부당이득의 반환에 있어서 이득이라 함은 실질적인 이익을 가리키는 것이므로 법률상 원인 없이 건물을 점유하고 있다 하여도 이를 사용·수익하지 않았다면 이익을 얻은 것이라고 볼 수 없는 것인바, 임차인이 임대차계약 종료 이후에도 동시이행의 항변권을 행사하는 방법으로 목적물의 반환을 거부하기 위하여 임차건물부분을 계속 점유하기는 하였으나 이를 본래의 임대차계약상의 목적에 따라 사용·수익하지 아니하여 실질적인 이득을 얻은 바 없는 경우에는 그로 인하여 임대인에게 손해가 발생하였다 하더라도 임차인의 부당이득반환의무는 성립되지 않는다(대판 1992.4.14. 91다45202).

2. 사안의 경우

甲과 乙 사이의 임대차계약은 2024.4.1. 해지됨에 따라 종료되었다. 임차인 乙은 2024.5.1.이 되자 이 사건 건물에서 집기와 비품의 철거 및 반출을 완료하고 그 이후에는 이 사건 건물을 전혀 사용하지 않았지만 건물의 출입구에 설치되어 도어락의 비밀번호를 초기화하거나 그 열쇠를 반환하지 않고 있는 상태이다. 그렇다면 적어도 乙은 2024.5.1. 이후 이 사건 건물을 점유하기는 하였으나 이를 본래의 임대차계약상의 목적에 따라 사용·수익하지 아니하여 실질적인 이득을 얻은 바 없다고 할 것이므로 그로 인하여 임대인 甲에게 차임 상당의 손해(1,000만원)가 발생하였다 하더라도 임차인 乙의 부당이득반환의무는 성립하지 않는다. 따라서 甲의 주장 중 2024.4.1.자 차임 상당의 부당이득 1,000만원의 공제 주장은 타당하나, 2024.5.1.자 차임 상당의 부당이득 1,000만원의 공제 주장은 타당하지 않다.

문제 2-4

[기본적 사실관계]

甲은 2019.5.1. 乙에게 甲 소유의 상가 건물(이하 '이 사건 건물'이라 한다)에 대하여 보증금 10억원, 월 차임 1,000만원(매월 초 지급), 기간 5년(2024.5.1.까지)으로 정하여 임대하기로 약정하였다. 乙은 2020.8.1.자 월 차임(이하 '제1 차임'이라 한다)을 연체하였는데, 甲은 乙이 이전에는 한 번도 차임을 연체한 적이 없었기에 그 달에는 지급을 깜빡 잊어버렸다고 생각하고 다음에 연락할 때 제1 차임을 지급하라고 청구해야겠다고 생각하였으나, 본인의 생업에 바빠 그 사실을 잊고 지내다가 乙이 2024.2.1.자 월 차임(이하 '제2 차임'이라 한다) 및 2024.3.1.자 월 차임(이하 '제3 차임'이라 한다)의 지급을 차례로 연체하게 되자 2024.3.15. 乙에게 연락하여 제1 차임까지 포함하여 연체된 3개의 차임 총 3,000만원을 지급하라고 독촉하게 되었다.

이에 乙은 甲에게 "임대차계약이 아직 종료되기 전이고 연체차임이 임대차보증금 10억원보다 적은 금액이므로 차임을 지급하지 않겠다."고 대답하였다.

甲은 그 말을 듣고 더 이상 乙을 신뢰할 수 없다는 생각이 들어 2024.3.25. 乙의 차임연체를 이유로 계약을 해지하는 의사가 적힌 내용증명을 보냈고, 위 내용증명이 2024.4.1. 乙에게 도달하였다.

[추가된 사실관계]

乙은 2024.5.1.이 되자 이 사건 건물에서 집기와 비품의 철거 및 반출을 완료하고 그 이후에는 이 사건 건물을 전혀 사용하지 않았지만 건물의 출입구에 설치된 도어락의 비밀번호를 초기화하거나 그 열쇠를 반환하지 않고 있는 상태이다.

乙은 2024.6.1. 甲과 통화 중 임대차가 2024.5.1. 기간 만료로 종료되었으니 임대차보증금을 반환해줄 것을 청구하였다. 이에 甲은 乙에 대하여 임대차 관계에서 갖게 된 각 채권을 공제하고 보증금을 반환하겠다는 주장을 하였다. 다음의 각 상황에서 주어진 질문에 답하시오.

4. 甲은 차임 상당의 부당이득이 아니더라도 임대차 계약이 해지된 이후에 乙이 이 사건 건물을 계속 점유한 것은 불법점유이기 때문에 乙의 불법점유로 인한 甲의 손해배상청구권을 공제하고 보증금을 돌려줄 수도 있다고 주장하였다. 위 주장은 타당한지 그 결론과 논거를 밝히시오. [10점]

✅ 해설 2-4

I. 결론

乙의 불법점유로 인한 甲의 손해배상청구권을 공제하고 보증금을 돌려줄 수 있다는 甲의 주장은 타당하지 않다.

II. 논거

1. 판례

임대차계약의 종료에 의하여 발생된 임차인의 목적물반환의무와 임대인의 연체차임을 공제한 나머지 보증금의 반환의무는 동시이행의 관계에 있으므로, 임대차계약 종료 후에도 임차인이 동시이행의 항변권을 행사하여 임차건물을 계속 점유하여 온 것이라면, 임대인이 임차인에게 보증금반환의무를 이행하였다거나 현실적인 이행의 제공을 하여 임차인의 건물명도의무가 지체에 빠지는 등의 사유로 동시이행의 항변권을 상실하지 않는 이상, 임차인의 건물에 대한 점유는 불법점유라고 할 수 없으며, 따라서 임차인으로서는 이에 대한 손해배상의무도 없다(대판 1998.5.29. 98다6497).

2. 사안의 경우

임차인 乙은 동시이행의 항변권을 행사하여 임차건물을 계속 점유하여 온 것이므로, 임대인 甲이 임차인 乙에게 잔존 임대차보증금을 계속 이행제공하였음을 주장·증명하지 않는 한, 乙의 임차건물에 대한 점유는 동시이행항변권에 기한 적법한 점유이다. 따라서 乙의 불법점유로 인한 甲의 손해배상청구권을 공제하고 보증금을 돌려줄 수 있다는 甲의 주장은 타당하지 않다.

2023년 제29회 기출문제

민 법

문제 1

[기본적 사실관계]

甲과 乙은 동업으로 도급받은 연립주택의 재건축공사를 완성하였다. 그런데 하자보증기간이 경과하지 않아 동업관계가 끝나지 않은 상태에서 누수하자보수문제가 발생하였다. 이에 乙이 그 방수공사를 맡아서 하기로 합의하였고, 그에 따라 乙이 丙을 고용하여 방수공사를 하다가 丙이 화상을 입는 사고(이하 "이 사건 사고"라 칭한다)가 발생하였다.

이에 丙은 甲과 乙을 공동피고로 하여 손해배상청구의 소(이하 "이 사건 소송"이라 칭한다)를 제기하고자 한다.

(각 문항은 상호 독립적임. 학설과 판례의 견해가 다를 경우 판례에 따라 서술하시오)

[위 기본적 사실관계에 추가하여]

이 사건 사고 발생 원인이 乙의 주의의무 위반이었음이 밝혀졌다면,

1. 丙이 乙에 대하여 손해배상을 청구할 수 있는 근거를 설명하시오. [5점]

2. 丙이 甲에 대하여 손해배상을 청구할 수 있는 근거를 설명하시오. [10점]

3. 丙이 자신이 입은 손해에 대하여 乙로부터 500만원을 받고 더 이상의 손해배상을 일절 청구하지 않기로 乙과 합의하였다면, 丙은 甲에게 손해배상청구를 할 수 있는지 그 결론과 근거를 설명하시오. [10점]

[위 기본적 사실관계와 달리]

이 사건 사고 발생에 있어, 丙에게는 방수공사에 대한 전문적인 지식이나 경험이 없음에도 불구하고 甲과 乙에게 "아무나 방수공사를 해도 무방하다"고 말하고는 안전하게 방수작업을 해야 할 의무를 게을리한 과실이 있었고, 乙에게는 이와 같은 丙의 주의의무 위반을 이용한 고의가 있었음이 밝혀졌다.

4. 이 사건 소송 진행 중, 甲은 "민법 제496조에 의하면 고의의 불법행위로 인한 손해배상채무자는 상계로 채권자에게 대항하지 못하지만, 이 사건 사고는 내가 아닌 乙의 고의의 불법행위로 인한 것이다. 그러므로 나는 丙에 대한 대여금채권을 자동채권으로, 丙의 나에 대한 손해배상채권을 수동채권으로 하여 상계한다."라는 주장을 하였다. 실제로 甲에게 丙에 대하여 이미 변제기가 도래한 대여금채권이 있다면 甲의 위와 같은 주장이 타당한지 그 결론과 근거를 설명하시오. [10점]

5. 이 사건 소송 진행 중, 丙의 손해액은 1억원으로, 丙의 과실은 30%로 인정되었고, 乙이 손해배상금의 일부로 丙에게 4천만원을 지급하였음이 밝혀졌다. 이 경우 甲이 丙에게 지급해야 하는 손해배상금의 액수는 얼마로 보아야 하는지 그 결론과 근거를 설명하시오. [15점]

문제 2

甲은 묘지를 설치하기 위하여 乙로부터 그가 소유한 A리 산132 임야 1,200m²(이하 이 사건에서 문제되는 모든 부동산은 A리 소재인바, 'A리'의 기재는 생략한다)를 현장답사 후 매수하기로 하고, 2003.5.10. 매매계약을 체결하였다. 그런데 甲과 乙은 실수로 역시 乙이 소유하고 있으며 면적이 동일한 산133 임야를 매매목적물로 기재하여 매매계약서를 작성하고, 그에 기하여 2003.6.1. 산133 임야에 관하여 甲 명의로 소유권이전등기가 경료되었다. 甲은 2003.6.10. 산132 임야에 분묘 2기를 개설하고 토지 경계를 따라 나무를 심어 두었으며, 그 상태대로 현재에 이르고 있다.

이상의 사실관계를 전제로, 각 설문에 답하시오(다툼이 있는 경우에는 가장 최신의 판례에 의할 것).

1. 甲은 2023.1.2.에 이르러서야 비로소 산132 임야에 관하여 소유권이전등기가 경료되지 않은 사실을 확인하고, 乙을 상대로 "2003.5.10. 매매"를 원인으로 한 소유권이전등기를 구하는 소를 제기하였다. 이에 乙은 답변서에서 '이미 10년 이상 지나서 등기를 해 줄 의무가 없다'고만 주장하였고, 그 상태에서 변론이 종결되었다. 甲의 청구에 대하여 예상되는 결론을 밝히고 그 이유를 설명하시오. [10점]

2. (제1문과는 별개의 사실관계이다) 甲은 산133 임야가 자신의 소유로 등기되어 있음을 기화로 위 임야에 관하여 2023.1.2. 처남인 甲2에게 매매를 원인으로 한 소유권이전등기를 마쳐 주었다. 그러자 甲의 채권자 丙은 이를 사해행위로 주장하며 산133 임야에 관한 2023.1.2.자 매매계약의 취소 및 甲2 명의의 소유권이전등기의 말소를 구하는 소를 2023.5.10. 제기하였다. 심리 결과 甲이 2023.1.2. 당시 채무 초과 상태였음은 인정되었다. 丙의 청구에 대하여 예상되는 결론과 그 이유를 설명하시오. [10점]

3. (제1, 2문과는 별개의 사실관계이다) 乙은 2023.2.1. 사망하였고, 유족으로는 배우자인 丙과 장남인 丁1, 차남인 丁2 및 장남 丁1의 배우자와 자녀 3명이 있다. 그런데 丁1과 丁2는 2023.4.5. 상속을 포기하였고, 丙은 산132 임야가 乙의 소유로 등기된 것을 알고 2023.4.10. 이를 戊에게 매도하고 같은 날 소유권이전등기를 마쳐 주었다. 戊가 산132 임야의 소유권을 유효하게 취득할 수 있는 범위는? [10점]

4. (제3문의 사실관계를 전제로) 甲은 뒤늦게 이를 알고 2023.6.10. 戊를 상대로 산132 임야의 소유권이전등기를 구하고자 한다. 甲이 등기청구를 할 수 있는 방법으로 무엇이 있는지 논하시오. [15점]

5. (제3, 4문의 사실관계를 전제로) 戊는 甲의 청구를 받고 2023.4.10. 이후 산132 임야의 점유, 사용으로 인한 부당이득의 반환을 요구하였다. 戊의 주장은 타당한가? [5점]

민 법 | 2023년 제29회 기출문제해설

● 문제 1-1

[기본적 사실관계]
甲과 乙은 동업으로 도급받은 연립주택의 재건축공사를 완성하였다. 그런데 하자보증기간이 경과하지 않아 동업관계가 끝나지 않은 상태에서 누수하자보수문제가 발생하였다. 이에 乙이 그 방수공사를 맡아서 하기로 합의하였고, 그에 따라 乙이 丙을 고용하여 방수공사를 하다가 丙이 화상을 입는 사고(이하 "이 사건 사고"라 칭한다)가 발생하였다.
이에 丙은 甲과 乙을 공동피고로 하여 손해배상청구의 소(이하 "이 사건 소송"이라 칭한다)를 제기하고자 한다.
(각 문항은 상호 독립적임. 학설과 판례의 견해가 다를 경우 판례에 따라 서술하시오)

[위 기본적 사실관계에 추가하여]
이 사건 사고 발생 원인이 乙의 주의의무 위반이었음이 밝혀졌다면,

1. 丙이 乙에 대하여 손해배상을 청구할 수 있는 근거를 설명하시오. [5점]

✅ 해설 1-1

I. 결론

丙은 乙에 대하여 민법 제390에 근거하여 근로계약상 채무불이행으로 인한 손해배상을 청구할 수 있고, 불법행위의 요건에도 해당하는 경우 민법 제750조에 근거하여 손해배상을 청구할 수도 있다.

II. 근거

① 사용자는 고용 또는 근로계약에 수반되는 신의칙상의 부수적 의무로서 피용자가 노무를 제공하는 과정에서 생명, 신체, 건강을 해치는 일이 없도록 물적 환경을 정비하는 등 필요한 조치를 마련하여야 할 보호의무 또는 안전배려의무를 부담하고, 이러한 의무를 위반함으로써 피용자가 손해를 입은 경우 채무불이행으로 인한 손해배상책임을 진다(대판 1999.2.23. 97다12082).

② 그리고 이러한 사용자의 보호의무 또는 안전배려의무 위반 행위가 불법행위의 요건에 해당하는 경우에는 채무불이행책임과 경합하여 불법행위로 인한 손해배상책임도 부담하게 된다(대판 2013.11.28. 2011다60247). 근로계약에 수반되는 신의칙상의 부수적인 의무로서 근로자에 대한 보호의무를 부담하는 사용자에게 근로자가 입은 신체상의 재해에 대하여 민법 제750조 소정의 불법행위책임을 지우기 위하여는 사용자에게 당해 근로로 인하여 근로자의 신체상의 재해가 발생할 수 있음을 알았거나 알 수 있었음에도 불구하고 그 회피를 위한 별다른 안전조치를 취하지 않은 과실이 있음이 인정되어야 하고, 위와 같은 과실의 존재는 손해배상을 청구하는 근로자에게 그 입증책임이 있다(대판 2000.3.10. 99다60115).

문제 1-2

[기본적 사실관계]

甲과 乙은 동업으로 도급받은 연립주택의 재건축공사를 완성하였다. 그런데 하자보증기간이 경과하지 않아 동업관계가 끝나지 않은 상태에서 누수하자보수문제가 발생하였다. 이에 乙이 그 방수공사를 맡아서 하기로 합의하였고, 그에 따라 乙이 丙을 고용하여 방수공사를 하다가 丙이 화상을 입는 사고(이하 "이 사건 사고"라 칭한다)가 발생하였다.

이에 丙은 甲과 乙을 공동피고로 하여 손해배상청구의 소(이하 "이 사건 소송"이라 칭한다)를 제기하고자 한다.

(각 문항은 상호 독립적임. 학설과 판례의 견해가 다를 경우 판례에 따라 서술하시오)

[위 기본적 사실관계에 추가하여]

이 사건 사고 발생 원인이 乙의 주의의무 위반이었음이 밝혀졌다면,

2. 丙이 甲에 대하여 손해배상을 청구할 수 있는 근거를 설명하시오. [10점]

✅ 해설 1-2

I 결론

丙은 甲에 대하여 민법 제756조에 근거하여 사용자책임으로 인한 손해배상을 청구할 수 있다.

II 근 거

① 타인을 사용하여 어느 사무에 종사하게 한 자는 피용자가 그 사무집행에 관하여 제3자에게 가한 손해를 배상할 책임이 있다. 그러나 사용자가 피용자의 선임 및 그 사무감독에 상당한 주의를 한 때 또는 상당한 주의를 하여도 손해가 있을 경우에는 그러하지 아니하다(민법 제756조 제1항).

② 동업관계에 있는 자들이 공동으로 처리하여야 할 업무를 동업자 중 1인에게 그 업무집행을 위임하여 그로 하여금 처리하도록 한 경우, 다른 동업자는 그 업무집행자의 동업자인 동시에 사용자의 지위에 있다 할 것이므로, 업무집행 과정에서 발생한 사고에 대하여 사용자로서의 손해배상책임이 있다(대판 1998.4.28. 97다55164; 대판 2006.3.10. 2005다65562).

③ 사안의 경우, 위 방수공사는 동업관계에 있는 甲과 乙이 공동으로 처리하여야 할 업무로서 甲이 乙에게 그 업무집행을 위임하여 乙로 하여금 처리하도록 한 경우에 해당한다. 따라서 방수공사와 관련하여 甲은 乙의 동업자인 동시에 사용자의 지위에 있다고 할 것이므로, 방수공사와 관련하여 丙에게 발생한 사고에 대하여 민법 제756조에 따라 사용자로서 손해배상책임이 있다.

문제 1-3

[기본적 사실관계]

甲과 乙은 동업으로 도급받은 연립주택의 재건축공사를 완성하였다. 그런데 하자보증기간이 경과하지 않아 동업관계가 끝나지 않은 상태에서 누수하자보수문제가 발생하였다. 이에 乙이 그 방수공사를 맡아서 하기로 합의하였고, 그에 따라 乙이 丙을 고용하여 방수공사를 하다가 丙이 화상을 입는 사고(이하 "이 사건 사고"라 칭한다)가 발생하였다.

이에 丙은 甲과 乙을 공동피고로 하여 손해배상청구의 소(이하 "이 사건 소송"이라 칭한다)를 제기하고자 한다.

(각 문항은 상호 독립적임. 학설과 판례의 견해가 다를 경우 판례에 따라 서술하시오)

[위 기본적 사실관계에 추가하여]

이 사건 사고 발생 원인이 乙의 주의의무 위반이었음이 밝혀졌다면,

3. 丙이 자신이 입은 손해에 대하여 乙로부터 500만원을 받고 더 이상의 손해배상을 일절 청구하지 않기로 乙과 합의하였다면, 丙은 甲에게 손해배상청구를 할 수 있는지 그 결론과 근거를 설명하시오.

[10점]

✅ 해설 1-3

I. 결론
丙은 甲에게 500만원을 제외한 나머지 손해에 대하여 손해배상을 청구할 수 있다.

II. 근거

① 채무자가 부담하는 채무불이행으로 인한 손해배상채무와 제3자가 부담하는 불법행위로 인한 손해배상채무의 원인이 동일한 사실관계에 기한 경우에는 하나의 동일한 급부에 관하여 수인의 채무자가 각자 독립해서 그 전부를 급부하여야 할 의무를 부담하는 경우로서 부진정연대채무관계에 있다(대판 2006.9.8. 2004다55230).

② 부진정연대채무자 상호 간에 있어서 채권의 목적을 달성시키는 변제와 같은 사유는 채무자 전원에 대하여 절대적 효력을 발생하지만 그 밖의 사유는 상대적 효력을 발생하는 데에 그치는 것이므로 피해자가 채무자 중의 1인에 대하여 손해배상에 관한 권리를 포기하거나 채무를 면제하는 의사표시를 하였다 하더라도 다른 채무자에 대하여 그 효력이 미친다고 볼 수는 없다 할 것이고, 이러한 법리는 채무자들 사이의 내부관계에 있어 1인이 피해자로부터 합의에 의하여 손해배상채무의 일부를 면제받고도 사후에 면제받은 채무액을 자신의 출재로 변제한 다른 채무자에 대하여 다시 그 부담 부분에 따라 구상의무를 부담하게 된다 하여 달리 볼 것은 아니다(대판 2006.1.27. 2005다19378).

③ 사안의 경우, ㉠ 乙이 부담하는 근로계약상 채무불이행으로 인한 손해배상채무(또는 불법행위로 인한 손해배상채무)와 甲이 부담하는 사용자책임으로 인한 손해배상채무는 동일한 사실관계에 의하여 발생한 것으로 부진정연대채무관계에 있다. ㉡ 丙이 자신이 입은 손해에 대하여 乙로부터 500만원을 받고 더 이상의 손해배상을 청구하지 않기로 乙과 합의한 것은 채무면제의 의사표시에 해당한다고 할 것이므로, 다른 부진정연대채무자인 甲의 손해배상채무에는 영향을 주지 않는다. 따라서 丙은 甲에게 500만원을 제외한 나머지 손해에 대하여 손해배상을 청구할 수 있다.

문제 1-4

[기본적 사실관계]

甲과 乙은 동업으로 도급받은 연립주택의 재건축공사를 완성하였다. 그런데 하자보증기간이 경과하지 않아 동업관계가 끝나지 않은 상태에서 누수하자보수문제가 발생하였다. 이에 乙이 그 방수공사를 맡아서 하기로 합의하였고, 그에 따라 乙이 丙을 고용하여 방수공사를 하다가 丙이 화상을 입는 사고(이하 "이 사건 사고"라 칭한다)가 발생하였다.

이에 丙은 甲과 乙을 공동피고로 하여 손해배상청구의 소(이하 "이 사건 소송"이라 칭한다)를 제기하고자 한다.

(각 문항은 상호 독립적임. 학설과 판례의 견해가 다를 경우 판례에 따라 서술하시오)

[위 기본적 사실관계와 달리]

이 사건 사고 발생에 있어, 丙에게는 방수공사에 대한 전문적인 지식이나 경험이 없음에도 불구하고 甲과 乙에게 "아무나 방수공사를 해도 무방하다"고 말하고는 안전하게 방수작업을 해야 할 의무를 게을리한 과실이 있었고, 乙에게는 이와 같은 丙의 주의의무 위반을 이용한 고의가 있었음이 밝혀졌다.

4. 이 사건 소송 진행 중, 甲은 "민법 제496조에 의하면 고의의 불법행위로 인한 손해배상채무자는 상계로 채권자에게 대항하지 못하지만, 이 사건 사고는 내가 아닌 乙의 고의의 불법행위로 인한 것이다. 그러므로 나는 丙에 대한 대여금채권을 자동채권으로, 丙의 나에 대한 손해배상채권을 수동채권으로 하여 상계한다."라는 주장을 하였다. 실제로 甲에게 丙에 대하여 이미 변제기가 도래한 대여금채권이 있다면 甲의 위와 같은 주장이 타당한지 그 결론과 근거를 설명하시오. [10점]

✅ 해설 1-4

Ⅰ 결론

甲의 상계주장은 타당하지 않다.

Ⅱ 근거

① 채무가 고의의 불법행위로 인한 것인 때에는 그 채무자는 상계로 채권자에게 대항하지 못한다(민법 제496조).

② 민법 제756조에 의한 사용자의 손해배상책임은 피용자의 배상책임에 대한 대체적 책임이고, 같은 조 제1항에서 사용자가 피용자의 선임 및 그 사무감독에 상당한 주의를 한 때 또는 상당한 주의를 하여도 손해가 있을 경우에는 책임을 면할 수 있도록 규정함으로써 사용자책임에서 사용자의 과실은 직접의 가해행위가 아닌 피용자의 선임·감독에 관련된 것으로 해석되는 점에 비추어 볼 때, 피용자의 고의의 불법행위로 인하여 사용자책임이 성립하는 경우에 민법 제496조의 적용을 배제하여야 할 이유가 없으므로 사용자책임이 성립하는 경우 사용자는 자신의 고의의 불법행위가 아니라는 이유로 민법 제496조의 적용을 면할 수는 없다(대판 2006.10.26. 2004다63019).

③ 사안의 경우, 乙의 고의의 불법행위로 인하여 甲이 丙에게 사용자의 손해배상책임을 부담하는 경우, 甲의 손해배상책임은 피용자(동업자인 동시에 피용자) 乙의 배상책임 대한 대체적 책임이므로 甲은 자신의 고의의 불법행위가 아니라는 이유로 민법 제496조의 적용을 면할 수 없다. 따라서 甲은 사용자의 손해배상채무를 수동채권으로 하여 丙에게 상계를 주장할 수 없다.

● 문제 1-5

[기본적 사실관계]

甲과 乙은 동업으로 도급받은 연립주택의 재건축공사를 완성하였다. 그런데 하자보증기간이 경과하지 않아 동업관계가 끝나지 않은 상태에서 누수하자보수문제가 발생하였다. 이에 乙이 그 방수공사를 맡아서 하기로 합의하였고, 그에 따라 乙이 丙을 고용하여 방수공사를 하다가 丙이 화상을 입는 사고(이하 "이 사건 사고"라 칭한다)가 발생하였다.

이에 丙은 甲과 乙을 공동피고로 하여 손해배상청구의 소(이하 "이 사건 소송"이라 칭한다)를 제기하고자 한다.

(각 문항은 상호 독립적임. 학설과 판례의 견해가 다를 경우 판례에 따라 서술하시오)

[위 기본적 사실관계와 달리]

이 사건 사고 발생에 있어, 丙에게는 방수공사에 대한 전문적인 지식이나 경험이 없음에도 불구하고 甲과 乙에게 "아무나 방수공사를 해도 무방하다"고 말하고는 안전하게 방수작업을 해야 할 의무를 게을리한 과실이 있었고, 乙에게는 이와 같은 丙의 주의의무 위반을 이용한 고의가 있었음이 밝혀졌다.

5. 이 사건 소송 진행 중, 丙의 손해액은 1억원으로, 丙의 과실은 30%로 인정되었고, 乙이 손해배상금의 일부로 丙에게 4천만원을 지급하였음이 밝혀졌다. 이 경우 甲이 丙에게 지급해야 하는 손해배상금의 액수는 얼마로 보아야 하는지 그 결론과 근거를 설명하시오. [15점]

✅ 해설 1-5

Ⅰ. 결론

甲이 丙에게 지급해야 하는 손해배상금의 액수는 6천만원이다.

Ⅱ. 근거

1. 사용자의 손해배상책임과 과실상계

피해자의 부주의를 이용하여 고의로 불법행위를 저지른 사람이 바로 그 피해자의 부주의를 이유로 자신의 책임을 줄여 달라고 주장하는 것은 허용될 수 없다. 그러나 이는 그러한 사유가 있는 자에게 과실상계의 주장을 허용하는 것이 신의칙에 반하기 때문이므로, 불법행위자 중의 일부에게 그러한 사유가 있다고 하여 그러한 사유가 없는 다른 불법행위자까지도 과실상계의 주장을 할 수 없다고 해석할 것은 아니다. 또한 피용자가 업무상 행위로 거래당사자인 피해자에게 고의로 불법행위를 저지른 경우라고 하더라도, 피용자를 고용하였을 뿐 이러한 불법행위에 가담하지 않은 사용자에게 책임을 묻고 있는 피해자에게 과실이 있다면, 법원은 과실상계의 법리에 따라 손해배상의 책임과 그 금액을 정하는 데 이를 참작하여야 한다(대판 2018.2.13. 2015다242429).

2. 금액이 다른 채무가 서로 부진정연대 관계에 있을 때 다액채무자가 일부 변제를 하는 경우, 변제로 먼저 소멸하는 부분(= 다액채무자가 단독으로 채무를 부담하는 부분)

① 금액이 다른 채무가 서로 부진정연대 관계에 있을 때 다액채무자가 일부 변제를 하는 경우 변제로 인하여 먼저 소멸하는 부분은 당사자의 의사와 채무 전액의 지급을 확실히 확보하려는 부진정연대채무 제도의 취지에 비추어 볼 때 다액채무자가 단독으로 채무를 부담하는 부분으로 보아야 한다(대판 2018.3.22. 2012다74236[전합], 외측설).

② 이러한 법리는 사용자의 손해배상액이 피해자의 과실을 참작하여 과실상계를 한 결과 타인에게 직접 손해를 가한 피용자 자신의 손해배상액과 달라졌는데 다액채무자인 피용자가 손해배상액의 일부를 변제한 경우에 적용되고, 공동불법행위자들의 피해자에 대한 과실비율이 달라 손해배상액이 달라졌는데 다액채무자인 공동불법행위자가 손해배상액의 일부를 변제한 경우에도 적용된다(대판 2018.3.22. 2012다74236[전합]).

3. 사안의 경우

① 피해자 丙의 손해액은 1억원이고, 丙의 과실은 30%인데, 乙은 丙의 부주의를 이용하여 고의의 불법행위를 저지른 사람이므로 신의칙상 과실상계가 허용되지 아니한다. 따라서 乙은 丙에게 1억원의 손해배상채무를 부담한다.

② 甲은 피용자(동업자인 동시에 피용자) 乙의 사용자일뿐 乙의 불법행위에 가담하지 않았으므로 피해자 丙의 과실을 이유로 과실상계를 주장할 수 있다(민법 제396조). 따라서 甲은 丙에게 7,000만원의 손해배상채무를 부담한다.

③ 1억원의 채무를 부담하는 乙이 그중 일부인 4천만원을 丙에게 변제한 경우 그 일부변제로 인하여 甲의 채무가 소멸하는 범위가 문제되는데, 최근 전원합의체 판결에 의하면 이른바 '외측설'에 따라 乙이 변제한 4천만원으로 먼저 다액채무자인 乙이 단독으로 부담하는 부분인 3천만원이 소멸하고, 그 다음으로 甲과 乙이 공동으로 부담하는 부분에서 1천만원이 소멸한다. 따라서 乙의 일부변제로 인하여 甲의 손해배상채무는 1천만원만 소멸하고, 甲이 丙에게 지급해야 하는 손해배상금의 액수는 6천만원이 된다.

문제 2-1

甲은 묘지를 설치하기 위하여 乙로부터 그가 소유한 A리 산132 임야 1,200m^2(이하 이 사건에서 문제되는 모든 부동산은 A리 소재인바, 'A리'의 기재는 생략한다)를 현장답사 후 매수하기로 하고, 2003.5.10. 매매계약을 체결하였다. 그런데 甲과 乙은 실수로 역시 乙이 소유하고 있으며 면적이 동일한 산133 임야를 매매목적물로 기재하여 매매계약서를 작성하고, 그에 기하여 2003.6.1. 산133 임야에 관하여 甲 명의로 소유권이전등기가 경료되었다. 甲은 2003.6.10. 산132 임야에 분묘 2기를 개설하고 토지 경계를 따라 나무를 심어 두었으며, 그 상태대로 현재에 이르고 있다.

이상의 사실관계를 전제로, 각 설문에 답하시오(다툼이 있는 경우에는 가장 최신의 판례에 의할 것).

1. 甲은 2023.1.2.에 이르러서야 비로소 산132 임야에 관하여 소유권이전등기가 경료되지 않은 사실을 확인하고, 乙을 상대로 "2003.5.10. 매매"를 원인으로 한 소유권이전등기를 구하는 소를 제기하였다. 이에 乙은 답변서에서 '이미 10년 이상 지나서 등기를 해 줄 의무가 없다'고만 주장하였고, 그 상태에서 변론이 종결되었다. 甲의 청구에 대하여 예상되는 결론을 밝히고 그 이유를 설명하시오. [10점]

해설 2-1

I. 결 론

甲의 청구는 인용될 수 있다.

II. 이 유

1. 매매계약 목적물의 특정

부동산의 매매계약에 있어 쌍방 당사자가 모두 특정의 甲 토지를 계약의 목적물로 삼았으나 그 목적물의 지번 등에 관하여 착오를 일으켜 계약을 체결함에 있어서는 계약서상 그 목적물을 甲 토지와는 별개인 乙 토지로 표시하였다 하여도, 甲 토지에 관하여 이를 매매의 목적물로 한다는 쌍방 당사자의 의사합치가 있은 이상 그 매매계약은 甲 토지에 관하여 성립한 것으로 보아야 하고 乙 토지에 관하여 매매계약이 체결된 것으로 보아서는 안 될 것이며, 만일 乙 토지에 관하여 그 매매계약을 원인으로 하여 매수인 명의로 소유권이전등기가 경료되었다면 이는 원인 없이 경료된 것으로서 무효이다(대판 1996.8.20. 96다19581).

2. 매수인이 매매 목적 부동산을 인도받아 계속 점유하는 경우, 그 부동산에 관한 소유권이전등기청구권의 소멸시효가 진행하는지 여부

① 시효제도는 일정 기간 계속된 사회질서를 유지하고 시간의 경과로 인하여 곤란해지는 증거보전으로부터 구제를 꾀하며 자기 권리를 행사하지 않고 소위 권리 위에 잠자는 자는 법적 보호에서 제외하기 위하여 규정된 제도라고 할 것인바, 부동산에 관하여 인도, 등기 등의 어느 한쪽에 대하여서라도 권리를 행사하는 자는 전체적으로 보아 그 부동산에 관하여 권리 위에 잠자는 자라고 할 수 없다 할 것이므로, 매수인이 목적 부동산을 인도받아 계속 점유하는 경우에는 그 소유권이전등기청구권의 소멸시효가 진행하지 않는다(대판 2010.1.28. 2009다73011).

② 한편, 점유라고 함은 물건이 사회통념상 그 사람의 사실적 지배에 속한다고 보이는 객관적 관계에 있는 것을 말하고 사실상의 지배가 있다고 하기 위해서는 반드시 물건을 물리적, 현실적으로 지배하는 것만을 의미하는 것이 아니고 물건과 사람과의 시간적, 공간적 관계와 본권관계, 타인지배의 배제가능성 등을 고려하여 사회관념에 따라 합목적으로 판단하여야 한다(대판 2010.1.28. 2009다73011).

3. 사안의 경우

① 甲과 乙은 모두 '산132 임야'를 매매목적물로 삼았으나 그 목적물의 지번에 관하여 착오를 일으켜 계약을 체결함에 있어서는 계약서상 그 목적물을 '산132 임야'와는 별개인 '산133 임야'로 표시하였다 하여도, '산132 임야'에 관하여 이를 매매의 목적물로 한다는 쌍방 당사자의 의사합치가 있은 이상 그 매매계약은 '산132 임야'에 관하여 성립한 것으로 보아야 한다.

② 한편, 甲은 2003.6.10. '산132 임야'에 분묘 2기를 개설하고 토지 경계를 따라 나무를 심어 두는 등 현재까지 '산132 임야'를 인도받아 계속 점유하고 있다고 볼 수 있다. 따라서 甲의 매매를 원인으로 하는 소유권이전등기청구권의 소멸시효는 진행하지 않는다.

③ 따라서 甲이 2023.1.2.에 이르러서야 '산132 임야'의 소유권이전등기청구의 소를 제기하였더라도, 乙의 소멸시효 완성의 항변은 타당하지 않다. 결국 甲의 소유권이전등기청구는 인용될 수 있다.

◆ 문제 2-2

> 甲은 묘지를 설치하기 위하여 乙로부터 그가 소유한 A리 산132 임야 1,200㎡(이하 이 사건에서 문제되는 모든 부동산은 A리 소재인바, 'A리'의 기재는 생략한다)를 현장답사 후 매수하기로 하고, 2003.5.10. 매매계약을 체결하였다. 그런데 甲과 乙은 실수로 역시 乙이 소유하고 있으며 면적이 동일한 산133 임야를 매매목적물로 기재하여 매매계약서를 작성하고, 그에 기하여 2003.6.1. 산133 임야에 관하여 甲 명의로 소유권이전등기가 경료되었다. 甲은 2003.6.10. 산132 임야에 분묘 2기를 개설하고 토지 경계를 따라 나무를 심어 두었으며, 그 상태대로 현재에 이르고 있다.
>
> 이상의 사실관계를 전제로, 각 설문에 답하시오(다툼이 있는 경우에는 가장 최신의 판례에 의할 것).

2. (제1문과는 별개의 사실관계이다) 甲은 산133 임야가 자신의 소유로 등기되어 있음을 기화로 위 임야에 관하여 2023.1.2. 처남인 甲2에게 매매를 원인으로 한 소유권이전등기를 마쳐 주었다. 그러자 甲의 채권자 丙은 이를 사해행위로 주장하며 산133 임야에 관한 2023.1.2.자 매매계약의 취소 및 甲2 명의의 소유권이전등기의 말소를 구하는 소를 2023.5.10. 제기하였다. 심리 결과 甲이 2023.1.2. 당시 채무초과 상태였음은 인정되었다. 丙의 청구에 대하여 예상되는 결론과 그 이유를 설명하시오. [10점]

◆ 해설 2-2

I 결론

丙의 사해행위취소청구는 인용될 수 없다.

II 이유

① 채무자 명의의 소유권이전등기가 무효인 경우에는 그 부동산은 채무자의 소유가 아니기 때문에 이를 채무자의 일반 채권자들의 공동담보에 제공되는 책임재산이라고 볼 수 없고, 채무자가 위 부동산에 관하여 제3자와 매매계약을 체결하고 그에게 소유권이전등기를 마쳐주었다고 하더라도 그로써 채무자의 책임재산에 감소를 초래한 것이라고 할 수 없으므로 이를 들어 채무자의 일반 채권자들을 해하는 사해행위라고 할 수 없으며, 채무자에게 사해의 의사가 있다고 볼 수도 없다(대판 2008.9.25. 2007다74874 참조).

② 사안의 경우, '산133 임야'에 대한 甲 명의의 소유권이전등기는 원인무효의 등기로서 '산133 임야'에 대한 소유권은 甲이 아니라 乙에게 있으므로, 甲의 책임재산이라고 볼 수 없다. 따라서 甲이 '산133 임야'가 자신의 명의로 등기되어 있음을 기화로 甲2에게 매매를 원인으로 한 소유권이전등기를 하였더라도, 이는 甲의 채권자 丙에 대한 관계에서 사해행위라고 할 수 없고, 채무자 甲에게 사해의 의사가 있다고 볼 수도 없다. 따라서 丙의 사해행위취소청구는 인용될 수 없다.

문제 2-3

甲은 묘지를 설치하기 위하여 乙로부터 그가 소유한 A리 산132 임야 1,200m²(이하 이 사건에서 문제되는 모든 부동산은 A리 소재인바, 'A리'의 기재는 생략한다)를 현장답사 후 매수하기로 하고, 2003.5.10. 매매계약을 체결하였다. 그런데 甲과 乙은 실수로 역시 乙이 소유하고 있으며 면적이 동일한 산133 임야를 매매목적물로 기재하여 매매계약서를 작성하고, 그에 기하여 2003.6.1. 산133 임야에 관하여 甲 명의로 소유권이전등기가 경료되었다. 甲은 2003.6.10. 산132 임야에 분묘 2기를 개설하고 토지 경계를 따라 나무를 심어 두었으며, 그 상태대로 현재에 이르고 있다.

이상의 사실관계를 전제로, 각 설문에 답하시오(다툼이 있는 경우에는 가장 최신의 판례에 의할 것).

3. (제1, 2문과는 별개의 사실관계이다) 乙은 2023.2.1. 사망하였고, 유족으로는 배우자인 丙과 장남인 丁1, 차남인 丁2 및 장남 丁1의 배우자와 자녀 3명이 있다. 그런데 丁1과 丁2는 2023.4.5. 상속을 포기하였고, 丙은 산132 임야가 乙의 소유로 등기된 것을 알고 2023.4.10. 이를 戊에게 매도하고 같은 날 소유권이전등기를 마쳐 주었다. 戊가 산132 임야의 소유권을 유효하게 취득할 수 있는 범위는?

[10점]

✓ 해설 2-3

I. 결론

戊는 '산132 임야'의 소유권을 전부 취득한다.

II. 이유

① 공동상속인인 배우자와 자녀들 중 자녀 일부만 상속을 포기한 경우에는 민법 제1043조에 따라 상속포기자인 자녀의 상속분이 배우자와 상속을 포기하지 않은 다른 자녀에게 귀속된다. 이와 동일하게 공동상속인인 배우자와 자녀들 중 자녀 전부가 상속을 포기한 경우 민법 제1043조에 따라 상속을 포기한 자녀의 상속분은 남아 있는 '다른 상속인'인 배우자에게 귀속되고, 따라서 배우자가 단독상속인이 된다고 봄이 타당하다(대결 2023.3.23. 2020그42[전합]).

② 한편, 부동산 이중매매의 경우, 등기를 먼저 갖춘 자가 소유권을 취득한다(민법 제186조).

③ 사안의 경우, 甲에 대하여 '산132 임야'에 관하여 매매로 인한 소유권이전등기의무를 부담하고 있는 乙이 2023.2.1. 사망함으로써 그 상속인이 매도인의 지위를 승계하게 된다. 다만, 공동상속인인 배우자와 자녀들 중 자녀(丁1, 丁2) 전부가 상속을 포기하였으므로 배우자 丙이 단독상속인이 된다. 그러나 丙은 2023.4.10. '산132 임야'를 戊에게 매도하고 소유권이전등기까지 마쳐주었으므로, 특별한 사정이 없는 한 먼저 등기를 갖춘 戊가 '산132 임야'의 소유권을 전부 취득한다. 다만, 이러한 결론은 丙이 '산132 임야'를 자신의 명의로 상속등기를 한 후에 戊에게 소유권이전등기를 마쳐준 것을 전제로 한다. 사망자 乙 명의의 등기신청에 의하여 戊에게 경료된 등기는 원인무효의 등기이기 때문이다(대판 1997.11.28. 95다51991).[2]

---

[2] 사망자 명의의 등기신청에 의하여 경료된 등기는 원인무효의 등기로서 등기의 추정력을 인정할 여지가 없다고 하겠으나, 등기원인이 이미 존재하고 있으나 아직 등기신청을 하지 않고 있는 동안에 등기권리자 또는 등기의무자에 관하여 상속이 개시된 경우 피상속인이 살아 있다면 그가 신청하였을 등기를 상속인이 부동산등기법 제47조의 규정에 따라 신청하는 때에는 그 등기를 무효라고 할 수 없으므로, 사망한 등기의무자로부터 경료된 등기라고 하더라도 등기의무자의 사망 전에 그 등기원인이 이미 존재하는 등의 사정이 있는 경우에는, 그 등기는 위와 같은 절차에 따라 적법하게 경료된 것으로 추정되어 그 등기의 추정력을 부정할 수 없다(대판 1997.11.28. 95다51991).

문제 2-4

甲은 묘지를 설치하기 위하여 乙로부터 그가 소유한 A리 산132 임야 1,200m²(이하 이 사건에서 문제되는 모든 부동산은 A리 소재인바, 'A리'의 기재는 생략한다)를 현장답사 후 매수하기로 하고, 2003.5.10. 매매계약을 체결하였다. 그런데 甲과 乙은 실수로 역시 乙이 소유하고 있으며 면적이 동일한 산133 임야를 매매목적물로 기재하여 매매계약서를 작성하고, 그에 기하여 2003.6.1. 산133 임야에 관하여 甲 명의로 소유권이전등기가 경료되었다. 甲은 2003.6.10. 산132 임야에 분묘 2기를 개설하고 토지 경계를 따라 나무를 심어 두었으며, 그 상태대로 현재에 이르고 있다.

이상의 사실관계를 전제로, 각 설문에 답하시오(다툼이 있는 경우에는 가장 최신의 판례에 의할 것).

4. (제3문의 사실관계를 전제로) 甲은 뒤늦게 이를 알고 2023.6.10. 戊를 상대로 산132 임야의 소유권이전등기를 구하고자 한다. 甲이 등기청구를 할 수 있는 방법으로 무엇이 있는지 논하시오. [15점]

해설 2-4

I 결론

甲은 戊를 상대로 '산132 임야'에 대하여 점유취득시효 완성을 원인으로 소유권이전등기를 청구할 수 있다.

II 이유

1. 점유취득시효 완성을 원인으로 한 소유권이전등기청구

① 20년간 소유의 의사로 평온, 공연하게 부동산을 점유하는 자는 등기함으로써 그 소유권을 취득한다(민법 제245조 제1항). 그리고 점유자는 소유의 의사로 선의, 평온 및 공연하게 점유한 것으로 추정된다(민법 제197조 제1항).

② 민법 제197조 제1항이 규정하고 있는 점유자에게 추정되는 '소유의 의사'는 사실상 소유할 의사가 있는 것으로 충분한 것이지 반드시 등기를 수반하여야 하는 것은 아니므로 <u>등기를 수반하지 아니한 점유임이 밝혀졌다고 하여 이 사실만 가지고 바로 점유권원의 성질상 소유의 의사가 결여된 타주점유라고 할 수 없다</u>(대판 2000.3.16. 97다37661[전합]).

③ 점유기간 중에 당해 부동산의 소유권자에 변동이 있는 경우에는 취득시효를 주장하는 자가 임의로 기산점을 선택하거나 소급하여 20년 이상 점유한 사실만 내세워 시효완성을 주장할 수 없고, 이와 같은 경우에는 법원이 당사자의 주장에 구애됨이 없이 소송자료에 의하여 인정되는 바에 따라 진정한 점유의 개시시기를 인정하고 이를 바탕으로 취득시효 주장의 당부를 판단하여야 한다(대판 1993.10.26. 93다7358).

④ 취득시효기간이 경과하기 전에 등기부상의 소유명의자가 변경된다고 하더라도 그 사유만으로는 점유자의 종래의 사실상태의 계속을 파괴한 것이라고 볼 수 없어 취득시효를 중단할 사유가 되지 못하므로, 새로운 소유명의자는 취득시효 완성 당시 권리의무 변동의 당사자로서 취득시효 완성으로 인한 불이익을 받게 된다 할 것이어서 시효완성자는 그 소유명의자에게 시효취득을 주장할 수 있다(대판 2009.7.16. 2007다15172[전합]).

2. 사안의 경우

① '산132 임야'에 관하여 이를 매매의 목적물로 한다는 甲과 乙 쌍방 당사자의 의사합치가 있은 이상, 매매계약은 '산132 임야'에 관하여 2003.5.10. 성립한 것으로 보아야 한다. 그러나 소유권등기는 '산133 임야'에 잘못 경료됨으로써, '산132 임야'의 소유자는 여전히 乙이다.

② 한편, 甲은 '산132 임야'의 매수인으로서 2003.6.10.부터 '산132 임야'을 인도받아 분묘를 개설하는 등의 방법으로 2023.6.10. 현재까지 20년 동안 계속하여 점유하고 있는바, 매매계약에 의하여 점유를 취득하였다는 점에서 甲의 점유는 자주점유(소유의 의사에 의한 점유)로 보아야 하고, 또한 선의, 평온 및 공연하게 점유한 것으로 추정된다(민법 제197조 제1항).

③ 비록 甲이 2023.1.2.에 그 등기가 잘못된 사실을 알게 되었으나, 등기를 수반하지 않은 점유임이 밝혀졌다고 하더라도 이 사실만 가지고 바로 점유권원의 성질상 소유의 의사가 결여된 타주점유라고 할 수 없다.

④ 취득시효기간이 경과하기 전인 2023.4.10. '산132 임야'의 등기부상의 소유명의자가 戊로 변경된다고 하더라도 그 사유만으로는 점유자 甲의 종래의 사실상태의 계속을 파괴한 것이라고 볼 수 없어 취득시효를 중단할 사유가 되지 못하므로, 戊는 2023.6.10. 취득시효 완성 당시 권리의무 변동의 당사자로서 취득시효 완성으로 인한 불이익을 받게 된다 할 것이어서 甲은 戊에게 시효취득을 주장할 수 있다.

문제 2-5

甲은 묘지를 설치하기 위하여 乙로부터 그가 소유한 A리 산132 임야 1,200m²(이하 이 사건에서 문제되는 모든 부동산은 A리 소재인바, 'A리'의 기재는 생략한다)를 현장답사 후 매수하기로 하고, 2003.5.10. 매매계약을 체결하였다. 그런데 甲과 乙은 실수로 역시 乙이 소유하고 있으며 면적이 동일한 산133 임야를 매매목적물로 기재하여 매매계약서를 작성하고, 그에 기하여 2003.6.1. 산133 임야에 관하여 甲 명의로 소유권이전등기가 경료되었다. 甲은 2003.6.10. 산132 임야에 분묘 2기를 개설하고 토지 경계를 따라 나무를 심어 두었으며, 그 상태대로 현재에 이르고 있다.

이상의 사실관계를 전제로, 각 설문에 답하시오(다툼이 있는 경우에는 가장 최신의 판례에 의할 것).

5. (제3, 4문의 사실관계를 전제로) 戊는 甲의 청구를 받고 2023.4.10. 이후 산132 임야의 점유, 사용으로 인한 부당이득의 반환을 요구하였다. 戊의 주장은 타당한가? [5점]

해설 2-5

I. 결론

戊의 주장은 타당하지 않다.

II. 이유

① 부동산에 대한 취득시효가 완성되면 점유자는 소유명의자에 대하여 취득시효완성을 원인으로 한 소유권이전등기절차의 이행을 청구할 수 있고 소유명의자는 이에 응할 의무가 있으므로 점유자가 그 명의로 소유권이전등기를 경료하지 아니하여 아직 소유권을 취득하지 못하였다고 하더라도 소유명의자는 점유자에 대하여 점유로 인한 부당이득반환청구를 할 수 없다(대판 1993.5.25. 92다51280; 대판 2018.6.28. 2017다255344).

② 사안의 경우, 甲은 2023.6.10.자 취득시효완성을 원인으로 '산132 임야'의 소유권이전등기청구권을 취득하였다고 할 것이고, 그 효과는 점유를 개시한 2003.6.10.에 소급하는 것이므로 이와 같은 지위에 있는 甲에 대하여 戊가 취득시효기간 중 이 사건 토지에 대한 점유사용으로 인한 부당이득을 청구하는 것은 신의칙에 반하여 허용할 수 없다.

2022년 제28회 기출문제

민 법

문제 1

[기본적 사실관계]

甲과 乙은 2020.1.1.부터 A토지를 각 1/2씩 공유하고 있으나, A토지의 관리에 관하여 甲과 乙 사이에 아무런 합의가 없는 상태에서 甲은 2020.7.1.부터 A토지 위에 B주택을 신축하고 B주택에서 거주하고 있다. 2020.1.1.부터 현재까지 A토지의 임료는 월 100만원이다.

위 기본적 사실관계를 전제로 甲을 상대로 제기할 수 있는 아래와 같은 청구의 당부에 대해 논하라(아래 각 문항은 상호 독립적이다. 견해 대립이 있는 경우 대법원 판례의 다수의견에 따르고, 대법원 판례에서 원칙과 예외를 규정하는 경우 원칙에 따른다).

1. 乙은 甲을 상대로, ① B주택에서의 퇴거, ② B주택의 철거, ③ A토지의 인도, ④ 부당이득금 반환을 청구하려고 한다. 위 ① 내지 ④ 청구가 가능한지 여부를 검토하고, 검토 결과를 기초로 乙이 전부 승소할 수 있는 청구취지를 작성하라. [25점]

2. 乙은 A토지에 대한 공유상태를 해소하고자 하는데, 甲과 乙의 A토지 취득원인이 상속에 기한 것이었고 甲과 乙 사이에 상속재산분할협의가 성립하는 등 상속재산분할절차가 이루어진 바는 없다면, 乙이 제기할 수 있는 법률상 청구가 무엇인지 논하라. [10점]

3. 만약 乙에 대해 대여금채권을 가지고 있는 丙이 무자력인 乙을 대위하여 甲을 상대로 A토지에 대한 공유물분할청구의 소를 제기하였다면 그 당부를 논하라. [15점]

문제 2

[기본적 사실관계]

甲은 2000.6.경 甲이 乙에게 X토지를 월 차임 200만원, 임대차기간 2000.7.1.~2020.7.1.까지로 하여 임대하는 임대차계약(이하 'X토지 임대차계약'이라 칭한다)을 체결하였고, 계약 당일 乙은 X토지를 인도받았다.

X토지 임대차계약의 내용에 따라 乙은 2001.6.경 X토지의 형질을 당초 '임야'에서 '공장용지'로 변경하고 그 지상에 레미콘 공장 건물(이하 'Y건물'이라 칭함)을 신축하여 현재까지 소유하고 있다. 甲은 2020.3.경 乙에게 "X토지 임대차계약이 2020.7.1. 기간만료로 종료되므로 Y건물을 철거하고 X토지를 인도하라"고 통보하였으나, 乙은 계약갱신청구를 하는 등 2020.7.1. 이 경과하도록 이에 응하지 않았다. 이에 甲은 "피고는 Y건물을 철거하고 원고에게 X토지를 인도하라"는 내용의 소를 제기하였다.

또한 甲은 2020.6.경 甲이 丙에게 Z건물 1층 A부분을 월 차임 100만원, 임대차기간 2020.7.1.~2022.7.1.까지로 하여 임대하는 임대차계약(이하 'Z건물 임대차계약'이라 칭한다)을 체결하였고, 계약 당일 丙은 Z건물 1층 A부분을 인도받았다.

(이하 각 설문은 독립적임. 학설과 판례의 견해가 다를 경우 대법원 판례의 다수의견에 따라 서술할 것. 문제에서 설시된 사실관계 외에 다른 사정은 가정하지 않음)

1. (위 기본적 사실관계에 추가하여) X토지 임대차계약에는 다음과 같은 조항이 존재하였다.

   A. 임대차기간 연장 조건에 관해 甲과 乙 상호 간에 합의가 이루어지지 않은 경우 계약기간 만료일로부터 3개월 이내 乙이 지상물을 철거하지 않을 시 甲이 일방적으로 강제집행을 해도 乙은 이의를 제기하지 않는다(이하 'A조항'이라 칭한다).

   甲의 소송상 청구에 대해 乙이 ① Y건물 및 ② 레미콘 생산설비 등 기계기구에 대한 매수청구권(민법 제643조)을 행사한다는 주장을 하고 있다. 乙의 주장의 당부와 이유를 설명하시오. [15점]

2. (위 기본적 사실관계에 추가하여) 乙은 당초 임야이던 X토지의 형질을 공장용지로 변경하기 위하여 매립, 주변 옹벽설치 등을 위한 토목공사비용 3억원을 지출하였고, 시가감정결과 임대차기간 만료 후 토목공사로 인한 X토지의 현존하는 객관적 가치증가액은 2억원인 사실이 인정되었다.

   가. 乙이 위와 같이 지출한 비용의 전부 또는 일부를 甲으로부터 상환받을 수 있는 권리의 내용에 대하여 설명하시오(乙이 이 권리를 포기하였음을 인정할 증거는 없음). [5점]

   나. 乙은 위 가.의 권리에 기하여, 甲으로부터 위 비용을 상환받을 때까지 X토지를 유치할 수 있다는 주장을 하고 있다. 乙의 이러한 주장이 타당한지 그 결론과 이유를 설명하시오. [5점]

다. X토지 임대차계약에는 다음과 같은 조항이 존재하였다.

> B. 乙은 X토지에 대한 공과금을 책임지고 지급한다(이하 'B조항'이라 칭한다).

B조항의 존재에도 불구하고 甲은 乙을 대신하여 2005.1.1.부터 2020.6.30.까지 X토지에 부과된 각종 세금 합계 5,000만원을 납부하였다. 이에 甲은 위 소송 계속 중, 乙에 대한 구상금채권 5,000만원을 자동채권으로, 乙이 甲에 대하여 가지는 위 가.의 권리를 수동채권으로 하여 대등액에서 상계한다는 의사를 표시하였다. 이러한 甲의 주장에 대하여 乙은, 甲의 구상금채권 중 이 사건 임대차계약기간 만료 시점에 이미 소멸시효가 완성된 부분을 자동채권으로 해서는 상계가 불가능하다는 주장을 하고 있다. 乙의 이러한 주장이 타당한지 그 결론 및 이유를 설명하시오. [10점]

3. (위 기본적 사실관계에 추가하여) 2022.5.1. Z건물 1층 A부분에서 화재가 발생하여 丙이 임차한 A부분 뿐만 아니라 A부분과 상호 유지·존립에 있어 구조상 불가분의 일체 관계에 있는 B부분까지 전소되었다. 甲과 丙의 A부분과 B부분에 관한 법률관계를 설명하시오(불법행위로 인한 손해배상책임은 고려하지 않음). [15점]

민 법 | 2022년 제28회 기출문제해설

● 문제 1-1

[기본적 사실관계]

甲과 乙은 2020.1.1.부터 A토지를 각 1/2 씩 공유하고 있으나, A토지의 관리에 관하여 甲과 乙 사이에 아무런 합의가 없는 상태에서 甲은 2020.7.1.부터 A토지 위에 B주택을 신축하고 B주택에서 거주하고 있다. 2020.1.1.부터 현재까지 A토지의 임료는 월 100만원이다.

위 기본적 사실관계를 전제로 甲을 상대로 제기할 수 있는 아래와 같은 청구의 당부에 대해 논하라(아래 각 문항은 상호 독립적이다. 견해 대립이 있는 경우 대법원 판례의 다수의견에 따르고, 대법원 판례에서 원칙과 예외를 규정하는 경우 원칙에 따른다).

1. 乙은 甲을 상대로, ① B주택에서의 퇴거, ② B주택의 철거, ③ A토지의 인도, ④ 부당이득금 반환을 청구하려고 한다. 위 ① 내지 ④ 청구가 가능한지 여부를 검토하고, 검토 결과를 기초로 乙이 전부 승소할 수 있는 청구취지를 작성하라. [25점]

✅ 해설 1-1

I 乙이 전부승소할 수 있는 청구취지

1. 피고는 원고에게,
   가. B주택을 철거하고,
   나. 2020.7.1.부터 A토지에 대한 점유 종료일까지 월 50만원의 비율로 계산한 돈을 지급하라.
2. 소송비용은 피고가 부담한다.
3. 위 제1항은 가집행할 수 있다.
라는 판결을 구합니다.

II 이 유

1. B주택에서의 퇴거 청구 (①)

① 건물의 소유자가 그 건물의 소유를 통하여 타인 소유의 토지를 점유하고 있다고 하더라도 그 토지 소유자로서는 그 건물의 철거와 그 대지 부분의 인도를 청구할 수 있을 뿐, 자기 소유의 건물을 점유하고 있는 자에 대하여 그 건물에서 퇴거할 것을 청구할 수는 없다(대판 1999.7.9. 98다57457).

② 사안의 경우, 甲이 B주택의 소유를 통하여 乙 소유(甲과 乙의 공유)의 토지를 점유하고 있다고 하더라도 乙은 자기 소유의 B주택을 점유하고 있는 甲에 대하여 B주택에서 퇴거할 것을 청구할 수 없다.

2. B주택의 철거 청구 (②)

① 공유자들 사이에 공유물 관리에 관한 결정이 없는 경우, 일부 공유자가 공유물의 전부나 일부를 독점적으로 점유한다면 이는 다른 공유자의 지분권에 기초한 사용·수익권을 침해하는 것이다. 이때 공유자는 자신의 지분권 행사를 방해하는 행위에 대해서 민법 제214조에 따른 방해배제청구권을 행사할 수 있고, 공유물에 대한 지분권은 공유자 개개인에게 귀속되는 것이므로 공유자 각자가 행사할 수 있다.

② 원고는 공유물의 종류(토지, 건물, 동산 등), 용도, 상태(피고의 독점적 점유를 전후로 한 공유물의 현황)나 당사자의 관계 등을 고려해서 원고의 공동 점유를 방해하거나 방해할 염려 있는 피고의 행위와 방해물을 구체적으로 특정하여 방해의 금지, 제거, 예방(작위·부작위의무의 이행)을 청구하는 형태로 청구취지를 구성할 수 있다. 법원은 이것이 피고의 방해 상태를 제거하기 위하여 필요하고 원고가 달성하려는 상태가 공유자들의 공동 점유 상태에 부합한다면 이를 인용할 수 있다.

③ 따라서 공유물의 소수지분권자가 다른 공유자와 협의 없이 공유물의 전부 또는 일부를 독점적으로 점유·사용하고 있는 경우 다른 소수지분권자는 공유물의 보존행위로서 그 인도를 청구할 수는 없고, 다만 자신의 지분권에 기초하여 공유물에 대한 방해 상태를 제거하거나 공동 점유를 방해하는 행위의 금지 등을 청구할 수 있다고 보아야 한다(대판 2020.5.21. 2018다287522[전합]).

④ 사안의 경우, 공유물인 A토지의 소수지분권자인 甲(1/2 지분권자)이 다른 공유자인 乙과 협의 없이 A토지 위에 B주택을 신축하여 소유하는 것은 공유물의 전부 또는 일부를 독점적으로 점유·사용하고 있는 경우에 해당한다. 따라서 乙은 자신의 1/2 지분권에 기초하여 공유물인 A토지에 대한 방해배제청구권 행사의 일환으로 B주택의 철거를 청구할 수 있다.

3. A토지의 인도 청구 (③)

① 공유물의 소수지분권자인 피고가 다른 공유자와 협의하지 않고 공유물의 전부 또는 일부를 독점적으로 점유하는 경우 다른 소수지분권자인 원고가 피고를 상대로 공유물의 인도를 청구할 수는 없다고 보아야 한다. 상세한 이유는 다음과 같다(대판 2020.5.21. 2018다287522[전합]).
  ㉠ 공유자 중 1인인 피고가 공유물을 독점적으로 점유하고 있어 다른 공유자인 원고가 피고를 상대로 공유물의 인도를 청구하는 경우, 그러한 행위는 공유물을 점유하는 피고의 이해와 충돌한다. 애초에 보존행위를 공유자 중 1인이 단독으로 할 수 있도록 한 것은 보존행위가 다른 공유자에게도 이익이 되기 때문이라는 점을 고려하면, 이러한 행위는 민법 제265조 단서에서 정한 보존행위라고 보기 어렵다.
  ㉡ 피고가 다른 공유자를 배제하고 단독 소유자인 것처럼 공유물을 독점하는 것은 위법하지만, 피고는 적어도 자신의 지분 범위에서는 공유물 전부를 점유하여 사용·수익할 권한이 있으므로 피고의 점유는 지분비율을 초과하는 한도에서만 위법하다고 보아야 한다. 따라서 피고가 공유물을 독점적으로 점유하는 위법한 상태를 시정한다는 명목으로 원고의 인도청구를 허용한다면, 피고의 점유를 전면적으로 배제함으로써 피고가 적법하게 보유하는 '지분비율에 따른 사용·수익권'까지 근거 없이 박탈하는 부당한 결과를 가져온다.
  ㉢ 원고의 피고에 대한 물건 인도청구가 인정되려면 먼저 원고에게 인도를 청구할 수 있는 권원이 인정되어야 한다. 원고에게 그러한 권원이 없다면 피고의 점유가 위법하더라도 원고의 청구를 받아들일 수 없다. 그런데 원고 역시 피고와 마찬가지로 소수지분권자에 지나지 않으므로 원고가 공유자인 피고를 전면적으로 배제하고 자신만이 단독으로 공유물을 점유하도록 인도해 달라고 청구할 권원은 없다.
  ㉣ 공유물에 대한 인도 판결과 그에 따른 집행의 결과는 원고가 공유물을 단독으로 점유하며 사용·수익할 수 있는 상태가 되어 '일부 소수지분권자가 다른 공유자를 배제하고 공유물을 독점적으로 점유'하는 인도 전의 위법한 상태와 다르지 않다.
② 사안의 경우, 공유물인 A토지의 소수지분권자인 甲(1/2 지분권자)이 다른 공유자인 乙과 협의 없이 A토지 위에 B주택을 신축하여 소유하는 것은 공유물의 전부 또는 일부를 독점적으로 점유·사용하고 있는 경우에 해당하지만, 다른 소수지분권자인 乙이 공유물의 보전행위로서 甲을 상대로 공유물인 A토지의 인도를 청구할 수는 없다.

4. 부당이득금 반환 청구 (④)

① 토지의 공유자는 각자의 지분 비율에 따라 토지 전체를 사용·수익할 수 있지만, <u>그 구체적인 사용·수익 방법에 관하여 공유자들 사이에 지분 과반수의 합의가 없는 이상, 1인이 특정 부분을 배타적으로 점유·사용할 수 없는 것이므로, 공유자 중의 일부가 특정 부분을 배타적으로 점유·사용하고 있다면, 그들은 비록 그 특정 부분의 면적이 자신들의 지분 비율에 상당하는 면적 범위 내라고 할지라도, 다른 공유자들 중 지분은 있으나 사용·수익은 전혀 하지 않고 있는 자에 대하여는 그 자의 지분에 상응하는 부당이득을 하고 있다고 보아야 할 것인바, 이는 모든 공유자는 공유물 전부를 지분의 비율로 사용·수익할 권리가 있기 때문이다</u>(대판 2001.12.11. 2000다13948).

② <u>토지공유자는 특별한 사정이 없는 한 그 지분에 대응하는 비율의 범위 내에서만 그 차임 상당의 부당이득금반환의 청구권을 행사할 수 있는 것이다</u>(대판 1979.1.30. 78다2088).

③ 따라서 乙은 甲을 상대로 자신의 1/2 지분에 대응하는 A토지의 임료 50만원(= 100만원 × 1/2) 한도에서, 甲이 A토지를 독점적으로 점유하기 시작한 2020.7.1.부터 甲의 A토지에 대한 점유 종료일까지 차임 상당의 부당이득금반환의 청구를 할 수 있다.

✅ 문제 1-2

> **[기본적 사실관계]**
>
> 甲과 乙은 2020.1.1.부터 A토지를 각 1/2씩 공유하고 있으나, A토지의 관리에 관하여 甲과 乙 사이에 아무런 합의가 없는 상태에서 甲은 2020.7.1.부터 A토지 위에 B주택을 신축하고 B주택에서 거주하고 있다. 2020.1.1.부터 현재까지 A토지의 임료는 월 100만원이다.
>
> 위 기본적 사실관계를 전제로 甲을 상대로 제기할 수 있는 아래와 같은 청구의 당부에 대해 논하라(아래 각 문항은 상호 독립적이다. 견해 대립이 있는 경우 대법원 판례의 다수의견에 따르고, 대법원 판례에서 원칙과 예외를 규정하는 경우 원칙에 따른다).

2. 乙은 A토지에 대한 공유상태를 해소하고자 하는데, 甲과 乙의 A토지 취득원인이 상속에 기한 것이었고 甲과 乙 사이에 상속재산분할협의가 성립하는 등 상속재산분할절차가 이루어진 바는 없다면, 乙이 제기할 수 있는 법률상 청구가 무엇인지 논하라. [10점]

✓ 해설 1-2

I 결론

乙은 A토지에 대한 공유상태를 해소하기 위하여 가정법원에 민법 제1013조 제2항에 따른 상속재산분할심판을 청구하여야 한다.

II 논거

1. 판례의 태도

공동상속인은 상속재산의 분할에 관하여 공동상속인 사이에 협의가 성립되지 아니하거나 협의할 수 없는 경우에 가사소송법이 정하는 바에 따라 가정법원에 상속재산분할심판을 청구할 수 있을 뿐이고, 상속재산에 속하는 개별 재산에 관하여 민법 제268조의 규정에 따라 공유물분할청구의 소를 제기하는 것은 허용되지 않는다(대판 2015.8.13. 2015다18367).

2. 사안의 경우

A토지는 상속재산에 해당하고 공동상속인 甲과 乙 사이에 상속재산분할협의가 성립하는 등 상속재산분할절차가 이루어진 바도 없으므로, 乙이 A토지의 공유상태를 해소하려면 가정법원에 민법 제1013조 제2항에 따른 상속재산분할심판 청구를 하여야 한다.

문제 1-3

[기본적 사실관계]

甲과 乙은 2020.1.1.부터 A토지를 각 1/2씩 공유하고 있으나, A토지의 관리에 관하여 甲과 乙 사이에 아무런 합의가 없는 상태에서 甲은 2020.7.1.부터 A토지 위에 B주택을 신축하고 B주택에서 거주하고 있다. 2020.1.1.부터 현재까지 A토지의 임료는 월 100만원이다.

위 기본적 사실관계를 전제로 甲을 상대로 제기할 수 있는 아래와 같은 청구의 당부에 대해 논하라(아래 각 문항은 상호 독립적이다. 견해 대립이 있는 경우 대법원 판례의 다수의견에 따르고, 대법원 판례에서 원칙과 예외를 규정하는 경우 원칙에 따른다).

3. 만약 乙에 대해 대여금채권을 가지고 있는 丙이 무자력인 乙을 대위하여 甲을 상대로 A토지에 대한 공유물분할청구의 소를 제기하였다면 그 당부를 논하라. [15점]

✓ 해설 1-3

I. 결론
丙의 채권자대위소송은 보전의 필요성이 없어 부적법하다.

II. 논거

1. 공유물분할청구권이 채권자대위권의 목적이 될 수 있는지 여부

채권자는 자기의 채권을 보전하기 위하여, 일신에 전속한 권리가 아닌 한 채무자의 권리를 행사할 수 있다(민법 제404조 제1항). 공유물분할청구권은 공유관계에서 수반되는 형성권으로서 공유자의 일반재산을 구성하는 재산권의 일종이다. 공유물분할청구권의 행사가 오로지 공유자의 자유로운 의사에 맡겨져 있어 공유자 본인만 행사할 수 있는 권리라고 볼 수는 없다. 따라서 <u>공유물분할청구권도 채권자대위권의 목적이 될 수 있다</u>(대판 2020.5.21. 2018다879[전합]).

2. '보전의 필요성'이 인정되는지 여부

채권자가 자신의 <u>금전채권을 보전하기 위하여</u> 채무자를 대위하여 부동산에 관한 공유물분할청구권을 행사하는 것은, 책임재산의 보전과 직접적인 관련이 없어 채권의 현실적 이행을 유효·적절하게 확보하기 위하여 필요하다고 보기 어렵고 채무자의 자유로운 재산관리행위에 대한 부당한 간섭이 되므로 <u>보전의 필요성을 인정할 수 없다</u>. 또한 특정 분할 방법을 전제하고 있지 않은 공유물분할청구권의 성격 등에 비추어 볼 때 그 대위행사를 허용하면 여러 법적 문제들이 발생한다. 따라서 <u>극히 예외적인 경우가 아니라면 금전채권자는 부동산에 관한 공유물분할청구권을 대위행사할 수 없다고 보아야 한다</u>(대판 2020.5.21. 2018다879[전합]).

4. 사안의 경우

채권자 丙은 乙에 대한 금전채권(대여금채권)을 보전하기 위하여 乙을 대위하여 A토지에 관한 공유물분할청구권을 행사하는 것은 보전의 필요성을 인정할 수 없다. 따라서 丙이 제기한 채권자대위소송은 보전의 필요성이 없어 부적법하고, 법원은 소각하 판결을 하여야 한다.

문제 2-1

[기본적 사실관계]

甲은 2000.6.경 甲이 乙에게 X토지를 월 차임 200만원, 임대차기간 2000.7.1.~2020.7.1.까지로 하여 임대하는 임대차계약(이하 'X토지 임대차계약'이라 칭한다)을 체결하였고, 계약 당일 乙은 X토지를 인도받았다.

X토지 임대차계약의 내용에 따라 乙은 2001.6.경 X토지의 형질을 당초 '임야'에서 '공장용지'로 변경하고 그 지상에 레미콘 공장 건물(이하 'Y건물'이라 칭함)을 신축하여 현재까지 소유하고 있다. 甲은 2020.3.경 乙에게 "X토지 임대차계약이 2020.7.1. 기간만료로 종료되므로 Y건물을 철거하고 X토지를 인도하라"고 통보하였으나, 乙은 계약갱신청구를 하는 등 2020.7.1. 이 경과하도록 이에 응하지 않았다. 이에 甲은 "피고는 Y건물을 철거하고 원고에게 X토지를 인도하라"는 내용의 소를 제기하였다.

또한 甲은 2020.6.경 甲이 丙에게 Z건물 1층 A부분을 월 차임 100만원, 임대차기간 2020.7.1.~2022.7.1.까지로 하여 임대하는 임대차계약(이하 'Z건물 임대차계약'이라 칭한다)을 체결하였고, 계약 당일 丙은 Z건물 1층 A부분을 인도받았다.

(이하 각 설문은 독립적임. 학설과 판례의 견해가 다를 경우 대법원 판례의 다수의견에 따라 서술할 것. 문제에서 설시된 사실관계 외에 다른 사정은 가정하지 않음)

1. (위 기본적 사실관계에 추가하여) X토지 임대차계약에는 다음과 같은 조항이 존재하였다.

   A. 임대차기간 연장 조건에 관해 甲과 乙 상호 간에 합의가 이루어지지 않은 경우 계약기간 만료일로부터 3개월 이내 乙이 지상물을 철거하지 않을 시 甲이 일방적으로 강제집행을 해도 乙은 이의를 제기하지 않는다(이하 'A조항'이라 칭한다).

甲의 소송상 청구에 대해 乙이 ① Y건물 및 ② 레미콘 생산설비 등 기계기구에 대한 매수청구권(민법 제643조)을 행사한다는 주장을 하고 있다. 乙의 주장의 당부와 이유를 설명하시오. [15점]

✅ 해설 2-1

I. 결론

건물 및 레미콘 생산설비 등 기계기구에 대한 매수청구권을 행사한다는 乙의 주장은 타당하지 않다.

II. 이유

1. 지상물매수청구권의 성립

① 민법 제283조, 제643조에 의하면, 건물 기타 공작물의 소유 또는 식목, 채염, 목축을 목적으로 한 토지임대차의 기간이 만료한 경우에 건물, 수목 기타 지상시설이 현존한 때에는, 임차인은 계약의 갱신을 청구할 수 있고, 임대인이 계약의 갱신을 원하지 아니하는 때에는 상당한 가액으로 공작물이나 수목의 매수를 청구할 수 있다.

② 민법 제643조가 규정하는 매수청구의 대상이 되는 건물에는 임차인이 임차토지상에 그 건물을 소유하면서 그 필요에 따라 설치한 것으로서 건물로부터 용이하게 분리될 수 없고 그 건물을 사용하는 데 객관적인 편익을 주는 부속물이나 부속시설 등이 포함되는 것이지만, 이와 달리 임차인이 자신의 특수한 용도나 사업을 위하여 설치한 물건이나 시설은 이에 해당하지 않는다(대판 2002.11.13. 2002다46003).

③ 사안의 경우, ㉠ 이 사건 임대차계약은 乙이 X토지 임차하여 그 지상에 Y건물을 신축하여 이를 레미콘 공장으로 운영할 목적으로 체결된 토지임대차계약이고, ㉡ 임차인 乙의 계약 갱신 청구에 대하여 임대인 甲이 계약의 갱신을 원하지 아니하여, 임대차계약이 기간 만료로 종료되었으며, ㉢ 계약종료일(2020.7.1.) 당시 X토지 지상에는 Y건물이 현존하고 있으므로, 특별한 사정이 없는 한, 乙은 민법 제283조, 제643조의 규정에 따라 甲에게 Y건물을 매수할 것을 청구할 수 있다.

④ 한편, X토지 위에 있는 레미콘생산설비 등 기계기구는 乙이 레미콘제조업을 영위하기 위하여 설치한 시설로서 Y건물을 사용하는 데에 객관적인 편익을 주는 부속물이나 부속시설이 아니고, Y건물과 용이하게 분리하여 이전할 수 있으므로, 지상물매수청구권의 대상이 된다고 할 수 없으니, 乙의 레미콘생산설비 등 기계기구에 대한 매수청구 주장은 이유 없다.

2. 지상물매수청구권의 포기

① 임차인의 매수청구권에 관한 민법 제643조는 강행규정이므로 이를 위반하는 약정으로서 임차인에게 불리한 것은 효력이 없는데(민법 제652조), 임차인에게 불리한 약정인지는 우선 당해 계약의 조건 자체에 의하여 가려져야 하지만 계약체결 경위와 제반 사정 등을 종합적으로 고려하여 실질적으로 임차인 등에게 불리하다고 볼 수 없는 특별한 사정을 인정할 수 있을 때에는 강행규정에 저촉되지 않는 것으로 보아야 한다(대판 2011.5.26. 2011다1231).

② 이 사건 임대차계약에 의하면, 乙은 계약이 종료될 경우에는 임대차기간 만료일로부터 3개월 이내에 이 사건 건물 등을 철거하여 원상회복하기로 약정하였으므로(A조항), 乙은 지상물매수청구권을 포기하였다고 인정된다.

③ 다만, 이 사건 임대차계약 중 원상회복약정(A조항) 부분이 임차인에게 불리한 것으로서 무효인지가 문제된다. 이 사건 임대차계약의 계약기간은 2000.7.1.부터 2020.7.1.까지 20년인바, 甲은 乙이 X토지의 형질을 변경하고 건물을 신축하면서 소요된 비용 등 투자비용을 감안하여 장기간의 임대기간을 약정하였을 뿐만 아니라, 20년이라는 임대차기간은 乙이 X토지의 형질변경, Y건물 신축, 기계기구 설치 등에 투여한 자본을 회수하기에 충분한 것으로 보인다. 또한 토지를 '임야'에서 '공장용지'로 형질변경을 하게 되면 보통 토지의 지가가 상승하고, 그에 따라 차임도 증가하게 되는데, 乙은 2001.6.경 X토지의 형질변경 후에도 당초 약정에 따른 월 차임 200만원만 부담하였다는 점에서 乙은 실질적으로 20년간 X토지를 시세보다 저렴한 차임으로 임차한 셈이다. 그렇다면 이 사건 임대차계약 중 지상물매수청구권을 포기하였다고 인정되는 'A조항'은 실질적으로 피고에게 불리하다고 볼 수 없는 특별한 사정이 있다고 봄이 타당하므로, 乙의 지상물매수청구 주장은 이유 없다.

문제 2-2

[기본적 사실관계]

甲은 2000.6.경 甲이 乙에게 X토지를 월 차임 200만원, 임대차기간 2000.7.1.~2020.7.1.까지로 하여 임대하는 임대차계약(이하 'X토지 임대차계약'이라 칭한다)을 체결하였고, 계약 당일 乙은 X토지를 인도받았다.

X토지 임대차계약의 내용에 따라 乙은 2001.6.경 X토지의 형질을 당초 '임야'에서 '공장용지'로 변경하고 그 지상에 레미콘 공장 건물(이하 'Y건물'이라 칭함)을 신축하여 현재까지 소유하고 있다. 甲은 2020.3.경 乙에게 "X토지 임대차계약이 2020.7.1. 기간만료로 종료되므로 Y건물을 철거하고 X토지를 인도하라"고 통보하였으나, 乙은 계약갱신청구를 하는 등 2020.7.1.이 경과하도록 이에 응하지 않았다. 이에 甲은 "피고는 Y건물을 철거하고 원고에게 X토지를 인도하라"는 내용의 소를 제기하였다.

또한 甲은 2020.6.경 甲이 丙에게 Z건물 1층 A부분을 월 차임 100만원, 임대차기간 2020.7.1.~2022.7.1.까지로 하여 임대하는 임대차계약(이하 'Z건물 임대차계약'이라 칭한다)을 체결하였고, 계약 당일 丙은 Z건물 1층 A부분을 인도받았다.

(이하 각 설문은 독립적임. 학설과 판례의 견해가 다를 경우 대법원 판례의 다수의견에 따라 서술할 것. 문제에서 설시된 사실관계 외에 다른 사정은 가정하지 않음)

2. (위 기본적 사실관계에 추가하여) 乙은 당초 임야이던 X토지의 형질을 공장용지로 변경하기 위하여 매립, 주변 옹벽설치 등을 위한 토목공사비용 3억원을 지출하였고, 시가감정결과 임대차기간 만료 후 토목공사로 인한 X토지의 현존하는 객관적 가치증가액은 2억원인 사실이 인정되었다.

가. 乙이 위와 같이 지출한 비용의 전부 또는 일부를 甲으로부터 상환받을 수 있는 권리의 내용에 대하여 설명하시오(乙이 이 권리를 포기하였음을 인정할 증거는 없음). [5점]

나. 乙은 위 가.의 권리에 기하여, 甲으로부터 위 비용을 상환받을 때까지 X토지를 유치할 수 있다는 주장을 하고 있다. 乙의 이러한 주장이 타당한지 그 결론과 이유를 설명하시오. [5점]

다. X토지 임대차계약에는 다음과 같은 조항이 존재하였다.

> B. 乙은 X토지에 대한 공과금을 책임지고 지급한다(이하 'B조항'이라 칭한다).

B조항의 존재에도 불구하고 甲은 乙을 대신하여 2005.1.1.부터 2020.6.30.까지 X토지에 부과된 각종 세금 합계 5,000만원을 납부하였다. 이에 甲은 위 소송 계속 중, 乙에 대한 구상금채권 5,000만원을 자동채권으로, 乙이 甲에 대하여 가지는 위 가.의 권리를 수동채권으로 하여 대등액에서 상계한다는 의사를 표시하였다. 이러한 甲의 주장에 대하여 乙은, 甲의 구상금채권 중 이 사건 임대차계약기간 만료 시점에 이미 소멸시효가 완성된 부분을 자동채권으로 해서는 상계가 불가능하다는 주장을 하고 있다. 乙의 이러한 주장이 타당한지 그 결론 및 이유를 설명하시오. [10점]

✓ 해설 2-2

I 설문 가.의 해결

1. 결 론

乙은 甲에게 2억원의 유익비를 상환받을 수 있다.

2. 이 유

① 민법 제626조 제2항은 임차인이 유익비를 지출한 경우에는 임대인은 임대차 종료 시에 그 가액의 증가가 현존한 때에 한하여 임차인의 지출한 금액이나 그 증가액을 상환하여야 한다고 규정하고 있다.

② 민법 제626조 제2항에서 임대인의 상환의무를 규정하고 있는 <u>유익비란 임차인이 임차물의 객관적 가치를 증가시키기 위하여 투입한 비용을 말한다</u>(대판 1994.9.30. 94다20389).

③ 유익비의 상환범위는 임차인이 유익비로 지출한 비용과 현존하는 증가액 중 임대인이 선택하는 바에 따라 정해진다고 할 것이고, 따라서 유익비상환의무자인 임대인의 선택권을 위하여 그 유익비는 실제로 지출한 비용과 현존하는 증가액을 모두 산정하여야 하며(대판 2002.11.22. 2001다40381), 지출한 비용은 물론 현존 증가액에 대하여도 임차인에게 입증책임이 있다(대판 1962.10.18. 62다437).
④ 사안의 경우, 乙은 토목공사비용 3억원을 지출하였는데, 이는 X토지의 객관적 가치를 증가시키기 위하여 투입한 비용으로서 유익비에 해당한다. 다만, 임대차계약 종료 후 현존하는 증가액은 2억원이므로, 상환의무자인 임대인 甲은 더 적은 금액인 2억원을 선택할 것이다. 따라서 乙은 甲으로부터 2억원을 유익비로 상환받을 수 있다.

Ⅱ 설문 나.의 해결

1. 결 론

乙은 甲으로부터 2억원의 유익비를 상환받을 때까지 X토지를 유치할 수 있다.

2. 이 유

① 민법 제320조 제1항에서 '그 물건에 관하여 생긴 채권'은 유치권 제도 본래의 취지인 공평의 원칙에 특별히 반하지 않는 한 채권이 목적물 자체로부터 발생한 경우는 물론이고 채권이 목적물의 반환청구권과 동일한 법률관계나 사실관계로부터 발생한 경우도 포함된다(대판 2007.9.7. 2005다16942). 임차인이 임차목적물에 대하여 가지는 유익비상환청구권은 목적물 자체로부터 발생한 채권으로서 유치권의 피담보채권이 된다.
② 임차인이 임차목적물에 대하여 가지는 유익비상환청구권은 임대차계약이 종료한 때에 행사할 수 있는 것이며 이때 임차인은 유익비상환청구권에 대해서 유치권을 행사할 수 있고 유치권을 행사한 임차인은 임대인으로부터의 명도청구도 거절할 수 있는 것이다(대판 1988.4.25. 87다카458).
③ 다만, 유치권은 채권자의 이익을 보호하기 위한 법정담보물권으로서, 당사자는 미리 유치권의 발생을 막는 특약을 할 수 있고 이러한 특약은 유효하다. 유치권 배제 특약이 있는 경우 다른 법정요건이 모두 충족되더라도 유치권은 발생하지 않는데, 특약에 따른 효력은 특약의 상대방뿐 아니라 그 밖의 사람도 주장할 수 있다(대판 2018.1.24. 2016다234043).
④ 사안의 경우, 乙이 유익비상환청구권을 포기하였다거나 유치권 배제 특약을 했다는 사정은 존재하지 않는다. 이 사건 임대차계약은 2020.7.1. 기간만료로 종료하였고, 乙이 지출한 토목공사비용은 유익비에 해당한다. 다만, 임대차계약 종료 후 현존하는 증가액은 2억원이므로, 乙은 甲의 선택에 따라 2억원의 유익비를 상환받을 때까지 X토지를 유치할 수 있다.

Ⅲ 설문 다.의 해결

1. 결론

상계가 불가능하다는 乙의 주장은 타당하다.

2. 이유

① 민법 제495조는 "소멸시효가 완성된 채권이 그 완성 전에 상계할 수 있었던 것이면 그 채권자는 상계할 수 있다."라고 규정하고 있다. 이는 당사자 쌍방의 채권이 상계적상에 있었던 경우에 당사자들은 그 채권·채무관계가 이미 정산되어 소멸하였다고 생각하는 것이 일반적이라는 점을 고려하여 당사자들의 신뢰를 보호하기 위한 것이다. 다만 이는 '자동채권의 소멸시효 완성 전에 양 채권이 상계적상에 이르렀을 것'을 요건으로 한다(대판 2021.2.10. 2017다258787).

② 민법 제626조 제2항은 임차인이 유익비를 지출한 경우에는 임대인은 임대차 종료 시에 그 가액의 증가가 현존한 때에 한하여 임차인의 지출한 금액이나 그 증가액을 상환하여야 한다고 규정하고 있으므로, 임차인의 유익비상환채권은 임대차계약이 종료한 때에 비로소 발생한다고 보아야 한다. 따라서 임대차 존속 중 임대인의 구상금채권의 소멸시효가 완성된 경우에는 위 구상금채권과 임차인의 유익비상환채권이 상계할 수 있는 상태에 있었다고 할 수 없으므로, 그 이후에 임대인이 이미 소멸시효가 완성된 구상금채권을 자동채권으로 삼아 임차인의 유익비상환채권과 상계하는 것은 민법 제495조에 의하더라도 인정될 수 없다(대판 2021.2.10. 2017다258787).

③ 사안의 경우, 乙의 유익비상환채권은 이 사건 임대차계약기간이 만료된 때에 비로소 발생하고 그 이행기가 도래하므로, 甲의 구상금채권 중 이 사건 임대차계약기간 만료 시점에 이미 소멸시효가 완성된 부분은 상계적상에 있다고 할 수 없다. 따라서 이 사건 임대차계약기간 만료 시점에 이미 소멸시효가 완성된 甲의 구상금채권을 자동채권으로 한 상계는 불가능하다는 乙의 주장은 타당하다.

문제 2-3

[기본적 사실관계]

甲은 2000.6.경 甲이 乙에게 X토지를 월 차임 200만원, 임대차기간 2000.7.1.~2020.7.1.까지로 하여 임대하는 임대차계약(이하 'X토지 임대차계약'이라 칭한다)을 체결하였고, 계약 당일 乙은 X토지를 인도받았다.

X토지 임대차계약의 내용에 따라 乙은 2001.6.경 X토지의 형질을 당초 '임야'에서 '공장용지'로 변경하고 그 지상에 레미콘 공장 건물(이하 'Y건물'이라 칭함)을 신축하여 현재까지 소유하고 있다. 甲은 2020.3.경 乙에게 "X토지 임대차계약이 2020.7.1. 기간만료로 종료되므로 Y건물을 철거하고 X토지를 인도하라"고 통보하였으나, 乙은 계약갱신청구를 하는 등 2020.7.1.이 경과하도록 이에 응하지 않았다. 이에 甲은 "피고는 Y건물을 철거하고 원고에게 X토지를 인도하라"는 내용의 소를 제기하였다.

또한 甲은 2020.6.경 甲이 丙에게 Z건물 1층 A부분을 월 차임 100만원, 임대차기간 2020.7.1.~2022.7.1.까지로 하여 임대하는 임대차계약(이하 'Z건물 임대차계약'이라 칭한다)을 체결하였고, 계약 당일 丙은 Z건물 1층 A부분을 인도받았다.

(이하 각 설문은 독립적임. 학설과 판례의 견해가 다를 경우 대법원 판례의 다수의견에 따라 서술할 것. 문제에서 설시된 사실관계 외에 다른 사정은 가정하지 않음)

3. (위 기본적 사실관계에 추가하여) 2022.5.1. Z건물 1층 A부분에서 화재가 발생하여 丙이 임차한 A부분 뿐만 아니라 A부분과 상호 유지·존립에 있어 구조상 불가분의 일체 관계에 있는 B부분까지 전소되었다. 甲과 丙의 A부분과 B부분에 관한 법률관계를 설명하시오(불법행위로 인한 손해배상책임은 고려하지 않음). [15점]

✅ 해설 2-3

1. 甲과 丙의 A부분에 관한 법률관계

① 임차인은 선량한 관리자의 주의를 다하여 임대차 목적물을 보존하고, 임대차 종료 시에 임대차 목적물을 원상에 회복하여 반환할 의무를 부담한다(민법 제374조, 제654조, 제615조). 그리고 채무자가 채무의 내용에 좇은 이행을 하지 아니한 때에는 채권자는 손해배상을 청구할 수 있고, 다만 채무자의 고의나 과실 없이 이행할 수 없게 된 때에는 그러하지 아니하다(민법 제390조).

② 따라서 임대차 목적물이 화재 등으로 인하여 소멸됨으로써 임차인의 목적물 반환의무가 이행불능이 된 경우에, 임차인은 그 이행불능이 자기가 책임질 수 없는 사유로 인한 것이라는 증명을 다하지 못하면 그 목적물 반환의무의 이행불능으로 인한 손해를 배상할 책임을 지며, 그 화재 등의 구체적인 발생 원인이 밝혀지지 아니한 때에도 마찬가지이다(대판 2017.5.18. 2012다86895[전합]).

③ 다만, 임대인은 목적물을 임차인에게 인도하고 임대차계약 존속 중에 그 사용, 수익에 필요한 상태를 유지하게 할 의무를 부담하므로(민법 제623조), 임대차계약 존속 중에 발생한 화재가 임대인이 지배·관리하는 영역에 존재하는 하자로 인하여 발생한 것으로 추단된다면, 그 하자를 보수·제거하는 것은 임대차 목적물을 사용·수익하기에 필요한 상태로 유지하여야 하는 임대인의 의무에 속하며, 임차인이 하자를 미리 알았거나 알 수 있었다는 등의 특별한 사정이 없는 한, 임대인은 화재로 인한 목적물 반환의무의 이행불능 등에 관한 손해배상책임을 임차인에게 물을 수 없다(대판 2017.5.18. 2012다86895[전합]).

④ 사안의 경우, 임차인 丙은 임차 목적물인 A부분의 목적물 반환의무의 이행불능이 자기가 책임질 수 없는 사유로 인한 것이라는 증명을 다하지 못하면 임대인 甲에 대하여 임차목적물 반환의무의 이행불능으로 인한 손해를 배상할 책임을 지며(민법 제390조), 그 화재 등의 구체적인 발생 원인이 밝혀지지 아니한 때에도 마찬가지이다. 다만, 그 화재가 임대인 甲이 지배·관리하는 영역에 존재하는 하자로 인한 것으로 인정되는 경우에는 특별한 사정이 없는 한, 甲은 화재로 인한 목적물 반환의무의 이행불능 등에 관한 손해배상책임을 丙에게 물을 수 없다.

2. 甲과 丙의 B부분에 관한 법률관계

① 종래 대법원은 임차인이 임대인 소유 건물의 일부를 임차하여 사용·수익하던 중 임차 건물 부분에서 화재가 발생하여 임차 외 건물 부분까지 불에 타 그로 인해 임대인에게 재산상 손해가 발생한 경우에, 건물의 규모와 구조로 볼 때 건물 중 임차 건물 부분과 그 밖의 부분이 상호 유지·존립함에 있어서 구조상 불가분의 일체를 이루는 관계에 있다면, 임차인은 임차 건물의 보존에 관하여 선량한 관리자의 주의의무를 다하였음을 증명하지 못하는 이상 임차 건물 부분에 한하지 아니하고 건물의 유지·존립과 불가분의 일체 관계에 있는 임차 외 건물 부분이 소훼되어 임대인이 입게 된 손해도 채무불이행으로 인한 손해로 배상할 의무가 있다고 판단하여 왔다(대판 2004.2.27. 2002다39456 등).

② 그러나 전원합의체로 변경된 대법원 판례에 의하면, 임차 외 건물 부분이 구조상 불가분의 일체를 이루는 관계에 있는 부분이라 하더라도, 그 부분에 발생한 손해에 대하여 임대인이 임차인을 상대로 민법 제390조, 제393조에 따라 채무불이행을 원인으로 하는 배상을 구하려면, ㉠ 임차인이 보존・관리의무를 위반하여 화재가 발생한 원인을 제공하는 등 화재 발생과 관련된 임차인의 계약상 의무 위반이 있었고, ㉡ 그러한 의무 위반과 임차 외 건물 부분의 손해 사이에 상당인과관계가 있으며, ㉢ 임차 외 건물 부분의 손해가 의무 위반에 따른 통상의 손해에 해당하거나, 임차인이 그 사정을 알았거나 알 수 있었을 특별한 사정으로 인한 손해에 해당한다는 점에 대하여 임대인이 주장・증명하여야 한다(대판 2017.5.18. 2012다86895[전합]).

③ 사안의 경우, 화재로 전소된 B부분이 비록 丙이 임차한 건물 A부분과 구조상 불가분의 일체를 이루는 관계에 있다고 하더라도 B부분은 임대차계약의 목적물이 아니다. 따라서 임차인 丙이 임차건물의 보존에 관하여 선량한 관리자의 주의의무를 다하였음을 증명하지 못하는 것만을 이유로 하여서는 임대인 甲이 임차인 丙을 상대로 민법 제390조, 제393조에 따라 채무불이행을 원인으로 하는 배상을 청구할 수 없다. 임대인 甲이 채무불이행을 원인으로 하여 丙에게 손해배상을 구하려면, ㉠ 丙이 임차물의 보존・관리의무를 위반하여 화재가 발생한 원인을 제공하는 등 화재 발생과 관련된 임차인의 계약상 의무 위반이 있었고 ㉡ 그러한 의무 위반과 B부분의 손해 사이에 상당인과관계가 있으며, ㉢ B부분의 손해가 의무 위반에 따른 통상의 손해에 해당하거나, 임차인이 그 사정을 알았거나 알 수 있었을 특별한 사정으로 인한 손해에 해당한다는 점에 대하여 임대인이 주장・증명하여야 한다.

민법
2021년 제27회 기출문제

● 문제 1

[기본적 사실관계]

甲은 2020.5.1. 乙에게 1억원을 변제기 2020.10.31.로 정하여 대여하였는데, 乙은 변제기까지 위 차용금을 지급하지 않았다. 乙은 2020.11.1. 위 차용금채무의 변제와 관련하여 乙의 丙에 대한 채권 2,000만원을 甲에게 양도하고, 그 대신 甲은 乙에 대한 대여금 채권을 제3자에게 양도하지 않기로 乙과 합의하였다. 乙은 같은 날 丙에게 위 채권양도사실을 통지하였다. 이후 乙 또는 丙이 甲에게 추가적으로 채무를 변제하지는 않았다. 甲은 사업이 어려워지자 2021.5.1. 丁에게 乙에 대한 대여금채권 중 5,000만원을 양도하고, 같은 날 乙에게 위 채권양도사실을 통지하였다. 丁은 위 채권양수 당시 甲과 乙 사이에 채권양도금지 합의가 있었음을 알지 못하였다(이하 각 설문은 서로 독립적임. 학설과 판례의 견해가 다를 경우 판례에 따라 서술하시오).

1. (위 기본적 사실관계에 추가하여) 甲은 乙에 대하여 대여금채권 5,000만원의 지급을 청구하였다. 이에 대하여 乙은 丙에 대한 채권 2,000만원을 양도하였으므로 3,000만원만 지급할 의무가 있다고 주장하였다. 乙의 주장의 당부를 논하시오. [5점]

2. (위 기본적 사실관계에 추가하여) 甲은 丙에 대하여 양수채권 2,000만원의 지급을 청구하였다. 이에 대하여 丙은 甲이 양수한 乙의 채권은 임금채권으로 압류가 제한되므로 乙이 甲에게 임금채권을 양도한 것은 무효라고 주장하였다. 심리결과 甲이 양수한 乙의 채권은 丙에 대한 임금채권인 사실이 인정되었다. 이 경우 甲의 청구의 당부를 논하시오. [20점]

3. (위 기본적 사실관계에 추가하여) 丁은 2021.8.1. 戊에게 위 양수채권을 재차 양도하고, 같은 날 乙에게 채권양도사실을 통지하였다. 이후 戊는 乙을 상대로 양수채권 5,000만원의 지급을 청구하였고, 이에 대하여 乙은 채권양도금지 특약을 이유로 丁, 戊에게로의 각 채권양도는 무효라고 주장하였다. 戊의 청구가 받아들여지기 위하여 추가적으로 필요한 요건이 있다면 이를 서술하고, 없다면(즉 乙의 주장이 부당하다면) 그 이유를 서술하시오. [25점]

문제 2

[기본적 사실관계]

甲은 일찍이 처와 사별하고 홀어머니 乙을 모시고 살면서 자녀 A, B, C를 홀로 키우다가 丙과 재혼하였는데, 丙이 D를 임신한 상태에서 심장마비로 사망하였다. 甲이 사망하자, 혼자서 D를 키울 자신이 없던 丙은 D를 낙태하고 말았다. A는 상속을 포기하였는데 A에게는 처 E와 자녀 F가 있다.

※ 각 문항은 상호 독립적임

1. 위 사례에서 甲의 상속인은 누구인지 논하시오. [20점]

2. (위 기본적 사실관계에 추가하여) 甲은 사망하기 5년 전, 장래 B의 결혼자금 등에 사용하도록 대비하기 위하여 B 앞으로 ○○투자신탁주식회사에 액면금 5,000만원짜리 장기공사채 2구좌 합계 1억원을 예탁하여 두었고, 甲이 사망 당시 가지고 있던 재산은, 적극재산으로 거주 중이던 주택을 포함하여 합계 3억원, 소극재산으로 차용금채무 등 합계 2억 1천만원이다. 이 경우 甲의 재산에 대한 상속관계(상속액 포함)를 논하시오. [20점]

3. (위 기본적 사실관계에 추가하여) 甲은 사망 당시 丁에 대하여 차용금채무 1억원을 부담하고 있었는데, 甲의 사망 후 상속인들은 "丁에 대한 차용금채무는 B가 모두 인수하기로 한다."고 협의하였다. 이러한 사실을 알게 된 丁은 B를 상대로 1억원 전액의 지급을 구하는 소를 제기하였다. 이 소에 대한 결론(각하, 청구인용, 청구기각을 명시하고, 일부인용의 경우 인용되는 금액을 특정할 것)과 이유를 설명하시오(이자, 비용은 고려하지 않음). [10점]

민 법 | 2021년 제27회 기출문제해설

문제 1-1

[기본적 사실관계]

甲은 2020.5.1. 乙에게 1억원을 변제기 2020.10.31.로 정하여 대여하였는데, 乙은 변제기까지 위 차용금을 지급하지 않았다. 乙은 2020.11.1. 위 차용금채무의 변제와 관련하여 乙의 丙에 대한 채권 2,000만원을 甲에게 양도하고, 그 대신 甲은 乙에 대한 대여금 채권을 제3자에게 양도하지 않기로 乙과 합의하였다. 乙은 같은 날 丙에게 위 채권양도사실을 통지하였다. 이후 乙 또는 丙이 甲에게 추가적으로 채무를 변제하지는 않았다. 甲은 사업이 어려워지자 2021.5.1. 丁에게 乙에 대한 대여금채권 중 5,000만원을 양도하고, 같은 날 乙에게 위 채권양도사실을 통지하였다. 丁은 위 채권양수 당시 甲과 乙 사이에 채권양도금지 합의가 있었음을 알지 못하였다(이하 각 설문은 서로 독립적임. 학설과 판례의 견해가 다를 경우 판례에 따라 서술하시오).

1. (위 기본적 사실관계에 추가하여) 甲은 乙에 대하여 대여금채권 5,000만원의 지급을 청구하였다. 이에 대하여 乙은 丙에 대한 채권 2,000만원을 양도하였으므로 3,000만원만 지급할 의무가 있다고 주장하였다. 乙의 주장의 당부를 논하시오. [5점]

✔ 해설 1-1

Ⅰ 결론

乙의 주장은 타당하지 않다.

Ⅱ 이유

① 채무자가 채권자에게 채무변제와 관련하여 다른 채권을 양도하는 것은 특단의 사정이 없는 한 "채무변제를 위한 담보 또는 변제의 방법"으로 양도되는 것으로 추정할 것이지 "채무변제에 갈음한 것"으로 볼 것은 아니어서, 그 경우 채권양도만 있으면 바로 원래의 채권이 소멸한다고 볼 수는 없고 채권자가 양도받은 채권을 변제받은 때에 비로소 그 범위 내에서 채무자가 면책된다(대판 2013.5.9. 2012다40998).

② 사안의 경우, 乙이 甲에 대한 차용금채무의 변제와 관련하여 乙의 丙에 대한 채권 2,000만원을 甲에게 양도한 것은 특단의 사정이 없는 한 채무변제를 위한 담보 또는 변제의 방법으로 양도되는 것으로 추정되고, 채무변제에 갈음한 것으로 볼 수 없다. 따라서 乙의 채권양도만으로 甲의 채권이 2,000만원만큼 바로 소멸한다고 볼 수 없다.

③ 따라서 甲의 乙에 대한 대여금채권 5,000만원의 지급청구에 대하여, '乙의 丙에 대한 채권 2,000만원'을 양도하였으므로 3,000만원만 지급할 의무가 있다는 乙의 주장은 타당하지 않다.

문제 1-2

> **[기본적 사실관계]**
>
> 甲은 2020.5.1. 乙에게 1억원을 변제기 2020.10.31.로 정하여 대여하였는데, 乙은 변제기까지 위 차용금을 지급하지 않았다. 乙은 2020.11.1. 위 차용금채무의 변제와 관련하여 乙의 丙에 대한 채권 2,000만원을 甲에게 양도하고, 그 대신 甲은 乙에 대한 대여금 채권을 제3자에게 양도하지 않기로 乙과 합의하였다. 乙은 같은 날 丙에게 위 채권양도사실을 통지하였다. 이후 乙 또는 丙이 甲에게 추가적으로 채무를 변제하지는 않았다. 甲은 사업이 어려워지자 2021.5.1. 丁에게 乙에 대한 대여금채권 중 5,000만원을 양도하고, 같은 날 乙에게 위 채권양도사실을 통지하였다. 丁은 위 채권양수 당시 甲과 乙 사이에 채권양도금지 합의가 있었음을 알지 못하였다(이하 각 설문은 서로 독립적임. 학설과 판례의 견해가 다를 경우 판례에 따라 서술하시오).

2. (위 기본적 사실관계에 추가하여) 甲은 丙에 대하여 양수채권 2,000만원의 지급을 청구하였다. 이에 대하여 丙은 甲이 양수한 乙의 채권은 임금채권으로 압류가 제한되므로 乙이 甲에게 임금채권을 양도한 것은 무효라고 주장하였다. 심리결과 甲이 양수한 乙의 채권은 丙에 대한 임금채권인 사실이 인정되었다. 이 경우 甲의 청구의 당부를 논하시오. [20점]

✅ 해설 1-2

I. 결론

甲의 丙에 대한 양수채권 2,000만원의 지급청구는 타당하지 않다.

II. 이유

1. 지명채권의 양도성

지명채권은 원칙적으로 양도할 수 있다(민법 제449조 제1항 본문). 그러나 채권의 성질상 양도가 허용되지 아니하는 경우(민법 제449조 제1항 단서), 당사자가 양도금지특약을 한 경우(민법 제449조 제2항. 다만, 선의의 제3자에게 대항하지 못한다), 법률의 규정에 의해 양도가 제한되는 경우에는 양도가 제한된다.

2. 임금채권의 양도 가부

① 민사집행법은 임금채권의 2분의 1에 해당하는 금액을 압류금지채권으로 규정하고 있다(민사집행법 제246조 제1항 제4호). 그러나 법률에서 압류가 금지되는 채권으로 규정하고 있더라도, 그것이 채권자의 의사에 의해 스스로 처분하는 것까지 금지하는 것은 아니다.
② 근로자의 임금채권은 금전채권으로서 성질상 양도가 허용되지 아니하는 경우에 해당하지 아니하고, 임금채권의 양도를 금지하는 법률의 규정도 없으므로 양도할 수 있다(대판 1988.12.13. 87다카2803[전합]). 다만, 당사자가 양도금지특약을 하는 경우에는 양도가 제한될 수 있다.

3. 양수한 임금채권의 직접 청구 가부

근로자가 그 임금채권을 양도한 경우라 할지라도 그 임금의 지급에 관하여는 근로기준법 제43조 제1항에 정한 임금 직접지급의 원칙이 적용되어 사용자는 직접 근로자에게 임금을 지급하지 아니하면 안 되고, 그 결과 비록 적법 유효한 양수인이라도 스스로 사용자에 대하여 임금의 지급을 청구할 수 없다(대판 1996.3.22. 95다2630).

4. 사안의 경우

① 乙의 丙에 대한 임금채권은 성질상 양도가 허용되지 아니하는 경우에 해당하지 아니하고, 근로자의 임금채권의 양도를 금지하는 법률의 규정이 없으며, 乙과 丙 사이에 양도금지특약을 한 사정도 존재하지 않는다. 따라서 乙이 丙에 대한 임금채권 2,000만원을 甲에게 양도한 것은 유효하다. 즉, 임금채권의 압류가 제한되므로 임금채권을 양도한 것이 무효라는 丙의 주장은 타당하지 않다.
② 다만, 乙이 丙에 대한 임금채권을 甲에게 양도한 것이 적법 유효하더라도 근로기준법 제43조 제1항에 정한 임금 직접지급의 원칙으로 인하여 甲은 양수한 임금채권 2,000만원을 丙에게 청구할 수는 없다.

● 문제 1-3

[기본적 사실관계]

甲은 2020.5.1. 乙에게 1억원을 변제기 2020.10.31.로 정하여 대여하였는데, 乙은 변제기까지 위 차용금을 지급하지 않았다. 乙은 2020.11.1. 위 차용금채무의 변제와 관련하여 乙의 丙에 대한 채권 2,000만원을 甲에게 양도하고, 그 대신 甲은 乙에 대한 대여금 채권을 제3자에게 양도하지 않기로 乙과 합의하였다. 乙은 같은 날 丙에게 위 채권양도사실을 통지하였다. 이후 乙 또는 丙이 甲에게 추가적으로 채무를 변제하지는 않았다. 甲은 사업이 어려워지자 2021.5.1. 丁에게 乙에 대한 대여금채권 중 5,000만원을 양도하고, 같은 날 乙에게 위 채권양도사실을 통지하였다. 丁은 위 채권양수 당시 甲과 乙 사이에 채권양도금지 합의가 있었음을 알지 못하였다(이하 각 설문은 서로 독립적임. 학설과 판례의 견해가 다를 경우 판례에 따라 서술하시오).

3. (위 기본적 사실관계에 추가하여) 丁은 2021.8.1. 戊에게 위 양수채권을 재차 양도하고, 같은 날 乙에게 채권양도사실을 통지하였다. 이후 戊는 乙을 상대로 양수채권 5,000만원의 지급을 청구하였고, 이에 대하여 乙은 채권양도금지 특약을 이유로 丁, 戊에게로의 각 채권양도는 무효라고 주장하였다. 戊의 청구가 받아들여지기 위하여 추가적으로 필요한 요건이 있다면 이를 서술하고, 없다면(즉 乙의 주장이 부당하다면) 그 이유를 서술하시오. [25점]

✅ 해설 1-3

Ⅰ. 결론

戊의 청구가 받아들여지기 위하여 추가적으로 필요한 요건은 없다.

Ⅱ. 이유

1. 양도금지특약이 있는 채권의 양도

채권은 양도할 수 있다. 그러나 채권의 성질이 양도를 허용하지 아니하는 때에는 그러하지 아니하다(민법 제449조 제1항). 그리고 채권은 당사자가 반대의 의사를 표시한 경우에는 양도하지 못한다. 그러나 그 의사표시로써 선의의 제3자에게 대항하지 못한다(민법 제449조 제2항). 이처럼 당사자가 양도를 반대하는 의사를 표시(이하 '양도금지특약'이라고 한다)한 경우 채권은 양도성을 상실한다. 양도금지특약을 위반하여 채권을 제3자에게 양도한 경우에 채권양수인이 양도금지특약이 있음을 알았거나 중대한 과실로 알지 못하였다면 채권 이전의 효과가 생기지 아니한다. 반대로 양수인이 중대한 과실 없이 양도금지특약의 존재를 알지 못하였다면 채권양도는 유효하게 되어 채무자는 양수인에게 양도금지특약을 가지고 채무 이행을 거절할 수 없다. 채권양수인의 악의 내지 중과실은 양도금지특약으로 양수인에게 대항하려는 자가 주장·증명하여야 한다(대판 2019.12.19. 2016다24284[전합]).

2. 선의의 채권양수인으로부터 다시 채권을 양수한 전득자

민법 제449조 제2항 단서는 채권양도금지 특약으로써 대항할 수 없는 자를 '선의의 제3자'라고만 규정하고 있어 채권자로부터 직접 양수한 자만을 가리키는 것으로 해석할 이유는 없으므로, 악의의 양수인으로부터 다시 선의로 양수한 전득자도 위 조항에서의 선의의 제3자에 해당한다. 또한 선의의 양수인을 보호하고자 하는 위 조항의 입법 취지에 비추어 볼 때, 이러한 선의의 양수인으로부터 다시 채권을 양수한 전득자는 선의·악의를 불문하고 채권을 유효하게 취득한다(대판 2015.4.9. 2012다118020).

3. 사안의 경우

① 丁은 위 채권 양수 당시 甲과 乙 사이의 채권양도금지 특약을 알지 못하였고(선의), 알지 못한데 중대한 과실이 있다는 사정도 보이지 아니하므로 乙은 채권양도금지 특약을 이유로 丁에게 대항할 수 없다(민법 제449조 제2항).
② 한편, 戊는 선의·무중과실의 채권양수인 丁으로부터 다시 채권을 양수한 전득자로서 甲과 乙 사이의 채권양도금지 특약에 대한 선의·악의를 불문하고 채권을 유효하게 취득한다. 따라서 戊가 乙을 상대로 양수채권 5,000만원의 지급청구가 받아들여지기 위하여 추가적으로 필요한 요건은 없고, 채권양도금지특약을 이유로 丁, 戊에게로 각 채권양도는 무효라는 乙의 주장은 타당하지 않다.

문제 2-1

[기본적 사실관계]

甲은 일찍이 처와 사별하고 홀어머니 乙을 모시고 살면서 자녀 A, B, C를 홀로 키우다가 丙과 재혼하였는데, 丙이 D를 임신한 상태에서 심장마비로 사망하였다. 甲이 사망하자, 혼자서 D를 키울 자신이 없던 丙은 D를 낙태하고 말았다. A는 상속을 포기하였는데 A에게는 처 E와 자녀 F가 있다.

※ 각 문항은 상호 독립적임

1. 위 사례에서 甲의 상속인은 누구인지 논하시오. [20점]

해설 2-1

I 결론

甲의 상속인은 B, C이다.

II 이유

1. 甲의 자녀 A, B, C의 상속인 해당 여부

① 상속은 사망으로 인하여 개시된다(민법 제997조). 피상속인의 직계비속, 피상속인의 직계존속, 피상속인의 형제자매, 피상속인의 4촌 이내의 방계혈족 순서로 상속인이 된다(민법 제1000조 제1항). 이 경우 동순위 상속인이 수인인 때에는 최근친을 선순위로 하고 동친 등의 상속인이 수인인 때에는 공동상속인이 된다(민법 제1000조 제2항).

② 甲의 자녀 A, B, C는 피상속인 甲의 직계비속으로서 1순위 상속인에 해당하고, 동친 등의 상속인이 수인인 때에 해당하므로 공동상속인이 된다.

③ 다만, A는 상속을 포기하였는바, 상속의 포기는 상속이 개시된 때에 소급하여 그 효력이 있으므로 A는 상속이 개시된 때부터 상속인이 아니었던 것과 같은 지위에 놓이게 된다(민법 제1042조).
④ 결국, 甲의 자녀 중 B, C만 1순위 공동상속인에 해당한다.

2. 태아 D의 상속능력(권리능력)

태아는 상속순위에 관하여 이미 출생한 것으로 본다(민법 제1000조 제3항). 우리 민법상 태아의 경우에도 상속의 경우에는 예외적으로 권리능력(상속능력)이 인정되지만, 이는 살아서 출생할 것을 정지조건으로 하여 상속개시 당시로 소급하여 상속인이 된다는 의미이다(정지조건설). 그런데 태아 D는 살아서 출생하지 못하고 태아인 상태에서 낙태된 경우이므로 상속능력(권리능력)이 인정될 여지가 없다.

3. 甲의 배우자 丙의 상속인에 해당 여부

① 피상속인의 배우자는 피상속인의 직계비속이나 직계존속이 있는 경우에는 그 상속인과 동순위로 공동상속인이 되고 그 상속인이 없는 때에는 단독상속인이 된다(민법 제1003조 제1항). 이와 관련하여, 丙이 D를 낙태한 행위가 상속결격인지 여부, A가 상속을 포기한 행위의 효력 등이 문제된다.
② 태아가 재산상속의 선순위나 동순위에 있는 경우에 그를 낙태하면 민법 제1004조 제1호 소정의 상속결격사유에 해당한다(대판 1992.5.22. 92다2127). 피상속인이 사망하여 '상속이 개시된 후' 피상속인의 배우자가 낙태한 경우에도 상속결격에 해당한다. 상속개시 후 상속결격자가 되더라도 그 효과는 상속이 개시된 때로 소급하기 때문이다.
③ 한편, 민법 제1004조 제1호 소정의 상속결격사유로서 '살해의 고의' 이외에 '상속에 유리하다는 인식'은 필요로 하지 아니한다(대판 1992.5.22. 92다2127).
④ 사안의 경우, 상속결격 제도의 취지를 고려할 때 낙태를 살해와 달리 취급할 이유는 없고, 낙태(살해)의 '고의' 이외에 '상속에 유리하다는 인식'이 필요한 것은 아니므로, 비록 丙이 혼자서 D를 키울 자신이 없어 낙태를 한 것이지만, 丙과 동순위에 있는 태아를 고의로 낙태한 경우이므로 민법 제1004조 제1호 소정의 상속결격사유에 해당한다.

4. 상속포기한 A의 배우자 E와 자녀 F가 상속인이 될 수 있는지 여부

상속의 포기는 상속이 개시된 때에 소급하여 그 효력이 있고(민법 제1042조), 상속인이 수인인 경우에 어느 상속인이 상속을 포기한 때에는 그 상속분은 다른 상속인의 상속분의 비율로 그 상속인에게 귀속된다(민법 제1043조). 상속포기는 대습상속의 사유에 해당하지 않으므로(민법 제1001조 참조), A의 배우자 E와 자녀 F가 A를 대습상속하는 것은 아니다. 결국 A의 상속분은 다른 동순위 상속인 B, C에게 1 : 1의 비율로 귀속된다.

5. 甲의 상속인의 확정

甲의 사망 당시 1순위 상속인에 해당하는 직계비속이 있으므로, 甲의 직계존속(2순위 상속인)인 乙(甲의 母)은 상속인이 되지 못한다. 甲의 배우자 丙은 상속개시 후에 태아 D를 낙태하였으므로 丙은 상속결격자에 해당하여 상속인이 되지 못하고, 태아 D는 살아서 출생하지 못하고 낙태되었으므로 상속인이 되지 못한다. A는 상속포기를 하였으므로 상속인이 되지 못하고, 상속포기는 대습상속의 사유에 해당하지 않으므로, A의 처 E와 자녀 F가 A를 대습상속하는 것도 아니다. 공동상속인 중 1인인 A가 상속을 포기하였으므로 A의 상속분은 다른 동순위 상속인 B, C에게 1:1의 비율로 귀속된다. 결국 <u>甲의 상속인은 甲의 직계비속 B, C가 된다</u>.

문제 2-2

[기본적 사실관계]

甲은 일찍이 처와 사별하고 홀어머니 乙을 모시고 살면서 자녀 A, B, C를 홀로 키우다가 丙과 재혼하였는데, 丙이 D를 임신한 상태에서 심장마비로 사망하였다. 甲이 사망하자, 혼자서 D를 키울 자신이 없던 丙은 D를 낙태하고 말았다. A는 상속을 포기하였는데 A에게는 처 E와 자녀 F가 있다.

※ 각 문항은 상호 독립적임

2. (위 기본적 사실관계에 추가하여) 甲은 사망하기 5년 전, 장래 B의 결혼자금 등에 사용하도록 대비하기 위하여 B 앞으로 ○○투자신탁주식회사에 액면금 5,000만원짜리 장기공사채 2구좌 합계 1억원을 예탁하여 두었고, 甲이 사망 당시 가지고 있던 재산은, 적극재산으로 거주 중이던 주택을 포함하여 합계 3억원, 소극재산으로 차용금채무 등 합계 2억 1천만원이다. 이 경우 甲의 재산에 대한 상속관계(상속액 포함)를 논하시오.　　[20점]

✅ 해설 2-2

I 결론

甲이 사망 당시 가지고 있던 적극재산 3억원은 구체적 상속분에 따라 B에게 1억원, C에게 2억원 각각 상속되고, 소극재산 2억 1천만원은 법정상속분에 따라 B와 C에게 각각 1억 1천만원씩 상속된다.

II 이유

1. 상속분의 비율

동순위의 상속인이 수인인 때에는 그 상속분은 균분으로 하므로(민법 제1009조 제1항), B, C의 법정상속분의 비율은 각 1/2(1 : 1)이다.

2. 甲의 적극재산의 상속분

(1) 민법 제1008조의 취지

민법 제1008조에서 "공동상속인 중에 피상속인으로부터 재산의 증여 또는 유증을 받은 자가 있는 경우에 그 수증재산이 자기의 상속분에 달하지 못한 때에는 그 부족한 부분의 한도에서 상속분이 있다"고 규정하고 있는바, 이는 공동상속인 중에 피상속인으로부터 재산의 증여 또는 유증을 받은 특별수익자가 있는 경우에 공동상속인들 사이의 공평을 기하기 위하여 그 수증재산을 상속분의 선급으로 다루어 구체적인 상속분을 산정함에 있어 이를 참작하도록 하려는 데 그 취지가 있다(대판 1995.3.10. 94다16571).

(2) 공동상속인 중에 특별수익자가 있는 경우의 구체적 상속분의 계산

공동상속인 중에 특별수익자(= 피상속인으로부터 재산의 증여 또는 유증을 받은 자)가 있는 경우의 구체적인 상속분의 산정을 위하여는, 피상속인이 상속개시 당시에 가지고 있던 재산의 가액에 생전 증여의 가액을 가산한 후, 이 가액에 각 공동상속인별로 법정상속분율을 곱하여 산출된 상속분의 가액으로부터 특별수익자의 수증재산인 증여 또는 유증의 가액을 공제하는 계산방법에 의하여 할 것이고, 여기서 이러한 계산의 기초가 되는 "피상속인이 상속개시 당시에 가지고 있던 재산의 가액"은 상속재산 가운데 "적극재산"의 전액을 가리키는 것으로 보아야 옳다(대판 1995.3.10. 94다16571).

(3) 사안의 경우

① 甲이 상속개시 당시에 가지고 있던 적극재산 가액 3억원에 B에 대한 생전 증여로 볼 수 있는 1억원의 예약금을 가산한 4억원에 대하여, 공동상속인 B, C의 법정상속분의 비율(1/2)을 곱하여 상속분을 계산하되, B의 경우 생전 증여 1억원을 공제하여 구체적 상속분을 계산한다.

② "피상속인이 상속개시 당시에 가지고 있던 재산의 가액"은 상속재산 가운데 적극재산의 전액을 가리키는 것이므로, 소극재산인 2억 1천만원은 공제하지 않는다.

③ 따라서 적극재산의 경우, B의 구체적 상속분은 1억원{= [(3억원 + 1억원) × 1/2)] − 1억원}이고, C의 구체적 상속분은 2억원{= (3억원 + 1억원) × 1/2)}이다.

3. 甲의 소극재산의 상속분

(1) 금전채무(분할채무)의 공동상속
금전채무와 같이 급부의 내용이 가분인 채무가 공동상속된 경우, 이는 상속 개시와 동시에 당연히 법정상속분에 따라 공동상속인에게 분할되어 귀속되는 것이므로, 상속재산 분할의 대상이 될 여지가 없다(대판 1997.6.24. 97다8809).

(2) 사안의 경우
甲의 소극재산인 차용금채무 등 합계 2억 1천만원은 법정상속분(각 1/2)에 따라 B와 C가 1억 1천만원씩 상속한다.

◆ 문제 2-3

> **[기본적 사실관계]**
> 甲은 일찍이 처와 사별하고 홀어머니 乙을 모시고 살면서 자녀 A, B, C를 홀로 키우다가 丙과 재혼하였는데, 丙이 D를 임신한 상태에서 심장마비로 사망하였다. 甲이 사망하자, 혼자서 D를 키울 자신이 없던 丙은 D를 낙태하고 말았다. A는 상속을 포기하였는데 A에게는 처 E와 자녀 F가 있다.
>
> ※ 각 문항은 상호 독립적임

3. (위 기본적 사실관계에 추가하여) 甲은 사망 당시 丁에 대하여 차용금채무 1억원을 부담하고 있었는데, 甲의 사망 후 상속인들은 "丁에 대한 차용금채무는 B가 모두 인수하기로 한다."고 협의하였다. 이러한 사실을 알게 된 丁은 B를 상대로 1억원 전액의 지급을 구하는 소를 제기하였다. 이 소에 대한 결론(각하, 청구인용, 청구기각을 명시하고, 일부인용의 경우 인용되는 금액을 특정할 것)과 이유를 설명하시오(이자, 비용은 고려하지 않음). **[10점]**

✅ **해설 2-3**

Ⅰ 결론

법원은 丁의 B에 대한 1억원의 차용금 지급청구에 대하여 청구인용판결을 하여야 한다.

Ⅱ 이유

1. 금전채무가 상속재산분할의 대상이 되는지 여부

금전채무와 같이 급부의 내용이 가분인 채무가 공동상속된 경우, 이는 상속 개시와 동시에 당연히 법정상속분에 따라 공동상속인에게 분할되어 귀속되는 것이므로, 상속재산 분할의 대상이 될 여지가 없다(대판 1997.6.24. 97다8809).

2. 면책적 채무인수에 해당하는지 여부

(1) 면책적 채무인수의 요건

상속재산 분할의 대상이 될 수 없는 상속채무에 관하여 공동상속인들 사이에 분할의 협의가 있는 경우라면 이러한 협의는 민법 제1013조에서 말하는 상속재산의 협의분할에 해당하는 것은 아니지만, 위 분할의 협의에 따라 공동상속인 중의 1인이 법정상속분을 초과하여 채무를 부담하기로 하는 약정은 면책적 채무인수의 실질을 가진다고 할 것이어서, 채권자에 대한 관계에서 위 약정에 의하여 다른 공동상속인이 법정상속분에 따른 채무의 일부 또는 전부를 면하기 위하여는 민법 제454조의 규정에 따른 채권자의 승낙을 필요로 하고, 여기에 상속재산 분할의 소급효를 규정하고 있는 민법 제1015조가 적용될 여지는 전혀 없다(대판 1997.6.24. 97다8809).

(2) 묵시적 승낙의 인정 여부

채무자와 인수인 사이의 계약에 의한 채무인수에 대하여 채권자는 명시적인 방법뿐만 아니라 묵시적인 방법으로도 승낙을 할 수 있는 것인데, 채권자가 직접 채무인수인에 대하여 인수채무금의 지급을 청구하였다면 그 지급청구로써 묵시적으로 채무인수를 승낙한 것으로 보아야 한다(대판 1989.11.14. 88다카29962).

(3) 소 결

甲의 사망 후 상속인들은 "丁에 대한 차용금채무는 B가 모두 인수하기로 한다."고 협의하였는바, 이러한 협의에 따라 공동상속인 중의 1인이 법정상속분을 초과하여 채무를 부담하기로 하는 약정은 면책적 채무인수의 실질을 가진다. 따라서 민법 제454조에 따라 채권자 丁의 승낙이 있어야 면책적 채무의 성질을 가진다. 사안의 경우, 丁이 B를 상대로 1억원 전액의 지급을 청구함으로써 묵시적으로 채무인수를 승낙한 것으로 볼 수 있다. 따라서 법원은 B에 대한 1억원의 차용금 지급청구에 대하여 전부인용판결을 하여야 한다.

2020년 제26회 기출문제

민법

◆ 문제 1

1. 다음의 사실관계를 전제로 아래 각 문항에 답하시오(각 설문은 상호관련성 없음). [20점]

   [기본적 사실관계]
   甲은 X토지와 그 지상의 Y건물을 소유한 소유자이고, X토지에는 甲의 차용금채무를 담보하기 위한 저당권자 丁 명의의 저당권이 설정되어 있다. 乙은 2010.5.10. 위 저당권의 실행에 따른 임의경매절차에서 X토지를 매수하여 소유권이전등기를 마쳤다.

   가. (추가된 사실관계) 丙은 2011.2.5. 甲과 매매계약을 체결하여 Y건물을 매수하고 같은 날 소유권이전 등기를 마쳤다.

   1) 乙은 2014.2.5. 丙을 상대로 Y건물의 철거 및 3년치 토지사용료를 청구한다. 각각의 청구에 대한 인용 여부를 논하시오.

   2) 만약 丙이 Y건물을 매매계약으로 매수한 것이 아니라 강제경매절차에서 매수한 것이라면 법률관계에 어떠한 차이가 있는지 논하시오.

   나. (추가된 사실관계) 사실 X토지에 설정된 저당권은 X토지와 그 지상의 Z건물을 공동담보로 한 공동저당권으로 설정된 것이었는데 이후 Z건물이 철거됨에 따라 甲이 X토지 지상에 새로 Y건물을 신축한 것이었다.

   1) 乙의 甲에 대한 Y건물 철거 청구는 인용될 수 있는지 논하시오.

   2) 만약 丁이 X토지에 대한 저당권을 실행하면서 민법 제365조에 의한 일괄경매를 신청하여 乙이 경매절차에서 X토지와 Y건물을 일괄매각대금 6억원에 취득하였고, X토지와 Y건물을 일괄하여 평가한 전체 감정가액은 4억원이며, X토지의 감정가액은 나대지 상태에서 2억원, 지상권의 이용 제한이 있는 상태에서 1억원으로 평가된 경우라면, 丁에 대한 배당금의 액수와 근거를 논하시오(단, 丁의 채권액은 3억 5,000만원이고, 배당에 참가한 다른 채권자는 없으며, 丁은 Y건물에 대하여 별도로 압류나 배당요구를 하지는 않았다고 가정함).

2. 다음의 사실관계를 전제로 아래 각 문항에 답하시오(각 설문은 상호관련성 없음). [15점]

[기본적 사실관계]
甲은 2009.5.1. X토지 지상에 Y건물을 신축하여 자신 명의로 소유권보존등기를 마쳤다. Y건물에 관하여 2009.12.1. 甲의 채권자 A에 의한 가압류등기가 마쳐졌고 2010.5.1. 위 가압류를 바탕으로 강제경매개시결정의 등기가 마쳐졌다. 乙은 2010.3.1. 甲과 매매계약을 체결하고 Y건물을 매수하여 같은 날 소유권이전등기를 마쳤다. 위 강제경매절차에서 2010.10.1. 丁이 Y건물을 매수하여 같은 날 매각대금을 완납하였고 2010.10.15. Y건물에 관하여 乙 명의의 소유권이전등기가 말소되고 丁 명의의 소유권이전등기가 마쳐졌다. 경매절차에서 건물 철거에 관한 별도 특약은 없었다.

가. (추가된 사실관계) X토지는 2001.1.1.부터 丙의 소유였고 乙은 2010.1.1. 丙으로부터 X토지를 매수하여 같은 날 소유권이전등기를 마쳤다. 이 경우 乙이 丁을 상대로 Y건물의 철거를 구할 수 있는지 논하시오.

나. (추가된 사실관계) X토지는 2001.1.1.부터 甲의 소유였고 甲은 공사대금채무를 담보하기 위하여 2009.6.1. X토지에 근저당권을 설정하였다. 이후 X토지에 관하여 다른 채권자의 신청에 의한 부동산강제경매가 진행됨에 따라 2009.10.1. 乙이 강제경매절차에서 X토지를 매수하고 매각대금을 완납하였으며 이에 따라 근저당권이 소멸하였다. 이 경우 乙이 丁을 상대로 Y건물의 철거를 구할 수 있는지 논하시오.

3. 다음의 사실관계를 전제로 아래 각 문항에 답하시오. [15점]

甲은 X토지 및 Y토지와 그 2필지 지상의 Z건물을 소유하고 있다. Y토지에는 2001.1.1. A를 근저당권자로 한 근저당권설정등기가 마쳐진 상태이다. 乙은 2010.1.1. 甲으로부터 X토지와 Z건물을 매수하고 같은 날 소유권이전등기를 마쳤다. 甲의 채권자 B는 甲과 乙 사이의 Z건물 매매계약이 사해행위에 해당한다며 乙을 상대로 채권자취소 및 원상회복을 청구하였고 2011.2.1. 사해행위취소 확정판결을 원인으로 하여 Z건물에 관한 乙명의의 소유권이전등기가 말소되었다. 이후 B의 신청에 따른 Z건물에 대한 강제경매절차에서 2012.5.1. 丙이 매수대금을 완납하고 그 소유권을 취득하였다. 한편 Y토지에 설정된 근저당권의 실행에 따른 경매절차에서 2010.5.1. 丁이 매수대금을 완납하여 그 소유권을 취득하였다.

가. 사해행위 취소의 효력을 약술하고, Z건물 양도행위가 사해행위로 취소됨에 따라 甲이 X토지에 Z건물을 위한 법정지상권을 취득하는지 논하시오.

나. 丙이 X토지에 Z건물을 위한 법정지상권을 취득하는지 논하시오.

다. 丙이 Y토지에 Z건물을 위한 법정지상권을 취득하는지 논하시오.

문제 2

[기본적 사실관계]

마스크 도매업자 甲은 2015.3.1. 乙에게, 2015.3.9.까지 마스크대금 1,000만원을 지급받기로 하고 마스크 100박스를 먼저 납품하였다. 한편, 甲에 대하여 400만원의 대여금채권을 가지고 있던 A가 이 대여금채권을 피보전채권으로 하여 위 마스크대금채권 중 400만원에 대하여 채권가압류 신청을 하였고, 가압류결정이 2015.4.1. 乙에게 송달되었다. 이와 같은 사실관계에서 아래 각 문항에 답하시오.

※ 각 문항은 상호 독립적임

1. 甲의 乙에 대한 마스크대금채권의 소멸시효 완성시점과 그 논거를 설명하시오. [10점]

2. (위 기본사실에 추가하여) 甲은 乙에게 2018.2.11. 미지급한 마스크대금을 변제하라고 독촉을 하였고, 2018.3.11.과 2018.7.20.에도 재차 독촉을 하였음에도 乙이 변제를 하지 않자, 2018.8.15. 乙을 상대로 물품대금청구의 소를 제기하였다. 乙은 이 소송에서 "甲의 마스크대금채권은 소멸시효기간이 지났으므로 소멸하였다."고 항변하였다. 이 주장에 대해 甲은, "2018.2.11.에 이행청구를 하고, 다시 두 차례의 이행청구를 한 후 2018.8.15. 본소를 제기하였으므로 채권의 소멸시효는 2018.2.11.에 그 진행이 중단되었다"고 재항변하고 있다. 각 당사자의 주장의 당부와 그 논거를 설명하시오. [10점]

3. (위 기본사실에 추가하여) 乙은 위 소송에서 위 2.와 달리 소멸시효완성의 항변을 하지 않고, "마스크대금 중 400만원에 대하여 채권가압류결정을 송달받아 甲에게 지급할 수 없는 상태이므로 400만원 청구부분은 기각되어야 한다."고 항변하였다. 이 주장의 당부와 판결의 결론을 설명하시오(각하, 인용, 기각을 명시하고, 일부인용의 경우 인용되는 금액을 특정할 것). [10점]

4. (위 기본 사실에 추가하여) 마스크공급계약을 체결할 당시, 甲은 마스크대금을 지급받기 전에 乙에게 먼저 마스크를 인도하여 주는 것에 난색을 표하였는데, 乙과 함께 찾아온 丙이 乙을 위하여 자신이 마스크대금채무에 대하여 연대보증을 서겠다고 하면서 부탁하여 계약을 체결하게 되었다. 변제기가 지나 乙과 丙에게 수차례 이행청구를 하였음에도 대금을 지급하지 않자 甲은 乙과 丙을 상대로 소를 제기하고자 한다. 甲에게 가장 유리한 형태의 청구취지를 작성하고, 마스크대금과 이에 대한 지연손해금을 구하기 위한 요건사실을 설명하시오. [20점]

민 법 | 2020년 제26회 기출문제해설

문제 1-1-가-1)

1. 다음의 사실관계를 전제로 아래 각 문항에 답하시오(각 설문은 상호관련성 없음). [20점]

   [기본적 사실관계]

   甲은 X토지와 그 지상의 Y건물을 소유한 소유자이고, X토지에는 甲의 차용금채무를 담보하기 위한 저당권자 丁 명의의 저당권이 설정되어 있다. 乙은 2010.5.10. 위 저당권의 실행에 따른 임의경매절차에서 X토지를 매수하여 소유권이전등기를 마쳤다.

   가. (추가된 사실관계) 丙은 2011.2.5. 甲과 매매계약을 체결하여 Y건물을 매수하고 같은 날 소유권이전등기를 마쳤다.

   1) 乙은 2014.2.5. 丙을 상대로 Y건물의 철거 및 3년치 토지사용료를 청구한다. 각각의 청구에 대한 인용 여부를 논하시오.

✅ 해설 1-1-가-1)

I 결론

Y건물의 철거청구는 인용될 수 없으나, 3년의 토지사용료청구는 부당이득반환청구로서 인용될 수 있다.

II 논거

1. Y건물의 철거청구가 인용되는지 여부

(1) 건물철거청구의 요건사실

X토지의 소유자 乙은 건물소유자 丙에게 소유권에 기한 방해배제권 행사의 일환으로 Y건물의 철거를 청구할 수 있다(민법 제214조). 다만, 丙에게 X토지를 점유할 권리가 있다면 철거청구는 인용되지 않는다.

(2) Y건물의 매수인 丙이 민법 제366조의 법정지상권을 취득하는지 여부

1) 甲의 민법 제366조의 법정지상권의 취득

① 저당권설정 당시 동일인의 소유에 속하고 있던 토지와 지상 건물이 경매로 인하여 소유자가 다르게 된 경우에 건물소유자는 건물의 소유를 위한 민법 제366조의 법정지상권을 취득한다(대판 2014.12.24. 2012다73158).

② 丁이 X토지에 저당권을 설정할 당시에 Y건물이 존재하고 있었고, 저당권 설정 당시 X토지와 Y건물이 모두 甲 소유로 소유자가 동일하였으며, 丁의 저당권 실행으로 X토지와 Y건물의 소유자가 달라지게 되었으므로, 甲은 Y건물을 위하여 X토지에 법정지상권을 취득한다(민법 제366조).

2) 건물의 매수인 丙이 민법 제366조의 법정지상권을 취득하는지 여부

① 민법 제366조의 법정지상권이 붙은 건물의 소유자가 건물을 제3자에게 처분한 경우, 법정지상권에 관한 등기를 경료하지 아니한 자로서는 건물의 소유권을 취득한 사실만 가지고 법정지상권을 취득하였다고 할 수 없어 대지소유자에게 법정지상권을 주장할 수 없고 그 법정지상권은 여전히 甲에게 유보되어 있다고 보아야 한다(대판 1995.4.11. 94다39925 참조). 이는 물권변동에 있어 형식주의(성립요건주의)를 채택한 민법 제186조의 당연한 결과이다.

② 따라서 Y건물을 매수한 丙은 甲으로부터 별도로 지상권 이전등기를 경료하지 않은 이상, 법정지상권을 취득하지 않은 상태이며, 다만 법정지상권을 취득할 지위에 있는 자에 불과하다.

(3) Y건물의 철거청구가 인용되는지 여부

법정지상권을 가진 건물소유자로부터 건물을 양수하면서 법정지상권까지 양도받기로 한 자는 채권자대위의 법리에 따라 전건물소유자 및 대지소유자에 대하여 차례로 지상권의 설정등기 및 이전등기절차이행을 구할 수 있다 할 것이므로 이러한 법정지상권을 취득할 지위에 있는 자에 대하여 대지소유자가 소유권에 기하여 건물철거를 구함은 지상권의 부담을 용인하고 그 설정등기절차를 이행할 의무 있는 자가 그 권리자를 상대로 한 청구라 할 것이어서 신의성실의 원칙상 허용될 수 없다(대판 1985.4.9. 84다카1131[전합]). 따라서 乙의 丙에 대한 Y건물 철거청구는 인용될 수 없다.

2. 3년의 토지사용료청구가 인용되는지 여부

(1) 판례의 태도

법정지상권자라 할지라도 대지 소유자에게 지료를 지급할 의무는 있는 것이고, 법정지상권이 있는 건물의 양수인으로서 장차 법정지상권을 취득할 지위에 있어 대지 소유자의 건물 철거나 대지 인도 청구를 거부할 수 있다 하더라도 그 대지를 점유·사용함으로 인하여 얻은 이득은 부당이득으로서 대지 소유자에게 반환할 의무가 있다(대판 1997.12.26. 선고 96다34665 판결).

(2) 사안의 경우

丙은 Y건물을 통하여 X토지 점유하고 있다. 그 결과 丙은 20211.2.5.부터 2024.2.5.까지 3년간 차임 상당의 이득을 얻고 있으며, 乙은 3년간의 차임 상당의 손해를 입고 있다. 乙은 민법 제741조를 근거로 하여 3년간의 차임 상당액에 대하여 부당이득반환청구를 할 수 있다.

문제 1-1-가-2)

1. 다음의 사실관계를 전제로 아래 각 문항에 답하시오(각 설문은 상호관련성 없음). [20점]

   > **[기본적 사실관계]**
   > 甲은 X토지와 그 지상의 Y건물을 소유한 소유자이고, X토지에는 甲의 차용금채무를 담보하기 위한 저당권자 丁명의의 저당권이 설정되어 있다. 乙은 2010.5.10. 위 저당권의 실행에 따른 임의경매절차에서 X토지를 매수하여 소유권이전등기를 마쳤다.

   가. (추가된 사실관계) 丙은 2011.2.5. 甲과 매매계약을 체결하여 Y건물을 매수하고 같은 날 소유권이전 등기를 마쳤다.

   　2) 만약 丙이 Y건물을 매매계약으로 매수한 것이 아니라 강제경매절차에서 매수한 것이라면 법률관계에 어떠한 차이가 있는지 논하시오.

✅ 해설 1-1-가-2)

I 결 론

Y건물의 철거청구는 인용될 수 없으나, 3년의 토지사용료청구는 법정지상권의 지료청구로서 인용될 수 있다.

II 논 거

1. Y건물 철거청구가 인용되는지 여부

(1) 판 례

건물 소유를 위하여 민법 제366조의 법정지상권을 취득한 사람으로부터 경매에 의하여 건물의 소유권을 이전받은 매수인은 매수 후 건물을 철거한다는 등의 매각조건하에서 경매되는 경우 등 특별한 사정이 없는 한 건물의 매수취득과 함께 위 지상권도 당연히 취득한다(대판 2014.12.24. 2012다73158).

(2) 사안의 경우

丙에 Y건물을 매매계약으로 매수한 것이 아니라 강제경매절차에서 매수한 것이라면, 민법 제100조 제2항의 유추적용에 의하여 건물뿐만 아니라 종된 권리인 건물 소유를 위한 민법 제366조의 법정지상권도 등기 없이 당연히 취득한다(민법 제187조). 乙에게는 법정지상권이라는 점유할 권리가 인정되므로, 丙에 대한 Y건물의 철거청구는 인용될 수 없다(민법 제214조).

2. 3년의 토지사용료청구가 인용되는지 여부

법정지상권자라고 하더라도 대지소유자에게 지료를 지급할 의무는 있는 것이므로(대판 1997.12.26. 96다34665), 乙의 丙에 대한 3년치의 토지사용료의 청구는 인용될 수 있다. 다만 그 법적 근거는 민법 제741조의 부당이득이 아니라 법정지상권의 지료청구이다.

문제 1-1-나-1)

1. 다음의 사실관계를 전제로 아래 각 문항에 답하시오(각 설문은 상호관련성 없음). [20점]

   [기본적 사실관계]
   甲은 X토지와 그 지상의 Y건물을 소유한 소유자이고, X토지에는 甲의 차용금채무를 담보하기 위한 저당권자 丁 명의의 저당권이 설정되어 있다. 乙은 2010.5.10. 위 저당권의 실행에 따른 임의경매절차에서 X토지를 매수하여 소유권이전등기를 마쳤다.

   나. (추가된 사실관계) 사실 X토지에 설정된 저당권은 X토지와 그 지상의 Z건물을 공동담보로 한 공동저당권으로 설정된 것이었는데 이후 Z건물이 철거됨에 따라 甲이 X토지 지상에 새로 Y건물을 신축한 것이었다.

      1) 乙의 甲에 대한 Y건물 철거 청구는 인용될 수 있는지 논하시오.

◆ 해설 1-1-나-1)

I 결 론

乙의 甲에 대한 Y건물 철거청구는 인용될 수 있다.

II 이 유

1. 판례의 태도

① 동일인의 소유에 속하는 토지 및 그 지상 건물에 관하여 공동저당권이 설정된 후 그 지상 건물이 철거되고 새로 건물이 신축된 경우에는 그 신축건물의 소유자가 토지의 소유자와 동일하고 토지의 저당권자에게 신축건물에 관하여 토지의 저당권과 동일한 순위의 공동저당권을 설정해 주는 등 특별한 사정이 없는 한 저당물의 경매로 인하여 토지와 그 신축건물이 다른 소유자에 속하게 되더라도 그 신축건물을 위한 법정지상권은 성립하지 않는다(대판 2003.12.18. 98다43601[전합]).

② 공동저당권자는 토지 및 건물 각각의 교환가치 전부를 담보로 취득한 것으로서, 건물이 철거된 후 신축된 건물에 토지와 동순위의 공동저당권이 설정되지 아니 하였는데도 그 신축건물을 위한 법정지상권이 성립한다고 해석하게 되면, 공동저당권자가 법정지상권이 성립하는 신축건물의 교환가치를 취득할 수 없게 되는 결과 법정지상권의 가액 상당 가치를 되찾을 길이 막혀 위와 같이 당초 나대지로서의 토지의 교환가치 전체를 기대하여 담보를 취득한 공동저당권자에게 불측의 손해를 입게 하기 때문이다(대판 2003.12.18. 98다43601[전합]).

2. 사안의 경우

甲이 X토지의 저당권자인 丁에게 신축된 Y건물에 관하여 토지의 저당권과 동일한 순위의 공동저당권을 설정해 주는 등 사정은 존재하지 않으므로, 甲은 저당권의 실행으로 인하여 X토지의 소유자가 乙로 바뀌더라도 Y건물의 소유를 위하여 X토지에 민법 제366조의 법정지상권을 취득하지 못한다. 따라서 乙의 甲에 대한 Y건물 철거청구는 인용될 수 있다.

문제 1-1-나-2)

1. 다음의 사실관계를 전제로 아래 각 문항에 답하시오(각 설문은 상호관련성 없음). [20점]

   [기본적 사실관계]

   甲은 X토지와 그 지상의 Y건물을 소유한 소유자이고, X토지에는 甲의 차용금채무를 담보하기 위한 저당권자 丁명의의 저당권이 설정되어 있다. 乙은 2010.5.10. 위 저당권의 실행에 따른 임의경매절차에서 X토지를 매수하여 소유권이전등기를 마쳤다.

   나. (추가된 사실관계) 사실 X토지에 설정된 저당권은 X토지와 그 지상의 Z건물을 공동담보로 한 공동저당권으로 설정된 것이었는데 이후 Z건물이 철거됨에 따라 甲이 X토지 지상에 새로 Y건물을 신축한 것이었다.

   2) 만약 丁이 X토지에 대한 저당권을 실행하면서 민법 제365조에 의한 일괄경매를 신청하여 乙이 경매절차에서 X토지와 Y건물을 일괄매각대금 6억원에 취득하였고, X토지와 Y건물을 일괄하여 평가한 전체 감정가액은 4억원이며, X토지의 감정가액은 나대지 상태에서 2억원, 지상권의 이용제한이 있는 상태에서 1억원으로 평가된 경우라면, 丁에 대한 배당금의 액수와 근거를 논하시오(단, 丁의 채권액은 3억 5,000만원이고, 배당에 참가한 다른 채권자는 없으며, 丁은 Y건물에 대하여 별도로 압류나 배당요구를 하지는 않았다고 가정함).

● 해설 1-1-나-2)

I 결론

丁에 대한 배당금은 3억원이다.

II 이유

1. 일괄경매청구권의 행사에 따라 매각대금의 배당

① 민법 제365조 단서에 의하면 저당권자에게는 건물의 매각대금에 대하여 우선변제를 받을 권리가 없도록 규정되어 있다. 따라서 토지의 저당권자가 건물의 매각대금에서 배당을 받으려면 민사집행법 제268조, 제88조의 규정에 의한 적법한 배당요구를 하였거나 그 밖에 달리 배당을 받을 수 있는 채권으로서 필요한 요건을 갖추고 있어야 한다(대판 2012.3.15. 2011다54587).

② 토지와 신축건물에 대하여 민법 제365조에 의하여 일괄매각이 이루어졌다면 일괄매각대금 중 토지에 안분할 매각대금은 법정지상권 등 이용 제한이 없는 상태의 토지로 평가하여 산정하여야 한다(대판 2012.3.15. 2011다54587).

2. 사안의 경우

일괄매각대금 6억원 중 X토지에 안분할 매각대금은 법정지상권 등 이용 제한이 없는 상태의 토지로 평가하여 산정하여야 한다. X토지와 Y건물을 일괄하여 평가한 전체 감정가액은 4억원이고, X토지의 감정가액은 법정지상권 등 이용 제한이 없는 나대지 상태에서 2억원이므로 각 1/2(1:1)의 비율로 안분해야 한다. 즉, 일괄매각대금 6억원은 X토지에 3억원(= 6억원×1/2), Y건물에 3억원(= 6억원×1/2)으로 안분해야 한다. 丁의 채권액은 3억 1천만원이고, 배당에 참가한 다른 채권자는 존재하지 않으며, 丁은 Y건물에 대하여 별도로 배당요구를 하거나 그 밖에 달리 배당받을 수 있는 채권으로서의 요건을 갖추고 있지 않다. 따라서 丁은 일괄매각대금 6억원 중 X토지에 안분한 3억원 전액을 배당받는다.

문제 1-2-가

2. 다음의 사실관계를 전제로 아래 각 문항에 답하시오(각 설문은 상호관련성 없음). [15점]

> **[기본적 사실관계]**
> 甲은 2009.5.1. X토지 지상에 Y건물을 신축하여 자신 명의로 소유권보존등기를 마쳤다. Y건물에 관하여 2009.12.1. 甲의 채권자 A에 의한 가압류등기가 마쳐졌고 2010.5.1. 위 가압류를 바탕으로 강제경매개시결정의 등기가 마쳐졌다. 乙은 2010.3.1. 甲과 매매계약을 체결하고 Y건물을 매수하여 같은 날 소유권이전등기를 마쳤다. 위 강제경매절차에서 2010.10.1. 丁이 Y건물을 매수하여 같은 날 매각대금을 완납하였고 2010.10.15. Y건물에 관하여 乙 명의의 소유권이전등기가 말소되고 丁 명의의 소유권이전등기가 마쳐졌다. 경매절차에서 건물 철거에 관한 별도 특약은 없었다.

가. (추가된 사실관계) X토지는 2001.1.1.부터 丙의 소유였고 乙은 2010.1.1. 丙으로부터 X토지를 매수하여 같은 날 소유권이전등기를 마쳤다. 이 경우 乙이 丁을 상대로 Y건물의 철거를 구할 수 있는지 논하시오.

해설 1-2-가

I. 결론

乙의 Y건물 철거청구는 인용될 수 있다.

II. 이유

1. 乙의 청구권원

乙은 2010.3.1. X토지를 매수하여 같은 날 소유권이전등기를 경료함으로써 X토지의 소유권을 취득하였다(민법 제186조). 따라서 乙은 소유권에 기한 방해배제청구권 행사의 일환으로 Y건물의 철거를 청구할 수 있다(민법 제214조). 다만, 丁에게 점유할 권리가 인정되는 경우에는 그러하지 아니하다(민법 제213조 단서). 사안의 경우, '점유할 권리'로서 丁에게 관습(법)상의 법정지상권이 인정되는지가 문제된다.

2. 丁의 항변권원 - 관습(법)상의 법정지상권의 인정 여부

① 관습상의 법정지상권은 동일인의 소유이던 토지와 그 지상건물이 매매 기타 원인으로 인하여 각각 소유자를 달리하게 되었으나 그 건물을 철거한다는 등의 특약이 없으면 건물 소유자로 하여금 토지를 계속 사용하게 하려는 것이 당사자의 의사라고 보아 인정되는 것이다(대판 2002.6.20. 2002다9660[전합]).

② 강제경매의 목적이 된 토지 또는 그 지상 건물의 소유권이 강제경매로 인하여 그 절차상의 매수인에게 이전된 경우에 건물의 소유를 위한 관습상 법정지상권이 성립하는가 하는 문제에 있어서는 그 매수인이 소유권을 취득하는 매각대금의 완납시가 아니라 <u>그 압류의 효력이 발생하는 때를 기준으로 하여 토지와 그 지상 건물이 동일인에 속하였는지가 판단되어야 한다</u>(대판 2012.10.18. 2010다52140[전합]).3)

③ 한편 강제경매개시결정 이전에 가압류가 있는 경우에는, 그 가압류가 강제경매개시결정으로 인하여 본압류로 이행되어 가압류집행이 본집행에 포섭됨으로써 당초부터 본집행이 있었던 것과 같은 효력이 있다. 따라서 경매의 목적이 된 부동산에 대하여 가압류가 있고 그것이 본압류로 이행되어 경매절차가 진행된 경우에는, <u>애초 가압류가 효력을 발생하는 때를 기준으로 토지와 그 지상 건물이 동일인에 속하였는지를 판단하여야 한다</u>(대판 2012.10.18. 2010다52140[전합]).

④ 사안의 경우, Y건물에 대하여 압류의 효력이 발생하는 경매개시결정기입 등기 당시(2010.5.1.) X토지와 Y건물의 소유자가 乙로서 동일하다고 하더라도, <u>Y건물에 가압류의 효력이 발생할 당시(2009.12.1.)</u>에는 X토지와 Y건물의 소유자가 동일이 아니었다. 따라서 매수인 丁은 관습(법)상의 법정지상권을 취득하지 못한다.

3. 乙의 Y건물 철거청구의 인용 여부

Y건물의 매수인 丁은 관습(법)상의 법정지상권을 취득하지 못하였고, 달리 점유할 권리가 없으므로 X토지의 소유권자 乙의 Y건물 철거청구는 인용될 수 있다.

---

3) 강제경매개시결정의 기입등기가 이루어져 압류의 효력이 발생한 후에 경매목적물의 소유권을 취득한 이른바 제3취득자는 그의 권리를 경매절차상 매수인에게 대항하지 못하고, 나아가 그 명의로 경료된 소유권이전등기는 매수인이 인수하지 아니하는 부동산의 부담에 관한 기입에 해당하므로(민사집행법 제144조 제1항 제2호 참조), 매각대금이 완납되면 직권으로 그 말소가 촉탁되어야 하는 것이어서, 결국 매각대금 완납 당시 소유자가 누구인지는 이 문제맥락에서 별다른 의미를 가질 수 없다는 점 등을 고려하여 보면 더욱 그러하다(대판 2012.10.18. 2010다52140[전합]).

문제 1-2-나

2. 다음의 사실관계를 전제로 아래 각 문항에 답하시오(각 설문은 상호관련성 없음). [15점]

> **[기본적 사실관계]**
>
> 甲은 2009.5.1. X토지 지상에 Y건물을 신축하여 자신 명의로 소유권보존등기를 마쳤다. Y건물에 관하여 2009.12.1. 甲의 채권자 A에 의한 가압류등기가 마쳐졌고 2010.5.1. 위 가압류를 바탕으로 강제경매개시결정의 등기가 마쳐졌다. 乙은 2010.3.1. 甲과 매매계약을 체결하고 Y건물을 매수하여 같은 날 소유권이전등기를 마쳤다. 위 강제경매절차에서 2010.10.1. 丁이 Y건물을 매수하여 같은 날 매각대금을 완납하였고 2010.10.15. Y건물에 관하여 乙 명의의 소유권이전등기가 말소되고 丁 명의의 소유권이전등기가 마쳐졌다. 경매절차에서 건물 철거에 관한 별도 특약은 없었다.

나. (추가된 사실관계) X토지는 2001.1.1.부터 甲의 소유였고 甲은 공사대금채무를 담보하기 위하여 2009.6.1. X토지에 근저당권을 설정하였다. 이후 X토지에 관하여 다른 채권자의 신청에 의한 부동산 강제경매가 진행됨에 따라 2009.10.1. 乙이 강제경매절차에서 X토지를 매수하고 매각대금을 완납하였으며 이에 따라 근저당권이 소멸하였다. 이 경우 乙이 丁을 상대로 Y건물의 철거를 구할 수 있는지 논하시오.

◉ 해설 1-2-나

I 결론

乙은 丁을 상대로 Y건물 철거청구를 구할 수 없다.

II 이유

1. 乙의 청구권원

乙은 2010.3.1. X토지를 매수하여 같은 날 소유권이전등기를 경료함으로써 X토지의 소유권을 취득하였다(민법 제186조). 따라서 乙은 소유권에 기한 방해배제청구권 행사의 일환으로 Y건물의 철거를 청구할 수 있다(민법 제214조). 다만, 丁에게 점유할 권리가 인정되는 경우에는 그러하지 아니하다(민법 제213조 단서). 사안의 경우, '점유할 권리'로서 丁에게 관습(법)상의 법정지상권이 인정되는지가 문제된다.

2. 丁의 항변권원 - 관습(법)상의 법정지상권의 인정 여부

(1) 판례

강제경매의 목적이 된 토지 또는 그 지상 건물에 관하여 강제경매를 위한 압류나 그 압류에 선행한 가압류가 있기 이전에 저당권이 설정되어 있다가 그 후 강제경매로 인해 그 저당권이 소멸하는 경우에는, 그 저당권 설정 이후의 특정 시점을 기준으로 토지와 그 지상 건물이 동일인의 소유에 속하였는지에 따라 관습상 법정지상권의 성립 여부를 판단하게 되면, 저당권자로서는 저당권 설정 당시를 기준으로 그 토지나 지상 건물의 담보가치를 평가하였음에도 저당권 설정 이후에 토지나 그 지상 건물의 소유자가 변경되었다는 외부의 우연한 사정으로 인하여 자신이 당초에 파악하고 있던 것보다 부당하게 높아지거나 떨어진 가치를 가진 담보를 취득하게 되는 예상하지 못한 이익을 얻거나 손해를 입게 되므로, 그 저당권 설정 당시를 기준으로 토지와 그 지상 건물이 동일인에게 속하였는지에 따라 관습상 법정지상권의 성립 여부를 판단하여야 한다(대판 2013.4.11. 2009다62059).

(2) 사안의 경우

Y건물에 대하여 가압류의 효력 발생 당시(2009.12.1.)부터 매각대금을 모두 납부할 때까지 X토지와 Y건물은 동일인 소유가 아니지만, X토지에 대하여 근저당권이 설정될 당시(2009.6.1.)에는 X토지와 Y건물이 모두 甲 소유로 소유자가 동일하였고, 강제경매로 인하여 그 소유자가 달라졌고, 건물을 철거한다는 특약 또한 존재하지 않으므로 경매절차에서 Y건물을 매수한 丁은 관습(법)상 법정지상권을 취득한다.

4. Y건물의 철거청구 가부

Y건물을 매수한 丁은 관습(법)상 법정지상권을 취득하여 X토지를 점유할 권리가 있으므로 乙은 丁을 상대로 Y건물의 철거를 구할 수 없다.

문제 1-3-가

3. 다음의 사실관계를 전제로 아래 각 문항에 답하시오. [15점]

> 甲은 X토지 및 Y토지와 그 2필지 지상의 Z건물을 소유하고 있다. Y토지에는 2001.1.1. A를 근저당권자로 한 근저당권설정등기가 마쳐진 상태이다. 乙은 2010.1.1. 甲으로부터 X토지와 Z건물을 매수하고 같은 날 소유권이전등기를 마쳤다. 甲의 채권자 B는 甲과 乙 사이의 Z건물 매매계약이 사해행위에 해당한다며 乙을 상대로 채권자취소 및 원상회복을 청구하였고 2011.2.1. 사해행위취소 확정판결을 원인으로 하여 Z건물에 관한 乙명의의 소유권이전등기가 말소되었다. 이후 B의 신청에 따른 Z건물에 대한 강제경매절차에서 2012.5.1. 丙이 매수대금을 완납하고 그 소유권을 취득하였다. 한편 Y토지에 설정된 근저당권의 실행에 따른 경매절차에서 2010.5.1. 丁이 매수대금을 완납하여 그 소유권을 취득하였다.

가. 사해행위 취소의 효력을 약술하고, Z건물 양도행위가 사해행위로 취소됨에 따라 甲이 X토지에 Z건물을 위한 법정지상권을 취득하는지 논하시오.

해설 1-3-가

I 결론

甲은 Z건물의 소유를 위하여 X토지에 관습(법)상의 법정지상권을 취득하지 못한다.

II 이유

1. 사해행위 취소의 효력

사해행위의 취소는 채권자와 수익자의 관계에서 상대적으로 채무자와 수익자 사이의 법률행위를 무효로 하는 데에 그치고, 채무자와 수익자 사이의 법률관계에는 영향을 미치지 아니하므로, 채무자와 수익자 사이의 부동산매매계약이 사해행위로 취소되고 그에 따른 원상회복으로 수익자 명의의 소유권이전등기가 말소되어 채무자의 등기명의가 회복되더라도, 그 부동산은 취소채권자나 민법 제407조에 따라 사해행위의 취소와 원상회복의 효력을 받는 채권자와 수익자 사이에서 채무자의 책임재산으로 취급될 뿐, 채무자가 직접 그 부동산을 취득하여 권리자로 되는 것은 아니다(대판 2017.9.21. 2016다8923).

2. 甲의 관습(법)상의 법정지상권의 취득 여부

(1) 관습(법)상 법정지상권의 성립 요건
동일인의 소유에 속하고 있던 토지와 지상 건물이 매매 등으로 인하여 소유자가 다르게 된 경우에 건물을 철거한다는 특약이 없는 한 건물소유자는 건물의 소유를 위한 관습상 법정지상권을 취득한다.

(2) 사해행위취소의 경우
그런데 민법 제406조의 채권자취소권의 행사로 인한 사해행위의 취소와 일탈재산의 원상회복은 채권자와 수익자 또는 전득자에 대한 관계에 있어서만 효력이 발생할 뿐이고 채무자가 직접 권리를 취득하는 것이 아니므로, 토지와 지상 건물이 함께 양도되었다가 채권자취소권의 행사에 따라 그중 건물에 관하여만 양도가 취소되고 수익자와 전득자 명의의 소유권이전등기가 말소되었다고 하더라도, 이는 관습상 법정지상권의 성립요건인 '동일인의 소유에 속하고 있던 토지와 지상 건물이 매매 등으로 인하여 소유자가 다르게 된 경우'에 해당한다고 할 수 없다(대판 2014.12.24. 2012다73158).

3. 사안의 경우

Z건물에 대한 매매계약이 취소되고 2011.2.1. 수익자 乙 명의의 등기가 말소되고 甲 앞으로 다시 소유권이전등기가 원상회복되었더라도 사해행위의 취소와 일탈재산의 원상회복은 채권자 B와 수익자 乙에 대한 관계에 있어서만 효력이 발생할 뿐이고 채무자 甲이 직접 Z건물의 소유권을 취득하는 것이 아니므로, 甲은 Z건물의 소유를 위하여 X토지에 관습(법)상의 법정지상권을 취득하지 못한다.

✅ 문제 1-3-나

3. 다음의 사실관계를 전제로 아래 각 문항에 답하시오. [15점]

> 甲은 X토지 및 Y토지와 그 2필지 지상의 Z건물을 소유하고 있다. Y토지에는 2001.1.1. A를 근저당권자로 한 근저당권설정등기가 마쳐진 상태이다. 乙은 2010.1.1. 甲으로부터 X토지와 Z건물을 매수하고 같은 날 소유권이전등기를 마쳤다. 甲의 채권자 B는 甲과 乙 사이의 Z건물 매매계약이 사해행위에 해당한다며 乙을 상대로 채권자취소 및 원상회복을 청구하였고 2011.2.1. 사해행위취소 확정판결을 원인으로 하여 Z건물에 관한 乙명의의 소유권이전등기가 말소되었다. 이후 B의 신청에 따른 Z건물에 대한 강제경매절차에서 2012.5.1. 丙이 매수대금을 완납하고 그 소유권을 취득하였다. 한편 Y토지에 설정된 근저당권의 실행에 따른 경매절차에서 2010.5.1. 丁이 매수대금을 완납하여 그 소유권을 취득하였다.

나. 丙이 X토지에 Z건물을 위한 법정지상권을 취득하는지 논하시오.

◆ 해설 1-3-나

I 결론

丙은 Z건물의 소유를 위하여 X토지에 관습(법)상의 법정지상권을 취득한다.

II 이유

1. 판례

채무자와 수익자 사이의 부동산매매계약이 사해행위로 취소되고 그에 따른 원상회복으로 수익자 명의의 소유권이전등기가 말소되어 채무자의 등기명의가 회복되더라도, 그 부동산은 취소채권자나 민법 제407조에 따라 사해행위 취소와 원상회복의 효력을 받는 채권자와 수익자 사이에서 채무자의 책임재산으로 취급될 뿐, 채무자가 직접 부동산을 취득하여 권리자가 되는 것은 아니다(대판 2017.3.9. 2015다217980).

2. 사안의 경우

Z건물에 대한 매매계약이 취소되고 2011.2.1. 수익자 乙 명의의 등기가 말소되고 甲 앞으로 다시 소유권이전등기가 원상회복되었더라도 사해행위의 취소와 일탈재산의 원상회복은 채권자 B와 수익자 乙에 대한 관계에 있어서만 효력이 발생할 뿐이고 채무자 甲이 직접 Z건물의 소유권을 취득하는 것이 아니다. 따라서 그 이외의 법률관계에서는 Z건물은 여전히 수익자 乙의 소유로 취급되고, Z건물에 대한 강제경매절차에서 Z건물을 매수한 丙이 매각대금을 모두 납부함으로써 비로소 X토지와 Z건물의 소유자가 달라지게 되었는 바(X토지 소유자는 乙, Z건물 소유자는 丙), 丙은 Z건물의 소유를 위하여 X토지에 관습(법)상의 법정지상권을 취득한다.

문제 1-3-다

3. 다음의 사실관계를 전제로 아래 각 문항에 답하시오. [15점]

> 甲은 X토지 및 Y토지와 그 2필지 지상의 Z건물을 소유하고 있다. Y토지에는 2001.1.1. A를 근저당권자로 한 근저당권설정등기가 마쳐진 상태이다. 乙은 2010.1.1. 甲으로부터 X토지와 Z건물을 매수하고 같은 날 소유권이전등기를 마쳤다. 甲의 채권자 B는 甲과 乙 사이의 Z건물 매매계약이 사해행위에 해당한다며 乙을 상대로 채권자취소 및 원상회복을 청구하였고 2011.2.1. 사해행위취소 확정판결을 원인으로 하여 Z건물에 관한 乙명의의 소유권이전등기가 말소되었다. 이후 B의 신청에 따른 Z건물에 대한 강제경매절차에서 2012.5.1. 丙이 매수대금을 완납하고 그 소유권을 취득하였다. 한편 Y토지에 설정된 근저당권의 실행에 따른 경매절차에서 2010.5.1. 丁이 매수대금을 완납하여 그 소유권을 취득하였다.

다. 丙이 Y토지에 Z건물을 위한 법정지상권을 취득하는지 논하시오.

해설 1-3-다

I 결론

丙은 Z건물 소유를 위하여 Y토지에 민법 제366조의 법정지상권을 (승계)취득한다.

II 이유

1. 乙의 민법 제366조의 법정지상권의 취득

(1) 판례

토지에 저당권을 설정할 당시 토지의 지상에 건물이 존재하고 있었고 그 양자가 동일 소유자에게 속하였다가 그 후 저당권의 실행으로 토지가 낙찰되기 전에 건물이 제3자에게 양도된 경우, 민법 제366조 소정의 법정지상권을 인정하는 법의 취지가 저당물의 경매로 인하여 토지와 그 지상 건물이 각 다른 사람의 소유에 속하게 된 경우에 건물이 철거되는 것과 같은 사회경제적 손실을 방지하려는 공익상 이유에 근거하는 점, 저당권자로서는 저당권설정 당시에 법정지상권의 부담을 예상하였을 것이고 또 저당권설정자는 저당권설정 당시의 담보가치가 저당권이 실행될 때에도 최소한 그대로 유지되어 있으면 될 것이므로 위와 같은 경우 법정지상권을 인정하더라도 저당권자 또는 저당권설정자에게는 불측의 손해가 생기지 않는 반면, 법정지상권을 인정하지 않는다면 건물을 양수한 제3자는 건물을 철거하여야 하는 손해를 입게 되는 점 등에 비추어 위와 같은 경우 건물을 양수한 제3자는 민법 제366조 소정의 법정지상권을 취득한다(민법 1999.11.23. 99다52602).

(2) 사안의 경우

Y토지에 대한 근저당권 설정 당시(2001.1.1.) Y토지에 Z건물이 존재하고 있었고 Y토지와 Z건물이 모두 甲 소유에 속한 이상, 그 후 근저당권 실행 전에 甲이 Z건물을 양도한 경우라도, Y토지에 대한 근저당권이 실행되어 丁이 매각대금을 모두 납부함으로써 Y토지의 소유권을 취득한 경우(2010.5.1.), Z건물을 양수한 乙이 민법 제366조 소정의 법정지상권을 취득한다(甲이 乙에게 2010.1.1. Z건물만 양도한 경우, Y토지에 관하여 乙에게 관습(법)상의 법정지상권이 일단 성립한다. 다만, 관습법상 법정지상권은 근저당권 설정 후에 취득한 것이므로 근저당권의 실행으로 인하여 소멸하게 된다).

2. 丙의 법정지상권의 취득

(1) 판례

민법 제366조의 법정지상권을 취득한 사람으로부터 경매에 의하여 건물의 소유권을 이전받은 매수인은 매수 후 건물을 철거한다는 등의 매각조건하에서 경매되는 경우 등 특별한 사정이 없는 한 건물의 매수취득과 함께 위 지상권도 당연히 취득하는데(민법 제187조), 이러한 법리는 사해행위의 수익자 또는 전득자가 건물의 소유자로서 법정지상권을 취득한 후 채무자와 수익자 사이에 행하여진 건물의 양도에 대한 채권자취소권의 행사에 따라 수익자와 전득자 명의의 소유권이전등기가 말소된 다음 경매절차에서 건물이 매각되는 경우에도 마찬가지로 적용된다(대판 2014.12.24. 2012다73158).

(2) 사안의 경우

강제경매절차에서 매수인 丙은 2012.5.1. 매각대금을 모두 납부함으로써 Z건물에 소유권과 함께 민법 제366조의 법정지상권도 당연히 취득한다(민법 제187조). 비록 Z건물에 대한 채권자취소권의 행사에 따라 甲과 乙 사이의 매매계약이 취소되고 수익자 乙 명의의 소유권이전등기가 2011.2.1. 말소되었더라도 사해행위의 취소는 채권자 B와 수익자 乙 사이에서만 그 취소의 효력이 있으므로(상대적 효력), 乙이 이미 취득한 민법 제366조의 법정지상권이 소멸하는 것은 아니므로, 丙이 경매절차에서 乙의 법정지상권을 승계취득하는 것은 문제되지 않는다.

문제 2-1

[기본적 사실관계]

마스크 도매업자 甲은 2015.3.1. 乙에게, 2015.3.9.까지 마스크대금 1,000만원을 지급받기로 하고 마스크 100박스를 먼저 납품하였다. 한편, 甲에 대하여 400만원의 대여금채권을 가지고 있던 A가 이 대여금채권을 피보전채권으로 하여 위 마스크대금채권 중 400만원에 대하여 채권가압류 신청을 하였고, 가압류결정이 2015.4.1. 乙에게 송달되었다. 이와 같은 사실관계에서 아래 각 문항에 답하시오.

※ 각 문항은 상호 독립적임

1. 甲의 乙에 대한 마스크대금채권의 소멸시효 완성시점과 그 논거를 설명하시오. [10점]

해설 2-1

Ⅰ 결 론

甲의 乙에 대한 마스크대금채권의 소멸시효 완성시점은 2018.3.9. 24시이다.

Ⅱ 이 유

1. 소멸시효의 기산일

① 소멸시효는 권리를 행사할 수 있는 때로부터 진행한다(민법 제166조 제1항). 변제기를 정한 채권의 경우 ㉠ 변제기가 '확정기한'인 때에는 그 (확정)기한이 도래한 때로부터 소멸시효가 진행한다. ㉡ 변제기가 '불확정기한'인 때에는 그 기한이 객관적으로 도래한 때부터 소멸시효가 진행한다.

② 다만, 소멸시효의 기산일은 채무의 소멸이라고 하는 법률효과 발생의 요건에 해당하는 소멸시효 기간 계산의 시발점으로서 소멸시효 항변의 법률요건을 구성하는 구체적인 사실에 해당하므로 이는 변론주의의 적용 대상이고, 따라서 본래의 소멸시효 기산일과 당사자가 주장하는 기산일이 서로 다른 경우에는 변론주의의 원칙상 법원은 당사자가 주장하는 기산일을 기준으로 소멸시효를 계산하여야 하는데, 이는 당사자가 본래의 기산일보다 뒤의 날짜를 기산일로 하여 주장하는 경우는 물론이고 특별한 사정이 없는 한 그 반대의 경우에 있어서도 마찬가지이다(대판 1995.8.25. 94다35886).

③ 마스크 도매업자 甲의 乙에 대한 마스크대금채권은 변제기가 2015.3.9.인 확정기한부 채권에 해당하므로 기한이 도래한 때(구체적으로는 그 다음 날)인 2015.3.10.부터 소멸시효가 진행한다. 소멸시효 기산점은 변론주의의 적용 대상이지만, 사안의 경우, 당사자 甲이 별도로 주장하는 소멸시효의 기산일이 없으므로, 2015.3.10.이 소멸시효의 기산일이 된다.

2. 소멸시효기간

① 어떤 권리의 소멸시효기간이 얼마나 되는지에 관한 주장은 단순한 법률상의 주장에 불과하여 변론주의의 적용 대상이 되지 않으므로 법원이 직권으로 판단할 수 있다(대판 2023.12.14. 2023다248903).
② 상인인 마스크 도매업자 甲의 乙에 대한 마스크대금채권은 물품대금채권으로 상사채권에 해당하여 5년의 소멸시효가 적용 대상이지만(상법 제64조 본문), 이보다 단기의 소멸시효를 규정하고 있는 민법 제163조 제6호의 '상인이 판매한 상품의 대가'에도 해당하므로 3년의 소멸시효가 적용된다(상법 제64조 단서).

3. 채권가압류와 소멸시효의 중단

① 채권자가 채무자의 제3채무자에 대한 채권을 압류 또는 가압류한 경우에 채무자에 대한 채권자의 채권에 관하여 시효중단의 효력이 생긴다고 할 것이나, 압류 또는 가압류된 채무자의 제3채무자에 대한 채권에 대하여는 민법 제168조 제2호 소정의 소멸시효 중단사유에 준하는 확정적인 시효중단의 효력이 생긴다고 할 수 없다(대판 2003.5.13. 2003다16238).
② 채권자 A의 채권가압류로 인하여 채무자 甲에 대한 400만원의 대여금채권은 소멸시효가 중단된다(민법 제168조 제2호). 그러나 채무자 甲의 제3채무자 乙에 대한 마스크대금채권에 대하여는 민법 제168조 제2호 소정의 소멸시효 중단사유에 준하는 확정적인 시효중단의 효력이 생긴다고 할 수 없다.

4. 사안의 경우

甲의 乙에 대한 마스크대금채권의 소멸시효기간은 물품대금채권으로 3년이고, 그 소멸시효의 기산일은 변제기의 다음 날인 2015.3.10.이다. A의 채권가압류는 甲의 乙에 대한 마스크대금채권에 대하여 소멸시효 중단의 효력이 없고, 달리 소멸시효의 중단·정지 사유도 존재하지 않으므로 甲의 乙에 대한 마스크대금채권의 소멸시효 완성시점은 2028.3.9. 24시이다(민법 제160조 제2항).

문제 2-2

[기본적 사실관계]

마스크 도매업자 甲은 2015.3.1. 乙에게, 2015.3.9.까지 마스크대금 1,000만원을 지급받기로 하고 마스크 100박스를 먼저 납품하였다. 한편, 甲에 대하여 400만원의 대여금채권을 가지고 있던 A가 이 대여금채권을 피보전채권으로 하여 위 마스크대금채권 중 400만원에 대하여 채권가압류 신청을 하였고, 가압류결정이 2015.4.1. 乙에게 송달되었다. 이와 같은 사실관계에서 아래 각 문항에 답하시오.

※ 각 문항은 상호 독립적임

2. (위 기본사실에 추가하여) 甲은 乙에게 2018.2.11. 미지급한 마스크대금을 변제하라고 독촉을 하였고, 2018.3.11.과 2018.7.20.에도 재차 독촉을 하였음에도 乙이 변제를 하지 않자, 2018.8.15. 乙을 상대로 물품대금청구의 소를 제기하였다. 乙은 이 소송에서 "甲의 마스크대금채권은 소멸시효기간이 지났으므로 소멸하였다."고 항변하였다. 이 주장에 대해 甲은, "2018.2.11.에 이행청구를 하고, 다시 두 차례의 이행청구를 한 후 2018.8.15. 본소를 제기하였으므로 채권의 소멸시효는 2018.2.11.에 그 진행이 중단되었다"고 재항변하고 있다. 각 당사자의 주장의 당부와 그 논거를 설명하시오. [10점]

✅ 해설 2-2

Ⅰ 결론

甲의 마스크대금채권은 소멸시효기간이 지났으므로 소멸하였다는 乙의 항변은 타당하고, 마스크대금채권의 소멸시효가 2018.2.11.에 그 진행이 중단되었다는 甲의 재항변은 타당하지 않다.

Ⅱ 이유

1. 甲의 마스크대금채권의 2018.2.11. 소멸시효 중단 여부

① 채무자에게 이행을 최고하였으나 임의이행을 받지 못한 채 시간이 흘러가면 채권자는 다시 이행을 최고하여 소멸시효 중단의 효력을 얻을 수 있다. 다만, 최고는 6월 내에 재판상의 청구 등을 하지 아니하면 시효중단의 효력이 없다고 규정하고 있는 민법 제174조라는 명문의 제한을 받게 되어, 최고를 여러 번 거듭하다가 재판상 청구 등을 한 경우에 있어서의 시효중단의 효력은 재판상 청구 등을 한 시점을 기준으로 하여 이로부터 소급하여 6월 이내에 한 최고시에 발생하게 된다(대판 1987.12.22. 87다카2337).

② 甲은 乙에게 2018.2.11. 1차 최고를 하고, 2018.3.11. 2차 최고를 하였으며, 2018.7.20.에 3차 최고를 한 후 2018.8.15. 乙을 상대로 물품대금청구의 소를 제기하였다. 이 경우 최고에 의한 소멸시효의 중단의 효과는 2018.8.15. 재판상 청구를 한 시점을 기준으로 하여 소급하여 6월 이내에 한 2018.3.11.에 발생한다. 따라서 마스크대금채권의 소멸시효가 2018.2.11.에 그 진행이 중단되었다는 甲의 재항변은 타당하지 않다.

2. 甲의 마스크대금채권의 소멸시효 완성 여부

① 甲의 乙에 대한 마스크대금채권의 소멸시효기간은 물품대금채권으로 3년이고, 그 소멸시효의 기산일은 변제기의 다음 날인 2015.3.10.이므로, 달리 소멸시효의 중단·정지사유가 없는 한 2018.3.9. 24시에 소멸시효가 완성된다.

② 사안의 경우, 소멸시효 중단사유에 해당하는 甲의 재판상청구가 2018.8.15.에 있었으나, 2018.3.9. 소멸시효 완성 이후의 사유에 불과하다. 그리고 최고에 의한 소멸시효 중단의 효과는 2018.8.15. 재판상 청구를 한 시점을 기준으로 하여 소급하여 6월 이내의 최고인 2018.3.11.에 발생하는데, 마찬가지로 2018.3.9. 24시에 소멸시효가 완성한 이후의 사유에 불과하다. 그 밖에 달리 소멸시효의 중단·정지 사유는 존재하지 않으므로 마스크대금채권은 소멸시효기간이 지났으므로 소멸하였다는 乙의 항변은 타당하다.

문제 2-3

[기본적 사실관계]

마스크 도매업자 甲은 2015.3.1. 乙에게, 2015.3.9.까지 마스크대금 1,000만원을 지급받기로 하고 마스크 100박스를 먼저 납품하였다. 한편, 甲에 대하여 400만원의 대여금채권을 가지고 있던 A가 이 대여금채권을 피보전채권으로 하여 위 마스크대금채권 중 400만원에 대하여 채권가압류 신청을 하였고, 가압류결정이 2015.4.1. 乙에게 송달되었다. 이와 같은 사실관계에서 아래 각 문항에 답하시오.

※ 각 문항은 상호 독립적임

3. (위 기본사실에 추가하여) 乙은 위 소송에서 위 2.와 달리 소멸시효완성의 항변을 하지 않고, "마스크대금 중 400만원에 대하여 채권가압류결정을 송달받아 甲에게 지급할 수 없는 상태이므로 400만원 청구부분은 기각되어야 한다."고 항변하였다. 이 주장의 당부와 판결의 결론을 설명하시오(각하, 인용, 기각을 명시하고, 일부인용의 경우 인용되는 금액을 특정할 것). [10점]

해설 2-3

I 결론

법원은 (전부)인용판결을 하여야 한다.

II 이유

1. A의 채권가압류의 제3채무자에 대한 효력

일반적으로 채권에 대한 가압류가 있더라도 이는 채무자가 제3채무자로부터 현실로 급부를 추심하는 것만을 금지하는 것일 뿐 채무자는 제3채무자를 상대로 그 이행을 구하는 소송을 제기할 수 있고 법원은 가압류가 되어 있음을 이유로 이를 배척할 수는 없는 것이 원칙이다. 왜냐하면 채무자로서는 제3채무자에 대한 그의 채권이 가압류되어 있다 하더라도 집행권원을 취득할 필요가 있고 또는 시효를 중단할 필요도 있는 경우도 있을 것이며 또한 소송 계속 중에 가압류가 행하여진 경우에 이를 이유로 청구가 배척된다면 장차 가압류가 취소된 후 다시 소를 제기하여야 하는 불편함이 있는데 반하여 제3채무자로서는 이행을 명하는 판결이 있더라도 집행단계에서 이를 저지하면 될 것이기 때문이다(대판 2002.4.26. 2001다59033).

2. 사안의 경우

채권자 A의 마스크대금채권에 대한 가압류가 있더라도 채무자 甲은 제3채무자 乙을 상대로 마스크대금채권의 이행을 구하는 소송을 제기할 수 있고, 법원은 가압류가 되어 있음을 이유로 배척할 수는 없다. 따라서 甲이 2018.8.15. 乙을 상대로 제기한 1,000만원의 물품대금청구의 소에 대하여, 법원은 <u>전부인용판결</u>을 하여야 한다.

✅ 문제 2-4

> **[기본적 사실관계]**
>
> 마스크 도매업자 甲은 2015.3.1. 乙에게, 2015.3.9.까지 마스크대금 1,000만원을 지급받기로 하고 마스크 100박스를 먼저 납품하였다. 한편, 甲에 대하여 400만원의 대여금채권을 가지고 있던 A가 이 대여금채권을 피보전채권으로 하여 위 마스크대금채권 중 400만원에 대하여 채권가압류 신청을 하였고, 가압류결정이 2015.4.1. 乙에게 송달되었다. 이와 같은 사실관계에서 아래 각 문항에 답하시오.
>
> ※ 각 문항은 상호 독립적임

4. (위 기본 사실에 추가하여) 마스크공급계약을 체결할 당시, 甲은 마스크대금을 지급받기 전에 乙에게 먼저 마스크를 인도하여 주는 것에 난색을 표하였는데, 乙과 함께 찾아온 丙이 乙을 위하여 자신이 마스크대금채무에 대하여 연대보증을 서겠다고 하면서 부탁하여 계약을 체결하게 되었다. 변제기가 지나 乙과 丙에게 수차례 이행청구를 하였음에도 대금을 지급하지 않자 甲은 乙과 丙을 상대로 소를 제기하고자 한다. 甲에게 가장 유리한 형태의 청구취지를 작성하고, 마스크대금과 이에 대한 지연손해금을 구하기 위한 요건사실을 설명하시오. [20점]

해설 2-4

I. 甲의 마스크대금청구소송의 청구취지

> 1. 피고들은 연대하여 원고에게 10,000,000원 및 이에 대하여 2015.3.10.부터 이 사건 소장 부본 송달일까지는 연 6%의, 그 다음 날부터 다 갚는 날까지는 연 12%의 각 비율로 계산한 돈을 지급하라.
> 2. 소송비용은 피고들이 부담한다.
> 3. 위 제1항은 가집행 할 수 있다.
> 라는 판결을 구합니다.

II. 마스크대금과 이에 대한 지연손해금 청구의 요건사실

1. 매매계약의 체결

① 원고 甲은 매매대금청구권의 요건사실로 피고 乙과의 마스크 매매계약의 체결사실을 주장·증명하여야 한다. 그리고 매매계약의 특정을 위해서는 ㉠ 매매계약의 당사자, ㉡ 계약일시, ㉢ 매매계약의 목적물, ㉣ 매매대금 4가지 사항을 적시해야 한다. 다만, 매매목적물과 대금은 반드시 계약 체결 당시에 구체적으로 특정할 필요는 없고, 이를 나중에라도 구체적으로 특정할 수 있는 방법과 기준이 정해져 있으면 충분하다(대판 2020.4.9. 2017다20371).

② 한편 원고 甲이 피고 丙에 대하여 피고 乙과 연대하여 마스크 매매대금 등을 청구하기 위해서는 甲과 丙 사이의 연대보증계약의 체결사실도 별도로 주장·증명해야 한다.

2. 매매 목적물(마스크 100박스)의 인도

① 특정물의 매매에 있어서 매수인의 대금지급채무가 이행지체에 빠졌다 하더라도 그 목적물이 매수인에게 인도될 때까지는 매수인은 매매대금의 이자를 지급할 필요가 없는 것이므로, 그 목적물의 인도가 이루어지지 아니하는 한 매도인은 매수인의 대금지급의무 이행의 지체를 이유로 매매대금의 이자 상당액의 손해배상청구를 할 수 없다(대판 1995.6.30. 95다14190).

② 따라서 원고 甲은 乙에게 매매 목적물(마스크 100박스)을 현실적으로 인도한 사실까지 주장·증명하여야 대금지급의무의 이행지체를 이유로 손해배상을 청구할 수 있다.

3. 대금지급 기한의 약정사실

① 대금지급기한에 관한 약정이 있는 경우 그 기한이 확정기한이라면 확정기한에 관한 약정사실만 주장·증명하면 된다. 확정기한의 도래는 법원에 현저한 사실이므로 기한의 도래에 관하여 별도의 주장·증명을 할 필요는 없다.

② 따라서 원고 甲은 마스크 100박스에 대한 대금지급기한을 2015.3.9.로 약정한 사실을 주장·증명하면 된다.

4. 손해의 발생과 그 범위

① 손해의 발생과 그 범위는 원고가 주장·증명하여야 하지만, 매매대금 지급채무와 같은 금전채무를 이행하지 않은 경우 민법 제397조에서 특칙을 규정하고 있다. 즉, 금전채무불이행의 손해배상액은 법정이율에 의한다. 그러나 법령의 제한에 위반하지 아니한 약정이율이 있으면 그 이율에 의한다(민법 제397조).

② 마스크도매업자인 원고 甲은 상인으로서 마스크를 乙에게 매도하는 것은 영업을 위하여 하는 행위로서 상행위에 해당한다(상법 제47조 제1항). 상행위로 인한 채무의 법정이율은 연 6%이므로(상법 제54조), 甲은 매매대금채무의 불이행에 대한 손해배상액으로 2015.3.10.부터 이 사건 소장 부본 송달일까지 10,000,000원에 대하여 연 6%의 비율로 계산한 지연손해금을 청구할 수 있다.4) 한편 현행 소송촉진 등에 관한 특례법 제3조에 따라 소장 부본 송달일 다음 날부터 다 갚는 날 까지는 10,000,000원에 대하여 연 12%의 비율로 계산한 지연손해금을 청구할 수 있다(소송촉진등에 관한특례법 제3조 제1항 본문의 법정이율에 관한 규정).

---

4) 상사법정이율(연 6%)에 의한 지연손해금의 지급을 주장하는 경우는 상법 제54조에 따라 당해 채무가 상행위로 발생한 사실을 주장·증명하여야 하는데, 상인의 행위는 영업을 위하여 하는 것으로 추정되고(상법 제47조 제2항), 상인이 영업을 위하여 하는 행위는 상행위로 보므로(상법 제47조 제1항), 원고로서는 결국 당사자 일방이 상인인 사실을 주장·증명하면 상사법정이율을 적용받을 수 있다.

나는 젊었을 때, 10번 시도하면 9번 실패했다.
그래서 10번씩 시도했다.

- 조지 버나드 쇼 -

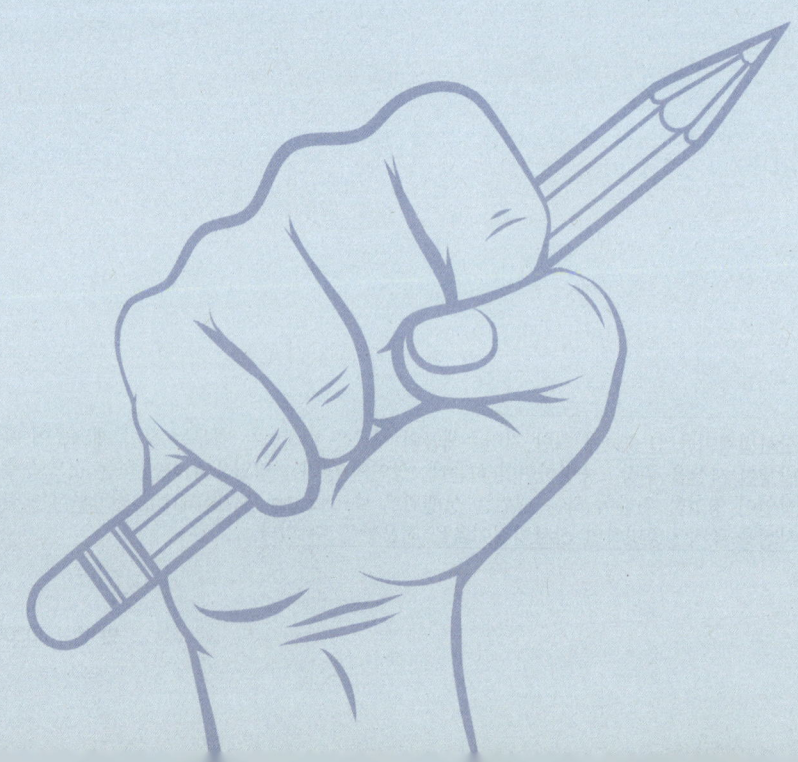

제2과목 형법

01　2024년 제30회 기출문제

02　2023년 제29회 기출문제

03　2022년 제28회 기출문제

04　2021년 제27회 기출문제

05　2020년 제26회 기출문제

형법
2024년 제30회 기출문제

◎ 문제 1

> 아래 각 사안에서 甲에 대한 소송사기죄의 성립 여부를 논하고, 소송사기죄가 성립하는 경우 기수 여부를 함께 논하시오(소송사기죄를 제외한 나머지 범죄에 대해서는 논하지 말 것. 다툼이 있을 때에는 대법원 판례 다수의견에 의함).

1. 甲은 경기도 포천시 영북면 운천리 소재 임야 합계 872,500m²에 관한 등기부와 지적공부가 한국전쟁 당시 멸실된 후 국가 명의로 소유권보존등기가 되어 있다는 것을 알고 소유권보존등기 말소의 소를 통해 위 임야의 소유권을 취득하려고 마음먹었다. 甲은 문서위조 전문 브로커들에게 의뢰하여 허위로 위조한 매도문서 등을 미리 준비하여 2023.12.8. 의정부지방법원에 '위 국유 임야가 원고의 망부(亡父) 소유였으므로, 국가 명의의 소유권보존등기는 원인무효이다'는 취지의 주장을 하면서 국가를 상대로 소유권보존등기 말소의 소를 제기하여 2024.6.27. 의정부지방법원으로부터 승소판결을 받았다. 위 판결은 2024.7.15. 확정되었으나, 甲은 위 승소판결이 확정된 이후 자신 명의로 위 임야에 관한 소유권보존등기를 마치는 것을 차일피일 미룬 채 현재까지 위 판결에 기한 소유권보존등기는 마치지 않고 있다. [15점]

2. 甲은 乙에게 물건을 판매한 후 물품대금을 지급받지 못하자 서울중앙지방법원에 乙을 상대로 물품대금청구의 소를 제기하여 전부 승소하였고, 위 판결에서 소송비용은 乙이 부담하기로 정해졌다. 甲은 위 판결이 확정된 후 서울중앙지방법원에 乙을 상대로 소송비용액확정신청을 하면서 사실은 물품대금 청구의 소에서 변호사를 선임하지 않았음에도 변호사 보수까지 포함한 소송비용을 받아내 이를 편취하고자 마음먹었다. 위 계획에 따라 甲은 앞선 소송에서 지출한 소송비용으로 인지대와 송달료 외 변호사 보수 330만원을 소송비용계산표에 적어 법원에 제출하고, 그에 관한 소명자료로 인지대와 송달료 납부영수증은 제출하였으나, 변호사 비용을 지출하였음을 증명할 자료는 제출하지 않았다. 甲은 위 소송비용액확정신청의 상대방인 乙이 이의를 제기하자 소송비용액확정신청을 취하하였다. [10점]

문제 2

아래 사안에서 甲의 죄책을 논하시오(고소한 절도죄에 한정하지 말 것).

甲은 삼촌 丙으로부터 집안일을 도와달라는 부탁을 받고 삼촌 丙의 집에 갔다가 그 곳 안방에서 삼촌 丙 명의의 A은행 예금통장을 발견하였다. 甲은 위 통장 안쪽에 비밀번호로 추정되는 숫자가 적혀 있는 것을 보고는 위 예금통장을 이용해 자신의 계좌에 돈을 이체한 후 그 돈을 인출해 사용하기로 마음먹고 위 예금통장을 가지고 나왔다.

甲은 집에 돌아오는 길에 A은행 현금자동인출기에 들러 위 예금통장을 넣고 통장에 적혀 있는 숫자 4자리가 삼촌의 예금 비밀번호가 맞는 걸 확인한 후 위 현금자동인출기를 이용해 예금계좌에 있던 500만원의 예금을 자신 명의의 B은행 계좌로 이체하였다. 甲은 곧바로 B은행 현금자동인출기가 있는 곳으로 가서 위와 같이 이체한 500만원을 자신의 현금카드로 인출한 후 이를 유흥비로 사용하였다. 위와 같은 사실을 알게 된 삼촌 丙은 경찰에 甲을 절도죄로 고소하였다. [15점]

문제 3

아래 사안에서 甲의 죄책을 논하시오.

甲은 친구 丁으로부터 사업자금을 빌리면서 甲 소유의 경기도 광주시 오포읍에 있는 X토지에 관하여 채권자를 丁으로 하는 근저당권을 설정해주었다.

甲이 약속한 기한까지 차용금을 변제하지 않자 丁은 X토지에 관한 임의경매를 신청하였다. 甲은 X토지가 제3자에게 매각되는 것을 저지할 의도로 자신이 운영하는 주식회사 A 명의로 위 경매절차에 참여하여 X토지의 감정가 대비 약 300% 이상의 높은 금액을 매수 희망가액으로 적어 내 최고가매수신고인으로 매각허가결정을 받았으나, 그 대금지급기한까지 매각대금을 내지 않았다.

甲은 X토지에 대한 재매각절차가 개시되자 이번에는 자신이 운영하는 또 다른 회사인 주식회사 B 명의로 X토지의 감정가 대비 약 400% 이상 높은 금액으로 입찰에 참여해 다시 최고가매수신고인으로 매각허가결정을 받았으나, 이번에도 대금지급기한까지 매각대금을 내지 않았다.

甲은 그 후 丁에게 빌린 돈 전부를 변제하였고, 丁은 X토지에 관한 임의경매신청을 취하하였다. [10점]

형 법 | 2024년 제30회 기출문제해설

◆ 문제 1-1

아래 각 사안에서 甲에 대한 소송사기죄의 성립 여부를 논하고, 소송사기죄가 성립하는 경우 기수 여부를 함께 논하시오(소송사기죄를 제외한 나머지 범죄에 대해서는 논하지 말 것. 다툼이 있을 때에는 대법원 판례 다수의견에 의함).

1. 甲은 경기도 포천시 영북면 운천리 소재 임야 합계 872,500m^2에 관한 등기부와 지적공부가 한국전쟁 당시 멸실된 후 국가 명의로 소유권보존등기가 되어 있다는 것을 알고 소유권보존등기 말소의 소를 통해 위 임야의 소유권을 취득하려고 마음먹었다. 甲은 문서위조 전문 브로커들에게 의뢰하여 허위로 위조한 매도문서 등을 미리 준비하여 2023.12.8. 의정부지방법원에 '위 국유 임야가 원고의 망부(亡父) 소유였으므로, 국가 명의의 소유권보존등기는 원인무효이다'는 취지의 주장을 하면서 국가를 상대로 소유권보존등기 말소의 소를 제기하여 2024.6.27. 의정부지방법원으로부터 승소판결을 받았다. 위 판결은 2024.7.15. 확정되었으나, 甲은 위 승소판결이 확정된 이후 자신 명의로 위 임야에 관한 소유권보존등기를 마치는 것을 차일피일 미룬 채 현재까지 위 판결에 기한 소유권보존등기는 마치지 않고 있다.

[15점]

✓ 해설 1-1

I 결론

甲에게는 소송사기죄가 성립하고, 기수시기는 2024.7.15. 판결이 확정된 때이다.

II 이유

1. 소송사기죄의 성립 여부

① 법원을 기망하여 자기에게 유리한 판결을 얻고 그 판결 확정에 의하여 타인의 협력 없이 자신의 의사만으로 재물이나 재산상 이익을 얻을 수 있는 지위를 취득하게 되면, 그 지위는 재산적 가치가 있는 구체적 이익으로서 사기죄의 객체인 재산상 이익에 해당하므로, 형법 제347조의 사기죄가 성립된다.

② 허위의 주장을 하면서 소유권보존등기 명의자를 상대로 보존등기의 말소를 구하는 소송을 제기하여 승소확정판결을 받은 경우, 이에 터 잡아 언제든지 단독으로 상대방의 소유권보존등기를 말소시킨 후 위 판결을 부동산등기법 제130조 제2호 소정의 소유권을 증명하는 판결로 하여 자기 앞으로의 소유권보존등기를 신청하여 그 등기를 마칠 수 있게 되므로, 이는 법원을 기망하여 유리한 판결을 얻음으로써 '대상 토지의 소유권에 대한 방해를 제거하고 그 소유명의를 얻을 수 있는 지위'라는 재산상 이익을 취득한 것에 해당하여, 소송사기죄가 성립한다(대판 2006.4.7. 2005도9858[전합]).

2. 소송사기죄의 기수시기

허위의 주장을 하면서 소유권보존등기 명의자를 상대로 보존등기의 말소를 구하는 소송을 제기하여 승소확정판결을 받은 경우, 실행의 착수 시기는 보존등기의 말소를 구하는 소송을 제기한 때이고, 기수시기는 판결이 확정된 때이다. 따라서 甲이 아직 자기 앞으로 소유권보존등기를 경료하지 않은 상태라고 하더라도 판결이 확정된 때 소송사기죄는 기수가 된다.

3. 사안의 경우

甲에게는 소송사기죄가 성립하고, 기수시기는 2024.7.15. 판결이 확정된 때이다.

문제 1-2

> 아래 각 사안에서 甲에 대한 소송사기죄의 성립 여부를 논하고, 소송사기죄가 성립하는 경우 기수 여부를 함께 논하시오(소송사기죄를 제외한 나머지 범죄에 대해서는 논하지 말 것. 다툼이 있을 때에는 대법원 판례 다수의견에 의함).

2. 甲은 乙에게 물건을 판매한 후 물품대금을 지급받지 못하자 서울중앙지방법원에 乙을 상대로 물품대금 청구의 소를 제기하여 전부 승소하였고, 위 판결에서 소송비용은 乙이 부담하기로 정해졌다. 甲은 위 판결이 확정된 후 서울중앙지방법원에 乙을 상대로 소송비용액확정신청을 하면서 사실은 물품대금 청구의 소에서 변호사를 선임하지 않았음에도 변호사 보수까지를 포함한 소송비용을 받아내 이를 편취하고자 마음먹었다. 위 계획에 따라 甲은 앞선 소송에서 지출한 소송비용으로 인지대와 송달료 외 변호사 보수 330만원을 소송비용계산표에 적어 법원에 제출하고, 그에 관한 소명자료로 인지대와 송달료 납부영수증은 제출하였으나, 변호사 비용을 지출하였음을 증명할 자료는 제출하지 않았다. 甲은 위 소송비용액확정신청의 상대방인 乙이 이의를 제기하자 소송비용액확정신청을 취하하였다. [10점]

해설 1-2

I 결론

甲에게는 소송사기죄가 성립하지 않는다.

II 이유

① 소송비용부담의 재판은 소송비용상환의무의 존재를 확정하고 그 지급을 명하는데 그치고, 구체적인 소송비용의 액수는 민사소송법 제110조 제1항에 의한 소송비용액 확정결정을 통하여 확정되며, 소송비용의 상환을 구하는 자는 소송비용액확정결정에 집행문을 부여받아 그 확정된 소송비용액에 관하여 강제집행을 할 수 있는바, <u>허위 내용으로 법원을 기망하여 자기에게 유리한 소송비용액확정결정을 받는 행위는 사기죄를 구성할 수 있다</u>(대판 2024.6.27. 2021도2340).

② 소송비용액 확정결정을 신청할 때에는 비용계산서, 그 등본과 비용액을 소명하는 데 필요한 서면을 제출하여야 하므로(민사소송법 제110조 제2항), 당사자가 단순히 실제 사실과 다른 비용액에 관한 주장만 한 경우를 사기죄로 인정하는 것에는 신중하여야 한다. 소송비용 중 당사자 등이 소송 기타 절차를 수행하기 위하여 법원에 납부하는 인지액 및 민사예납금 등 이른바 '재판비용'은 관할법원이 스스로 보존하고 있는 재판서 및 소송기록 등에 의하여 계산할 것이 예정되어 있고, 당사자가 소송 등 수행을 위하여 제3자에게 직접 지출하는 이른바 '당사자비용'은 신청인이 반드시 소명하여야 하므로, 소명자료 등을 조작하거나 허위의 소명자료 등을 제출함이 없이 단지 실제 사실과 다른 비용액에 관한 주장만 하는 경우에는 특별한 사정이 없는 한 법원을 기망하였다고 단정하기 어렵기 때문이다(대판 2024.6.27. 2021도2340).

③ 사안의 경우, 甲에게는 변호사 보수 330만원에 대한 편취의 고의는 인정된다. 그러나 甲은 변호사 비용과 관련하여 소명자료 등을 조작하거나 허위의 소명자료를 제출하지는 않았으며 소송비용액확정신청의 상대방인 乙이 이의를 제기하자 소송비용액확정신청을 취하하였다. 그렇다면, 甲의 소송비용액확정신청은 객관적으로 법원을 기망하기에 충분하다고 보기는 어려워, 이를 사기죄의 기망행위라고 단정할 수 없다. 따라서 甲에게는 소송사기죄(형법 제347조)가 성립하지 않는다.

문제 2

> 아래 사안에서 甲의 죄책을 논하시오(고소한 절도죄에 한정하지 말 것).

甲은 삼촌 丙으로부터 집안일을 도와달라는 부탁을 받고 삼촌 丙의 집에 갔다가 그 곳 안방에서 삼촌 丙 명의의 A은행 예금통장을 발견하였다. 甲은 위 통장 안쪽에 비밀번호로 추정되는 숫자가 적혀 있는 것을 보고는 위 예금통장을 이용해 자신의 계좌에 돈을 이체한 후 그 돈을 인출해 사용하기로 마음먹고 위 예금통장을 가지고 나왔다.

甲은 집에 돌아오는 길에 A은행 현금자동인출기에 들러 위 예금통장을 넣고 통장에 적혀 있는 숫자 4자리가 삼촌의 예금 비밀번호가 맞는 걸 확인한 후 위 현금자동인출기를 이용해 예금계좌에 있던 500만원의 예금을 자신 명의의 B은행 계좌로 이체하였다. 甲은 곧바로 B은행 현금자동인출기가 있는 곳으로 가서 위와 같이 이체한 500만원을 자신의 현금카드로 인출한 후 이를 유흥비로 사용하였다. 위와 같은 사실을 알게 된 삼촌 丙은 경찰에 甲을 절도죄로 고소하였다. [15점]

◆ 해설 2

I 결론

甲은 절도죄(형법 제329조)와 컴퓨터등사용사기죄(형법 제347조의2)의 죄책을 지고, 양죄는 실체적 경합관계에 있다.

II 이유

1. 甲이 삼촌 丙의 집에 들어간 행위와 관련하여 주거침입죄의 성립 여부

① 사람의 주거에 침입한 경우, 주거침입죄가 성립하는데(형법 제319조 제1항), 주거침입죄의 구성요건적 행위인 "침입"이란 '거주자가 주거에 누리는 사실상의 평온상태를 해치는 행위태양으로 주거에 들어가는 것'을 의미한다(대판 2021.9.9. 2020도12630[전합]).

② 甲은 삼촌 丙으로부터 집안일을 도와달라는 부탁을 받고 丙의 집에 들어갔을 뿐이므로, 침입이라고 볼 수 없어 甲에게는 주거침입죄가 성립하지 않는다.

2. 예금통장을 들고 나온 행위와 관련하여 절도죄의 성립 여부

① 타인의 재물을 절취한 경우 절도죄가 성립하는데(형법 제329조), 절취는 타인의 점유를 배제하고 그 점유를 취득하는 것을 말한다.

② 예금통장은 절도죄의 객체인 재물에 해당하고, 甲은 삼촌 丙의 점유를 침탈하여 이를 영득하였고, 고의와 불법영득의사도 인정된다고 할 것이므로 甲에게는 절도죄가 성립한다.5)

③ 甲이 집안일을 도와달라는 부탁을 받고 삼촌 丙의 집에 갔다는 사정을 고려할 때, 丙은 甲과 동거하지 않은 친족에 해당한다. 따라서 甲의 절도죄는 형법 제328조 제2항에 따라 (상대적)친고죄에 해당하고, 丙은 甲을 고소하였으므로 甲을 절도죄로 처벌(공소제기)함에는 지장이 없다.

---

5) 사례와 달리 예금통장을 반환한 경우, 불법영득의사가 인정되는지 여부에 대하여 추가로 서술해야 한다. 판례에 따르면, 타인의 예금통장을 무단사용하여 예금을 인출한 후 바로 예금통장을 반환하였다 하더라도 그 사용으로 인한 위와 같은 경제적 가치의 소모가 무시할 수 있을 정도로 경미한 경우가 아닌 이상, 예금통장 자체가 가지는 예금액 증명기능의 경제적 가치에 대한 불법영득의 의사를 인정할 수 있으므로 절도죄가 성립한다(대판 2010.5.27. 2009도9008).

3. 삼촌 丙의 예금을 자신 명의의 계좌로 이체한 행위와 관련하여

(1) 절도죄의 성립 여부

① 절취한 타인의 신용카드를 이용하여 현금지급기에서 계좌이체를 한 행위는 컴퓨터등사용사기죄에서 컴퓨터 등 정보처리장치에 권한 없이 정보를 입력하여 정보처리를 하게 한 행위에 해당함은 별론으로 하고 이를 절취행위라고 볼 수는 없고, 한편 위 계좌이체 후 현금지급기에서 현금을 인출한 행위는 자신의 신용카드나 현금카드를 이용한 것이어서 이러한 현금인출이 현금지급기 관리자의 의사에 반한다고 볼 수 없어 절취행위에 해당하지 않으므로 절도죄를 구성하지 않는다(대판 2008.6.12. 2008도2440).

② 사안의 경우, 甲이 절취한 예금통장을 이용하여 삼촌 丙의 예금을 자신 명의의 계좌로 이체한 행위는 절취행위라고 볼 수 없어 절도죄를 구성하지 않는다.

(2) 컴퓨터등사용사기죄의 성립 여부

① 컴퓨터등 정보처리장치에 허위의 정보 또는 부정한 명령을 입력하거나 권한 없이 정보를 입력·변경하여 정보처리를 하게 함으로써 재산상의 이익을 취득하거나 제3자로 하여금 취득하게 한 경우, 컴퓨터등사용사기죄가 성립한다(형법 제347조의2).

② 판례는 손자가 할아버지 소유 농업협동조합 예금통장을 절취하여 이를 현금자동지급기에 넣고 조작하는 방법으로 예금 잔고를 자신의 거래 은행 계좌로 이체한 경우, 컴퓨터등사용사기죄(형법 제347조의2)의 성립을 인정한바 있다(대판 2007.3.15. 2006도2704).

③ 사안의 경우, 甲은 삼촌 丙 소유 예금통장을 절취하여 이를 현금자동지급기에 넣고 권한 없이 비밀번호를 입력하여 정보처리를 하게 함으로써 500만원의 재산상 이익을 취득하였으므로, 컴퓨터등사용사기죄(형법 제347조의2)가 성립한다.

④ 그리고 판례에 따르면, 삼촌 丙 소유 예금통장을 절취한 甲이 丙 거래 금융기관에 설치된 현금자동지급기에 예금통장을 넣고 조작하는 방법으로 丙 명의 계좌의 예금 잔고를 자신이 거래하는 다른 금융기관에 개설된 자기 계좌로 이체한 경우, 그 범행으로 인한 피해자는 丙이 아니라 이체된 예금 상당액의 채무를 이중으로 지급해야 할 위험에 처하게 되는 丙 거래 금융기관이므로, 친족상도례를 적용할 수 없다(대판 2007.3.15. 2006도2704).

4. 현금을 인출한 행위와 관련하여 범죄의 성립 여부

(1) 판 례

컴퓨터등사용사기죄의 범행으로 예금채권을 취득한 다음 자기의 현금카드를 사용하여 현금자동지급기에서 현금을 인출한 경우, 현금카드 사용권한 있는 자의 정당한 사용에 의한 것으로서 현금자동지급기 관리자의 의사에 반하거나 기망행위 및 그에 따른 처분행위도 없었으므로, 별도로 절도죄나 사기죄의 구성요건에 해당하지 않는다(대판 2004.4.16. 2004도353).

(2) 사안의 경우

甲이 컴퓨터등사용사기죄의 범행으로 예금채권을 취득 후 이체한 500만원을 자신의 현금카드로 인출한 것은 현금카드 사용권한 있는 자의 정당한 사용에 의한 것으로서 별도로 절도죄나 사기죄는 성립하지 아니한다.

문제 3

아래 사안에서 甲의 죄책을 논하시오.

甲은 친구 丁으로부터 사업자금을 빌리면서 甲 소유의 경기도 광주시 오포읍에 있는 X토지에 관하여 채권자를 丁으로 하는 근저당권을 설정해주었다.

甲이 약속한 기한까지 차용금을 변제하지 않자 丁은 X토지에 관한 임의경매를 신청하였다. 甲은 X토지가 제3자에게 매각되는 것을 저지할 의도로 자신이 운영하는 주식회사 A 명의로 위 경매절차에 참여하여 X토지의 감정가 대비 약 300% 이상의 높은 금액을 매수 희망가액으로 적어 내 최고가매수신고인으로 매각허가결정을 받았으나, 그 대금지급기한까지 매각대금을 내지 않았다.

甲은 X토지에 대한 재매각절차가 개시되자 이번에는 자신이 운영하는 또 다른 회사인 주식회사 B 명의로 X토지의 감정가 대비 약 400% 이상 높은 금액으로 입찰에 참여해 다시 최고가매수신고인으로 매각허가결정을 받았으나, 이번에도 대금지급기한까지 매각대금을 내지 않았다.

甲은 그 후 丁에게 빌린 돈 전부를 변제하였고, 丁은 X토지에 관한 임의경매신청을 취하하였다.

[10점]

해설 3

I. 결 론

甲은 위계에 의한 경매방해죄의 죄책을 진다.

II. 이 유

1. 위계에 의한 경매방해죄의 성립 여부

① 경매(입찰)방해죄는 위계 또는 위력 기타의 방법으로 입찰의 공정을 해하는 경우에 성립하고(형법 제315조), 여기서 '경매(입찰)의 공정을 해하는 행위'란 공정한 자유경쟁을 방해할 염려가 있는 상태를 발생시키는 것으로서, 그 행위에는 적정한 가격형성에 부당한 영향을 주는 것뿐 아니라 적법하고 공정한 경쟁방법을 해하거나 공정한 경쟁구도의 형성을 저해하는 행위도 포함된다(대판 2023.12.21. 2023도10254).

② 사안의 경우, 甲은 민사집행법상 경매절차에서 경매목적물인 X토지를 매수할 의사나 능력 없이 오로지 경매목적물이 제3자에게 매각되는 것을 저지하기 위하여 경매절차를 지연할 목적으로 자신이 운영하는 주식회사 A와 B 명의를 이용하여 감정가와 현저하게 차이가 나는 금액으로 입찰하는 행위를 반복함으로써 제3자의 매수를 사실상 봉쇄하여 전체적으로 경매절차를 형해화하는 정도에 이르렀고, 이는 위계로써 경매의 공정을 해한 것으로 볼 수 있다(대판 2023.12.21. 2023도10254 참조). 따라서 甲에게는 위계에 의한 경매방해죄가 성립한다.

2. 위계에 의한 공무집행방해죄의 성립 여부

① 위계에 의한 공무집행방해죄에서 '위계'라 함은 행위자의 행위목적을 이루기 위하여 상대방에게 오인, 착각, 부지를 일으키게 하여 그 오인, 착각, 부지를 이용하는 것으로서, 상대방이 이에 따라 그릇된 행위나 처분을 하여야만 위 죄가 성립한다. 만약 그러한 행위가 구체적인 직무집행을 저지하거나 현실적으로 곤란하게 하는 데까지는 이르지 않은 경우에는 위계에 의한 공무집행방해죄로 처벌할 수 없다(대판 2009.4.23. 2007도1554).

② 판례는 "범죄행위가 법원경매업무를 담당하는 집행관의 구체적인 직무집행을 저지하거나 현실적으로 곤란하게 하는 데까지는 이르지 않고 입찰의 공정을 해하는 정도의 행위라면 형법 제315조의 경매·입찰방해죄에만 해당될 뿐, 형법 제137조의 위계에 의한 공무집행방해죄에는 해당되지 않는다(대판 2000.3.24. 2000도102)."고 판시하였다.

③ 사안의 경우, 甲의 행위는 법원경매업무를 담당하는 집행관의 구체적인 직무집행을 저지하거나 현실적으로 곤란하게 하는 데까지는 이르지 않고 입찰의 공정을 해하는 정도의 행위라고 할 것이므로, 甲에게 위계에 의한 공무집행방해죄는 성립하지 않는다.

2023년 제29회 기출문제

형법

✅ 문제 1

甲은 2013.12.경 A로부터 A 소유인 ○○○아파트를 명의신탁 받아 이를 보관하여 달라는 취지의 부탁을 받고 2014.1.13.경 위 아파트를 甲의 명의로 이전등기하고 그 무렵부터 A를 위하여 위 아파트를 보관하게 되었다. 甲은 2015.8.6.경 개인적인 채무 변제 등에 사용하기 위하여 약 2억원 상당인 위 아파트를 B에게 1억 1천만원에 매도하고, 2015.8.7.경 위 아파트에 대하여 B에게 매매를 원인으로 한 소유권이전등기를 경료해 주었다. 甲의 횡령죄 성립 여부에 관하여 논하시오. [20점]

✅ 문제 2

甲은 乙과 합동하여 영업을 마친 주점을 대상으로 주점 내에 있는 양주를 훔치기로 하고서 그 범행에 필요한 무전기, 플라스틱 바구니 3개 정도를 준비한 후 장소를 물색하였다. 甲, 乙은 2003.12.9. 07:30경 A 운영의 '○○주점'에 이르러, 乙은 1층과 2층 계단 사이에서 甲과 무전기로 연락을 취하면서 망을 보고, 甲은 불상의 방법으로 주점의 시정장치를 뜯고 침입하여 위 주점 내 진열장에 있던 임페리얼 등 양주 45병 시가 1,622,000원 상당을 미리 준비한 바구니 3개에 담고 있던 중, 계단에서 서성거리고 있던 乙을 수상하게 여기고 A가 주점으로 다시 돌아오자 그 소리를 듣고서 양주를 그대로 둔 채 출입문을 열고 나오다가 A에게 발각되었다.
A가 甲을 붙잡자, 甲은 체포를 면탈할 목적으로 자신의 목을 잡고 있던 A의 오른손을 깨무는 등 폭행하였다. 甲의 죄책을 논하시오. [20점]

✅ 문제 3

甲은 2022.1.24.과 2022.1.26. A가 운영하는 음식점에서 기자인 B를 만나 식사를 대접하면서 B가 부적절한 요구를 하는 장면 등을 확보할 목적으로 B와 식사하기에 앞서 또는 식사를 마친 후 녹음·녹화장치를 설치하거나 장치의 작동 여부 확인 및 이를 제거하기 위하여 위 음식점의 방실에 들어갔다. 甲은 위 출입에 A의 승낙을 받았으나, A는 甲의 위와 같은 출입목적을 알지 못하였다. 甲의 A에 대하여 주거침입죄가 성립하는지 논하시오. [10점]

형 법 | 2023년 제29회 기출문제해설

● 문제 1

甲은 2013.12.경 A로부터 A 소유인 ○○○아파트를 명의신탁 받아 이를 보관하여 달라는 취지의 부탁을 받고 2014.1.13.경 위 아파트를 甲의 명의로 이전등기하고 그 무렵부터 A를 위하여 위 아파트를 보관하게 되었다. 甲은 2015.8.6.경 개인적인 채무 변제 등에 사용하기 위하여 약 2억원 상당인 위 아파트를 B에게 1억 1천만원에 매도하고, 2015.8.7.경 위 아파트에 대하여 B에게 매매를 원인으로 한 소유권이전등기를 경료해 주었다. 甲의 횡령죄 성립 여부에 관하여 논하시오. [20점]

해설 1

I 결론

명의수탁자 甲이 신탁받은 부동산(아파트)을 임의로 처분하여도 명의신탁자 A에 대한 관계에서 횡령죄는 성립하지 아니한다.

II 이유

1. 문제점

횡령죄란 타인의 재물을 보관하는 자가 그 재물을 횡령하거나 그 반환을 거부함으로써 성립하는 범죄이다(형법 제355조 제1항). 사안의 경우, 甲에게 횡령죄가 성립하는지와 관련하여 甲이 횡령죄의 주체인 타인의 재물을 보관하는 자에 해당하는지가 문제된다.

2. 횡령죄의 주체인 타인의 재물을 보관하는 자에 해당하기 위한 요건

① 형법 제355조 제1항이 정한 횡령죄의 주체는 타인의 재물을 보관하는 자라야 하고, 타인의 재물인지 아닌지는 민법, 상법, 기타의 실체법에 따라 결정하여야 한다. 횡령죄에서 보관이란 위탁관계에 의하여 재물을 점유하는 것을 뜻하므로 횡령죄가 성립하기 위하여는 재물의 보관자와 재물의 소유자(또는 기타의 본권자) 사이에 법률상 또는 사실상의 위탁신임관계가 존재하여야 한다. 이러한 위탁신임관계는 사용대차·임대차·위임 등의 계약에 의하여서뿐만 아니라 사무관리·관습·조리·신의칙 등에 의해서도 성립될 수 있으나, 횡령죄의 본질이 신임관계에 기초하여 위탁된 타인의 물건을 위법하게 영득하는 데 있음에 비추어 볼 때 위탁신임관계는 횡령죄로 보호할 만한 가치 있는 신임에 의한 것으로 한정함이 타당하다(대판 2016.5.19. 2014도6992[전합]).

② 위탁관계가 있는지 여부는 재물의 보관자와 소유자 사이의 관계, 재물을 보관하게 된 경위 등에 비추어 볼 때 보관자에게 재물의 보관 상태를 그대로 유지하여야 할 의무를 부과하여 그 보관 상태를 형사법적으로 보호할 필요가 있는지 등을 고려하여 규범적으로 판단하여야 한다(대판 2021.2.18. 2016도18761[전합]).

3. 양자 간 명의신탁에서 수탁자가 임의처분을 한 경우 횡령죄의 성립 여부

(1) 판례

① 부동산 실권리자명의 등기에 관한 법률(이하 '부동산실명법'이라 한다)에 의하면, 누구든지 부동산에 관한 물권을 명의신탁약정에 따라 명의수탁자의 명의로 등기하여서는 아니 되고(제3조 제1항), 명의신탁약정과 그에 따른 등기로 이루어진 부동산에 관한 물권변동은 무효가 되며(제4조 제1항, 제2항 본문), 명의신탁약정에 따른 명의수탁자 명의의 등기를 금지하도록 규정한 부동산실명법 제3조 제1항을 위반한 경우 명의신탁자와 명의수탁자 쌍방은 형사처벌된다(제7조).

② 부동산실명법의의 명의신탁관계에 대한 규율 내용 및 태도 등에 비추어 보면, 부동산실명법을 위반하여 명의신탁자가 그 소유인 부동산의 등기명의를 명의수탁자에게 이전하는 이른바 양자 간 명의신탁의 경우, 계약인 명의신탁약정과 그에 부수한 위임약정, 명의신탁약정을 전제로 한 명의신탁 부동산 및 그 처분대금 반환약정은 모두 무효이다. 나아가 명의신탁자와 명의수탁자 사이에 무효인 명의신탁약정 등에 기초하여 존재한다고 주장될 수 있는 사실상의 위탁관계라는 것은 부동산실명법에 반하여 범죄를 구성하는 불법적인 관계에 지나지 아니할 뿐 이를 형법상 보호할 만한 가치 있는 신임에 의한 것이라고 할 수 없다(대판 2021.2.18. 2016도18761[전합]).

③ 명의수탁자가 명의신탁자에 대하여 소유권이전등기말소의무를 부담하게 되나, 위 소유권이전등기는 처음부터 원인무효여서 명의수탁자는 명의신탁자가 소유권에 기한 방해배제청구로 말소를 구하는 것에 대하여 상대방으로서 응할 처지에 있음에 불과하다. 명의수탁자가 제3자와 한 처분행위가 부동산실명법 제4조 제3항에 따라 유효하게 될 가능성이 있다고 하더라도 이는 거래 상대방인 제3자를 보호하기 위하여 명의신탁약정의 무효에 대한 예외를 설정한 취지일 뿐 명의신탁자와 명의수탁자 사이에 위 처분행위를 유효하게 만드는 어떠한 위탁관계가 존재함을 전제한 것이라고는 볼 수 없다. 따라서 말소등기의무의 존재나 명의수탁자에 의한 유효한 처분가능성을 들어 명의수탁자가 명의신탁자에 대한 관계에서 '타인의 재물을 보관하는 자'의 지위에 있다고 볼 수도 없다. 그러므로 부동산실명법을 위반한 양자 간 명의신탁의 경우 명의수탁자가 신탁받은 부동산을 임의로 처분하여도 명의신탁자에 대한 관계에서 횡령죄가 성립하지 아니한다(대판 2021.2.18. 2016도18761[전합]).

(2) 사안의 경우

부동산실명법 제8조에 따라 예외적으로 유효한 명의신탁에 해당하지 않는 이상, A와 甲 사이의 부동산(아파트) 물관에 관한 명의신탁은 부동산실명법을 위반한 것이다. 따라서 명의신탁자 A와 의 관계에서 명의수탁자 甲을 '타인의 재물을 보관하는 자'의 지위에 있다고 볼 수 없다. 그렇다면, 명의수탁자 甲이 신탁받은 부동산(아파트)을 임의로 처분하여도 명의신탁자 A에 대한 관계에서 횡령죄는 성립하지 아니한다.

문제 2

甲은 乙과 합동하여 영업을 마친 주점을 대상으로 주점 내에 있는 양주를 훔치기로 하고서 그 범행에 필요한 무전기, 플라스틱 바구니 3개 정도를 준비한 후 장소를 물색하였다. 甲, 乙은 2003.12.9. 07:30경 A 운영의 'OO주점'에 이르러, 乙은 1층과 2층 계단 사이에서 甲과 무전기로 연락을 취하면서 망을 보고, 甲은 불상의 방법으로 주점의 시정장치를 뜯고 침입하여 위 주점 내 진열장에 있던 임페리얼 등 양주 45병 시가 1,622,000원 상당을 미리 준비한 바구니 3개에 담고 있던 중, 계단에서 서성거리고 있던 乙을 수상하게 여기고 A가 주점으로 다시 돌아오자 그 소리를 듣고서 양주를 그대로 둔 채 출입문을 열고 나오다가 A에게 발각되었다.

A가 甲을 붙잡자, 甲은 체포를 면탈할 목적으로 자신의 목을 잡고 있던 A의 오른손을 깨무는 등 폭행하였다. 甲의 죄책을 논하시오.   [20점]

해설 2

I. 결론

甲은 준강도죄의 미수(형법 제335조, 제25조), 폭력행위 등 처벌에 관한 법률위반(공동주거침입) 및 폭력행위 등 처벌에 관한 법률위반(재물손괴)의 죄책을 지고, 세 범죄는 실체적 경합관계에 있다.

II. 이유

1. 특수절도죄의 성립 여부

(1) 특수절도죄(합동절도)의 구성요건

합동절도는 2명 이상이 합동하여 타인의 재물을 절취함으로서 성립하는 범죄이다(형법 제331조 제2항).

(2) 실행의 착수 시기 및 기수시기

특수절도(합동절도)의 실행의 착수시기 및 기수시기는 원칙적으로 절도죄의 그것과 동일하다. 절도죄의 실행의 착수시기는 재물에 대한 타인의 사실상의 지배를 침해하는 데에 밀접한 행위(또는 물색행위)를 개시한 때로 보아야 한다(대판 1992.9.8. 92도1650). 그리고 절도죄는 타인의 재물을 자기의 사실적 지배 하에 둔 때에 기수가 된다(대판 1964.12.8. 64도577).

(3) 사안의 경우

甲은 乙과 합동하여 양주를 훔치기로 공모한 후 양주 45병을 미리 준비한 바구니에 담았다는 점에서 양주에 대한 타인의 사실상의 지배를 침해하는 데 밀접한 행위를 하였으므로 특수절도죄의 실행의 착수가 인정된다. 그러나 甲은 양주를 그대로 둔 채 출입문을 나오다가 A를 폭행하였으므로, 양주를 자기의 사실적 지배 하에 둔 것으로 보기 어려워 특수절도는 미수에 그친 것으로 보아야 한다.

3. 준강도죄의 성립 여부

(1) 준강도죄의 구성요건

1) 형법 제335조

준강도죄는 절도가 재물의 탈환을 하거하거나 체포를 면탈하거나 죄적을 인멸할 목적으로 폭행 또는 협박을 가하는 경우에 성립한다(형법 제335조 제1항). 준강도죄의 미수범은 처벌한다(형법 제335조 제2항).

2) 준강도의 주체

준강도의 주체는 절도, 즉 절도범인으로, 절도의 실행에 착수한 이상 기수·미수를 불문한다(대판 2003.10.24. 2003도4417). 다만, 본죄에 있어서 "재물탈환의 항거를 위해서" 폭행·협박을 가하는 경우에는 절도가 기수이어야 한다. 절도는 단순절도·야간주거침입절도·특수절도·상습절도를 포함한다. 한편, 절도죄의 정범일 것을 요하므로, 절도죄의 공동정범(합동범 포함)·간접정범은 본죄의 주체가 될 수 있지만, 절도죄의 교사범이나 방조범은 본죄의 주체가 될 수 없다(통설).

3) 폭행·협박의 정도

준강도죄의 구성요건인 폭행·협박은 일반강도죄와의 균형상 사람의 반항을 억압할 정도의 것임을 요한다(대판 1990.4.24. 90도193). 甲이 자신의 목을 잡고 있던 A의 오른손을 깨무는 등 폭행을 가한 것은 A의 반항을 억압할 정도의 폭행에 이른 것으로 볼 수 있을 것이다.

4) 폭행·협박의 시점

준강도는 절도범인이 절도의 기회에 재물탈환의 항거 등의 목적으로 폭행 또는 협박을 가함으로써 성립되는 것으로서, 여기서 '절도의 기회'라고 함은 절도의 실행에 착수하여 실행중이거나 실행직후 또는 실행의 범의를 포기한 직후로서 사회통념상 범죄행위가 완료되지 아니하였다고 인정될 만한 단계에 행해질 것을 요한다.

(2) 준강도죄에서 기수·미수의 판단 기준

형법 제335조에서 절도가 재물의 탈환을 항거하거나 체포를 면탈하거나 죄적을 인멸할 목적으로 폭행 또는 협박을 가한 때에 준강도로서 강도죄의 예에 따라 처벌하는 취지는, 강도죄와 준강도죄의 구성요건인 재물탈취와 폭행·협박 사이에 시간적 순서상 전후의 차이가 있을 뿐 실질적으로 위법성이 같다고 보기 때문인바, 이와 같은 준강도죄의 입법 취지, 강도죄와의 균형 등을 종합적으로 고려해 보면, 준강도죄의 기수 여부는 절도행위의 기수 여부를 기준으로 하여 판단하여야 한다(대판 2004.11.18. 2004도5074[전합]).

(3) 위법성 및 책임

A가 甲의 목을 붙잡는 행위는 폭행죄의 구성요건에 해당할 수 있으나 현행범인의 체포에 해당하여 정당행위에 해당하여 위법성이 조각된다. 따라서 이러한 정당행위에 대해서는 정당방위가 불가능하다. A가 甲을 폭행한 한 것은 甲이 자초한 위난으로서 긴급피난의 상당성을 갖추기도 어렵다고 판단된다. 그 밖에 달리 甲에게 위법상조각사유나 책임조각사유는 존재하지 아니한다.

(3) 사안의 경우

甲은 특수절도의 미수범으로서 준강도죄의 주체가 되고, 절도에 실행에 착수하여 실행 직후 체포를 면탈할 목적으로 A를 폭행하였으므로 준강도죄가 성립한다. 다만, 준강도죄의 기수 여부는 절도행위의 기수 여부를 기준으로 판단하여야 하므로 甲은 준강도죄의 미수범의 죄책을 진다(형법 제335조, 제25조). 준강도죄가 성립하는 이상 절도죄는 불가벌적 수반행위(법조경합 중 흡수관계)에 해당하여 별도로 처벌하지 아니한다.

4. 손괴죄와 주거침입죄 등

① 甲과 乙 중 乙은 망을 보고 甲은 불상의 방법으로 A 운영의 주점의 시정장치를 뜯고 침입하였는데, 2003.12.9. 07시 30분은 일출 후이므로[6] 주간에 시정장치를 손괴하고 출입한 것으로 볼 수 있다. 따라서 甲에게는 추가로 재물손괴죄(형법 제366조)와 주거침입죄(형법 제319조 제1항)가 성립한다. 다만, 2인 이상이 공동하여 형법 제319조의 주거침입죄·형법 제366조 재물손괴죄를 범한 경우, 폭력행위 등 처벌에 관한 법률위반(공동주거침입·공동재물손괴)으로 가중처벌된다(폭력행위등 처벌에 관한 법률 제2조 제2항 제1호). 여기서 '공동하여'의 의미는 수인이 동일한 장소에서 동일한 기회에 서로 다른 자의 범행을 인식하고 이를 이용하여 범행을 한 경우를 말한다(대판1982.1.26. 81노1934). 사안의 경우, 乙은 동일한 장소에서 동일한 기회에 甲의 주거침입 및 손괴행위를 인식하고 이를 이용하여 범행을 한 것으로 볼 수 있으므로, 甲과 乙은 폭력행위등 처벌에 관한 법률위반(공동주거침입·공동재물손괴)으로 가중처벌된다(폭력행위등 처벌에 관한 법률 제2조 제2항 제1호).

② 형법 제331조 제2항의 특수절도에 있어서 주거침입은 그 구성요건이 아니므로, 절도범인이 그 범행수단으로 주거침입을 한 경우에 그 주거침입행위는 절도죄에 흡수되지 아니하고 별개로 주거침입죄를 구성한다(대판 2009.12.24. 2009도9667). 재물손괴죄도 마찬가지이다. 따라서 준강도의 미수와 폭력행위 등 처벌에 관한 법률위반(공동주거침입)(기수) 및 폭력행위 등 처벌에 관한 법률위반(재물손괴)(기수))는 실체적 경합범에 해당한다(형법 제37조).

---

[6] 2003.12.9. 기준 우리나라의 일출시간은 전국적으로 06:30 전후였으므로, 주간에 주거를 침입한 것으로 보고 답안을 서술한다. 실제 판례 사안에서는 06:30경을 야간으로 보고 사건이 진행되었으나, 문제에서는 07:30경으로 시간이 변경되었다. 출제 의도는 주간으로 보고 답안을 서술하라는 취지로 해석된다.

문제 3

甲은 2022.1.24.과 2022.1.26. A가 운영하는 음식점에서 기자인 B를 만나 식사를 대접하면서 B가 부적절한 요구를 하는 장면 등을 확보할 목적으로 B와 식사하기에 앞서 또는 식사를 마친 후 녹음·녹화장치를 설치하거나 장치의 작동 여부 확인 및 이를 제거하기 위하여 위 음식점의 방실에 들어갔다. 甲은 위 출입에 A의 승낙을 받았으나, A는 甲의 위와 같은 출입목적을 알지 못하였다. 甲의 A에 대하여 주거침입죄가 성립하는지 논하시오. [10점]

해설 3

I. 결론

甲에게는 A에 대하여 주거침입죄가 성립하지 않는다.

II. 이유

1. 문제점

주거침입죄는 사람의 주거, 관리하는 건조물, 선박이나 항공기 또는 점유하는 방실에 침입한 때 성립한다(형법 제319조 제1항). 사안의 경우, 甲이 A의 승낙을 받고 A의 음식점에 들어갔더라도, 범죄 등을 목적으로 한 출입이거나 거주자가 행위자의 실제 출입 목적을 알았더라면 출입을 승낙하지 않았을 것이라는 사정이 인정되는 경우 주거침입죄가 성립하는 것은 아닌지 문제된다.

2. 주거침입죄에서 침입의 의미

(1) 종래 판례의 태도

일반인의 출입이 허용된 음식점이라 하더라도, 영업주의 명시적 또는 추정적 의사에 반하여 들어간 것이라면 주거침입죄가 성립되는바, 기관장들의 조찬모임에서의 대화내용을 도청하기 위한 도청장치를 설치할 목적으로 손님을 가장하여 그 조찬모임 장소인 음식점에 들어간 경우에는 영업주가 그 출입을 허용하지 않았을 것으로 보는 것이 경험칙에 부합하므로, 그와 같은 행위는 주거침입죄가 성립한다(대판 1997.3.28. 95도2674).

(2) 변경된 판례의 태도

① 주거침입죄는 사실상 주거의 평온을 보호법익으로 한다. 주거침입죄의 구성요건적 행위인 침입은 주거침입죄의 보호법익과의 관계에서 해석하여야 하므로, 침입이란 주거의 사실상 평온상태를 해치는 행위 태양으로 주거에 들어가는 것을 의미하고, 침입에 해당하는지는 출입 당시 객관적·외형적으로 드러난 행위 태양을 기준으로 판단함이 원칙이다.

② 일반인의 출입이 허용된 음식점에 영업주의 승낙을 받아 통상적인 출입방법으로 들어갔다면 특별한 사정이 없는 한 주거침입죄에서 규정하는 침입행위에 해당하지 않는다. 설령 행위자가 범죄 등을 목적으로 음식점에 출입하였거나 영업주가 행위자의 실제 출입 목적을 알았더라면 출입을 승낙하지 않았을 것이라는 사정이 인정되더라도 그러한 사정만으로는 출입 당시 객관적·외형적으로 드러난 행위 태양에 비추어 사실상의 평온상태를 해치는 방법으로 음식점에 들어갔다고 평가할 수 없으므로 침입행위에 해당하지 않는다(대판 2022.3.24. 2017도18272[전합]).

3. 사안의 경우

甲이 음식점 영업주 A의 승낙을 받아 통상적인 출입방법에 따라 음식점의 방실에 들어간 이상 사실상의 평온상태를 해치는 행위태양으로 음식점의 방실에 들어갔다고 볼 수 없어 주거침입죄에서 규정하는 침입행위에 해당하지 아니한다. 설령 기자인 B와 식사하기에 앞서 또는 식사를 마친 후 녹음·녹화장치를 설치하거나 장치의 작동 여부 확인 및 이를 제거하기 위하여 위 음식점의 방실에 들어간 것이어서 A가 이러한 사정을 알았더라면 甲의 출입을 승낙하지 않았을 것이라는 사정이 인정되더라도, 그러한 사정만으로는 사실상의 평온상태를 해치는 행위태양으로 음식점의 방실에 출입하였다고 평가할 수 없어 甲에게 주거침입죄가 성립하지 않는다.

형법
2022년 제28회 기출문제

✓ 문제 1

> 다음 각 설문에 답하고 그 이유를 간략히 서술하시오(각 설문의 사안은 모두 별개이며, 다툼이 있는 경우는 가장 최근의 판례에 의함. 그리고 특별법위반 여부는 논외로 한다).

1. 甲과 乙은 함께 식당을 운영하기로 하되, 점포 임대차보증금은 甲이 단독으로 부담하고 배달용 차량은 甲과 乙이 공동으로 소유(지분비율 각 50%)하기로 하였다. 이에 따라 甲은 2020.4.1. 丙으로부터 그 소유의 상가건물 1층을 보증금 2,000만원, 차임 월 100만원에 임차하였다. 甲은 영업부진으로 인하여 영업을 정리하기로 乙과 합의하고 2021.11.경 丙에 대하여 가지는 임대차보증금 반환채권을 丁에게 양도하고 배달용 차량도 1,000만원에 매도하였다. 그런데 甲은 차량 매도대금을 甲 명의의 계좌로 수령하여 개인 채무의 변제에 모두 사용하였다. 2021.12.경 이 사실을 안 乙이 甲에게 항의하자, 甲은 뒤늦게 乙에 대한 기존 대여금 채권 500만원과 상계한다고 주장하였다(실제 甲 주장의 대여금 채권 자체는 존재하는 것으로 추후 확인되었다). 한편 甲은 丁에게 양도한 임대차보증금 반환채권에 관하여 丙에게 채권양도의 통지를 하지 아니하고 있다가, 2022.3.31. 임대차기간이 만료되자 丙으로부터 보증금 중 연체차임 등을 공제한 잔액 1,200만원을 반환받은 후 생활비 등으로 소비하였다. 甲의 죄책 유무를 논하고 그 이유를 간략히 서술하시오. [15점]

2. 甲과 乙은 동업계약을 체결하고 2021.4.1. 상가건물 1층을 매수하여 식당을 운영하였고, 乙의 배우자인 丁이 때때로 함께 출근하여 주방일을 도와주었다. 그런데 甲과 乙 사이에 2021.11.경 수익 배분 문제로 서로 다툼이 발생하였다. 다음 날 乙이 丁과 함께 출근하자 甲은 부재중이었고, 甲의 처남으로 마침 식당을 방문한 丙이 식당 문을 잠그고 문을 열어줄 것을 거부하였다. 이에 乙은 丁과 함께 식당 문에 설치된 자물쇠를 부수고 문을 열고 들어갔다(그 자물쇠는 甲과 乙이 식당을 개업할 당시 새로 설치한 것이었다). 乙과 丁의 죄책 유무를 논하고 그 이유를 간략히 서술하시오. [15점]

● 문제 2

주점을 운영하는 甲은 평소 자신의 민원을 느리게 처리하는 시청 공무원에 대해 불만을 가지고 있었다. 그러던 어느 날 이러한 시청 공무원들을 가만둘 수 없다고 생각한 甲은 시청 청사 내 주민생활복지과 사무실에 술에 취한 상태로 찾아가 소란을 피웠다. 이때 시청 주민생활복지과 소속으로 주민생활복지에 대한 통합조사 및 민원 업무에 관한 직무를 담당하는 A공무원이 목소리를 낮춰달라는 요청과 함께 민원 내용에 대한 질문을 하였으나 甲은 욕설을 하면서 계속하여 소란을 피웠고, 이에 A공무원이 피고인을 제지하며 사무실 밖으로 데리고 나가려고 하자 甲은 손에 들고 있던 휴대전화를 휘둘러 뺨을 1회 때렸다. A공무원은 민원상담을 시도하였으나 甲의 욕설과 소란으로 인해 정상적인 민원 상담이 이루어지지 아니하고 다른 민원 업무 처리에 장애가 발생하는 상황이 지속되어 甲을 사무실 밖으로 데리고 나간 것이고, 그 과정에서 甲의 팔을 잡는 등 다소의 물리력을 행사하였다.

시청을 나온 甲은 기분이 풀리지 않자 잠이나 한숨 잘 까 생각하여 시청 근처에 있는 모텔 방에 투숙하였다. 모텔 방에서 담배를 피운 甲은 재떨이에 담배를 끄게 되었으나 담뱃불이 완전히 꺼졌는지 확인하지 않은 채 휴지를 재떨이에 버리고 잠을 잔 탓에 담뱃불이 휴지와 옆에 있던 침대시트에 옮겨 붙어 화재가 발생하였고, 잠에서 깬 甲은 불이 붙은 사실을 발견하고서도 불을 끄는 조치를 하거나 모텔 주인이나 다른 방에 투숙 중인 손님 B에게 화재사실을 알리고 119에 신고를 하는 등의 조치를 취하지 아니하고 모텔을 빠져나갔으며, 결국 불길은 순식간에 모텔 전체에 번져 손님 B가 사망하였다. 그러나 불길이 순식간에 모텔 전체로 번져, 불이 난 사실을 알리지 아니하였다는 사정만으로는 甲이 이 사건 화재를 용이하게 소화할 수 있었다고 보기 어려웠다.

甲의 죄책을 논하시오(특별법 위반죄는 논외로 하고, 다툼이 있는 경우 대법원 판례에 따름). [20점]

형 법 | 2022년 제28회 기출문제해설

문제 1-1

다음 각 설문에 답하고 그 이유를 간략히 서술하시오(각 설문의 사안은 모두 별개이며, 다툼이 있는 경우는 가장 최근의 판례에 의함. 그리고 특별법위반 여부는 논외로 한다).

1. 甲과 乙은 함께 식당을 운영하기로 하되, 점포 임대차보증금은 甲이 단독으로 부담하고 배달용 차량은 甲과 乙이 공동으로 소유(지분비율 각 50%)하기로 하였다. 이에 따라 甲은 2020.4.1. 丙으로부터 그 소유의 상가건물 1층을 보증금 2,000만원, 차임 월 100만원에 임차하였다. 甲은 영업부진으로 인하여 영업을 정리하기로 乙과 합의하고 2021.11.경 丙에 대하여 가지는 임대차보증금 반환채권을 丁에게 양도하고 배달용 차량도 1,000만원에 매도하였다. 그런데 甲은 차량 매도대금을 甲 명의의 계좌로 수령하여 개인 채무의 변제에 모두 사용하였다. 2021.12.경 이 사실을 안 乙이 甲에게 항의하자, 甲은 뒤늦게 乙에 대한 기존 대여금 채권 500만원과 상계한다고 주장하였다(실제 甲 주장의 대여금 채권 자체는 존재하는 것으로 추후 확인되었다). 한편 甲은 丁에게 양도한 임대차보증금 반환채권에 관하여 丙에게 채권양도의 통지를 하지 아니하고 있다가, 2022.3.31. 임대차기간이 만료되자 丙으로부터 보증금 중 연체차임 등을 공제한 잔액 1,200만원을 반환받은 후 생활비 등으로 소비하였다. 甲의 죄책 유무를 논하고 그 이유를 간략히 서술하시오. [15점]

해설 1-1

I. 결론

① 甲은 차량 매도대금 1,000만원 전부에 대하여 乙에 대한 횡령죄의 죄책을 진다.
② 甲은 보증금 중 연체차임 등을 공제한 잔액 1,200만원에 대하여 丁에 대한 횡령죄의 죄책을 지지 않는다.

II. 이유

1. 차량 매도대금 1,000만원을 수령 후 개인채무 변제에 사용한 행위

(1) 판례

① 동업재산은 동업자의 합유에 속하므로, 동업관계가 존속하는 한 동업자는 동업재산에 대한 지분을 임의로 처분할 권한이 없고, 동업자 한 사람이 지분을 임의로 처분하거나 또는 동업재산의 처분으로 얻은 대금을 보관 중 임의로 소비하였다면 횡령죄의 죄책을 면할 수 없다(대판 2011.6.10. 2010도17684).

② 동업자 사이에 손익분배 정산이 되지 아니하였다면 동업자 한 사람이 임의로 동업자들의 합유에 속하는 동업재산을 처분할 권한이 없는 것이므로, 동업자 한 사람이 동업재산을 보관 중 임의로 횡령하였다면 지분비율에 관계없이 횡령한 금액 전부에 대하여 횡령죄의 죄책을 부담한다(대판 2011.6.10. 2010도17684).

(2) 사안의 경우

① 배달용 차량은 동업재산으로서 동업자(甲과 乙)의 합유에 속하므로, 甲이 배달용 차량의 처분으로 얻은 매도대금을 보관 중 개인채무 변제에 사용하였다면 횡령죄의 죄책을 부담한다.

② 甲에게 상계할 수 있는 반대채권(대여금 채권 500만원)이 있어 그에 상계충당하였다는 것만으로는 보관하는 차량 매도대금의 반환을 거절할 정당한 사유가 되지 못한다(대판 1997.9.26. 97도1520).

③ 따라서 甲은 乙과의 동업계약 지분비율에 관계없이 임의로 소비한 차량 매도대금 1,000만원 전부에 대하여 횡령죄의 죄책을 부담한다.

2. 보증금반환채권 양도 후 연체차임을 공제한 잔액 1,200만원을 수령하여 사용한 행위

(1) 판례

채권양도인이 채무자에게 채권양도 통지를 하는 등으로 채권양도의 대항요건을 갖추어 주지 않은 채 채무자로부터 채권을 추심하여 금전을 수령한 경우, 특별한 사정이 없는 한 금전의 소유권은 채권양수인이 아니라 채권양도인에게 귀속하고 채권양도인이 채권양수인을 위하여 양도 채권의 보전에 관한 사무를 처리하는 신임관계가 존재한다고 볼 수 없다. 따라서 채권양도인이 위와 같이 양도한 채권을 추심하여 수령한 금전에 관하여 채권양수인을 위해 보관하는 자의 지위에 있다고 볼 수 없으므로, 채권양도인이 위 금전을 임의로 처분하더라도 횡령죄는 성립하지 않는다(대판 2022.6.23. 2017도3829[전합]).

(2) 사안의 경우

이 丁과 임대차보증금반환채권에 관한 채권양도계약을 체결하고 丙에게 채권양도 통지를 하기 전에 丙으로부터 보증금 중 연체차임 등을 공제한 잔액 1,200만원을 추심하여 수령하였더라도 그 금전의 소유권은 甲에게 귀속할 뿐 丁에게 귀속한다고 볼 수 없고, 나아가 채권양도계약을 체결한 甲과 丁은 통상의 권리이전계약에 따른 이익대립관계에 있을 뿐 甲이 丁을 위한 보관자 지위가 인정될 수 있는 신임관계에 있다고 볼 수 없으므로 甲에게는 횡령죄가 성립하지 않는다.

문제 1-2

다음 각 설문에 답하고 그 이유를 간략히 서술하시오(각 설문의 사안은 모두 별개이며, 다툼이 있는 경우는 가장 최근의 판례에 의함. 그리고 특별법위반 여부는 논외로 한다).

2. 甲과 乙은 동업계약을 체결하고 2021.4.1. 상가건물 1층을 매수하여 식당을 운영하였고, 乙의 배우자인 丁이 때때로 함께 출근하여 주방일을 도와주었다. 그런데 甲과 乙 사이에 2021.11.경 수익 배분 문제로 서로 다툼이 발생하였다. 다음 날 乙이 丁과 함께 출근하자 甲은 부재중이었고, 甲의 처남으로 마침 식당을 방문한 丙이 식당 문을 잠그고 문을 열어줄 것을 거부하였다. 이에 乙은 丁과 함께 식당 문에 설치된 자물쇠를 부수고 문을 열고 들어갔다(그 자물쇠는 甲과 乙이 식당을 개업할 당시 새로 설치한 것이었다). 乙과 丁의 죄책 유무를 논하고 그 이유를 간략히 서술하시오. [15점]

✔ 해설 1-2

I 결론

① 乙과 丁에게 주거침입죄는 성립하지 아니한다.
② 乙과 丁은 재물손괴죄의 공동정범의 죄책을 부담한다.

II 이유

1. 乙의 죄책

(1) 주거침입죄의 성립 여부

① 주거침입죄는 주거에 거주하는 거주자, 건조물이나 선박, 항공기의 관리자, 방실의 점유자 이외의 사람이 위 주거, 건조물, 선박이나 항공기, 방실(이하 '주거 등'이라 한다)에 침입한 경우에 성립한다(형법 제319조 제1항). 따라서 주거침입죄의 객체는 행위자 이외의 사람, 즉 '타인'이 거주하는 주거 등이라고 할 것이므로 행위자 자신이 단독으로 또는 다른 사람과 공동으로 거주하거나 관리 또는 점유하는 주거 등에 임의로 출입하더라도 주거침입죄를 구성하지 않는다. 다만 다른 사람과 공동으로 주거에 거주하거나 건조물을 관리하던 사람이 공동생활관계에서 이탈하거나 주거 등에 대한 사실상의 지배·관리를 상실한 경우 등 특별한 사정이 있는 경우에 주거침입죄가 성립할 수 있을 뿐이다(대판 2021.9.9. 2020도6085[전합]).

② 공동거주자 중 한 사람이 법률적인 근거 기타 정당한 이유 없이 다른 공동거주자가 공동생활의 장소에 출입하는 것을 금지한 경우, 다른 공동거주자가 이에 대항하여 공동생활의 장소에 들어갔더라도 이는 사전 양해된 공동주거의 취지 및 특성에 맞추어 공동생활의 장소를 이용하기 위한 방편에 불과할 뿐, 그의 출입을 금지한 공동거주자의 사실상 주거의 평온이라는 법익을 침해하는 행위라고는 볼 수 없으므로 주거침입죄는 성립하지 않는다. 설령 그 공동거주자가 공동생활의 장소에 출입하기 위하여 출입문의 잠금장치를 손괴하는 등 다소간의 물리력을 행사하여 그 출입을 금지한 공동거주자의 사실상 평온상태를 해쳤더라도 그러한 행위 자체를 처벌하는 별도의 규정에 따라 처벌될 수 있음은 별론으로 하고, 주거침입죄가 성립하지 아니함은 마찬가지이다(대판 2021.9.9. 2020도6085[전합]).

③ 사안의 경우, 甲과 乙 사이에 수익 배분 문제로 서로 다툼이 발생한 것만으로 乙이 식당에서의 공동생활관계에서 이탈하였다거나 그에 대한 지배·관리를 상실하였다고 보기 어렵고, 공동거주자인 甲이나 그로부터 출입관리를 위탁받은 丙이 공동거주자인 乙의 출입을 금지할 법률적인 근거 기타 정당한 이유가 인정되지 않으므로, 식당에 대한 공동거주자의 지위를 계속 유지하고 있던 乙이 식당에 출입하는 과정에서 정당한 이유 없이 이를 금지하는 丙의 조치에 대항하여 걸쇠를 손괴하는 등 물리력을 행사하였다고 하여 주거침입죄가 성립한다고 볼 수 없다.

(2) 재물손괴죄의 성립 여부

① 형법 제366조의 재물손괴죄는 타인의 재물을 손괴 또는 은닉하거나 기타의 방법으로 그 효용을 해하는 경우에 성립하고, 여기서 타인의 재물을 손괴한다는 것은 타인과 공동으로 소유하는 재물을 손괴하는 경우도 포함된다(헌재 2017.4.27, 2016헌마160).

② 사안의 경우, 식당 문에 설치된 자물쇠는 甲과 乙이 식당을 개업할 당시 새로 설치한 것으로서, 동업자들의 공동소유에 속하는 것이다. 따라서 乙이 공동소유에 속하는 자물쇠를 손괴하여 그 효용을 해한 것은 재물손괴죄에 해당한다.

2. 丁의 죄책

(1) 주거침입죄의 성립 여부

丁은 남편 乙이 상가에 출입함에 있어 丙의 정당한 이유 없는 출입금지 조치에 대항하여 아파트에 출입하는 데에 가담한 것으로 볼 수 있고, 그 과정에서 乙이 자물쇠를 손괴하는 등 물리력을 행사하고 丁도 이에 가담함으로써 공동으로 재물손괴 범죄를 저질렀으나 丁의 행위는 그 실질에 있어 乙의 행위에 편승, 가담한 것에 불과하므로, 丁이 식당에 출입한 행위 자체는 전체적으로 공동거주자인 乙이 식당에 출입하고 이를 이용하는 행위의 일환이자 이에 수반되어 이루어진 것에 해당한다고 평가할 수 있어 丁에 대하여도 주거침입죄가 성립하지 않는다.

(2) 재물손괴죄의 성립 여부

丁은 상가 입구에서 乙의 자물쇠 손괴행위에 가담함으로써 공동으로 재물손괴 범죄를 저질렀으므로, 乙과 재물손괴죄의 공동정범이 해당한다.[7]

---

[7] 사안의 경우, 폭력행위 등 처벌에 관한 법률위반(공동재물손괴 등)에 해당하나, 문제에서 특별법위반 여부는 논외로 할 것을 요구하고 있으므로 형법상 공동정범으로 보아야 한다.

문제 2

주점을 운영하는 甲은 평소 자신의 민원을 느리게 처리하는 시청 공무원에 대해 불만을 가지고 있었다. 그러던 어느 날 이러한 시청 공무원들을 가만둘 수 없다고 생각한 甲은 시청 청사 내 주민생활복지과 사무실에 술에 취한 상태로 찾아가 소란을 피웠다. 이때 시청 주민생활복지과 소속으로 주민생활복지에 대한 통합조사 및 민원 업무에 관한 직무를 담당하는 A공무원이 목소리를 낮춰달라는 요청과 함께 민원 내용에 대한 질문을 하였으나 甲은 욕설을 하면서 계속하여 소란을 피웠고, 이에 A공무원이 피고인을 제지하며 사무실 밖으로 데리고 나가려고 하자 甲은 손에 들고 있던 휴대전화를 휘둘러 뺨을 1회 때렸다. A공무원은 민원 상담을 시도하였으나 甲의 욕설과 소란으로 인해 정상적인 민원 상담이 이루어지지 아니하고 다른 민원 업무 처리에 장애가 발생하는 상황이 지속되어 甲을 사무실 밖으로 데리고 나간 것이고, 그 과정에서 甲의 팔을 잡는 등 다소의 물리력을 행사하였다.

시청을 나온 甲은 기분이 풀리지 않자 잠이나 한숨 잘까 생각하여 시청 근처에 있는 모텔 방에 투숙하였다. 모텔 방에서 담배를 피운 甲은 재떨이에 담배를 끄게 되었으나 담뱃불이 완전히 꺼졌는지 확인하지 않은 채 휴지를 재떨이에 버리고 잠을 잔 탓에 담뱃불이 휴지와 옆에 있던 침대시트에 옮겨 붙어 화재가 발생하였고, 잠에서 깬 甲은 불이 붙은 사실을 발견하고서도 불을 끄는 조치를 하거나 모텔 주인이나 다른 방에 투숙 중인 손님 B에게 화재사실을 알리고 119에 신고를 하는 등 조치를 취하지 아니하고 모텔을 빠져나갔으며, 결국 불길은 순식간에 모텔 전체에 번져 손님 B가 사망하였다. 그러나 불길이 순식간에 모텔 전체로 번져, 불이 난 사실을 알리지 아니하였다는 사정만으로는 甲이 이 사건 화재를 용이하게 소화할 수 있었다고 보기 어려웠다.

甲의 죄책을 논하시오(특별법 위반죄는 논외로 하고, 다툼이 있는 경우 대법원 판례에 따름). [20점]

✓ 해설 2

I 결론

甲에게는 공무집행방해죄, 중실화죄, 중과실치사죄가 성립한다. 중실화죄와 중과실치사죄는 상상적 경합 관계에 있고(형법 제40조), 이 두 범죄와 공무집행방해죄는 실체적 경합관계에 있다(형법 제37조).

II 이유

1. 주거침입죄의 성립 여부

① 형법 제319조 제1항의 주거침입죄는 사실상 주거의 평온을 보호법익으로 한다. 주거침입죄의 구성요건적 행위인 침입은 주거침입죄의 보호법익과의 관계에서 해석하여야 하므로, 침입이란 주거의 사실상 평온상태를 해치는 행위 태양으로 주거에 들어가는 것을 의미하고, 침입에 해당하는지는 출입 당시 객관적·외형적으로 드러난 행위 태양을 기준으로 판단함이 원칙이다. 사실상의 평온상태를 해치는 행위 태양으로 주거에 들어가는 것이라면 대체로 거주자의 의사에 반하겠지만, 단순히 주거에 들어가는 행위 자체가 거주자의 의사에 반한다는 주관적 사정만으로는 바로 침입에 해당한다고 볼 수 없다(대판 2022.3.24. 2017도18272[전합]).

② 사안의 경우, 甲은 공무집행을 방해할 의사로 일반인에게 공개된 청사 내 건물에 들어갔으나, 건물에 출입할 당시 객관적·외형적으로 드러난 행위 태양을 볼 때 통상적인 출입방법으로 들어간 것으로서 '침입'에 해당하지 아니하므로, 주거침입죄의 구성요건에 해당하지 아니한다. 따라서 甲에게는 주거침입죄(건조물침입죄)는 성립하지 아니한다.

2. 공무집행방해죄의 성립 여부

(1) 문제점

직무를 집행하는 공무원에 대하여 폭행 또는 협박을 한 때에 공무집행방해죄가 성립한다(형법 제136조 제1항). 사안의 경우, 甲이 손에 들고 있던 휴대전화를 휘둘러 A공무원의 뺨을 1회 때린 행위는 폭행에 해당한다. 사안의 경우에는 A공무원이 직무를 집행하는 중인지 여부, A공무원의 행위가 공무원의 추상적 직무 권한에 속할 뿐만 아니라 구체적으로 그 권한 내에 있는지 여부가 문제된다.

(2) 판례의 태도

① 형법 제136조 제1항에 규정된 공무집행방해죄에서 '직무를 집행하는'이란 공무원이 직무수행에 직접 필요한 행위를 현실적으로 행하고 있는 때만을 가리키는 것이 아니라 공무원이 직무수행을 위하여 근무 중인 상태에 있는 때를 포괄하고, 직무의 성질에 따라서는 그 직무수행의 과정을 개별적으로 분리하여 부분적으로 각각의 개시와 종료를 논하는 것이 부적절하고 여러 종류의 행위를 포괄하여 일련의 직무수행으로 파악하는 것이 타당한 경우가 있다(대판 2022.3.17. 2021도13883).

② 공무집행방해죄는 공무원의 적법한 공무집행이 전제되어야 하고, 공무집행이 적법하기 위해서는 그 행위가 공무원의 추상적 직무 권한에 속할 뿐만 아니라 구체적으로 그 권한 내에 있어야 하며, 직무행위로서 중요한 방식을 갖추어야 한다. 추상적인 권한은 반드시 법령에 명시되어 있을 필요는 없다. 추상적인 권한에 속하는 공무원의 어떠한 공무집행이 적법한지는 행위 당시의 구체적 상황에 기초를 두고 객관적·합리적으로 판단해야 하고, 사후적으로 순수한 객관적 기준에서 판단할 것은 아니다(대판 2022.3.17. 2021도13883).

(3) 사안의 경우

① 시청 주민생활복지과 소속 A공무원이 주민생활복지과 사무실에 방문한 甲에게 민원 내용을 물어보며 민원 상담을 시도한 행위, 甲의 욕설과 소란으로 정상적인 민원 상담이 이루어지지 않고 다른 민원 업무 처리에 장애가 발생하는 상황이 지속되자 甲을 사무실 밖으로 데리고 나간 행위는 민원 안내 업무와 관련된 일련의 직무수행으로 포괄하여 파악함이 타당하다.

② 또한 행위 당시의 구체적 상황에 기초를 두고 객관적·합리적으로 판단해 보면, A공무원이 甲을 사무실 밖으로 데리고 나가는 과정에서 甲의 팔을 잡는 등 다소의 물리력을 행사했더라도, 이는 甲의 불법행위를 사회적 상당성이 있는 방법으로 저지한 것에 불과하므로 위법하다고 볼 수 없고, 소란을 피우는 민원인을 제지하거나 사무실 밖으로 데리고 나가는 행위도 민원 담당 공무원의 직무에 수반되는 행위로 파악함이 타당하고 직무권한의 범위를 벗어난 행위라고 볼 것은 아니다.

③ 따라서 甲이 손에 들고 있던 휴대전화를 휘둘러 A공무원의 뺨을 1회 때린 행위는 폭행으로 시청 소속 공무원들의 적법한 직무집행을 방해한 행위에 해당하므로 공무집행방해죄의 구성요건에 해당한다. 그리고 달리 위법성 조각사유나 책임조각사유는 존재하지 아니하므로, 甲은 공무집행방해죄의 죄책을 진다.

3. 부작위에 의한 현주건조물방화치사죄의 성립 여부

(1) 현주건조물방화치사죄의 구성요건

불을 놓아 사람이 현존하는 건조물을 소훼한 경우 현주건조물방화죄가 성립하고(형법 제164조 제1항), 현주건조물방화죄를 범하여 사람을 사망에 이르게 한 때에 현주건조물 방화치사죄가 성립한다(형법 제164조 제2항). 현주건조물방화치사죄는 사망의 결과에 대해 과실이 있는 경우뿐만 아니라 고의가 있는 경우에도 성립하는 부진정결과적 가중범이다.

(2) 부작위범의 성립 요건

형법이 금지하고 있는 법익침해의 결과발생을 방지할 법적인 작위의무를 지고 있는 자가 그 의무를 이행하지 아니한 경우, 이를 작위에 의한 실행행위와 동일하게 부작위범으로 처벌하기 위하여는, 그 의무를 이행함으로써 결과발생을 쉽게 방지할 수 있었음에도 불구하고 그 결과의 발생을 용인하고 이를 방관한 채 그 의무를 이행하지 아니한 결과, 그 부작위가 작위에 의한 법익침해와 동등한 형법적 가치를 가진다고 볼 수 있어 그 범죄의 실행행위로 평가될 만한 것이라야 한다(대판 2010.1.14. 2009도12109).

(3) 사안의 경우

① 이 사건 화재는 甲이 모텔 방에 투숙하여 담배를 피운 후 재떨이에 담배를 끄게 되었으나 담뱃불이 완전히 꺼졌는지 여부를 확인하지 않은 채 불이 붙기 쉬운 휴지를 재떨이에 버리고 잠을 잔 과실로 담뱃불이 휴지와 옆에 있던 침대시트에 옮겨 붙게 함으로써 발생하였고, 이러한 甲의 과실은 중대한 과실에 해당한다(대판 2010.1.14. 2009도12109).

② 그러나 이 사건 화재가 甲의 중과실로 발생하였다 하더라도, 부작위에 의한 현주건조물방화치사죄가 성립하기 위하여는, 甲에게 법률상의 소화의무가 인정되는 외에 소화의 가능성 및 용이성이 있었음에도 甲이 그 소화의무에 위배하여 이미 발생한 화력을 방치함으로써 소훼의 결과를 발생시켜야 하는 것인데, 이 사건 화재가 甲의 중대한 과실 있는 선행행위로 발생한 이상 甲에게 이 사건 화재를 소화할 법률상 의무는 있다 할 것이나, 甲이 이 사건 화재 발생 사실을 안 상태에서 모텔을 빠져나오면서도 모텔 주인이나 다른 투숙객들에게 이를 알리지 아니하였다는 사정만으로는 甲이 (이를 알렸다면) 이 사건 화재를 용이하게 소화할 수 있었다고 보기 어렵다(대판 2010.1.14. 2009도12109).

③ 따라서 甲에게는 부작위에 의한 현주건조물방화치사죄가 성립하지 아니한다.

4. 중실화죄 및 중과실치사죄의 성립 여부

(1) 중실화죄의 성립 여부

① 중대한 과실로 인하여 현주건조물을 소훼한 경우, 중실화죄에 해당한다(형법 제171조, 제170조 제1항). 여기서 '중대한 과실'이란 행위자가 극히 작은 주의를 함으로써 결과를 예견할 수 있었는데도 부주의로 이를 예견하지 못한 경우를 말한다. 판례는 피고인이 성냥불로 담배를 붙인 다음 그 성냥이 꺼진 것을 확인하지 아니한 채 휴지가 들어 있는 플라스틱 휴지통에 던진 것은 중대한 과실이 있는 경우에 해당한다고 보았다(대판 1993.7.27. 93도135).

② 사안의 경우, 甲이 담뱃불이 완전히 꺼졌는지 확인하지 않은 채 휴지를 재떨이에 버리고 잠을 잔 탓에 담뱃불이 휴지와 옆에 있던 침대시트에 옮겨 붙어 화재가 발생하였으므로 甲에게는 '중대한 과실'이 인정되고 중실화죄가 성립한다.

(2) 중과실치사죄의 성립 여부

甲은 중대한 과실로 인하여 손님 B를 사망에 이르게 하였으므로 중과실치사죄의 죄책을 진다(형법 제268조).

(3) 죄수관계

중실화죄와 중과실치사죄는 한 개의 행위가 여러 개의 죄에 해당하는 경우이므로 상상적 경합관계에 있다(형법 제40조).

형법
2021년 제27회 기출문제

● 문제 1

甲은 과거 연인관계였던 乙(女)에게 성인 권장용량의 1.5배 내지 2배 정도에 해당하는 양의 졸피뎀 성분의 수면제가 섞인 커피를 주어 마시게 한 다음 乙(女)이 잠이 들자 간음하였다. 乙(女)은 커피를 받아 마신 다음 곧바로 정신을 잃고 깊이 잠들었다가 약 4시간 뒤에 깨어났는데 잠이 든 이후의 상황에 대해서 제대로 기억하지 못하였고, 정신이 희미하게 든 경우도 있었으나 자신의 의지대로 생각하거나 행동하지 못한 채 곧바로 기절하다시피 다시 깊은 잠에 빠졌다. 이후 乙(女)은 자연적으로 의식을 회복하였으며 의식을 회복한 다음 특별한 치료를 받지는 않았다.

한편 甲은 자기가 몹쓸 짓을 저질렀나 하는 생각에 술을 마시고 거리를 배회하던 중 우연히 버스에서 내려서 걸어가는 丙(女)의 용모에 반하여 마스크를 착용한 채 뒤따라가다가 인적이 없고 외진 곳에서 가까이 접근하여 양팔을 높이 들어 껴안으려 하였으나, 丙(女)이 뒤돌아보면서 소리치자 그 상태로 몇 초 동안 쳐다보다가 다시 오던 길로 되돌아갔다.

돌아오면서 자신의 피부가 문제였다고 생각한 甲은 이전에 손님으로 방문하여 어느 정도 안면이 있는 丁이 운영하는 'B스포츠피부'로 피부 마사지를 받으러 갔는데 대기하는 손님이 많아서 결국 피부 마사지를 받지 못하였다. 'B스포츠피부'를 나오면서 여자친구 A에게 전화를 하지 않았다는 사실이 생각난 甲은 영업점 내에 있는 丁소유의 휴대전화를 허락 없이 가지고 나와 여자친구 A와 1~2시간 가량 통화를 한 후 丁에게 알리지 않은 채 휴대전화를 위 'B스포츠피부' 정문 옆에 있는 화분에 놓아두고 그대로 가버렸다.

甲의 죄책을 논하시오(특별법 위반죄는 논외로 하고, 다툼이 있는 경우 대법원 판례에 따름). [25점]

문제 2

甲은 주식회사를 설립하여 그 회사 명의로 여러 개의 통장을 개설하여 속칭 대포통장을 유통시킬 마음을 먹었다. 甲은 2016.6.경 주식회사 설립등기를 마쳤는데, 이를 위해 회사 정관을 작성·제출하였고, 주식발행·인수 절차와 관련하여 주금 납입 사실을 증명하기 위해 금융기관으로부터 잔고증명서를 발급받아 설립등기신청 당시 첨부정보로 제출하였으며, 회사 임원으로 등재될 사람으로부터 취임승낙을 증명하는 정보를 받아 첨부정보로 제출하였다.

검사는 甲이 주식회사를 실제로 운영할 의사 없이 주식회사를 이용하여 범죄를 저지를 목적으로 허위의 회사설립등기 신청을 하고, 상업등기 전산정보처리시스템에 회사설립 내용을 등록하게 하였다는 이유로 '공전자기록등 불실기재죄와 그 행사죄'로 공소를 제기하였다. 대법원 판례에 비추어 甲에게 '공전자기록등 불실기재죄와 그 행사죄'가 성립하는지 논하시오. [15점]

문제 3

甲은 2015년 편의점을 개업하면서 사업자등록을 이모인 A 명의로 하였다. 乙은 2017.10.경 甲을 상대로 1억원의 대여금 지급을 구하는 소를 제기하였다. 甲은 그 소송 계속 중인 2018.4.30. 위 편의점에 관한 폐업신고를 하고, 2018.5.6. 처인 B 명의로 새로 사업자등록을 하였다. 이에 乙은 법무사 사무실을 찾아와 甲을 강제집행면탈죄로 고발하여 처벌받게 할 수 있는지 문의하였다. 대법원 판례에 비추어 甲에게 '강제집행면탈죄'가 성립하는지 논하시오. [10점]

형 법 | 2021년 제27회 기출문제해설

● 문제 1

甲은 과거 연인관계였던 乙(女)에게 성인 권장용량의 1.5배 내지 2배 정도에 해당하는 양의 졸피뎀 성분의 수면제가 섞인 커피를 주어 마시게 한 다음 乙(女)이 잠이 들자 간음하였다. 乙(女)은 커피를 받아 마신 다음 곧바로 정신을 잃고 깊이 잠들었다가 약 4시간 뒤에 깨어났는데 잠이 든 이후의 상황에 대해서 제대로 기억하지 못하였고, 정신이 희미하게 든 경우도 있었으나 자신의 의지대로 생각하거나 행동하지 못한 채 곧바로 기절하다시피 다시 깊은 잠에 빠졌다. 이후 乙(女)은 자연적으로 의식을 회복하였으며 의식을 회복한 다음 특별한 치료를 받지는 않았다.

한편 甲은 자기가 몹쓸 짓을 저질렀나 하는 생각에 술을 마시고 거리를 배회하던 중 우연히 버스에서 내려서 걸어가는 丙(女)의 용모에 반하여 마스크를 착용한 채 뒤따라가다가 인적이 없고 외진 곳에서 가까이 접근하여 양팔을 높이 들어 껴안으려 하였으나, 丙(女)이 뒤돌아보면서 소리치자 그 상태로 몇 초 동안 쳐다보다가 다시 오던 길로 되돌아갔다.

돌아오면서 자신의 피부가 문제였다고 생각한 甲은 이전에 손님으로 방문하여 어느 정도 안면이 있는 丁이 운영하는 'B스포츠피부'로 피부 마사지를 받으러 갔는데 대기하는 손님이 많아서 결국 피부 마사지를 받지 못하였다. 'B스포츠피부'를 나오면서 여자친구 A에게 전화를 하지 않았다는 사실이 생각난 甲은 영업점 내에 있는 丁소유의 휴대전화를 허락 없이 가지고 나와 여자친구 A와 1~2시간 가량 통화를 한 후 丁에게 알리지 않은 채 휴대전화를 위 'B스포츠피부' 정문 옆에 있는 화분에 놓아두고 그대로 가버렸다.

甲의 죄책을 논하시오(특별법 위반죄는 논외로 하고, 다툼이 있는 경우 대법원 판례에 따름). [25점]

해설 1

I. 결론

甲은 乙에 대하여 강간치상죄의 죄책을, 丙에 대하여 강제추행죄 미수의 죄책을, 丁에 대하여 절도죄의 죄책을 진다. 그리고 이 세 범죄는 실체적 경합관계에 있다.

II. 이유

1. 乙에 대한 강간치상죄

(1) 강간죄

1) 강간죄의 구성요건

강간죄는 폭행 또는 협박으로 사람을 강간함으로써 성립하는 범죄이다(형법 제297조). 사람의 심신상실 또는 항거불능의 상태를 이용하여 간음하는 경우 준강간죄가 성립하나(형법 제299조), 항거불능의 상태는 간음할 당시 이미 조성되어 있어야 하므로, 행위자가 간음할 의도로 수면제 등을 사용하여 항거불능상태를 야기한 다음 간음한 경우에는 준강간죄가 아니라 강간죄가 성립한다.

2) 강간죄의 폭행·협박

강간죄의 폭행 또는 협박은 피해자의 항거를 불능하게 하거나 현저히 곤란하게 할 정도의 것이어야 하고, 그 폭행 또는 협박이 피해자의 항거를 불능하게 하거나 현저히 곤란하게 할 정도의 것이었는지 여부는 유형력을 행사한 당해 폭행 및 협박의 내용과 정도는 물론이고 유형력을 행사하게 된 경위, 피해자와의 관계, 범행 당시의 정황 등 제반 사정을 종합하여 판단하여야 한다(대판 2000.6.9. 2000도1253).

3) 소 결

사안의 경우, 甲이 乙에게 성인 권장용량의 1.5배 내지 2배 정도에 해당하는 양의 졸피뎀 성분의 수면제가 섞인 커피를 주어 마시게 한 것은 절대적 폭력으로서 乙의 항거를 불능하게 하거나 현저히 곤란하게 할 정도의 것에 해당한다. 따라서 甲이 乙이 잠이 든 후에 간음한 것은 강간죄에 해당한다.

(2) 강간치상죄

1) 강간치상죄의 구성요건

강간죄 및 그 미수범을 범한 자가 사람을 상해에 이르게 하는 경우 강간치상죄가 성립한다(형법 제301조).

2) 강간치상죄의 상해

① 강간치상죄에 있어서의 상해는 피해자의 신체의 완전성을 훼손하거나 생리적 기능에 장애를 초래하는 것, 즉 피해자의 건강상태가 불량하게 변경되고 생활기능에 장애가 초래되는 것을 말하는 것으로, 여기서의 생리적 기능에는 육체적 기능뿐만 아니라 정신적 기능도 포함된다(대판 2017.6.29. 2017도3196).

② 따라서 수면제와 같은 약물을 투약하여 피해자를 일시적으로 수면 또는 의식불명 상태에 이르게 한 경우에도 약물로 인하여 피해자의 건강상태가 불량하게 변경되고 생활기능에 장애가 초래되었다면 자연적으로 의식을 회복하거나 외부적으로 드러난 상처가 없더라도 이는 강간치상죄에서 말하는 상해에 해당한다(대판 2017.6.29. 2017도3196).

3) 소 결

甲은 乙에게 졸피뎀 성분의 수면제를 투약하여 乙이 일시적으로 수면 또는 의식불명 상태에 이르게 함으로써 乙의 건강상태가 불량하게 변경되고 생활기능에 장애가 초래되었으므로, 자연적으로 의식을 회복하거나 외부적으로 드러난 상처가 없더라도 강간치상죄의 상해에 해당한다. 甲은 이러한 상해의 결과에 대해 과실(예견가능성)이 있다고 할 것이므로 甲에게는 강간치상죄가 성립한다.

(3) 사안의 해결

甲은 피해자 乙에 대하여 강간치상죄의 죄책을 진다. 甲에게 강간치상죄가 성립한 이상 강간죄는 강간치상죄에 흡수되어 별도로 처벌되지 아니한다.

2. 丙에 대한 강제추행죄의 미수범

(1) 강제추행죄의 구성요건

강제추행죄는 폭행 또는 협박으로 사람에 대하여 추행함으로써 성립하는 범죄이다(형법 제298조).

(2) 강제추행죄의 폭행·협박의 정도

대법원은 강제추행죄의 '폭행 또는 협박'의 의미에 관하여 이를 두 가지 유형으로 나누어, ㉠ 폭행행위 자체가 곧바로 추행에 해당하는 경우(이른바 기습추행형)에는 상대방의 의사를 억압할 정도의 것임을 요하지 않고 상대방의 의사에 반하는 유형력의 행사가 있는 이상 그 힘의 대소강약을 불문한다고 판시(대판 2015.9.10. 2015도6980)하는 한편, ㉡ 폭행 또는 협박이 추행보다 시간적으로 앞서 그 수단으로 행해진 경우(이른바 폭행·협박 선행형)에는 상대방의 항거를 곤란하게 할 정도로 강력할 것이 요구되지 아니하고, 상대방의 신체에 대하여 불법한 유형력을 행사(폭행)하거나 일반적으로 보아 상대방으로 하여금 공포심을 일으킬 수 있는 정도의 해악을 고지(협박)하는 것이라고 보아야 한다고 판시하였다(대판 2023.9.21. 2018도13877[전합]).

(3) 강제추행죄의 기수 여부

추행의 고의로 상대방의 의사에 반하는 유형력의 행사, 즉 폭행행위를 하여 실행행위에 착수하였으나 추행의 결과에 이르지 못한 때에는 강제추행미수죄가 성립하며, 이러한 법리는 폭행행위 자체가 추행행위라고 인정되는 이른바 '기습추행'의 경우에도 마찬가지로 적용된다.

(4) 사안의 해결

甲이 가까이 접근하여 갑자기 껴안는 행위는 일반인에게 성적 수치심이나 혐오감을 일으키게 하고 선량한 성적 도덕관념에 반하는 행위로서 丙의 성적 자유를 침해하는 행위여서 그 자체로 이른바 '기습추행' 행위로 볼 수 있으므로, 甲의 팔이 丙의 몸에 닿지 않았더라도 양팔을 높이 들어 갑자기 뒤에서 껴안으려는 행위는 丙의 의사에 반하는 유형력의 행사로서 폭행행위에 해당하며, 그때 '기습추행'에 관한 실행의 착수가 있는데, 丙이 뒤돌아보면서 소리치는 바람에 몸을 껴안는 추행의 결과에 이르지 못하고 미수에 그쳤으므로, 甲의 행위는 강제추행미수죄에 해당한다.

3. 丁에 대한 절도죄

(1) 절도죄의 구성요건

① 절도죄는 타인이 점유하는 타인의 재물을 절취함으로써 성립한다(형법 제329조). 절도죄는 주관적 구성요건으로 타인의 재물을 절취한다는 점에 대한 고의 이외에도 불법영득의사가 있어야 한다.

② 절도죄의 성립에 필요한 '불법영득의 의사'란 권리자를 배제하고 타인의 물건을 자기의 소유물과 같이 이용·처분할 의사를 말하고, 영구적으로 물건의 경제적 이익을 보유할 의사임은 요하지 않으며, 일시 사용의 목적으로 타인의 점유를 침탈한 경우에도 사용으로 인하여 물건 자체가 가지는 경제적 가치가 상당한 정도로 소모되거나 또는 상당한 장시간 점유하고 있거나 본래의 장소와 다른 곳에 유기하는 경우에는 이를 일시 사용하는 경우라고는 볼 수 없으므로 영득의 의사가 인정된다(대판 2012.7.12. 2012도1132).

(2) 사안의 해결

甲은 丁의 의사에 반하여 휴대전화에 대한 丁의 점유를 배제하고 자기의 점유로 옮김으로써 절도죄의 객관적 구성요건에 해당하고, 절취에 대한 고의도 인정된다. 甲은 丁 소유의 휴대전화를 자신의 소유물과 같이 경제적 용법에 따라 이용하다가 본래의 장소(영업점)와 다른 곳(정문 옆에 있는 화분)에 유기한 것이므로 甲에게 불법영득의사 또한 인정된다. 따라서 甲의 행위는 불가벌적 사용절도가 아니라 절도죄에 해당한다.

✓ 문제 2

甲은 주식회사를 설립하여 그 회사 명의로 여러 개의 통장을 개설하여 속칭 대포통장을 유통시킬 마음을 먹었다. 甲은 2016.6.경 주식회사 설립등기를 마쳤는데, 이를 위해 회사 정관을 작성·제출하였고, 주식발행·인수 절차와 관련하여 주금 납입 사실을 증명하기 위해 금융기관으로부터 잔고증명서를 발급받아 설립등기신청 당시 첨부정보로 제출하였으며, 회사 임원으로 등재될 사람으로부터 취임승낙을 증명하는 정보를 받아 첨부정보로 제출하였다.

검사는 甲이 주식회사를 실제로 운영할 의사 없이 주식회사를 이용하여 범죄를 저지를 목적으로 허위의 회사설립등기 신청을 하고, 상업등기 전산정보처리시스템에 회사설립 내용을 등록하게 하였다는 이유로 '공전자기록등 불실기재죄와 그 행사죄'로 공소를 제기하였다. 대법원 판례에 비추어 甲에게 '공전자기록등 불실기재죄와 그 행사죄'가 성립하는지 논하시오. [15점]

✓ 해설 2

I. 결론

甲에게 '공전자기록등 불실기재죄와 그 행사죄'는 성립하지 아니한다.

II. 이유

1. 공전자기록등 불실기재죄의 구성요건

① 공정증서원본 불실기재죄나 공전자기록 등 불실기재죄는 특별한 신빙성이 인정되는 공문서에 대한 공공의 신용을 보장하는 것을 보호법익으로 하는 범죄로서, 공무원에게 진실에 반하는 허위신고를 하여 공정증서원본 또는 이와 동일한 전자기록 등 특수매체기록에 그 증명하는 사항에 관해 실체관계에 부합하지 않는 불실의 사실을 기재하거나 기록하게 한 때 성립한다(형법 제228조 제1항). 여기서 '불실의 사실'이란 권리의무관계에 중요한 의미를 갖는 사항이 진실에 반하는 것을 말한다.

② 주식회사의 발기인 등이 상법 등 법령에 정한 회사설립의 요건과 절차에 따라 회사설립등기를 함으로써 회사가 성립하였다고 볼 수 있는 경우 회사설립등기와 그 기재 내용은 특별한 사정이 없는 한 공정증서원본 불실기재죄나 공전자기록 등 불실기재죄에서 말하는 불실의 사실에 해당하지 않는다. 발기인 등이 회사를 설립할 당시 회사를 실제로 운영할 의사 없이 회사를 이용한 범죄 의도나 목적이 있었다거나, 회사로서의 인적·물적 조직 등 영업의 실질을 갖추지 않았다는 이유만 으로는 불실의 사실을 법인등기부에 기록하게 한 것으로 볼 수 없다(대판 2020.2.27. 2019도9293).

2. 사안의 해결

甲은 실제 회사를 설립하려는 의사를 가지고 상법이 정하는 회사설립에 필요한 정관 작성·제출, 주식 발행·인수, 임원 선임 등의 절차를 이행함으로써 회사는 상법상 주식회사로 성립하였다. 甲이 주식회사를 실제로 운영할 의사 없이 주식회사를 이용하여 범죄(대포통장 유통)를 저지를 목적이 있었다는 이유만으로 회사의 성립 자체를 부정하고 회사가 부존재한다고 인정할 수 없으므로, 회사에 대한 회사설립등기는 공전자기록 등 불실기재죄에서 말하는 불실의 사실에 해당하지 않는다. 따라서 甲에게 '공전자기록등 불실기재죄와 그 행사죄'는 성립하지 아니한다.

✅ 문제 3

甲은 2015년 편의점을 개업하면서 사업자등록을 이모인 A 명의로 하였다. 乙은 2017.10.경 甲을 상대로 1억원의 대여금 지급을 구하는 소를 제기하였다. 甲은 그 소송 계속 중인 2018.4.30. 위 편의점에 관한 폐업신고를 하고, 2018.5.6. 처인 B 명의로 새로 사업자등록을 하였다. 이에 乙은 법무사 사무실을 찾아와 甲을 강제집행면탈죄로 고발하여 처벌받게 할 수 있는지 문의하였다. 대법원 판례에 비추어 甲에게 '강제집행면탈죄'가 성립하는지 논하시오. [10점]

✅ 해설 3

I. 결론

甲에게 '강제집행면탈죄'가 성립하지 않는다.

II. 이유

1. 강제집행면탈죄의 구성요건

강제집행면탈죄는 강제집행을 면할 목적으로 재산을 은닉, 손괴, 허위양도 또는 허위의 채무를 부담하여 채권자를 해한 경우 성립한다(형법 제327조).

2. 강제집행면탈죄에서 재산의 '은닉'의 의미

강제집행면탈죄에서 재산의 '은닉'이란 강제집행을 실시하는 자에 대하여 재산의 발견을 불능 또는 곤란케 하는 것을 말하는 것으로서, 재산의 소재를 불명케 하는 경우는 물론 그 소유관계를 불명하게 하는 경우도 포함하나, 채무자가 제3자 명의로 되어 있던 사업자등록을 또 다른 제3자 명의로 변경하였다는 사정만으로는 그 변경이 채권자의 입장에서 볼 때 사업장 내 유체동산에 관한 소유관계를 종전보다 더 불명하게 하여 채권자에게 손해를 입게 할 위험성을 야기한다고 단정할 수 없다(대판 2014.6.12. 2012도2732).

3. 사안의 해결

甲이 이모인 A 명의로 한 사업자등록 명의를 처인 B 명의로 변경하였다는 사정만으로 채권 乙의 입장에서 볼 때 편의점에 있던 유체동산의 소유관계를 더 불분명하게 되었다고 단정할 수 없다. 따라서 甲의 사업자등록 명의 변경은 강제집행면탈죄의 재산의 '은닉'에 해당하지 아니할 뿐만 아니라 채권자 乙을 해한 것에도 해당하지 아니하므로 甲에게 강제집행면탈죄가 성립하지 아니한다.

2020년 제26회 기출문제

형법

● 문제 1-1

甲은 고속버스를 타고 가다가 옆자리에 앉은 승객 A가 두고 내린 지갑을 발견하고, 지갑 안에 있는 50,000원권 6매와 A의 운전면허증을 꺼내어 들고 내렸다. 며칠 뒤 甲은 소주 1병을 마시고 운전을 하던 중 음주단속에 걸렸고, 겁이 난 甲은 사진이 흐릿하게 나온 A의 면허증을 대신 제시할 생각으로 甲의 휴대폰으로 미리 촬영해둔 A의 운전면허증이 담긴 휴대폰 화면을 경찰관 乙에게 제시하였다. 경찰관 乙은 A의 운전면허증 정보를 토대로 적발처리를 하였다.
甲의 죄책을 논하시오(음주운전으로 인한 도로교통법 위반죄와 특별법 위반죄는 논외로 하고, 다툼이 있는 경우 대법원 판례에 따름).
[10점]

● 문제 1-2

이후 음주운전으로 약식 기소된 사실을 안 A가 경찰서에 와서 항의를 하였고, 경찰관 乙은 甲의 인적사항을 탐문하여 찾아가 경찰서에 출석할 것을 요구하였다. 甲은 乙과 친분관계 있는 사업가 丙을 찾아가 범죄사실을 무마할 방법을 찾아달라고 부탁하였는데, 丙은 경찰관 乙을 이용하여 甲으로부터 돈을 받아내기로 마음먹었다. 경찰관 乙은 그동안 자신과 자신의 가족을 살뜰히 챙겨준 丙에게 마음의 빚을 갚을 기회라고 생각하고 丙과 공모하여 甲으로부터 돈을 받아내기로 하였다. 乙은 甲에게 "범죄사실을 무마하여 줄테니 丙에게 1,000만원을 전달하라. 그렇지 않으면 검찰에 기소의견으로 송치시키겠다."고 하였고, 甲은 겁을 먹고 다음 날 현금 1,000만원을 丙에게 주었다.
甲, 乙, 丙의 죄책을 논하시오(형법상 범인은닉·도피죄와 특별법 위반죄는 논외로 하고, 다툼이 있는 경우 대법원 판례 다수의견에 따름).
[20점]

◆ 문제 2

甲은 乙과 함께 프랜차이즈 사업을 하였으나 최근 사업부진으로 사업을 청산하기로 하였다. 그 과정에서 甲은 乙명의의 상점을 받고, 甲이 乙의 초기투자비용 3억원을 乙에게 돌려주는 대신 甲이 소유한 丙회사 주식 15,000주(계약당시 1주당 2만원)를 乙이 양도담보 방식으로 받는 계약을 체결하였다. 이후 甲은 새로운 사업자금 확보를 위해 곧 취득할 乙소유의 상점에 대하여 A와 임대차계약을 체결하였다. 甲은 계약서를 작성하며 A에게 "내가 곧 乙로부터 소유권을 취득할 예정이다. 이전등기를 마치는 대로 당신에게 알려준 뒤 1순위 근저당권자 B은행 다음으로 대항력을 취득할 수 있도록 전입신고와 확정일자 받는데 협력하겠다."고 약속하였다. 그러나 甲은 A로부터 임대차보증금을 모두 받고 乙로부터 상점 소유권을 취득하였음에도 A에게 이 사실을 고지하지 않았다. 甲은 추가적인 자금 확보를 위해 C에게 돈을 차용하며 위 상점에 대한 2순위 저당권설정계약을 체결하고 丙회사 주식 15,000주를 C에게 양도하였으며, D은행에서 대출을 받은 후 위 상점에 D명의의 2순위 저당권설정등기를 마쳐주었다.

甲의 배임죄 성부에 대하여 논하시오(다툼이 있는 경우 결론은 대법원 판례 다수의견에 따르고 그 논거를 설명함). [20점]

형 법 | 2020년 제26회 기출문제해설

✓ 문제 1-1

甲은 고속버스를 타고 가다가 옆자리에 앉은 승객 A가 두고 내린 지갑을 발견하고, 지갑 안에 있는 50,000원권 6매와 A의 운전면허증을 꺼내어 들고 내렸다. 며칠 뒤 甲은 소주 1병을 마시고 운전을 하던 중 음주단속에 걸렸고, 겁이 난 甲은 사진이 흐릿하게 나온 A의 면허증을 대신 제시할 생각으로 甲의 휴대폰으로 미리 촬영해둔 A의 운전면허증이 담긴 휴대폰 화면을 경찰관 乙에게 제시하였다. 경찰관 乙은 A의 운전면허증 정보를 토대로 적발처리를 하였다.
甲의 죄책을 논하시오(음주운전으로 인한 도로교통법 위반죄와 특별법 위반죄는 논외로 하고, 다툼이 있는 경우 대법원 판례에 따름). [10점]

해설 1-1

I. 논점의 정리

① 甲이 고속버스에서 승객 A가 두고 내린 지갑에서 현금(50,000원 권 6매)과 A의 운전면허증을 꺼내 가지고 간 경우, 절도죄가 성립하는지 아니면 점유이탈물횡령죄가 성립하는지 문제된다.
② 甲이 타인(A)의 운전면허증이 담긴 휴대폰 화면을 음주 단속을 하는 경찰관 乙에게 제시한 경우, 공문서부정행사죄와 위계에 의한 공무집행방해죄가 성립하는지가 문제된다.

II. A가 두고 내린 지갑에서 현금과 운전면허증을 가져 간 행위에 대한 甲의 죄책

1. 문제점

절도죄는 타인이 점유하는 타인의 재물을 절취함으로써 성립하는 범죄이다(형법 제329조). 반면, 점유이탈물횡령죄는 유실물 등 타인의 점유를 이탈한 재물을 횡령함으로써 성립하는 범죄이다(형법 제360조). 점유이탈물횡령죄는 타인의 점유에 대한 침해가 없다는 점에서 절도죄와 구별된다. 사안의 경우, 甲의 죄책과 관련하여, A가 고속버스에 두고 내린 지갑 안에 있는 현금과 운전면허증이 점유이탈물인지 아니면 고속버스 운전사의 점유를 인정할 수 있을 것인지가 문제된다.

2. 판 례

판례는 "고속버스 운전사는 고속버스의 관수자로서 차내에 있는 승객의 물건을 점유하는 것이 아니고 승객이 잊고 내린 유실물을 교부받을 권능을 가질 뿐이므로 유실물을 현실적으로 발견하지 않는 한 이에 대한 점유를 개시하였다고 할 수 없고, 그 사이에 다른 승객이 유실물을 발견하고 이를 가져 갔다면 절도에 해당하지 아니하고 점유이탈물횡령에 해당한다(대판 1993.3.16. 92도3170)."고 판시하였다.

3. 검토 및 사안의 해결

고속버스와 같이 공중의 출입이 자유롭고 빈번하여 관리자가 배타적 지배를 충분히 할 수 없는 장소에 유류한 물건은 관리자(고속버스 운전자)가 이를 현실적으로 발견하지 않는 한 사회통념상 점유이탈물로 보는 것이 타당하다. 따라서 甲이 고속버스에서 승객 A가 두고 내린 지갑에서 현금과 A의 운전면허증을 가져간 행위는 절도가 아니라 점유이탈물횡령에 해당한다. 그렇다면 달리 위법성조각사유나 책임조각사유가 존재하지 않는 이상, 甲은 점유이탈물횡령죄의 죄책을 진다.

Ⅲ. A의 운전면허증이 담긴 휴대폰 화면을 경찰관 乙에게 제시한 행위에 대한 甲의 죄책

1. 공문서부정행사죄의 성립 여부

(1) 문제점

형법 제230조의 공문서부정행사죄는 사용권한자와 용도가 특정되어 작성된 공문서 또는 공도화를 사용권한 없는 자가 사용권한이 있는 것처럼 가장하여 부정한 목적으로 행사하거나 또는 권한 있는 자라도 정당한 용법에 반하여 부정하게 행사하는 경우에 성립한다(대판 2019.12.12. 2018도2560).

그런데 甲이 공문서인 A의 운전면허증이 아니라 A의 운전면허증이 담긴 휴대폰 화면을 경찰관 乙에게 제시한 경우에도 공문서부정행사죄가 성립하는지가 문제된다.

(2) 판 례

판례는 "자동차 등의 운전자가 경찰공무원에게 다른 사람의 운전면허증 자체가 아니라 이를 촬영한 이미지파일을 휴대전화 화면 등을 통하여 보여주는 행위는 운전면허증의 특정된 용법에 따른 행사라고 볼 수 없는 것이어서 그로 인하여 경찰공무원이 그릇된 신용을 형성할 위험이 있다고 할 수 없으므로, 이러한 행위는 결국 공문서부정행사죄를 구성하지 아니한다(대판 2019.12.12. 2018도2560)."고 판시하였다.

(3) 검토 및 사안의 경우

생각건대, 자동차 등의 운전자가 운전 중에 도로교통법 제92조 제2항에 따라 경찰공무원으로부터 운전면허증의 제시를 요구받은 경우 운전면허증의 특정된 용법에 따른 행사는 도로교통법 관계 법령에 따라 발급된 운전면허증 자체를 제시하는 것이라고 보아야 한다. 따라서 진정한 공문서인 A의 운전면허증을 운전자격의 확인용으로 제시한 경우라면 甲에게 공문서 부정사용죄가 성립하지만, 甲은 A의 운전면허증을 제시한 것이 아니라 A의 운전면허증이 담긴 휴대폰 화면을 경찰관 乙에게 제시하였으므로 공문서부정행사죄가 성립하지 아니한다.

2. 위계에 의한 공무집행방해죄의 성립 여부

음주운전을 단속하는 경찰관 乙은 운전자의 신원과 면허조건을 운전면허증의 제시를 받아 확인을 받아야 함에도 불구하고 A 운전면허증이 담긴 휴대폰 화면을 토대로 음주운전 적발처리를 하였는바, 이는 경찰관 乙의 불충분한 단속에 기인한 것으로 甲의 위계에 의하여 乙의 공무집행이 방해되었다고 볼 수 없다(대판 2010.4.15. 2007도8024 참조). 따라서 甲에게 형법 제137조의 위계에 의한 공무집행방해죄는 성립하지 아니한다.

Ⅳ. 결 론

① 甲은 고속버스에서 승객 A가 두고 내린 지갑에서 현금과 운전면허증을 가지고 간 행위로 인하여 점유이탈물횡령죄의 죄책을 부담한다.
② 甲은 A의 운전면허증이 담긴 휴대폰 화면을 음주 단속을 하는 경찰관 乙에게 제시한 행위와 관련하여 공문서부정행사죄나 위계에 의한 공무집행방해죄의 죄책을 부담하지 아니한다.

✅ 문제 1-2

이후 음주운전으로 약식 기소된 사실을 안 A가 경찰서에 와서 항의를 하였고, 경찰관 乙은 甲의 인적사항을 탐문하여 찾아가 경찰서에 출석할 것을 요구하였다. 甲은 乙과 친분관계 있는 사업가 丙을 찾아가 범죄사실을 무마할 방법을 찾아달라고 부탁하였는데, 丙은 경찰관 乙을 이용하여 甲으로부터 돈을 받아내기로 마음먹었다. 경찰관 乙은 그동안 자신과 자신의 가족을 살뜰히 챙겨준 丙에게 마음의 빚을 갚을 기회라고 생각하고 丙과 공모하여 甲으로부터 돈을 받아내기로 하였다. 乙은 甲에게 "범죄사실을 무마하여 줄테니 丙에게 1,000만원을 전달하라. 그렇지 않으면 검찰에 기소의견으로 송치시키겠다."고 하였고, 甲은 겁을 먹고 다음 날 현금 1,000만원을 丙에게 주었다.

甲, 乙, 丙의 죄책을 논하시오(형법상 범인은닉·도피죄와 특별법 위반죄는 논외로 하고, 다툼이 있는 경우 대법원 판례 다수의견에 따름). [20점]

✅ 해설 1-2

I. 논점의 정리

① 경찰관 乙의 경우, 검찰에 기소의견 송치하겠다는 협박으로 丙에게 1,000만원을 전달하도록 한 것과 관련하여 공갈죄의 성립 여부가 문제되며, 범죄사실을 무마를 빌미로 丙에게 1,000만원을 전달하도록 하였다 점에서 수뢰죄 또는 제3자뇌물취득죄의 성립 여부가 문제된다.

② 丙은 乙과 공모하여 甲으로부터 현금 1,000만원을 받아냈으므로, 공갈죄의 공동정범의 성립 여부와 수뢰죄의 공동정범의 성립 여부가 문제된다.

③ 甲의 범죄사실을 무마할 목적으로 乙의 지시에 따라 丙에게 1,000만원을 지급하였으므로 수뢰죄의 성립 여부가 문제된다.

Ⅱ 乙과 丙의 죄책

1. 공갈죄의 공동정범위 성립 여부

(1) 공갈죄의 구성요건

공갈죄는 사람을 공갈하여 재물의 교부를 받거나 재산상의 이익을 취득하거나 제3자로 하여금 재물의 교부를 받게 하거나 재산상의 이익을 취득하게 함으로써 성립하는 범죄이다(형법 제350조). 여기서 '공갈'이란 재물을 교부받거나 재산상의 이익을 취득하기 위하여 폭행·협박으로 상대방에게 외포심을 일으키게 하는 것을 말한다.

(2) 사안의 해결

사안의 경우, 경찰관 乙은 甲을 협박하여 제3자 丙으로 하여금 1,000만원을 교부받게 하였으므로 乙에게는 공갈죄가 성립한다. 한편 丙은 乙과 사전에 공모하여 범죄를 실행하였으므로 乙과 丙은 공갈죄의 공동정범의 죄책을 진다(형법 제30조, 형법 제350조). 다만, 乙은 직권을 이용하여 공갈죄를 범하였으므로 공갈죄에 정한 형의 2분의 1까지 가중한다(형법 제135조).

2. 乙과 丙의 수뢰죄의 공동정범의 성립 여부

(1) 문제점

수뢰죄는 공무원 또는 중재인이 그 직무에 관하여 뇌물을 수수, 요구 또는 약속함으로써 성립하는 범죄이다(형법 제129조 제1항). 사안의 경우, 乙에게 공갈죄가 성립하는 경우에도 수뢰죄가 성립하는지가 문제되고, 공무원 乙은 공무원 아닌 丙과 공모하였는바 신분범인 수뢰죄에 비신분자가 가담한 경우에도 공동정범이 성립하는지가 문제된다.

(2) 공갈죄가 성립하는 경우 수뢰죄의 성립 여부

1) 판 례

판례는 "공무원이 직무집행의 의사 없이 또는 직무처리와 대가적 관계없이 타인을 공갈하여 재물을 교부하게 한 경우에는 공갈죄만이 성립한다(대판 1994.12.22. 94도2528)."고 판시하였다.

2) 검토 및 사안의 경우

판례의 취지를 고려할 때 공무원이 타인을 공갈하여 재물을 교부하게 한 경우라도 직무집행의 의사가 있거나 직무처리와 대가적 관계가 인정된다면 공무원에게 수뢰죄를 인정하는 것이 타당하다. 사안에서 경찰공무원 乙은 범죄사실을 무마해주는 대가로 1,000만원을 丙에게 전달하게 하였으므로 1,000만원은 직무처리와 대가적 관계에 있는 재물에 해당한다고 볼 수 있다. 따라서 乙에게는 공갈죄 외에도 수뢰죄가 성립한다(상상적 경합).

(3) 진정 신분범인 수뢰죄의 공동정범 성립 여부

1) 판 례

판례는 "공무원이 아닌 사람이 공무원과 공동가공의 의사와 이를 기초로 한 기능적 행위지배를 통하여 공무원의 직무에 관하여 뇌물을 수수하는 범죄를 실행하였다면 공무원이 직접 뇌물을 받은 것과 동일하게 평가할 수 있으므로 공무원과 공무원 아닌 사람에게 형법 제129조 제1항에서 정한 뇌물수수죄의 공동정범이 성립한다(대판 2019.8.29. 2018도2738 [전합])."고 판시하였다.

2) 검토 및 사안의 해결

생각건대, 신분관계가 없는 사람이 신분관계로 인하여 성립될 범죄에 가공한 경우에는 신분관계가 있는 사람과 공범이 성립한다(형법 제33조 본문 참조). 이 경우 신분관계가 없는 사람에게 공동가공의 의사와 이에 기초한 기능적 행위지배를 통한 범죄의 실행이라는 주관적·객관적 요건이 충족되면 형법 제30조의 공동정범이 성립하므로, 판례의 태도는 타당하다. 사안의 경우, 乙과 丙이 공모하여 이를 기초로 한 기능적 행위지배를 통하여 공무원 乙의 직무에 관하여 뇌물을 수수하였다고 볼 수 있으므로 乙과 丙에게 뇌물수수죄의 공동정범이 성립한다.

3. 乙에게 제3자뇌물취득죄의 성립 여부

(1) 문제점

형법은 뇌물수수죄(형법 제129조 제1항)와는 별도로 공무원이 그 직무에 관하여 뇌물공여자로 하여금 제3자에게 뇌물을 공여하게 한 경우에는 부정한 청탁을 받고 그와 같은 행위를 한 때에 뇌물수수죄와 법정형이 동일한 제3자뇌물수수죄(형법은 제130조)로 처벌하고 있다. 사안의 경우, 경찰공무원 乙이 甲으로 하여금 乙과 뇌물수수죄의 공동정범 관계에 있는 비공무원 丙에게 뇌물을 공여하게 한 경우, 제3자뇌물수수죄(제3자뇌물취득죄)가 성립하는지 문제된다.

(2) 판 례

판례는 "공무원과 공동정범 관계에 있는 비공무원은 제3자뇌물수수죄에서 말하는 제3자가 될 수 없고, 공무원과 공동정범 관계에 있는 비공무원이 뇌물을 받은 경우에는 공무원과 함께 뇌물수수죄의 공동정범이 성립하고 제3자뇌물수수죄는 성립하지 않는다(대판 2019.8.29. 2018도2738[전합])."고 판시하였다.

(3) 검토 및 사안의 경우

생각건대, 공무원이 뇌물공여자로 하여금 공무원과 뇌물수수죄의 공동정범 관계에 있는 비공무원에게 뇌물을 공여하게 한 경우에는 공동정범의 성질상 공무원 자신에게 뇌물을 공여하게 한 것으로 볼 수 있으므로 판례의 태도는 타당하다. 따라서 공무원 乙과 공동정범관계에 있는 비공무원 丙은 제3자뇌물수수죄에서 말하는 제3자가 될 수 없고, 乙에게 제3자뇌물수수죄(제3자뇌물취득죄)는 성립하지 않는다.

Ⅲ. 甲의 뇌물공여죄의 성립 여부

1. 문제점

사안의 경우, 甲은 공갈죄의 피해자인데, 이러한 경우에도 甲에게 뇌물공여죄가 성립할 수 있는지가 문제된다.

2. 판 례

공무원이 직무집행의 의사 없이 또는 직무처리와 대가적 관계없이 타인을 공갈하여 재물을 교부하게 한 경우에는 공갈죄만이 성립하고, 이러한 경우 재물의 교부자가 공무원의 해악의 고지로 인하여 외포의 결과 금품을 제공한 것이라면 그는 공갈죄의 피해자가 될 것이고 뇌물공여죄는 성립될 수 없다고 하여야 할 것이다(대판 1994.12.22. 94도2528).

3. 검토 및 사안의 경우

생각건대, 뇌물죄의 성립에는 뇌물의 교부 내지 공여의 여부에 대하여 반드시 완전한 자유의사의 존재를 필요로 하는 것은 아니고, 의사결정상에 어느 정도의 하자가 있다 할지라도 임의의 의사로 재물을 교부하였다고 볼 수 있는 한 뇌물공여죄의 성립을 인정하는 것이 타당하다. 사안의 경우, 비록 甲이 乙의 협박으로 겁을 먹고 현금 1,000만원을 丙에게 주었다고 하더라도 甲이 먼저 乙과 친분관계 있는 사업가 丙을 찾아가 범죄사실을 무마할 방법을 찾아달라고 부탁을 한 점을 고려 할 때, 甲은 임의의 의사로 재물을 교부하였다고 볼 수 있으므로 뇌물공여죄의 성립을 인정하는 타당하다.

Ⅳ. 결 론

① 乙과 丙은 공갈죄와 수뢰죄의 공동정범의 죄책을 진다. 이 경우 공갈죄와 수뢰죄는 상상적 경합관계에 해당한다(형법 제40조).
② 甲은 뇌물공여죄의 죄책을 진다.

문제 2

甲은 乙과 함께 프랜차이즈 사업을 하였으나 최근 사업부진으로 사업을 청산하기로 하였다. 그 과정에서 甲은 乙명의의 상점을 받고, 甲이 乙의 초기투자비용 3억원을 乙에게 돌려주는 대신 甲이 소유한 丙회사 주식 15,000주(계약당시 1주당 2만원)를 乙이 양도담보 방식으로 받는 계약을 체결하였다. 이후 甲은 새로운 사업자금 확보를 위해 곧 취득할 乙소유의 상점에 대하여 A와 임대차계약을 체결하였다. 甲은 계약서를 작성하며 A에게 "내가 곧 乙로부터 소유권을 취득할 예정이다. 이전등기를 마치는 대로 당신에게 알려준 뒤 1순위 근저당권자 B은행 다음으로 대항력을 취득할 수 있도록 전입신고와 확정일자 받는데 협력하겠다."고 약속하였다. 그러나 甲은 A로부터 임대차보증금을 모두 받고 乙로부터 상점 소유권을 취득하였음에도 A에게 이 사실을 고지하지 않았다. 甲은 추가적인 자금 확보를 위해 C에게 돈을 차용하며 위 상점에 대한 2순위 저당권설정계약을 체결하고 丙회사 주식 15,000주를 C에게 양도하였으며, D은행에서 대출을 받은 후 위 상점에 D명의의 2순위 저당권설정등기를 마쳐주었다.
甲의 배임죄 성부에 대하여 논하시오(다툼이 있는 경우 결론은 대법원 판례 다수의견에 따르고 그 논거를 설명함).
[20점]

✅ 해설 2

Ⅰ 논점의 정리

甲이 A, 乙, C에 대한 관계에서 배임죄가 성립하는지 여부와 관련하여, 甲이 각 관계에서 배임죄의 주체인 '타인의 사무를 처리하는 자'에 해당하는지가 문제된다.

Ⅱ 배임죄의 주체

배임죄는 '타인의 사무를 처리하는 자'가 그 임무에 위배하는 행위로써 재산상의 이익을 취득하거나 제3자로 하여금 이를 취득하게 하여 사무의 주체인 타인에게 손해를 가할 때 성립한다(형법 제355조 제2항). 여기에서 '타인의 사무를 처리하는 자'라고 하려면, 타인의 재산관리에 관한 사무의 전부 또는 일부를 타인을 위하여 대행하는 경우와 같이 당사자 관계의 전형적·본질적 내용이 통상의 계약에서의 이익대립관계를 넘어서 그들 사이의 신임관계에 기초하여 타인의 재산을 보호 또는 관리하는 데에 있어야 한다. 이익대립관계에 있는 통상의 계약관계에서 채무자의 성실한 급부이행에 의해 상대방이 계약상 권리의 만족 내지 채권의 실현이라는 이익을 얻게 되는 관계에 있다거나, 계약을 이행함에 있어 상대방을 보호하거나 배려할 부수적인 의무가 있다는 것만으로는 채무자를 타인의 사무를 처리하는 자라고 할 수 없고, 위임 등과 같이 계약의 전형적·본질적인 급부의 내용이 상대방의 재산상 사무를 일정한 권한을 가지고 맡아 처리하는 경우에 해당하여야 한다(대판 2020.2.20. 2019도9756[전합]).

Ⅲ A, 乙, C에 대한 관계에서 배임죄의 성립 여부

1. A에 대한 배임죄의 성립 여부

(1) 문제점

甲이 A와 "상점 소유권을 취득하는 대로 A에게 1순위 근저당권자 B은행 다음으로 대항력을 취득할 수 있도록 전입신고와 확정일자 받는데 협력하기로"고 약속하였음에도 불구하고, 소유권 취득 사실을 고지하지 않고 상점에 대하여 C와 2순위 저당권설정계약을 체결하고 또 D명의의 2순위 저당권설정등기를 마쳐준 것이 배임죄에 해당하는지가 문제된다.

(2) 판 례

판례는 임대인이 임차인과 아파트에 관한 임대차계약을 체결하면서 자신이 소유권을 취득하는 즉시 임차인에게 알려 임차인이 전입신고를 하고 확정일자를 받아 1순위 근저당권자 다음으로 대항력을 취득할 수 있도록 하기로 약정하였는데, 그 후 소유권을 취득하였음에도 취득 사실을 고지하지 않고 다른 2, 3순위 근저당권을 설정해 준 사안에서, 임대인과 임차인(피해자) 관계의 본질적 내용이 단순한 채권관계상의 의무를 넘어서 신임관계에 기초하여 임차인(피해자)의 재산을 보호 내지 관리하는 데 있다고까지 보기는 어려운 점 등을 이유로 임대인이 '타인의 사무를 처리하는 자'의 지위에 있지 않으므로 배임죄의 성립을 부정하였다(대판 2015.11.26. 2015도4976).

(3) 사안의 경우

① 일반적으로 전입신고를 하고 확정일자를 받는 것은 임대인의 도움 없이 임차인이 일방적으로 할 수 있는 점, ② 임대인 甲이 소유권 취득 사실을 고지하지 않은 상태에서 피해자가 전입신고를 하기는 어려웠던 사정은 있으나, 그렇다고 하여 甲과 A의 관계의 본질적 내용이 단순한 채권관계상의 의무를 넘어서 피고인과 피해자 간의 신임관계에 기초하여 피해자의 재산을 보호 내지 관리하는 데 있다고까지 보기는 어려운 점 등을 고려할 때 甲은 배임죄의 주체인 '타인의 사무를 처리하는 자'의 지위에 있지 않다. 따라서 甲이 C에게 돈을 차용하며 상점에 대한 2순위 저당권설정계약을 체결하고, 또 D은행에서 대출을 받은 후 상점에 D명의의 2순위 저당권설정등기를 마쳐주었다고 하더라도 배임죄는 성립하지 아니한다.

2. 乙에 대한 배임죄의 성립 여부

(1) 문제점

乙에게 주식 양도담보절정계약을 체결하여 乙에게 양도할 의무가 있는 甲이 주식을 C에게 양도한 경우, 乙이 배임죄의 주체인 '타인의 사무를 처리하는 자'에 해당하는지가 문제된다.

(2) 판 례

채무자가 금전채무를 담보하기 위하여 그 소유의 동산을 채권자에게 양도담보로 제공함으로써 채권자인 양도담보권자에 대하여 담보물의 담보가치를 유지·보전할 의무 내지 담보물을 타에 처분하거나 멸실, 훼손하는 등으로 담보권 실행에 지장을 초래하는 행위를 하지 않을 의무를 부담하게 되었더라도, 이를 들어 채무자가 통상의 계약에서의 이익대립관계를 넘어서 채권자와의 신임관계에 기초하여 채권자의 사무를 맡아 처리하는 것으로 볼 수 없다. 따라서 채무자를 배임죄의 주체인 '타인의 사무를 처리하는 자'에 해당한다고 할 수 없고, 그가 담보물을 제3자에게 처분하는 등으로 담보가치를 감소 또는 상실시켜 채권자의 담보권 실행이나 이를 통한 채권실현에 위험을 초래하더라도 배임죄가 성립한다고 할 수 없다. 위와 같은 법리는, 채무자가 동산에 관하여 양도담보설정계약을 체결하여 이를 채권자에게 양도할 의무가 있음에도 제3자에게 처분한 경우에도 적용되고, 주식에 관하여 양도담보설정계약을 체결한 채무자가 제3자에게 해당 주식을 처분한 사안에도 마찬가지로 적용된다(대판 2020.2.20. 2019도9756[전합]).

(3) 사안의 경우

乙에게 주식 양도담보절정계약을 체결하여 乙에게 양도할 의무가 있는 甲이 같은 주식을 제3자 C에게 양도한 경우라도, 甲은 乙에 대한 관계에서 배임죄의 주체인 '타인의 사무를 처리하는 자'에 해당하지 아니하므로 배임죄가 성립한다고 할 수 없다.

3. C에 대한 배임죄의 성립 여부

(1) 문제점
甲이 C로부터 금전을 차용하고 상점에 대하여 2번 저당권의 설정을 약정하였으나 아직 등기가 경료되지 않았음을 기화로 다시 D은행에서 대출을 받은 후 위 상점에 D명의의 2순위 저당권설정등기를 마쳐준 경우, 甲이 C에 대한 관계에서 배임죄가 성립하는지가 문제된다.

(2) 판례
채무자가 금전채무를 담보하기 위한 저당권설정계약에 따라 채권자에게 그 소유의 부동산에 관하여 저당권을 설정할 의무를 부담하게 되었다고 하더라도, 이를 들어 채무자가 통상의 계약에서 이루어지는 이익대립관계를 넘어서 채권자와의 신임관계에 기초하여 채권자의 사무를 맡아 처리하는 것으로 볼 수 없다. 채무자가 저당권설정계약에 따라 채권자에 대하여 부담하는 저당권을 설정할 의무는 계약에 따라 부담하게 된 채무자 자신의 의무이다. 채무자가 위와 같은 의무를 이행하는 것은 채무자 자신의 사무에 해당할 뿐이므로, 채무자를 채권자에 대한 관계에서 '타인의 사무를 처리하는 자'라고 할 수 없다. 따라서 채무자가 제3자에게 먼저 담보물에 관한 저당권을 설정하거나 담보물을 양도하는 등으로 담보가치를 감소 또는 상실시켜 채권자의 채권실현에 위험을 초래하더라도 배임죄가 성립한다고 할 수 없다(대판 2020.6.18. 2019도14340[전합]).

(3) 사안의 경우
甲은 C에 대한 관계에서 배임죄의 주체인 '타인의 사무를 처리하는 자'에 해당하지 아니한다. 따라서 甲이 D은행에서 대출을 받은 후 상점에 D명의의 2순위 저당권설정등기를 마침으로써 담보가치를 감소 또는 상실시켜 채권자 C의 채권실현에 위험을 초래하더라도 배임죄가 성립한다고 할 수 없다.

Ⅳ 결론

甲은 A, 乙, C에 대한 관계에서 모두 배임죄의 주체인 '타인의 사무를 처리하는 자'에 해당하지 아니하므로, 甲에게 배임죄가 성립하지 아니한다.

너의 길을 가라. 남들이 무엇이라 하든지 내버려 두라.

- A. 단테 -

제3과목 형사소송법

01 2024년 제30회 기출문제
02 2023년 제29회 기출문제
03 2022년 제28회 기출문제
04 2021년 제27회 기출문제
05 2020년 제26회 기출문제

형사소송법
2024년 제30회 기출문제

● 문제 1

○○법원은 2020.9.9. 건조물침입죄 등으로 공소제기된 피고인에 대하여 징역 1년을 선고하면서 구속영장을 발부하였다(이하 피고인과 관련하여 '별건'을 언급할 때에는 위 건조물침입죄 등 사건을 가리킨다). 위 판결은 2021.3.11. 확정되었다.

한편, 2020.12.22. 피고인에 대하여 상해죄로 ○○법원에 공소가 제기되어 위 구속영장과 확정판결의 집행으로 피고인이 구금된 상태에서, 이 사건 제1심 공판절차가 진행되었다. 제1심에서, 피고인은 2021.1.12. '빈곤 기타 사유'를 이유로 국선변호인의 선정을 청구하였으나, 제1심법원은 이를 기각하였다. 제1심법원은 2021.1.14. 이 사건 공소사실을 유죄로 인정하면서 피고인에게 징역 3개월을 선고하였고, 피고인은 이에 대하여 양형부당을 이유로 항소하였다. 항소심에서도, 피고인을 위한 국선변호인의 선정 없이 피고인만 출석한 상태에서 2021.4.13. 제1회 공판기일이 진행된 다음 곧바로 변론이 종결되었다. 항소심은 2021.5.4. '제1심판결 선고 이후 확정된 위 별건의 죄'와 '이 사건의 죄'가 형법 제37조 후단의 경합범 관계에 있다는 이유로 제1심판결을 파기하면서도 다시 피고인에게 징역 3개월을 선고하였다.

이 사건의 제1심판결 및 항소심판결이 적법한지 여부와 그 이유에 관하여 서술하고, 만약 제1심판결이 부적법할 경우, 항소심법원의 조치는 무엇인지 각 서술하시오. [10점]

※ 대법원 판결이 있는 경우 대법원 판결의 입장에 따르고, 대법원 판결의 의견이 나뉠 경우 다수의견에 따라 서술하시기 바랍니다.

문제 2

> 제1심법원은 2022.12.1. 피고인의 공소장 기재 주소지로 공소장 부본을 송달하였다. 제1심 변호인 A는 피고인을 대리하여 2023.2.2. 피고인의 송달영수인으로 변호인 A를, 송달장소로 그 사무소를 각 기재한 신고서를 제1심법원에 제출하였다. 제1심법원은 2023.9.13. 피고인에 대한 유죄판결을 선고하였고, 피고인과 검사는 이에 대하여 각 항소하였다.
>
> 항소심법원은 2023.9.27. 국선변호인 선정결정을 하고 2023.10.4. 그 국선변호인에게 국선변호인 선정결정등본, 소송기록접수통지서를 송달하였다. 또한, 항소심법원은 2023.10.5. 변호인 A의 사무소로 피고인에 대한 소송기록접수통지서를 송달하였다. 피고인은 항소심에서 변호인 B를 선임하여 2023.10.10. 그 선임서를 항소심법원에 제출하였고, 이에 항소심법원은 국선변호인 선정을 취소한 후 2023.10.16. 피고인에 대한 제1회 공판기일 소환장을 위 변호인 A의 사무소로 송달하였다. 항소심법원은 위 변호인 B에게 별도로 소송기록접수통지를 하지 않은 채 2023.11.7. 제1회 공판기일을 진행하였고, 2023.12.19. 제2회 공판기일을 진행한 후 변론을 종결하였다. 항소심법원은 2024.1.30. 제3회 공판기일을 열어 피고인과 검사의 항소를 모두 기각하는 판결을 선고하였다.
>
> ※ 대법원 판결이 있는 경우 대법원 판결의 입장에 따르고, 대법원 판결의 의견이 나뉠 경우 다수의견에 따라 서술하시기 바랍니다.

1. 항소심판결이 적법한지 여부와 그 이유에 관하여 서술하시오. [15점]

2. 위와 일부 사안을 달리하여 2023.10.5. 피고인에 대한 소송기록접수통지, 2023.10.16. 제1회 공판기일 소환장이 공소장 기재 피고인의 주소지로 적법하게 각 송달되었고, 나머지는 위 사안과 동일한 내용으로 절차가 진행된 경우라고 한다면 항소심판결이 적법한지 여부와 그 이유에 관하여 서술하시오. [5점]

문제 3

피고인은 2018.11.19. 자전거를 운행하던 중 전방주시의무를 게을리하여 진행한 과실로 전방에서 보행하고 있던 피해자 A를 보지 못하고 자전거 앞바퀴 부분으로 피해자를 들이받아 넘어지게 하였다. 결국 피고인은 업무상 과실로 피해자에게 뇌손상 등의 중상해를 입게 하였다는 교통사고처리특례법위반(치상)의 죄로 ○○지방법원에 공소가 제기되었다. A는 위 사고로 의식불명이 되었고 치료를 받던 중인 2019.6.14.경 담당의사로부터 의사표현이 불가능한 식물인간 상태라는 취지의 진단을 받았고, A에 대하여 2019.6.20. ○○가정법원의 성년후견개시심판에 의해 성년후견인으로 A의 법률상 배우자인 B가 선임되었다.

위 가정법원은 성년후견인의 법정대리권의 범위에 '소송행위'를 포함시키고 그 대리권 행사에 법원의 허가를 받도록 정하였다. A는 제1심 변론종결일 무렵인 2020.9.21.경까지도 의식을 회복하지 못하였다.

B는 피고인 측으로부터 합의금을 수령한 후 이 사건 제1심판결 선고 전인 2020.11.10. 제1심법원에 위 가정법원의 허가를 받아 "피해자는 4,000만원을 지급받고 피고인의 형사처벌을 원하지 않는다."라는 내용의 서면을 제출하였다.

제1심법원이 형사소송법 제327조 제6호 규정에 따라 공소기각판결을 선고할 수 있는지 여부에 관하여 밝히고 그 이유를 서술하시오. [10점]

※ 대법원 판결이 있는 경우 대법원 판결의 입장에 따르고, 대법원 판결의 의견이 나뉠 경우 다수의견에 따라 서술하시기 바랍니다.

문제 4

경찰이 피해자 A에 대한 범죄 혐의사실로 발부된 압수·수색영장('제1영장')에 따라 2022.6.24. 피의자의 휴대전화 및 전자정보에 관한 집행을 하고 압수목록을 교부한 다음('1차 압수·수색'), 2022.7.27. 그 복제본이 저장되어 있던 경찰관의 컴퓨터에서 피해자 B에 대한 범죄 혐의사실에 관한 증거를 압수('2차 압수·수색')하였다가, 검사의 보완수사요구에 따라 압수·수색영장('제2영장')을 발부받아 2022.9.10. 다시 경찰관의 컴퓨터에서 피해자 B, C에 대한 범죄 혐의사실에 관한 증거를 압수('3차 압수·수색')하였다.

2차 압수·수색과 3차 압수·수색의 각 적법 여부 및 그 이유를 서술하시오(견해 대립이 있는 경우 대법원 판례 및 대법원 전원합의체 판례의 다수 의견에 의함). [10점]

형사소송법 | 2024년 제30회 기출문제해설

◆ 문제 1

○○법원은 2020.9.9. 건조물침입죄 등으로 공소제기된 피고인에 대하여 징역 1년을 선고하면서 구속영장을 발부하였다(이하 피고인과 관련하여 '별건'을 언급할 때에는 위 건조물침입죄 등 사건을 가리킨다). 위 판결은 2021.3.11. 확정되었다.

한편, 2020.12.22. 피고인에 대하여 상해죄로 ○○법원에 공소가 제기되어 위 구속영장과 확정판결의 집행으로 피고인이 구금된 상태에서, 이 사건 제1심 공판절차가 진행되었다. 제1심에서, 피고인은 2021.1.12. '빈곤 기타 사유'를 이유로 국선변호인의 선정을 청구하였으나, 제1심법원은 이를 기각하였다. 제1심법원은 2021.1.14. 이 사건 공소사실을 유죄로 인정하면서 피고인에게 징역 3개월을 선고하였고, 피고인은 이에 대하여 양형부당을 이유로 항소하였다. 항소심에서도, 피고인을 위한 국선변호인의 선정 없이 피고인만 출석한 상태에서 2021.4.13. 제1회 공판기일이 진행된 다음 곧바로 변론이 종결되었다. 항소심은 2021.5.4. '제1심판결 선고 이후 확정된 위 별건의 죄'와 '이 사건의 죄'가 형법 제37조 후단의 경합범 관계에 있다는 이유로 제1심판결을 파기하면서도 다시 피고인에게 징역 3개월을 선고하였다.

이 사건의 제1심판결 및 항소심판결이 적법한지 여부와 그 이유에 관하여 서술하고, 만약 제1심판결이 부적법할 경우, 항소심법원의 조치는 무엇인지 각 서술하시오. [10점]

※ 대법원 판결이 있는 경우 대법원 판결의 입장에 따르고, 대법원 판결의 의견이 나뉠 경우 다수의견에 따라 서술하시기 바랍니다.

◆ 해설 1

I 결론

① 제1심판결 및 항소심판결은 모두 위법하다.
② 항소심법원은 제1심판결을 파기하고 항소심에서의 진술 및 증거조사 등 심리결과에 기초하여 다시 판결하여야 한다.

Ⅱ 이유

1. 제1심판결 및 항소심판결의 위법 여부

(1) 필요적 국선변호인 선정사유로서 '피고인이 구속된 때'

형사소송법 제33조 제1항 제1호는 피고인에게 변호인이 없는 때에 법원이 직권으로 변호인을 선정하여야 할 사유(이하 '필요적 국선변호인 선정사유'라고 한다) 중 하나로 '피고인이 구속된 때'를 정하고 있다.

(2) 종래 판례의 법리

대법원은 그동안 형사소송법 제33조 제1항 제1호의 '피고인이 구속된 때'란, 원래 구속제도가 형사소송의 진행과 형벌의 집행을 확보하기 위하여 법이 정한 요건과 절차 아래 피고인의 신병을 확보하는 제도라는 점 등에 비추어 볼 때 피고인이 해당 형사사건에서 구속되어 재판을 받는 경우를 의미하고, 피고인이 해당 형사사건이 아닌 별개의 사건, 즉 별건으로 구속되어 있거나 다른 형사사건에서 유죄로 확정되어 수형 중인 경우는 이에 해당하지 않는다고 판시하여 왔다(이하 '종래의 판례 법리'라고 한다).

(3) 변경된 대법원 판례

형사소송법 제33조 제1항 제1호의 문언, 위 법률조항의 입법 과정에서 고려된 '신체의 자유', '변호인의 조력을 받을 권리', '공정한 재판을 받을 권리' 등 헌법상 기본권 규정의 취지와 정신 및 입법 목적 그리고 피고인이 처한 입장 등을 종합하여 보면, 형사소송법 제33조 제1항 제1호의 '피고인이 구속된 때'란 피고인이 해당 형사사건에서 구속되어 재판을 받고 있는 경우에 한정된다고 볼 수 없고, 피고인이 별건으로 구속영장이 발부되어 집행되거나 다른 형사사건에서 유죄판결이 확정되어 그 판결의 집행으로 구금 상태에 있는 경우 또한 포괄하고 있다고 보아야 한다(대판 2024.5.23. 2021도6357[전합]).

(4) 검 토

형사소송법 제33조 제1항 제1호가 정한 법 문언을 그대로 따르더라도 필요적 국선변호인 선정사유인 '구속'은 해당 형사사건의 구속으로 한정되어 있지 않다는 점, 변호인의 조력을 받을 권리를 통한 방어권의 보장은 사건의 병합이나 분리 여부와 무관하게 형사재판을 받는 피고인의 입장 및 관점에서 실현되어야 한다는 점 등을 고려할 때, 변경된 대법원 판례의 태도는 타당하다.

(5) 사안의 경우

이 사건에서 피고인은 별건으로 구속 내지 형 집행 중에 있었고 이는 형사소송법 제33조 제1항 제1호가 정한 필요적 국선변호인 선정사유인 '피고인이 구속된 때'에 해당하므로, 형사소송법 제282조, 제370조에 따라 변호인 없이 개정하지 못한다. 따라서 국선변호인의 선정 없이 피고인만 출석한 상태에서 공판기일이 진행된 다음 변론을 종결한 제1심판결과 항소심판결은 모두 위법하다.

2. 제1심판결이 부적법할 경우, 항소심법원의 조치

필요적 변호사건에 해당하는 사건에서 제1심의 공판절차가 변호인 없이 이루어져 증거조사와 피고인신문 등 심리가 이루어졌다면 그와 같은 위법한 공판절차에서 이루어진 소송행위는 모두 무효이므로, 이 경우 항소심으로서는 변호인이 있는 상태에서 새로 소송행위를 한 후 위법한 제1심판결을 파기하고 항소심에서의 진술 및 증거조사 등 심리결과에 기초하여 다시 판결하여야 한다(대판 2024.5.23. 2021도6357 [전합]).

◆ 문제 2

> 제1심법원은 2022.12.1. 피고인의 공소장 기재 주소지로 공소장 부본을 송달하였다. 제1심 변호인 A는 피고인을 대리하여 2023.2.2. 피고인의 송달영수인으로 변호인 A를, 송달장소로 그 사무소를 각 기재한 신고서를 제1심법원에 제출하였다. 제1심법원은 2023.9.13. 피고인에 대한 유죄판결을 선고하였고, 피고인과 검사는 이에 대하여 각 항소하였다.
>
> 항소심법원은 2023.9.27. 국선변호인 선정결정을 하고 2023.10.4. 그 국선변호인에게 국선변호인 선정결정등본, 소송기록접수통지서를 송달하였다. 또한, 항소심법원은 2023.10.5. 변호인 A의 사무소로 피고인에 대한 소송기록접수통지서를 송달하였다. 피고인은 항소심에서 변호인 B를 선임하여 2023.10.10. 그 선임서를 항소심법원에 제출하였고, 이에 항소심법원은 국선변호인 선정을 취소한 후 2023.10.16. 피고인에 대한 제1회 공판기일 소환장을 위 변호인 A의 사무소로 송달하였다. 항소심법원은 위 변호인 B에게 별도로 소송기록접수통지를 하지 않은 채 2023.11.7. 제1회 공판기일을 진행하였고, 2023.12.19. 제2회 공판기일을 진행한 후 변론을 종결하였다. 항소심법원은 2024.1.30. 제3회 공판기일을 열어 피고인과 검사의 항소를 모두 기각하는 판결을 선고하였다.
>
> ※ 대법원 판결이 있는 경우 대법원 판결의 입장에 따르고, 대법원 판결의 의견이 나뉠 경우 다수의견에 따라 서술하시기 바랍니다.

1. 항소심판결이 적법한지 여부와 그 이유에 관하여 서술하시오. [15점]

✅ 해설 2

Ⅰ 결론

항소심판결은 위법하다.

Ⅱ 이유

1. 송달영수인 신고의 효력이 상소 또는 이송을 받은 법원의 소송절차에 미치는지 여부

형사소송법 제65조에 의하여 준용되는 민사소송법 제183조 제1항, 제184조에 의하면, 송달은 송달받을 사람의 주소·거소·영업소 또는 사무소 등의 송달장소에서 하여야 하고, 당사자·법정대리인 또는 변호인은 주소 등 외의 장소를 송달받을 장소로 정하여 법원에 신고할 수 있으며, 이 경우에는 송달영수인을 정하여 신고할 수 있다. 송달영수인의 신고가 있으면 송달은 신고된 장소와 영수인에게 하여야 하고, 송달영수인이 송달받은 때에 송달의 효력이 발생하나, 송달영수인 신고의 효력은 그 심급에만 미치므로, 상소 또는 이송을 받은 법원의 소송절차에서는 그 신고의 효력이 없다(대판 2024.5.9. 2024도3298).

2. 항소이유서 제출기간이 경과하기 전에 항소사건을 심판할 수 있는지 여부

또한 항소법원이 기록의 송부를 받은 때에는 즉시 항소인과 상대방에게 그 사유를 통지하여야 하고, 그 통지 전에 변호인의 선임이 있는 때에는 변호인에게도 소송기록접수통지를 하여야 하며(형사소송법 제361조의2 제1항, 제2항), 항소인 또는 변호인은 그 통지를 받은 날부터 20일 이내에 항소이유서를 항소법원에 제출하여야 한다(제361조의3 제1항). 항소심은 피고인 또는 변호인이 법정기간 내에 제출한 항소이유서에 의하여 심판되는 것이므로 항소이유서 제출기간의 경과를 기다리지 않고는 항소사건을 심판할 수 없다(대판 2024.5.9. 2024도3298).

3. 사안의 경우

제1심 변호인 A의 사무소는 피고인의 주소·거소·영업소 또는 사무소 등의 송달장소가 아니고, 제1심에서 한 송달영수인 신고의 효력은 항소심법원에 미치지 아니하므로 피고인에게 소송기록접수통지서가 적법하게 송달되었다고 볼 수 없다. 피고인에 대한 적법한 소송기록접수통지가 이루어지지 않은 상태에서 사선변호인(B)이 선임되고 국선변호인 선정이 취소되었으므로 항소심으로서는 피고인과는 별도로 항소심에서 선임된 변호인 B에게도 소송기록접수통지를 하여야 하고, 그 통지가 이루어지기 전에는 항소이유서 제출기간이 진행하지 않으므로 그 기간의 경과를 기다리지 않고는 항소사건을 심판할 수 없다. 따라서 피고인에 대한 적법한 소송기록접수통지가 이루어지지 않은 상태에서, 항소심에서 선임된 변호인 B에게도 소송기록접수통지를 하지 아니한 채 공판기일을 진행한 후 변론을 종결하고 피고인과 검사의 항소를 모두 기각한 판결은 소송절차 법령위반의 위법이 있다.

문제 2

제1심법원은 2022.12.1. 피고인의 공소장 기재 주소지로 공소장 부본을 송달하였다. 제1심 변호인 A는 피고인을 대리하여 2023.2.2. 피고인의 송달영수인으로 변호인 A를, 송달장소로 그 사무소를 각 기재한 신고서를 제1심법원에 제출하였다. 제1심법원은 2023.9.13. 피고인에 대한 유죄판결을 선고하였고, 피고인과 검사는 이에 대하여 각 항소하였다.

항소심법원은 2023.9.27. 국선변호인 선정결정을 하고 2023.10.4. 그 국선변호인에게 국선변호인 선정결정등본, 소송기록접수통지서를 송달하였다. 또한, 항소심법원은 2023.10.5. 변호인 A의 사무소로 피고인에 대한 소송기록접수통지서를 송달하였다. 피고인은 항소심에서 변호인 B를 선임하여 2023.10.10. 그 선임서를 항소심법원에 제출하였고, 이에 항소심법원은 국선변호인 선정을 취소한 후 2023.10.16. 피고인에 대한 제1회 공판기일 소환장을 위 변호인 A의 사무소로 송달하였다. 항소심법원은 위 변호인 B에게 별도로 소송기록접수통지를 하지 않은 채 2023.11.7. 제1회 공판기일을 진행하였고, 2023.12.19. 제2회 공판기일을 진행한 후 변론을 종결하였다. 항소심법원은 2024.1.30. 제3회 공판기일을 열어 피고인과 검사의 항소를 모두 기각하는 판결을 선고하였다.

※ 대법원 판결이 있는 경우 대법원 판결의 입장에 따르고, 대법원 판결의 의견이 나뉠 경우 다수의견에 따라 서술하시기 바랍니다.

2. 위와 일부 사안을 달리하여 2023.10.5. 피고인에 대한 소송기록접수통지, 2023.10.16. 제1회 공판기일 소환장이 공소장 기재 피고인의 주소지로 적법하게 각 송달되었고, 나머지는 위 사안과 동일한 내용으로 절차가 진행된 경우라고 한다면 항소심판결이 적법한지 여부와 그 이유에 관하여 서술하시오. [5점]

✅ 해설 2

I 결론

항소심판결은 적법하다.

II 이유

1. 판례

① 형사소송법은 항소법원이 항소인인 피고인에게 소송기록접수통지를 하기 전에 변호인의 선임이 있는 때에는 변호인에게도 소송기록접수통지를 하도록 정하고 있으므로(제361조의2 제2항), 피고인에게 소송기록접수통지를 한 다음에 변호인이 선임된 경우에는 변호인에게 다시 같은 통지를 할 필요가 없다. 이는 필요적 변호사건에서 항소법원이 국선변호인을 선정하고 피고인과 그 변호인에게 소송기록접수통지를 한 다음 피고인이 사선변호인을 선임함에 따라 항소법원이 국선변호인의 선정을 취소한 경우에도 마찬가지이다. 이러한 경우 항소이유서 제출기간은 국선변호인 또는 피고인이 소송기록접수통지를 받은 날부터 계산하여야 한다(대결 2018.11.22. 2015도10651[전합]).

② 한편, 형사소송규칙 제156조의2 제3항은 항소이유서 제출기간 내에 피고인이 책임질 수 없는 사유로 국선변호인이 변경되면 그 국선변호인에게도 소송기록접수통지를 하여야 한다고 정하고 있는데, 이 규정을 새로 선임된 사선변호인의 경우까지 확대해서 적용하거나 유추적용할 수는 없다(대결 2018.11.22. 2015도10651[전합]).

③ 결국, 형사소송법이나 그 규칙을 개정하여 명시적인 근거규정을 두지 않는 이상 현행 법규의 해석론으로는 필요적 변호사건에서 항소법원이 국선변호인을 선정하고 피고인과 국선변호인에게 소송기록접수통지를 한 다음 피고인이 사선변호인을 선임함에 따라 국선변호인의 선정을 취소한 경우 항소법원은 사선변호인에게 다시 소송기록접수통지를 할 의무가 없다고 보아야 한다(대결 2018.11.22. 2015도10651[전합]).

2. 사안의 경우

항소법원은 2023.9.27. 국선변호인 선정결정을 하고 2023.10.4. 그 국선변호인에게 소송기록접수통지서를 송달하였고, 2023.10.5. 피고인에 대한 소송기록접수통지도 피고인의 주소지로 적법하게 송달하하였다. 따라서 그 후에 피고인이 사선변호인 B를 선임함에 따라 국선변호인의 선정을 취소한 경우라도 항소법원은 사선변호인 B에게 다시 소송기록접수통지를 할 의무가 없다. 따라서 변호인 B에게 별도로 소송기록접수통지를 하지 않은 채 공판기일을 진행한 후 변론을 종결하고 피고인과 검사의 항소를 모두 기각한 판결은 적법하다.

문제 3

피고인은 2018.11.19. 자전거를 운행하던 중 전방주시의무를 게을리하여 진행한 과실로 전방에서 보행하고 있던 피해자 A를 보지 못하고 자전거 앞바퀴 부분으로 피해자를 들이받아 넘어지게 하였다. 결국 피고인은 업무상 과실로 피해자에게 뇌손상 등의 중상해를 입게 하였다는 교통사고처리특례법위반(치상)의 죄로 ○○지방법원에 공소가 제기되었다. A는 위 사고로 의식불명이 되었고 치료를 받던 중인 2019.6.14.경 담당의사로부터 의사표현이 불가능한 식물인간 상태라는 취지의 진단을 받았고, A에 대하여 2019.6.20. ○○가정법원의 성년후견개시심판에 의해 성년후견인으로 A의 법률상 배우자인 B가 선임되었다.

위 가정법원은 성년후견인의 법정대리권의 범위에 '소송행위'를 포함시키고 그 대리권 행사에 법원의 허가를 받도록 정하였다. A는 제1심 변론종결일 무렵인 2020.9.21.경까지도 의식을 회복하지 못하였다.

B는 피고인 측으로부터 합의금을 수령한 후 이 사건 제1심판결 선고 전인 2020.11.10. 제1심법원에 위 가정법원의 허가를 받아 "피해자는 4,000만원을 지급받고 피고인의 형사처벌을 원하지 않는다."라는 내용의 서면을 제출하였다.

제1심법원이 형사소송법 제327조 제6호 규정에 따라 공소기각판결을 선고할 수 있는지 여부에 관하여 밝히고 그 이유를 서술하시오. [10점]

※ 대법원 판결이 있는 경우 대법원 판결의 입장에 따르고, 대법원 판결의 의견이 나뉠 경우 다수의견에 따라 서술하시기 바랍니다.

✓ 해설 3

I 결 론

제1심법원은 공소기각판결을 선고할 수 없다.

II 이 유

1. 문제점

교통사고처리 특례법 제3조 제2항에 따르면, 차의 운전자가 교통사고로 인하여 범한 형법 제268조의 업무상과실치상죄는 '피해자의 명시적인 의사'에 반하여 공소를 제기할 수 없다. 그리고 '피해자의 명시한 의사에 반하여 공소를 제기할 수 없는 사건에서 처벌을 원하지 아니하는 의사표시를 하거나 처벌을 원하는 의사표시를 철회하였을 때' 법원은 공소기각판결을 하여야 한다(형사소송법 제327조 제6호). 사안의 경우, '피해자의 명시한 의사에 반하여 공소를 제기할 수 없는 범죄', 즉 반의사불벌죄에서 처벌불원의 의사를 피해자 A의 법정대리인(성년후견인) B가 대리할 수 있는지가 문제된다.

2. 판 례

반의사불벌죄에서 성년후견인은 명문의 규정이 없는 한 의사무능력자인 피해자를 대리하여 피고인 또는 피의자에 대하여 처벌을 희망하지 않는다는 의사를 결정하거나 처벌을 희망하는 의사표시를 철회하는 행위를 할 수 없다. 이는 성년후견인의 법정대리권 범위에 통상적인 소송행위가 포함되어 있거나 성년후견개시심판에서 정하는 바에 따라 성년후견인이 소송행위를 할 때 가정법원의 허가를 얻었더라도 마찬가지이다(대판 2023.7.17. 2021도11126[전합]).

3. 사안의 경우

A의 성년후견인 B는 의사무능력자인 피해자를 대리하여 반의사불벌죄에 해당하는 교통사고처리특례법위반(치상)의 죄의 처벌을 희망하지 않는다는 의사를 결정하거나 처벌을 희망하는 의사표시를 철회하는 행위를 할 수 없다. 따라서 비록 가정법원은 성년후견인의 법정대리권의 범위에 소송행위를 포함시켰고, B가 합의금을 수령한 후 가정법원의 허가 얻어 형사소송법 제232조 제1항 및 제3항에 따라 제1심판결 선고 전에 제1심법원에 처벌불원의 의사표시를 하였더라도, 제1심법원은 형사소송법 제327조 제6호 규정에 따라 공소기각판결을 선고할 수 없다.

문제 4

경찰이 피해자 A에 대한 범죄 혐의사실로 발부된 압수·수색영장('제1영장')에 따라 2022.6.24. 피의자의 휴대전화 및 전자정보에 관한 집행을 하고 압수목록을 교부한 다음('1차 압수·수색'), 2022.7.27. 그 복제본이 저장되어 있던 경찰관의 컴퓨터에서 피해자 B에 대한 범죄 혐의사실에 관한 증거를 압수('2차 압수·수색')하였다가, 검사의 보완수사요구에 따라 압수·수색영장('제2영장')을 발부받아 2022.9.10. 다시 경찰관의 컴퓨터에서 피해자 B, C에 대한 범죄 혐의사실에 관한 증거를 압수('3차 압수·수색')하였다.
2차 압수·수색과 3차 압수·수색의 각 적법 여부 및 그 이유를 서술하시오(견해 대립이 있는 경우 대법원 판례 및 대법원 전원합의체 판례의 다수 의견에 의함). [10점]

해설 4

I 결론

2차 압수·수색과 3차 압수·수색은 모두 위법하다.

II 이유

1. 2차 압수·수색의 적법 여부

(1) 판례

① 전자정보에 대한 압수·수색에 있어 저장매체 자체를 외부로 반출하거나 하드카피·이미징 등의 형태로 복제본(이하 '복제본'이라 한다)을 만들어 외부에서 그 저장매체나 복제본에 대하여 압수·수색이 허용되는 예외적인 경우에도 혐의사실과 관련된 전자정보(이하 '유관정보'라 한다) 이외에 이와 무관한 전자정보(이하 '무관정보'라 한다)를 탐색·복제·출력하는 것은 원칙적으로 위법한 압수·수색에 해당하므로 허용될 수 없다(대판 2024.4.16. 2020도3050).

② 수사기관이 유관정보를 선별하여 압수한 후에도 무관정보를 삭제·폐기·반환하지 않은 채 그대로 보관하고 있다면 무관정보 부분에 대하여는 압수의 대상이 되는 전자정보의 범위를 넘어서는 전자정보를 영장 없이 압수·수색하여 취득한 것이어서 위법하고, 사후에 법원으로부터 압수·수색영장이 발부되었다거나 피고인이나 변호인이 이를 증거로 함에 동의하였다고 하여 그 위법성이 치유된다고 볼 수 없다(대판 2024.4.16. 2020도3050).

(2) 사안의 경우

① 압수·수색은 해당 혐의사실과 관련된 유관증거를 선별하여 출력하거나 다른 저장매체에 저장하는 등 필요한 절차를 마치면 종료하는 것이므로, 압수·수색영장에 기하여 집행 대상인 전자정보의 선별, 출력 혹은 저장이 이루어지고 그 자리에서 압수목록 및 전자정보확인서까지 교부된 경우에는 원칙적으로 그 시점에 압수·수색이 종료된 것으로 볼 수 있다. 즉, 경찰이 제1영장에 기해 피의자의 휴대전화 및 전자정보에 관한 집행을 하고 같은 날 피의자에게 압수목록까지 교부한 이상, 이때 제1영장에 기한 압수·수색은 종료되었고, 이로써 제1영장은 그 목적을 달성하여 효력이 상실되었다고 보아야 한다. 따라서 2차 압수·수색이 제1영장을 이용한 것이라면 이는 효력을 상실한 영장을 재집행한 것이 되어 그 자체로 위법하다(대판 2023.10.18. 2023도8752).

② 경찰의 2차 압수·수색은 제1영장의 혐의사실인 '피해자 A에 대한 범죄 혐의사실'과 별도의 범죄 혐의인 '피해자 B에 대한 범죄 혐의사실'에 대한 수사를 위하여 피해자 피의자에 대한 제1영장에 기한 전자정보 복제본을 대상으로 영장 없이 압수·수색한 것이다. 즉, 압수·수색절차의 종료로 삭제·폐기의 대상일 뿐 더 이상 수사기관의 탐색·복제·출력 대상이 될 수 없는 복제본을 대상으로 새로운 범죄 혐의의 수사를 위하여 기존 압수·수색 과정에서 출력하거나 복제한 유관정보의 결과물에 대한 열람을 넘어 그 결과물을 이용하여 새로이 영장 없이 압수수색한 경우에 해당하므로, 이는 그 자체로 위법하다고 볼 수밖에 없다.

③ 따라서 경찰의 2차 압수·수색은 적법한 압수·수색절차에 요구되는 관련 규정을 준수하지 아니함으로써 영장주의 및 적법절차 원칙을 위반하여 위법하고, 아래에서 보는 바와 같이 그 이후에 제2영장을 발부받아 3차 압수·수색을 하였다는 사정만으로는 그 하자가 치유된다고 보기 어렵다.

2. 3차 압수·수색의 적법 여부

(1) 판 례

① 수사기관은 하드카피나 이미징 등(이하 '복제본'이라 한다)에 담긴 전자정보를 탐색하여 혐의사실과 관련된 정보(이하 '유관정보'라 한다)를 선별하여 출력하거나 다른 저장매체에 저장하는 등으로 압수를 완료하면 혐의사실과 관련 없는 전자정보(이하 '무관정보'라 한다)를 삭제·폐기하여야 한다(대판 2023.10.18. 2023도8752).

② 사후에 법원으로부터 무관정보(복제본)를 대상으로 압수·수색영장을 발부받아 집행하였다고 하더라도, 이는 압수·수색절차가 종료됨에 따라 당연히 삭제·폐기되었어야 할 전자정보를 대상으로 한 것으로 위법하다(대판 2024.4.16. 2020도3050).

(2) 사안의 경우

3차 압수·수색은 피의자의 휴대전화가 아니라 제1영장에 기하여 실시한 1차 압수·수색에 따른 복제본이 저장된 경찰관 컴퓨터의 전자정보를 대상으로 발부된 제2영장을 집행한 것인바, 이는 제1영장의 집행이 종료됨에 따라 당연히 삭제·폐기 되었어야 할 전자정보를 대상으로 한 것이어서 위법하다. 경찰이 검찰에 송치하는 사건에서 별도의 적법성 확보를 위한 조치(사건 분리 후 피압수자에 대한 참여권 보장 하에 재복제 실시 등)를 하지 아니한 이상, 압수·수색절차의 종료로 삭제·폐기 되었어야 할 전자정보를 계속 소지하는 행위는 그 자체로서 위법하기 때문이다(대판 2023.10.18. 2023도8752). 따라서 경찰의 3차 압수·수색 역시 영장주의와 적법절차 원칙을 위반한 것이어서 위법하고, 그것이 제2영장에 따른 집행이라는 이유만으로 달리 보기 어렵다.

형사소송법
2023년 제29회 기출문제

문제 1

> 피고인은 공소장 부본을 송달받은 날부터 7일이 경과한 이후 제1회 공판기일이 열리기 전 국민참여재판을 신청하였다. 제1심법원은 피고인의 의사를 확인하여 국민참여재판으로 진행하기로 결정하였다. 법원의 위 결정에 대하여 검사가 항고하였다. 제1심법원은 항고장을 항고법원에 송부하였다.

1-1. 제1심법원이 국민참여재판으로 진행하기로 한 것이 적법한지 여부와 그 이유에 관하여 서술하시오. [10점]

1-2. 이때 항고법원은 어떠한 결정을 하여야 하는지와 그 이유를 서술하시오. [5점]

문제 2

甲은 강간치상 혐의로 기소되었다. 제1심법원은 甲에게 공소장 부본을 송달받은 날부터 7일이 경과하기 전에 공판기일을 진행하였고, 제1회 공판기일 전 甲에게 국민참여재판 신청 의사를 확인하지도 않았다. 甲은 제1회 공판기일 전날 구치소장에게 국민참여재판 신청서를 제출하였으나 제1회 공판기일이 진행된 후에야 위 신청서가 제1심법원에 접수되었다. 제1심법원은 甲에게 유죄를 선고하였다.
제1심판결이 적법한지 여부와 그 이유에 관하여 서술하시오. [5점]

◈ 문제 3

항소법원은 2019.5.27. 제1사건(업무방해)에서 구속된 피고인을 위하여 국선변호인을 선정하였고, 2019.8.7. 제2사건(사기)을 병합심리하기로 결정하였다. 항소법원은 2019.8.4. 피고인에게 제2사건에 관한 소송기록접수통지를 하였으나, 국선변호인에게는 소송기록접수통지를 하지 않았다. 피고인과 국선변호인 모두 제2사건에 대하여 항소이유서를 제출하지 않았다. 항소법원은 2019.8.24. 병합을 이유로 제1사건의 제1심판결 중 업무방해죄 부분과 제2사건의 제1심판결을 파기하면서 피고인에게 징역 7월을 선고하였다. 이때 항소법원 판결이 적법한지 여부와 그 이유를 서술하시오. [5점]

◈ 문제 4

피고인은 제1심에서 특정경제범죄 가중처벌 등에 관한 법률위반(배임)죄로 유죄판결을 선고받고 항소하였으나 항소장에 항소이유를 기재하지 않았다. 항소법원은 2017.3.10. 형사소송법 제33조 제1항 제6호에 따른 필요적 변호사건인 이 사건에서 피고인에게 국선변호인을 선정하고, 2017.3.12. 국선변호인에게, 2017.3.13. 피고인에게 각 국선변호인 선정결정과 소송기록접수 사실을 통지하였다.
피고인과 국선변호인이 항소이유서를 제출하지 않고 있던 중 피고인은 2017.3.23. 사선변호인을 선임하였다. 항소법원은 2017.3.24. 국선변호인 선정결정을 취소하였고, 사선변호인에게 소송기록접수통지를 하지 않았다. 사선변호인은 2017.5.21. 항소법원에 항소이유서를 제출하였다.
항소법원은 2017.7.3. 위 항소이유서가 피고인 또는 종전 국선변호인에게 소송기록접수통지를 한 날부터 기산하여 항소이유서 제출기간이 1개월 이상 지난 다음 제출되었고, 제1심판결에 직권조사사유도 없다는 이유로, 형사소송법 제361조의4 제1항에 따라 결정으로 피고인의 항소를 기각하였다.
위 항소기각 결정이 적법한지 여부와 그 이유에 관하여 서술하시오. [15점]

※ 대법원 판결이 있는 경우 대법원 판결의 입장에 따르고, 대법원 판결의 의견이 나뉠 경우 다수의견에 따라 서술하시기 바랍니다.

◈ 문제 5

준항고인은 준항고청구서에서 수사기관의 압수수색 당시 압수·수색영장을 제시받지 못했고 참여를 위한 통지조차 받지 못했기 때문에 준항고 절차에서 압수·수색 처분의 내역 등을 확인할 수 있을 것이라고 주장하면서, 준항고 취지를 '고위공직자범죄수사처 소속 검사들이 2021.6. 초순경부터 2021.8.30.까지 사이에 피의자(준항고인)를 대상으로 실시한 압수·수색 처분 중 피의자에 대한 통지절차를 거치지 아니하여 피의자의 참여권을 보장하지 아니한 압수·수색 처분을 모두 취소한다'고 기재하였다.
이에 대하여 준항고법원은 위 자료는 서울중앙지방검찰청 검사가 서울중앙지방검찰청 사건에 관하여 발부받은 압수·수색영장의 집행으로 압수한 것이라는 이유를 들어 준항고인의 청구를 기각하였다.
이와 같은 준항고법원의 결정이 적법한지 여부와 그 이유에 관하여 서술하시오. [10점]

형사소송법 | 2023년 제29회 기출문제해설

문제 1

피고인은 공소장 부본을 송달받은 날부터 7일이 경과한 이후 제1회 공판기일이 열리기 전 국민참여재판을 신청하였다. 제1심법원은 피고인의 의사를 확인하여 국민참여재판으로 진행하기로 결정하였다. 법원의 위 결정에 대하여 검사가 항고하였다. 제1심법원은 항고장을 항고법원에 송부하였다.

1-1. 제1심법원이 국민참여재판으로 진행하기로 한 것이 적법한지 여부와 그 이유에 관하여 서술하시오. [10점]

1-2. 이때 항고법원은 어떠한 결정을 하여야 하는지와 그 이유를 서술하시오. [5점]

✅ 해설 1

Ⅰ 설문 1-1.의 해결

1. 결론

제1심법원이 국민참여재판으로 진행하기로 한 것은 적법하다.

2. 이 유

① 국민의 형사재판 참여에 관한 법률은 피고인이 공소장 부본을 송달받은 날부터 7일 이내에 국민참여재판을 원하는지 여부에 관한 의사가 기재된 서면(이하 '의사확인서')을 제출하도록 하고(제8조 제2항), 피고인이 그 기간 내에 의사확인서를 제출하지 아니한 때에는 국민참여재판을 원하지 아니하는 것으로 보며(제8조 제3항), 공판준비기일이 종결되거나 제1회 공판기일이 열린 이후 등에는 종전의 의사를 바꿀 수 없도록 규정하고 있다(제8조 제4항). 위 규정의 취지를 위 기한이 지나면 피고인이 국민참여재판 신청을 할 수 없도록 하려는 것으로는 보기 어려운 점 등에 비추어 볼 때, <u>공소장 부본을 송달받은 날부터 7일 이내에 의사확인서를 제출하지 아니한 피고인도 제1회 공판기일이 열리기 전까지는 국민참여재판 신청을 할 수 있고, 법원은 그 의사를 확인하여 국민참여재판으로 진행할 수 있다고 봄이 상당하다</u>(대결 2009.10.23. 2009모1032).

② 사안의 경우, 비록 피고인이 공소장 부본을 송달받은 날부터 7일이 경과한 이후 국민참여재판을 신청하였더라도, 제1회 공판기일이 열리기 전에 국민참여재판을 신청한 이상, 제1심법원이 피고인의 의사를 확인하여 국민참여재판으로 진행하기로 한 것은 적법하다.

Ⅱ 설문 1-2.의 해결

1. 결론

항고법원은 결정으로 항고를 기각하여야 한다.

2. 이 유

① 국민의 형사재판 참여에 관한 법률에 의하면 제1심법원이 국민참여재판 대상사건을 피고인의 의사에 따라 국민참여재판으로 진행함에 있어 별도의 국민참여재판 개시결정을 할 필요는 없고, 그에 관한 이의가 있어 제1심법원이 국민참여재판으로 진행하기로 하는 결정에 이른 경우 이는 <u>판결 전의 소송절차에 관한 결정에 해당하며 그에 대하여 특별히 즉시항고를 허용하는 규정이 없으므로 위 결정에 대하여는 항고할 수 없다고 할 것이다</u>(형사소송법 제403조)(대결 2009.10.23. 2009모1032).

② 따라서 국민참여재판으로 진행하기로 하는 제1심법원의 결정에 대한 검사의 항고는 항고의 제기가 <u>법률상의 방식에 위반한 때에 해당하여 위 결정을 한 제1심법원이 항고를 기각하여야 하고</u>(형사소송법 제407조 제1항), 제1심법원이 항고기각의 결정을 하지 아니한 때에는 <u>항고법원은 결정으로 항고를 기각하여야 한다</u>(형사소송법 제413조)(대결 2009.10.23. 2009모1032).

📌 문제 2

甲은 강간치상 혐의로 기소되었다. 제1심법원은 甲에게 공소장 부본을 송달받은 날부터 7일이 경과하기 전에 공판기일을 진행하였고, 제1회 공판기일 전 甲에게 국민참여재판 신청 의사를 확인하지도 않았다. 甲은 제1회 공판기일 전날 구치소장에게 국민참여재판 신청서를 제출하였으나 제1회 공판기일이 진행된 후에야 위 신청서가 제1심법원에 접수되었다. 제1심법원은 甲에게 유죄를 선고하였다.
제1심판결이 적법한지 여부와 그 이유에 관하여 서술하시오. [5점]

📌 해설 2

Ⅰ 결 론

제1심판결은 위법하다.

Ⅱ 이 유

1. 판 례

국민참여재판을 시행하는 이유나 '국민의 형사재판 참여에 관한 법률'의 여러 규정에 비추어 볼 때, 위 법에서 정하는 대상 사건에 해당하는 한 피고인은 원칙적으로 국민참여재판으로 재판을 받을 권리를 가지는 것이므로, 피고인이 법원에 국민참여재판을 신청하였는데도 법원이 이에 대한 배제결정도 하지 않은 채 통상의 공판절차로 재판을 진행하는 것은 피고인의 국민참여재판을 받을 권리 및 법원의 배제결정에 대한 항고권 등 중대한 절차적 권리를 침해한 것으로서 위법하고, 국민참여재판제도의 도입 취지나 위 법에서 배제결정에 대한 즉시항고권을 보장한 취지 등에 비추어 이와 같이 위법한 공판절차에서 이루어진 소송행위는 무효라고 보아야 한다(대판 2011.9.8. 2011도7106).

2. 사안의 경우

강간치상죄(형법 제301조·제297조, 무기 또는 5년 이상의 징역)는 단기 1년 이상의 징역에 해당하는 사건으로서 법원조직법 제32조 제1항 제3호에 따른 합의부 관할 사건이므로 국민참여재판의 대상사건에 해당한다(국민의 형사재판 참여에 관한 법률 제5조 제1호). 그런데 강간치상 혐의로 기소된 甲이 국민참여재판을 신청하였음에도 불구하고 통상의 공판절차에 의해 재판을 받게 됨으로써 甲은 국민참여재판을 받을 권리를 침해당하였을 뿐 아니라 제1심법원이 위 신청에 대한 배제결정을 하지 않음으로 인하여 국민참여재판을 받기 위해 즉시항고할 권리조차 박탈당하였다. 따라서 이러한 위법한 공판절차에서 이루어진 소송행위는 무효라고 보아야 하고, 결국 제1심판결은 소송절차가 법령에 위반하여 판결에 영향을 미친 위법을 범한 것이다. 제1심판결은 위법하다.

● 문제 3

항소법원은 2019.5.27. 제1사건(업무방해)에서 구속된 피고인을 위하여 국선변호인을 선정하였고, 2019.8.7. 제2사건(사기)을 병합심리하기로 결정하였다. 항소법원은 2019.8.4. 피고인에게 제2사건에 관한 소송기록접수통지를 하였으나, 국선변호인에게는 소송기록접수통지를 하지 않았다. 피고인과 국선변호인 모두 제2사건에 대하여 항소이유서를 제출하지 않았다. 항소법원은 2019.8.24. 병합을 이유로 제1사건의 제1심판결 중 업무방해죄 부분과 제2사건의 제1심판결을 파기하면서 피고인에게 징역 7월을 선고하였다. 이때 항소법원 판결이 적법한지 여부와 그 이유를 서술하시오. [5점]

✓ 해설 3

Ⅰ. 결론

항소법원의 판결은 위법하다.

Ⅱ. 이유

1. 판례

항소법원이 국선변호인을 선정하고도 국선변호인에게 소송기록 접수통지를 하지 아니함으로써 항소이유서 제출기회를 주지 아니한 채 판결을 선고하는 것은 위법하다. 한편, 국선변호인 선정의 효력은 선정 이후 병합된 다른 사건에도 미치는 것이므로, 항소심에서 국선변호인이 선정된 이후 변호인이 없는 다른 사건이 병합된 경우에는 형사소송법 제361조의2, 형사소송규칙 제156조의2의 규정에 따라 항소법원은 지체 없이 국선변호인에게 병합된 사건에 관한 소송기록 접수통지를 함으로써 국선변호인이 통지를 받은 날로부터 기산한 소정의 기간 내에 피고인을 위하여 항소이유서를 작성·제출할 수 있도록 하여 변호인의 조력을 받을 피고인의 권리를 보호하여야 한다(대판 2015.4.23. 2015도2046).

2. 사안의 경우

항소법원이 제1사건(업무방해)에서 구속된 피고인을 위하여 국선변호인을 선정한 이후 병합된 제2사건(사기)에 관하여 국선변호인에게 소송기록 접수통지를 하지 아니함으로써 항소이유서 제출기회를 주지 아니한 채 판결을 선고한 것은 위법하다.

문제 4

피고인은 제1심에서 특정경제범죄 가중처벌 등에 관한 법률위반(배임)죄로 유죄판결을 선고받고 항소하였으나 항소장에 항소이유를 기재하지 않았다. 항소법원은 2017.3.10. 형사소송법 제33조 제1항 제6호에 따른 필요적 변호사건인 이 사건에서 피고인에게 국선변호인을 선정하고, 2017.3.12. 국선변호인에게, 2017.3.13. 피고인에게 각 국선변호인 선정결정과 소송기록접수 사실을 통지하였다.

피고인과 국선변호인이 항소이유서를 제출하지 않고 있던 중 피고인은 2017.3.23. 사선변호인을 선임하였다. 항소법원은 2017.3.24. 국선변호인 선정결정을 취소하였고, 사선변호인에게 소송기록접수통지를 하지 않았다. 사선변호인은 2017.5.21. 항소법원에 항소이유서를 제출하였다.

항소법원은 2017.7.3. 위 항소이유서가 피고인 또는 종전 국선변호인에게 소송기록접수통지를 한 날부터 기산하여 항소이유서 제출기간이 1개월 이상 지난 다음 제출되었고, 제1심판결에 직권조사사유도 없다는 이유로, 형사소송법 제361조의4 제1항에 따라 결정으로 피고인의 항소를 기각하였다.

위 항소기각 결정이 적법한지 여부와 그 이유에 관하여 서술하시오. [15점]

※ 대법원 판결이 있는 경우 대법원 판결의 입장에 따르고, 대법원 판결의 의견이 나뉠 경우 다수의견에 따라 서술하시기 바랍니다.

✓ 해설 4

I 결론

항소법원의 항소기각 결정은 적법하다.

II 이유

1. 판례

① 항소인 또는 변호인은 소송기록접수통지를 받은 날로부터 20일 이내에 항소이유서를 항소법원에 제출하여야 한다(형사소송법 제361조의3 제1항).

② 형사소송법은 항소법원이 항소인인 피고인에게 소송기록접수통지를 하기 전에 변호인의 선임이 있는 때에는 변호인에게도 소송기록접수통지를 하도록 정하고 있으므로(제361조의2 제2항), 피고인에게 소송기록접수통지를 한 다음에 변호인이 선임된 경우에는 변호인에게 다시 같은 통지를 할 필요가 없다. 이는 필요적 변호사건에서 항소법원이 국선변호인을 선정하고 피고인과 그 변호인에게 소송기록접수통지를 한 다음 피고인이 사선변호인을 선임함에 따라 항소법원이 국선변호인의 선정을 취소한 경우에도 마찬가지이다. 이러한 경우 항소이유서 제출기간은 국선변호인 또는 피고인이 소송기록접수통지를 받은 날부터 계산하여야 한다(대결 2018.11.22. 2015도10651[전합]).

③ 한편 형사소송규칙 제156조의2 제3항은 항소이유서 제출기간 내에 피고인이 책임질 수 없는 사유로 국선변호인이 변경되면 그 국선변호인에게도 소송기록접수통지를 하여야 한다고 정하고 있는데, 이 규정을 새로 선임된 사선변호인의 경우까지 확대해서 적용하거나 유추적용할 수는 없다(대결 2018.11.22. 2015도10651[전합]).

④ 결국, 형사소송법이나 그 규칙을 개정하여 명시적인 근거규정을 두지 않는 이상 현행 법규의 해석론으로는 필요적 변호사건에서 항소법원이 국선변호인을 선정하고 피고인과 국선변호인에게 소송기록접수통지를 한 다음 피고인이 사선변호인을 선임함에 따라 국선변호인의 선정을 취소한 경우 항소법원은 사선변호인에게 다시 소송기록접수통지를 할 의무가 없다고 보아야 한다(대결 2018.11.22. 2015도10651[전합]).

2. 사안의 경우

피고인 또는 종전 국선변호인에게 소송기록접수통지를 한 날(피고인 2017.3.13., 종전 국선변호인 2017.3.12.)부터 기산하여 항소이유서 제출기간이 1개월 이상 지난 2017.5.21.에 이르러서야 항소이유서가 제출되었으므로, 항소법원은 형사소송법 제361조의4 제1항에 따라 결정으로 피고인의 항소를 기각하여야 한다. 따라서 항소법원의 항소기각 결정은 적법하다.

문제 5

준항고인은 준항고청구서에서 수사기관의 압수수색 당시 압수·수색영장을 제시받지 못했고 참여를 위한 통지조차 받지 못했기 때문에 준항고 절차에서 압수·수색 처분의 내역 등을 확인할 수 있을 것이라고 주장하면서, 준항고 취지를 '고위공직자범죄수사처 소속 검사들이 2021.6. 초순경부터 2021.8.30.까지 사이에 피의자(준항고인)를 대상으로 실시한 압수·수색 처분 중 피의자에 대한 통지절차를 거치지 아니하여 피의자의 참여권을 보장하지 아니한 압수·수색 처분을 모두 취소한다'고 기재하였다.

이에 대하여 준항고법원은 위 자료는 서울중앙지방검찰청 검사가 서울중앙지방검찰청 사건에 관하여 발부받은 압수·수색영장의 집행으로 압수한 것이라는 이유를 들어 준항고인의 청구를 기각하였다.

이와 같은 준항고법원의 결정이 적법한지 여부와 그 이유에 관하여 서술하시오. [10점]

✅ 해설 5

I 결론

준항고법원의 결정은 위법하다.

II 이 유

1. 판례

① 형사소송법은 수사기관의 압수·수색영장 집행에 대한 사후적 통제수단 및 피압수자의 신속한 구제절차로 준항고 절차를 마련하여 검사 또는 사법경찰관의 압수 등에 관한 처분에 대하여 불복이 있으면 처분의 취소 또는 변경을 구할 수 있도록 규정하고 있다(제417조). 피압수자는 준항고인의 지위에서 불복의 대상이 되는 압수 등에 관한 처분을 특정하고 준항고취지를 명확히 하여 청구의 내용을 서면으로 기재한 다음 관할법원에 제출하여야 한다(형사소송법 제418조). 다만 준항고인이 불복의 대상이 되는 압수 등에 관한 처분을 구체적으로 특정하기 어려운 사정이 있는 경우에는 법원은 석명권 행사(형사소송규칙 제141조) 등을 통해 준항고인에게 불복하는 압수 등에 관한 처분을 특정할 수 있는 기회를 부여하여야 한다(대결 2023.1.12. 2022모1566).

② 형사소송법 제417조에 따른 준항고 절차는 항고소송의 일종으로 당사자주의에 의한 소송절차와는 달리 대립되는 양 당사자의 관여를 필요로 하지 않는다. 따라서 준항고인이 불복의 대상이 되는 압수 등에 관한 처분을 한 수사기관을 제대로 특정하지 못하거나 준항고인이 특정한 수사기관이 해당 처분을 한 사실을 인정하기 어렵다는 이유만으로 준항고를 쉽사리 배척할 것은 아니다(대결 2023.1.12. 2022모1566).

2. 사안의 경우

① 준항고인이 참여의 기회를 보장받지 못하였다는 이유로 압수·수색 처분에 불복하는 경우, 준항고인으로서는 불복하는 압수·수색 처분을 특정하는 데 한계가 있을 수밖에 없다.

② 따라서 준항고법원으로서는 준항고취지에 압수·수색 처분의 주체로 기재된 수사기관뿐만 아니라 준항고취지에 기재된 기간에 실제로 압수·수색 처분을 집행한 것으로 확인되거나 추정되는 수사기관, 사건을 이첩받는 등으로 압수·수색의 결과물을 보유하고 있는 수사기관 등의 압수·수색 처분에 대하여도 준항고인에게 석명권을 행사하는 등의 방식으로 불복하는 압수·수색 처분을 개별적, 구체적으로 특정할 수 있는 기회를 부여하여야 한다.

③ 그럼에도 준항고법원은 그와 같은 조치를 취하지 아니한 채 준항고인이 압수·수색 처분의 주체로 지정한 고위공직자범죄수사처 검사가 압수·수색 처분을 한 사실이 없다는 이유만으로 준항고인의 청구를 기각하였다.

④ 이러한 준항고법원의 판단에는 준항고 대상 특정에 관한 법리를 오해하고 필요한 심리를 다하지 않아 재판에 영향을 미친 잘못이 있다. 따라서 준항고법원의 결정은 위법하다.

형사소송법
2022년 제28회 기출문제

◆ 문제 1

1. 피고인은 2021.6.12. 피해자(당시 12세)를 위력으로 추행하였다는 성폭력범죄의 처벌 등에 관한 특례법 위반(13세 미만 미성년자 위계 등 추행)죄로 2021.6.23. 공소제기되었다. 제1심에서 피고인은 범행을 부인하였고, 검찰이 제출한 피해자에 대한 조사과정을 촬영한 피해자 진술영상녹화와 피해자 진술속기록에 대해 부동의하였다. 제1심법원은 피해자의 조사과정에 동석하였던 신뢰관계인을 증인신문하여 피해자 진술영상녹화, 피해자 진술속기록의 증거능력을 인정하고, 피해자에 대한 증인신문은 하지 않았다. 제1심 법원은 피해자 진술영상녹화와 진술속기록을 증거로 삼아 공소사실을 유죄로 인정하고 피고인에게 징역형을 선고하였다. 피고인은 이에 사실오인 및 양형부당을 이유로 항소하였는데, 항소심 계속 중인 2021.12.23. 헌법재판소는 2018헌바524 사건에서 "성폭력범죄의 처벌 등에 관한 특례법(2012.12.18. 법률 제11556호로 전부 개정된 것) 제30조 제6항 중 '제1항에 따라 촬영한 영상물에 수록된 피해자의 진술은 공판준비기일 또는 공판기일에 조사 과정에 동석하였던 신뢰관계에 있는 사람 또는 진술조력인의 진술에 의하여 그 성립의 진정함이 인정된 경우에 증거로 할 수 있다.'는 부분 가운데 19세 미만 성폭력범죄 피해자에 관한 부분은 헌법에 위반된다."라고 결정하였다.

가. 피해자 진술속기록, 피해자 진술영상녹화의 증거능력과 관련하여, 제1심법원 판결의 적법성과 항소심 법원이 조치해야 할 사항에 대하여 설명하시오(관련 판례가 있는 경우, 판례의 입장과 그 논거를 포함시켜 설명하여야 함). [10점]

나. 피해자가 항소심 법정에 증인으로 출석할 경우, 피해자 증인 보호를 위해 가능한 성폭력범죄의 처벌 등에 관한 특례법(약칭 성폭력처벌법), 형사소송법상의 조치에 대해 설명하시오. [5점]

2. 피고인은 피해자에 대한 폭행의 공소사실로 공소제기되었다. 피해자는 경찰 및 검찰에 참고인으로 출석하여 피해 사실을 진술하였고, 피고인은 수사기관에서부터 공판에 이르기까지 일관하여 피해자의 진술과 정면으로 배치되는 취지로 주장하며 공소사실을 부인하고, 폭행의 일시, 수단 및 방법, 상해 부위 및 정도 등에 관한 피해자의 진술이 다소 변경되었다고 주장하면서 피해자에 대한 각 진술조서에 대해 부동의하였다. 피해자는 제2회 공판기일에 증인으로 출석하여 검사의 주신문 및 변호인의 반대신문사항 중 1/2 정도에 대하여 진술하였으나, 변호인의 반대신문사항 중 나머지 1/2 정도인 폭행의 수단, 방법, 상해의 부위, 정도 등에 관하여는 반대신문이 이루어지지 못하였다. 피해자는 변호인의 나머지 반대신문을 위하여 속행된 제4회 공판기일부터는 출석하지 않았다. 피고인 및 변호인은 제3회 및 제5회 공판기일에 각 이의가 없다는 취지로 진술하였다. 법원은 제6회 공판기일까지는 나머지 반대신문을 위하여 증인신문절차를 속행하면서 피해자에 대해 증인소환절차를 진행하였으나 그 이후부터는 피해자에 대한 증인소환절차를 더 이상 진행하지 아니한 채 제9회 공판기일에 변론을 종결하였다. 피해자의 경찰 및 검찰 진술조서, 법정진술의 증거능력 인정여부와 그 근거에 관하여 설시하시오(관련 판례가 있는 경우, 판례의 입장과 그 논거를 포함시켜 설명하여야 함). [10점]

문제 2

아래 각 사례에서 공소시효와 관련하여 피고인에 대한 공소제기의 적법 여부와 그 근거를 설명하시오(관련 판례가 있는 경우, 판례의 입장과 그 논거를 포함시켜 설명하여야 함).

1. 피고인은 2010.6.부터 같은 해 11.경까지 부정수표 단속법 위반죄(법정형은 5년 이하의 징역 또는 수표금액의 10배 이하의 벌금임)를 범하고 2011.6.22.경 우리나라에 가족을 그대로 둔 채 중국으로 출국하였다. 피고인은 그곳에서 생선 사업을 하던 중 범한 죄로 징역 14년의 형을 선고받고 2013.3.13.경부터 약 8년 10개월 동안 중국의 수감시설에 수감되어 있다가 2022.1.13. 우리나라로 추방되었다. 피고인은 위 부정수표 단속법 위반의 범죄사실로 2022.9.19. 공소제기되었다. [6점]

2. 피고인은 2008.3.2.경 당시 만 4세인 피해자를 폭행하는 등 아동의 신체에 손상을 주거나 신체의 건강과 발달을 해치는 신체적 학대행위를 하고 아동의 정신건강과 발달에 해를 끼치는 정서적 학대행위를 하였다. 피고인은 위 아동복지법위반의 범죄사실로 2017.10.18. 공소제기되었는데, 그 적용법조는 구 아동복지법(2014.1.28. 법률 제12361호로 개정되기 전의 것) 제71조 제1항 제2호, 제17조 제3호, 제5호이고, 법정형은 '5년 이하의 징역 또는 3,000만원 이하의 벌금'이다. 한편 위 공소제기 전인 2014.1.28. 아동학대범죄에 관하여 공소시효 특례 등을 규정한 「아동학대범죄의 처벌 등에 관한 특례법(약칭 아동학대처벌법)」이 제정되었고('별첨' 참조) 2014.9.29. 시행되었다. [9점]

아동학대범죄의 처벌 등에 관한 특례법 <제정 2014.1.28. [법률 제12341호, 시행 2014.9.29.]>
제2조(정의)
이 법에서 사용하는 용어의 뜻은 다음과 같다.
1. "아동"이란 「아동복지법」 제3조 제1호에 따른 아동을 말한다.
2. "보호자"란 「아동복지법」 제3조 제3호에 따른 보호자를 말한다.
3. "아동학대"란 「아동복지법」 제3조 제7호에 따른 아동학대를 말한다.
4. "아동학대범죄"란 보호자에 의한 아동학대로서 다음 각 목의 어느 하나에 해당하는 죄를 말한다.
    가. 「형법」 제2편 제25장 상해와 폭행의 죄 중 제257조(상해)제1항·제3항, 제260조(폭행)제1항, 제261조(특수폭행) 및 제262조(폭행치사상)(상해에 이르게 한 때에만 해당한다)의 죄
    나. 「형법」 제2편 제28장 유기와 학대의 죄 중 제271조(유기)제1항, 제272조(영아유기), 제273조(학대)제1항, 제274조(아동혹사) 및 제275조(유기등 치사상)(상해에 이르게 한 때에만 해당한다)의 죄
    다. 「형법」 제2편 제29장 체포와 감금의 죄 중 제276조(체포, 감금)제1항, 제277조(중체포, 중감금)제1항, 제278조(특수체포, 특수감금), 제280조(미수범) 및 제281조(체포·감금등의 치사상)(상해에 이르게 한 때에만 해당한다)의 죄
    라. 「형법」 제2편 제30장 협박의 죄 중 제283조(협박)제1항, 제284조(특수협박) 및 제286조(미수범)의 죄
    마. 「형법」 제2편 제31장 약취, 유인 및 인신매매의 죄 중 제287조(미성년자 약취, 유인), 제288조(추행 등 목적 약취, 유인 등), 제289조(인신매매) 및 제290조(약취, 유인, 매매, 이송 등 상해·치상)의 죄
    바. 「형법」 제2편 제32장 강간과 추행의 죄 중 제297조(강간), 제297조의2(유사강간), 제298조(강제추행), 제299조(준강간, 준강제추행), 제300조(미수범), 제301조(강간등 상해·치상), 제301조의2(강간등 살인·치사), 제302조(미성년자등에 대한 간음), 제303조(업무상위력 등에 의한 간음) 및 제305조(미성년자에 대한 간음, 추행)의 죄
    사. 「형법」 제2편 제33장 명예에 관한 죄 중 제307조(명예훼손), 제309조(출판물등에 의한 명예훼손) 및 제311조(모욕)의 죄
    아. 「형법」 제2편 제36장 주거침입의 죄 중 제321조(주거·신체 수색)의 죄
    자. 「형법」 제2편 제37장 권리행사를 방해하는 죄 중 제324조(강요) 및 제324조의5(미수범)(제324조의 죄에만 해당한다)의 죄
    차. 「형법」 제2편 제39장 사기와 공갈의 죄 중 제350조(공갈) 및 제352조(미수범)(제350조의 죄에만 해당한다)의 죄
    카. 「형법」 제2편 제42장 손괴의 죄 중 제366조(재물손괴등)의 죄
    타. 「아동복지법」 제71조 제1항 각 호의 죄(제3호의 죄는 제외한다)
    파. 가목부터 타목까지의 죄로서 다른 법률에 따라 가중처벌되는 죄
    하. 제4조(아동학대치사), 제5조(아동학대중상해) 및 제6조(상습범)의 죄
5. "아동학대행위자"란 아동학대범죄를 범한 사람 및 그 공범을 말한다.
6. "피해아동"이란 아동학대범죄로 인하여 직접적으로 피해를 입은 아동을 말한다.
7. "아동보호사건"이란 아동학대범죄로 인하여 제36조 제1항에 따른 보호처분(이하 "보호처분"이라 한다)의 대상이 되는 사건을 말한다.
8. "피해아동보호명령사건"이란 아동학대범죄로 인하여 제47조에 따른 피해아동보호명령의 대상이 되는 사건을 말한다.
9. "아동복지전담기관"이란 「아동복지법」 제45조에 따른 아동보호전문기관(이하 "아동보호전문기관"이라 한다)과 「아동복지법」 제48조에 따른 가정위탁지원센터(이하 "가정위탁지원센터"라 한다)를 말한다.
10. "아동복지시설"이란 「아동복지법」 제50조에 따라 설치된 시설을 말한다.
11. "아동복지시설의 종사자"란 아동복지시설에서 아동의 상담·지도·치료·양육, 그 밖에 아동의 복지에 관한 업무를 담당하는 사람을 말한다.

> 제34조(공소시효의 정지와 효력)
> ① 아동학대범죄의 공소시효는 「형사소송법」 제252조에도 불구하고 해당 아동학대범죄의 피해아동이 성년에 달한 날부터 진행한다.
> ② 아동학대범죄에 대한 공소시효는 해당 아동보호사건이 법원에 송치된 때부터 시효 진행이 정지된다. 다만, 다음 각 호의 어느 하나에 해당하는 경우에는 그때부터 진행된다.
>   1. 해당 아동보호사건에 대하여 제44조에 따라 준용되는 「가정폭력범죄의 처벌 등에 관한 특례법」 제37조 제1항 제1호에 따른 처분을 하지 아니한다는 결정이 확정된 때
>   2. 해당 아동보호사건이 제41조 또는 제44조에 따라 준용되는 「가정폭력범죄의 처벌 등에 관한 특례법」 제27조 제2항 및 제37조 제2항에 따라 송치된 때
> ③ 공범 중 1명에 대한 제2항의 시효정지는 다른 공범자에게도 효력을 미친다.
>
> 부칙 〈제12341호, 2014.1.28.〉
> 이 법은 공포 후 8개월이 경과한 날부터 시행한다.

문제 3

피고인은 피해자에 대한 사기의 범죄사실로 제1심에서 유죄판결을 받았다. 피해자는 피고인에 대한 위 사기 사건의 항소심 공판기일에 증인으로 출석하여 구두로 편취금 2,000만원에 대한 배상명령을 신청한다고 진술하였다. 이후 피고인은 피해자가 작성한 "고소인은 피고인과 민·형사적으로 쌍방이 원만하게 합의하였으므로 고소를 전부 취하합니다. 아울러 피고인의 처벌을 원치 아니하오니 재판장님의 사려 깊은 선처를 부탁드립니다."라는 내용의 '합의 및 고소취하서'를 법원에 제출하였으나, 구체적인 합의 내용이나 실제 변제 여부는 알 수 없었다. 항소심법원은 피고인의 피해자에 대한 사기의 범죄사실을 인정하고 피고인은 배상신청인에게 2,000만원을 지급하라는 배상명령을 하였다. 배상명령 신청에 대한 항소심법원의 조치가 적법한지 여부와 그 근거를 설명하시오(관련 판례가 있는 경우, 판례의 입장과 그 논거를 포함시켜 설명하여야 함). [10점]

형사소송법 | 2022년 제28회 기출문제해설

문제 1-1

1. 피고인은 2021.6.12. 피해자(당시 12세)를 위력으로 추행하였다는 성폭력범죄의 처벌 등에 관한 특례법 위반(13세 미만 미성년자 위계 등 추행)죄로 2021.6.23. 공소제기되었다. 제1심에서 피고인은 범행을 부인하였고, 검찰이 제출한 피해자에 대한 조사과정을 촬영한 피해자 진술영상녹화와 피해자 진술속기록에 대해 부동의하였다. 제1심법원은 피해자의 조사과정에 동석하였던 신뢰관계인을 증인신문하여 피해자 진술영상녹화, 피해자 진술속기록의 증거능력을 인정하고, 피해자에 대한 증인신문은 하지 않았다. 제1심법원은 피해자 진술영상녹화와 진술속기록을 증거로 삼아 공소사실을 유죄로 인정하고 피고인에게 징역형을 선고하였다. 피고인은 이에 사실오인 및 양형부당을 이유로 항소하였는데, 항소심 계속 중인 2021.12.23. 헌법재판소는 2018헌바524 사건에서 "성폭력범죄의 처벌 등에 관한 특례법(2012.12.18. 법률 제11556호로 전부 개정된 것) 제30조 제6항 중 '제1항에 따라 촬영한 영상물에 수록된 피해자의 진술은 공판준비기일 또는 공판기일에 조사 과정에 동석하였던 신뢰관계에 있는 사람 또는 진술조력인의 진술에 의하여 그 성립의 진정함이 인정된 경우에 증거로 할 수 있다.'는 부분 가운데 19세 미만 성폭력범죄 피해자에 관한 부분은 헌법에 위반된다."라고 결정하였다.

   가. 피해자 진술속기록, 피해자 진술영상녹화의 증거능력과 관련하여, 제1심법원 판결의 적법성과 항소심 법원이 조치해야 할 사항에 대하여 설명하시오(관련 판례가 있는 경우, 판례의 입장과 그 논거를 포함시켜 설명하여야 함). [10점]

   나. 피해자가 항소심 법정에 증인으로 출석할 경우, 피해자 증인 보호를 위해 가능한 성폭력범죄의 처벌 등에 관한 특례법(약칭 성폭력처벌법), 형사소송법상의 조치에 대해 설명하시오. [5점]

✅ 해설 1-1

Ⅰ. 설문 가.의 해결

1. 제1심법원 판결의 적법 여부

① 제1심법원은 피해자를 증인으로 소환하여 피고인에게 반대신문의 기회를 부여하지 않은 채 이 사건 위헌 조항(성폭력처벌법 제30조 제6항)을 적용하여 신뢰관계인의 법정 진술로써 피해자의 진술을 녹화한 영상녹화 및 그 진술속기록 증거능력을 인정하였다. 그러나 헌법재판소의 위헌 결정의 효력은 위헌 결정 당시 항소심에 계속 중이던 이 사건에서도 미치므로, 이 사건 위헌 조항(성폭력처벌법 제30조 제6항)은 위 영상녹화 및 그 진술속기록의 증거능력을 인정하는 근거가 될 수 없다(대판 2022.4.14. 2021도143 참조).

② 제1심법원은 증거능력이 없는 영상녹화 및 그 진술속기록을 증거로 공소사실을 유죄로 인정하였으므로, 증거능력에 관한 법리를 오해하여 판결에 영향을 미친 잘못이 있다. 따라서 제1심법원의 판결은 위법하다.

2. 항소심법원이 조치해야 할 사항

(1) 항소심의 구조

① 대법원은 "현행 형사소송법은 항소심은 기본적으로 실체적 진실을 추구하는 면에서 속심적 기능이 강조되고 있고, 다만 사후심적 요소를 도입한 형사소송법의 조문들이 남상소의 폐단을 억제하고 항소법원의 부담을 감소시킨다는 소송경제상의 필요에서 항소심의 속심적 성격에 제한을 가하고 있음에 불과하다(대판 1983.4.26. 82도2829)."고 판시하여, 항소심을 원칙적으로 속심으로 본다.

(2) 항소심법원이 조치해야 할 사항

① 항소법원은 판결에 영향을 미친 사유에 관하여는 항소이유서에 포함되지 아니한 경우에도 직권으로 심판할 수 있다(형사소송법 제64조 제1항). 항소이유가 있다고 인정한 때에는 원심판결을 파기하고 다시 판결을 하여야 한다(형사소송법 제64조 제4항).

② 따라서 항소법원은 원칙적으로 원진술자인 피해자를 증인으로 소환하여 진술을 듣고 피고인에게 반대신문권을 행사할 기회를 부여하여야 한다. 다만, 이 경우 미성년 피해자가 증언과정에서 받을 수 있는 2차 피해를 고려하여, 피고인의 반대신문기회를 보장하면서도 이러한 2차 피해를 방지할 수 있는 여러 조화적인 제도들을 적극 활용하여야 한다(헌재 2021.12.23. 2018헌바524 참조).

Ⅱ 설문 나.의 해결 - 피해자 증인 보호를 위한 조치

1. 피고인 등의 일시퇴정

재판장은 피해자인 증인이 피고인 또는 어떤 재정인의 면전에서 충분한 진술을 할 수 없다고 인정한 때에는 그를 퇴정하게 하고 진술하게 할 수 있다. 피고인을 퇴정하게 한 경우에 피해자인 증인의 진술이 종료한 때에는 퇴정한 피고인을 입정하게 한 후 법원사무관등으로 하여금 진술의 요지를 고지하게 하여야 한다(형사소송법 제297조).

2. 신뢰관계 있는 자의 동석

① 법원은 범죄로 인한 피해자를 증인으로 신문하는 경우 증인의 연령, 심신의 상태, 그 밖의 사정을 고려하여 증인이 현저하게 불안 또는 긴장을 느낄 우려가 있다고 인정하는 때에는 직권 또는 피해자·법정대리인·검사의 신청에 따라 피해자와 신뢰관계에 있는 자를 동석하게 할 수 있다(형사소송법 제163조의2 제1항).

② 법원은 범죄로 인한 피해자가 13세 미만이거나 신체적 또는 정신적 장애로 사물을 변별하거나 의사를 결정할 능력이 미약한 경우에 재판에 지장을 초래할 우려가 있는 등 부득이한 경우가 아닌 한 피해자와 신뢰관계에 있는 자를 동석하게 하여야 한다(형사소송법 제163조의2 제2항).

③ 법원은 성폭력처벌법상 특수강도강간 등(제3조), 특수강간 등(제4조), 친족관계에 의한 강간 등(제5조), 장애인에 대한 강간·강제추행 등(제6조), 13세 미만의 미성년자에 대한 강간, 강제추행 등(제7조), 강간 등 상해·치상(제8조), 업무상 위력 등에 의한 추행(제10조), 카메라 등을 이용한 촬영(제14조), 허위영상물 등의 반포등(제14조의2), 촬영물과 편집물 등을 이용한 협박·강요(제14조의3)의 범죄의 피해자, 19세 미만 피해자를 증인으로 신문하는 경우에 검사, 피해자 또는 그 법정대리인이 신청할 때에는 재판에 지장을 줄 우려가 있는 등 부득이한 경우가 아니면 피해자와 신뢰관계에 있는 사람을 동석하게 하여야 한다. 법원과 수사기관은 피해자와 신뢰관계에 있는 사람이 피해자에게 불리하거나 피해자가 원하지 아니하는 경우에는 동석하게 하여서는 아니 된다(성폭력처벌법 제제34조).

4. 비디오 등 중계장치 및 차폐시설 설치 등에 의한 증인신문

법원은 ① 「아동복지법」 제71조 제1항 제1호·제1호의2·제2호·제3호에 해당하는 죄의 피해자, ② 「아동·청소년의 성보호에 관한 법률」 제7조, 제8조, 제11조부터 제15조까지 및 제17조 제1항의 규정에 해당하는 죄의 대상이 되는 아동·청소년 또는 피해자, ③ 범죄의 성질, 증인의 나이, 심신의 상태, 피고인과의 관계, 그 밖의 사정으로 인하여 피고인 등과 대면하여 진술할 경우 심리적인 부담으로 정신의 평온을 현저하게 잃을 우려가 있다고 인정되는 사람 중 어느 하나에 해당하는 사람을 증인으로 신문하는 경우 상당하다고 인정할 때에는 검사와 피고인 또는 변호인의 의견을 들어 비디오 등 중계장치에 의한 중계시설을 통하여 신문하거나 가림 시설 등을 설치하고 신문할 수 있다(형사소송법 제165조의2 제1항).

5. 심리 및 증인신문의 비공개

① 법원은 형사소송법 제165조의2 제1항에 따라 비디오 등 중계장치에 의한 중계시설 또는 차폐시설을 통하여 증인을 신문하는 경우, 증인의 보호를 위하여 필요하다고 인정하는 경우에는 결정으로 이를 공개하지 아니할 수 있다(형사소송규칙 제84조의6 제1항).
② 각급 법원은 증인으로 법원에 출석하는 피해자등이 재판 전후에 피고인이나 그 가족과 마주치지 아니하도록 하고, 보호와 지원을 받을 수 있는 적절한 시설을 설치한다. 각급 법원은 시설을 관리·운영하고 피해자등의 보호와 지원을 담당하는 직원을 둔다(성폭력처벌법 제31조).

6. 증인에 대한 신변안전조치 등(성폭력처벌법 제22조)

성폭력범죄에 대한 처벌절차에는 「특정강력범죄의 처벌에 관한 특례법」 제7조(증인에 대한 신변안전조치), 제8조(출판물 게재 등으로부터의 피해자 보호)를 준용한다.

7. 피해자의 인적사항 및 사생활 등의 보호

① 성폭력범죄의 수사 또는 재판을 담당하거나 이에 관여하는 공무원 또는 그 직에 있었던 사람은 피해자의 주소, 성명, 나이, 직업, 학교, 용모, 그 밖에 피해자를 특정하여 파악할 수 있게 하는 인적사항과 사진 등 또는 그 피해자의 사생활에 관한 비밀을 공개하거나 다른 사람에게 누설하여서는 아니 된다(성폭력처벌법 제24조 제1항).
② 누구든지 피해자의 주소, 성명, 나이, 직업, 학교, 용모, 그 밖에 피해자를 특정하여 파악할 수 있는 인적사항이나 사진 등을 피해자의 동의를 받지 아니하고 신문 등 인쇄물에 싣거나 「방송법」 제2조 제1호에 따른 방송 또는 정보통신망을 통하여 공개하여서는 아니 된다(성폭력처벌법 제24조 제1항).

8. 기 타

그 밖에 증인지원시설의 설치 및 운영(성폭력처벌법 제32조, 형사소송규칙 제84조의10), 법률조력인 및 진술조력인의 수사·재판과정 참여(성폭력처벌법 제27조, 제35조 내지 제38조) 등의 제도가 있다.

문제 1-2

2. 피고인은 피해자에 대한 폭행의 공소사실로 공소제기되었다. 피해자는 경찰 및 검찰에 참고인으로 출석하여 피해 사실을 진술하였고, 피고인은 수사기관에서부터 공판에 이르기까지 일관하여 피해자의 진술과 정면으로 배치되는 취지로 주장하며 공소사실을 부인하고, 폭행의 일시, 수단 및 방법, 상해 부위 및 정도 등에 관한 피해자의 진술이 다소 변경되었다고 주장하면서 피해자에 대한 각 진술조서에 대해 부동의하였다. 피해자는 제2회 공판기일에 증인으로 출석하여 검사의 주신문 및 변호인의 반대신문사항 중 1/2 정도에 대하여 진술하였으나, 변호인의 반대신문사항 중 나머지 1/2 정도인 폭행의 수단, 방법, 상해의 부위, 정도 등에 관하여는 반대신문이 이루어지지 못하였다. 피해자는 변호인의 나머지 반대신문을 위하여 속행된 제4회 공판기일부터는 출석하지 않았다. 피고인 및 변호인은 제3회 및 제5회 공판기일에 각 이의가 없다는 취지로 진술하였다. 법원은 제6회 공판기일까지는 나머지 반대신문을 위하여 증인신문절차를 속행하면서 피해자에 대해 증인소환절차를 진행하였으나 그 이후부터는 피해자에 대한 증인소환절차를 더 이상 진행하지 아니한 채 제9회 공판기일에 변론을 종결하였다. 피해자의 경찰 및 검찰 진술조서, 법정진술의 증거능력 인정여부와 그 근거에 관하여 설시하시오(관련 판례가 있는 경우, 판례의 입장과 그 논거를 포함시켜 설명하여야 함). [10점]

해설 1-2

I 결론

피해자의 경찰 및 검찰 진술조서, 법정진술의 증거증력은 인정되지 않는다.

II 근거

1. 피해자의 경찰 및 검찰 진술조서의 증거능력 인정 여부

(1) 형사소송법 제312조 제4항에 의한 증거능력

사안의 경우, 피해자에 대한 증인신문절차에서 피고인 또는 변호인에게 이 사건 진술조서의 기재내용에 대하여 피해자를 신문할 기회가 실질적으로 주어졌다고 볼 수 없으므로, 이 사건 진술조서는 형사소송법 제312조 제4항에서 규정한 '피고인 또는 변호인이 공판기일에 그 기재 내용에 관하여 피해자를 신문할 수 있었던 때'의 요건을 갖추지 못하였으므로, 전문법칙의 예외를 인정할 수 없다. 따라서 피해자의 경찰 및 검찰 진술조서는 형사소송법 제312조 제3항에 의하여 증거능력이 인정될 수 없다(대판 2022.3.17. 2016도17054).

(2) 형사소송법 제314조에 의한 증거능력

① 형사소송법 제314조에서 '그 진술이 특히 신빙할 수 있는 상태 하에서 행하여졌음'이라 함은 그 진술 내용이나 조서의 작성에 허위개입의 여지가 거의 없고, 그 진술 내용의 신빙성이나 임의성을 담보할 구체적이고 외부적인 정황이 있는 경우를 가리키고, 이에 대한 증명은 단지 그러할 개연성이 있다는 정도로는 부족하며, 합리적 의심의 여지를 배제할 정도에 이르러야 한다(대판 2022.3.17. 2016도17054).

② 형사소송법 제312조, 제313조는 진술조서 등에 대하여 피고인 또는 변호인의 반대신문권이 보장되는 등 엄격한 요건이 충족될 경우에 한하여 증거능력을 인정할 수 있도록 함으로써 직접심리주의 등 기본원칙에 대한 예외를 정하고 있는데, 형사소송법 제314조는 원진술자 또는 작성자가 사망·질병·외국거주·소재불명 등의 사유로 공판준비 또는 공판기일에 출석하여 진술할 수 없는 경우에 그 진술이 특히 신빙할 수 있는 상태 하에서 행하여졌다는 점이 증명되면 원진술자 등에 대한 반대신문의 기회조차도 없이 증거능력을 부여할 수 있도록 함으로써 보다 중대한 예외를 인정한 것이므로, 그 요건을 더욱 엄격하게 해석·적용하여야 한다.

③ 피고인이 수사기관에서부터 제1심법원에 이르기까지 일관하여 피해자의 진술과 정면으로 배치되는 취지로 주장하며 이 사건 공소사실을 극렬히 다투어 온 점, 피해자의 수사기관에서의 진술 중 피해자가 피고인으로부터 폭행당하였다는 점에 관하여는 진술이 대체로 일관되나, 폭행의 일시, 수단 및 방법, 상해 부위 및 정도 등에 관하여는 다소 변경되었으므로, 피고인으로서는 반대신문을 통하여 피해자의 진술을 탄핵할 필요성이 있는 점, 그러나 피해자는 제2회 공판기일에 증인으로 출석하여 검사의 주신문 및 변호인의 반대신문사항 중 1/2 정도에 대하여 진술하였으나, 변호인의 반대신문사항 중 나머지 1/2 정도인 폭행의 수단, 방법, 상해의 부위, 정도 등에 관하여는 반대신문이 이루어지지 못하였다. 그렇다면 피해자의 수사기관에서의 각 진술이 법정에서의 반대신문 등을 통한 검증을 거치지 않더라도 진술의 신빙성과 임의성을 충분히 담보할 수 있는 구체적이고 외부적인 정황이 있다는 점을 검사가 증명한 것으로 볼 수 없다. 따라서 피해자의 경찰 및 검찰 진술조서는 형사소송법 제314조에 의하여 증거능력이 인정될 수 없다(대판 2022.3.17. 2016도17054).

2. 피해자의 법정진술의 증거능력 인정 여부

(1) 판 례

① 형사소송법은 제161조의2에서 피고인의 반대신문권을 포함한 교호신문제도를 규정하는 한편, 제310조의2에서 법관의 면전에서 진술되지 아니하고 피고인에 의한 반대신문의 기회가 부여되지 아니한 진술에 대하여는 원칙적으로 그 증거능력을 부여하지 아니함으로써, 형사재판에서 증거는 법관의 면전에서 진술·심리되어야 한다는 직접주의와 피고인에게 불리한 증거에 대하여 반대신문할 수 있는 권리를 원칙적으로 보장하고 있는데, 이러한 반대신문권의 보장은 피고인에게 불리한 주된 증거의 증명력을 탄핵할 수 있는 기회가 보장되어야 한다는 점에서 형식적·절차적인 것이 아니라 실질적·실효과적인 것이어야 한다(대판 2022.3.17. 2016도17054).

② 따라서 피고인에게 불리한 증거인 증인이 주신문의 경우와 달리 반대신문에 대하여는 답변을 하지 아니하는 등 진술내용의 모순이나 불합리를 그 증인신문 과정에서 드러내어 이를 탄핵하는 것이 사실상 곤란하였고, 그것이 피고인 또는 변호인에게 책임있는 사유에 기인한 것이 아닌 경우라면, 관계 법령의 규정 혹은 증인의 특성 기타 공판절차의 특수성에 비추어 이를 정당화할 수 있는 특별한 사정이 존재하지 아니하는 이상, 이와 같이 실질적 반대신문권의 기회가 부여되지 아니한 채 이루어진 증인의 법정진술은 위법한 증거로서 증거능력을 인정하기 어렵다(대판 2022.3.17. 2016도17054).

(2) 사안의 경우

변호인의 피해자에 대한 나머지 반대신문을 위하여 증인신문절차를 속행하던 중 제1심 제6회 공판기일까지 피해자가 출석하지 아니하자 그 이후부터 피해자에 대한 증인소환절차를 진행하지 아니한 채 제9회 공판기일에 변론을 종결하였고, 피고인이 수사기관에서부터 공판에 이르기까지 일관하여 피해자의 진술과 정면으로 배치되는 취지로 주장하며 이 사건 공소사실을 극렬히 다투어 온 점, 변호인이 미리 준비하여 재판부에 제출하였으나 증인신문절차 속행으로 증인의 답변을 듣지 못한 사항은 전체 반대신문사항의 1/2 정도에 달하는 것으로 폭행의 수단, 방법, 상해의 부위, 정도 등 이 사건 공소사실의 주된 부분에 관한 것이었던 점을 고려하면, 피고인 또는 변호인의 반대신문권이 실질적으로 보장된 것으로 볼 수 없다. 따라서 피해자의 법정진술의 증거능력 인정되지 아니한다.

◆ 문제 2-1

> 아래 각 사례에서 공소시효와 관련하여 피고인에 대한 공소제기의 적법 여부와 그 근거를 설명하시오(관련 판례가 있는 경우, 판례의 입장과 그 논거를 포함시켜 설명하여야 함).

1. 피고인은 2010.6.부터 같은 해 11.경까지 부정수표 단속법 위반죄(법정형은 5년 이하의 징역 또는 수표금액의 10배 이하의 벌금임)를 범하고 2011.6.22.경 우리나라에 가족을 그대로 둔 채 중국으로 출국하였다. 피고인은 그곳에서 생선 사업을 하던 중 범한 죄로 징역 14년의 형을 선고받고 2013.3.13.경부터 약 8년 10개월 동안 중국의 수감시설에 수감되어 있다가 2022.1.13. 우리나라로 추방되었다. 피고인은 위 부정수표 단속법 위반의 범죄사실로 2022.9.19. 공소제기되었다. [6점]

✓ 해설 2-1

Ⅰ 결론
피고인에 대한 부정수표 단속법 위반의 범죄사실을 이유로 한 공소제기는 부적법하다.

Ⅱ 근거

1. 판례

① 공소시효 정지에 관한 형사소송법 제253조 제3항의 입법 취지는 범인이 우리나라의 사법권이 실질적으로 미치지 못하는 국외에 체류한 것이 도피의 수단으로 이용된 경우에 그 체류기간 동안은 공소시효가 진행되는 것을 저지하여 범인을 처벌할 수 있도록 하여 형벌권을 적정하게 실현하고자 하는 데 있다.

② 통상 범인이 외국에서 다른 범죄로 외국의 수감시설에 수감된 경우, 그 범행에 대한 법정형이 당해 범죄의 법정형보다 월등하게 높고, 실제 그 범죄로 인한 수감기간이 당해 범죄의 공소시효 기간보다도 현저하게 길어서 범인이 수감기간 중에 생활근거지가 있는 우리나라로 돌아오려고 했을 것으로 넉넉잡아 인정할 수 있는 사정이 있다면, 그 수감기간에는 '형사처분을 면할 목적'이 유지되지 않았다고 볼 여지가 있다. 그럼에도 그러한 목적이 유지되고 있었다는 점은 검사가 입증하여야 한다(대판 2008.12.11. 2008도4101).

2. 사안의 경우

① 이 사건 부정수표단속법 위반죄의 법정형은 최고 징역 5년으로서 그 공소시효의 기간이 7년에 불과한 반면(형사소송법 제249조 제1항 제4호), 이 사건 공소제기는 범행종료일(2010.11.경)로부터 약 12년이 경과한 시점인 2022.9.19.에 제기되고, 그 사이 피고인이 중국에 체류하면서 그곳 교도소에 수감되어 있었던 기간이 무려 8년 10개월이나 되는 점에 비추어 보면 피고인이 그 수감기간 중에 가족이 있는 우리나라로 돌아오려고 하였을 것이라고 충분히 짐작된다.

② 따라서 달리 검사의 입증이 없는 이상, 피고인이 중국의 교도소에 수감되어 있었던 8년 10개월 기간 동안은 이 부정수표단속법 위반죄에 대한 '형사처분을 면할 목적'이 있다고 볼 수 없다. 그렇다면, 피고인의 부정수표단속법위반의 범죄는 이미 공소시효(7년)가 완성되었으므로, 2022.9.19. 공소제기는 부적법하다.

문제 2-2

> 아래 각 사례에서 공소시효와 관련하여 피고인에 대한 공소제기의 적법 여부와 그 근거를 설명하시오(관련 판례가 있는 경우, 판례의 입장과 그 논거를 포함시켜 설명하여야 함).

2. 피고인은 2008.3.2.경 당시 만 4세인 피해자를 폭행하는 등 아동의 신체에 손상을 주거나 신체의 건강과 발달을 해치는 신체적 학대행위를 하고 아동의 정신건강과 발달에 해를 끼치는 정서적 학대행위를 하였다. 피고인은 위 아동복지법위반의 범죄사실로 2017.10.18. 공소제기되었는데, 그 적용법조는 구 아동복지법(2014.1.28. 법률 제12361호로 개정되기 전의 것) 제71조 제1항 제2호, 제17조 제3호, 제5호이고, 법정형은 '5년 이하의 징역 또는 3,000만원 이하의 벌금'이다. 한편 위 공소제기 전인 2014.1.28. 아동학대범죄에 관하여 공소시효 특례 등을 규정한 「아동학대범죄의 처벌 등에 관한 특례법(약칭 아동학대처벌법)」이 제정되었고('별첨' 참조) 2014.9.29. 시행되었다. [9점]

✓ 해설 2-2

I 결론

피고인에 대한 아동복지법위반의 범죄사실을 이유로 한 공소제기는 적법하다.

II 근거

1. 문제점

공소시효는 범죄행위가 종료한 때부터 진행되는 것이 원칙이다(형사소송법 제252조 제1항). 그러나 2014.1.28일 제정되고 2014.9.29. 시행된 아동학대처벌법에 의하면, 아동학대범죄의 공소시효는 형사소송법 제252조에 불구하고 해당 아동학대범죄의 피해아동이 성년에 달한 날부터 진행한다(아동학대처벌법 제34조 제1항). 사안의 경우, 2017.10.18. 공소제기의 적법 여부와 관련하여 아동학대처벌법 제정 및 시행 당시 이미 범죄행위가 종료된 이 사건 범죄사실에 대하여도 아동학대처벌법 제34조 제1항이 적용되는지 여부가 문제된다.

2. 판례

아동학대처벌법은 제34조 제1항의 소급적용에 관하여 명시적인 경과규정을 두고 있지는 않다. 그러나 아동학대범죄가 피해아동의 성년에 이르기 전에 공소시효가 완성되어 처벌대상에서 벗어나는 것을 방지하고자 그 진행을 정지시킴으로써 피해를 입은 18세 미만 아동을 실질적으로 보호하려는 이 규정의 취지, 아동학대처벌법의 입법 목적, 공소시효를 정지하는 특례조항의 신설·소급에 관한 법리에 비추어 보면, 이 규정은 완성되지 않은 공소시효의 진행을 일정한 요건에서 장래를 향하여 정지시키는 것으로서, 그 시행일인 2014.9.29. 당시 범죄행위가 종료되었으나 아직 공소시효가 완성되지 않은 아동학대범죄에 대해서도 적용된다고 봄이 타당하다(대판 2021.2.25. 2020도3694).

3. 사안의 경우

형사소송법에 의하면, 이 사건 아동복지법위반죄는 그 법정형이 '5년 이하의 징역'이므로, 범죄행위를 종료한 때(2008.3.2.)부터 7년이 경과하면(2015.3.2.) 공소시효가 완성된다(형사소송법 제252조 제1항, 제249조 제1항 제4호). 그러나 아동학대처벌법 제34조 제1항이 이 사건에도 적용되므로, 이 사건 아동복지법위반의 범죄사실에 대한 공소시효는 피해자가 만 18세의 성년에 달하는 2022.3.2.경부터 진행하여 7년이 경과하는 2029.3.1.경에 완성된다. 따라서 피고인에 대한 아동복지법위반의 범죄사실을 이유로 한 2017.10.18. 공소제기는 적법하다.

문제 3

피고인은 피해자에 대한 사기의 범죄사실로 제1심에서 유죄판결을 받았다. 피해자는 피고인에 대한 위 사기 사건의 항소심 공판기일에 증인으로 출석하여 구두로 편취금 2,000만원에 대한 배상명령을 신청한다고 진술하였다. 이후 피고인은 피해자가 작성한 "고소인은 피고인과 민·형사적으로 쌍방이 원만하게 합의하였으므로 고소를 전부 취하합니다. 아울러 피고인의 처벌을 원치 아니하오니 재판장님의 사려 깊은 선처를 부탁드립니다."라는 내용의 '합의 및 고소취하서'를 법원에 제출하였으나, 구체적인 합의 내용이나 실제 변제 여부는 알 수 없었다. 항소심법원은 피고인의 피해자에 대한 사기의 범죄사실을 인정하고 피고인은 배상신청인에게 2,000만원을 지급하라는 배상명령을 하였다. 배상명령 신청에 대한 항소심법원의 조치가 적법한지 여부와 그 근거를 설명하시오(관련 판례가 있는 경우, 판례의 입장과 그 논거를 포함시켜 설명하여야 함).

[10점]

✅ 해설 3

Ⅰ 결론

배상신청인에게 2,000만원을 지급하라는 배상명령을 한 항소심법원의 조치는 위법하다.

Ⅱ 이유

1. 판례

① 소송촉진 등에 관한 특례법 제25조 제1항의 규정에 의한 배상명령은 피고인의 범죄행위로 피해자가 입은 직접적인 재산상 손해에 대하여 그 피해금액이 특정되고 피고인의 배상책임의 범위가 명백한 경우에 한하여 피고인에게 그 배상을 명함으로써 간편하고 신속하게 피해자의 피해회복을 도모하고자 하는 제도로서, 위 특례법 제25조 제3항 제3호의 규정에 의하면 피고인의 배상책임의 유무 또는 그 범위가 명백하지 아니한 경우에는 배상명령을 하여서는 아니 되고, 그와 같은 경우에는 위 특례법 제32조 제1항에 따라 결정으로 배상명령신청을 각하하여야 한다(대판 2013.10.11. 2013도9616).

② 이러한 취지에 비추어 볼 때, 피고인이 재판과정에서 배상신청인과 민사적으로 합의하였다는 내용의 합의서를 제출하였고, 그 합의서 기재 내용만으로는 배상신청인이 변제를 받았는지 여부 등 피고인의 민사책임에 관한 구체적인 합의 내용을 알 수 없다면, 사실심법원으로서는 배상신청인이 처음 신청한 금액을 바로 인용할 것이 아니라 구체적인 합의 내용에 관하여 심리하여 피고인의 배상책임의 유무 또는 그 범위에 관하여 살펴보는 것이 합당하다고 할 것이다(대판 2013.10.11. 2013도9616).

2. 사안의 경우

피고인은 배상신청인이 작성한 '합의 및 고소취하서'를 제출하였으나, 구체적인 합의 내용이나 실제 변제 여부는 알 수 없다. 따라서 항소법원은 피고인의 민사책임에 관한 구체적인 합의 내용에 관하여 심리하여 피고인의 배상책임의 유무 또는 그 범위에 관하여 살펴보았어야 한다. 그러나 항소심이 이에 이르지 않은 채 배상신청인이 처음 신청한 금액 2,000만원 그대로를 배상액으로 인정하였는바, 이는 배상명령에 관한 법리를 오해하여 심리를 다하지 않음으로써 판단을 그르친 것이다. 배상명령신청에 대한 항소심법원의 조치는 위법하다.

형사소송법
2021년 제27회 기출문제

문제 1

[기본적 사실관계]

A는 농촌 지역에서 주유소를 운영하는 자로서, S정유회사를 통해 공급받은 유류를 면세유 구입카드를 소지한 영세 농민에게 면세유로 공급하고, 면세유 관리기관인 농협으로부터 해당 공급량에 대한 면세유류공급확인서를 발급받아 세무서에 제출함으로써 부가세 등 세금을 환급받아 정상유와 면세유의 차액 상당액을 정산하는 공급거래를 이어오고 있다. 한편 화물차를 운행하는 B는 면세유 공급대상자가 아님에도 A와의 친분을 통해 2019.2.1.부터 2019.4.1. 사이에 A가 위탁보관 중이던 타인의 면세유 구입카드를 이용하여 A로부터 몇 차례 면세유를 정상유보다 저렴한 가격에 공급받았고, A는 그 거래에 대하여 세무서로부터 감면세액을 환급받았다(각 설문은 상호관련성이 없음).

1. (추가된 사실관계) 사법경찰관 P는 A가 B와의 공모관계에서 면세유를 본래와 다른 용도로 부정유통하였다는 범죄사실로 A의 스마트폰에 대한 압수·수색영장을 발부받아 확보한 스마트폰에 '면세유'를 키워드로 검색하여 나온 문자메시지, 사진 및 문서파일 등의 전자정보를 복제·출력하는 방식으로 압수·수색 절차를 진행하였다(각 설문은 상호관련성이 없고, 견해 대립이 있을 경우 대법원 판례에 따름).

   가. 사법경찰관 P가 A의 스마트폰에 대한 압수·수색영장을 집행할 때 준수하여야 할 절차상 유의사항은 무엇인지 설명하시오. [10점]

   나. 영장집행 단계에서 사법경찰관 P가 A에게 압수·수색영장의 첫 페이지 범죄사실 부분만을 제시하면서 나머지 영장 부분을 A가 확인하지 못하도록 한 경우 영장 제시는 적법한지 설명하시오. 만약 이후 수사 단계에서 조사에 참여한 A의 변호인이 위 영장의 나머지 부분까지 확인한 경우에 압수·수색 처분의 효력에 차이가 발생하는지 설명하시오. [10점]

   다. 사법경찰관 P는 압수·수색영장의 집행에 따라 A의 스마트폰에서 출력한 전자정보를 통해 A가 2019.3. 무렵 공장운영자 C에게도 면세유를 부정유통한 정황을 포착하였다. 위 전자정보를 A와 C의 공모관계에 의한 면세유 부정유통 추가 범행의 증거로 사용할 수 있는지 설명하시오. [10점]

2. (추가된 사실관계) A는 2020.1.20. "농업 용도에 사용할 면세유를 B에게 다른 용도로 판매하고 조세를 환급받았다."는 공소사실에 대하여 조세범처벌법위반죄로 공소가 제기되었다(각 설문은 상호관련성이 없고, 견해 대립이 있을 경우 대법원 판례에 따름).

가. 사법경찰관 P는 공소제기에 앞서 A에 대한 피의자신문조서를 작성하였고, 이후 소속 경찰청장 명의로 관할 세무서장에게 고발의뢰가 이루어졌으나 별다른 이유 없이 고발장이 제출되지 않았다. 이 경우 A에 대한 피의자조사의 적법성에 대하여 논하시오. [7점]

나. 공판절차에서 A는 공소사실을 자백하고 있으나 제1심법원은 관할 세무서장의 고발이 없는 채로 제기된 공소의 효력에 대하여 심리하고자 한다. 제1심법원의 적정한 처리에 대하여 논하시오. [8점]

다. 만약 제1심 계속 중에 관할 세무서장이 고발장을 제출한 경우 공소제기의 효력에 어떤 영향이 있는지 논하시오. [5점]

조세범 처벌법 <타법개정 2020.12.29. [법률 제17761호, 시행 2021.1.1.] 기획재정부>

제1조(목적)
이 법은 세법을 위반한 자에 대한 형벌에 관한 사항을 규정하여 세법의 실효성을 높이고 국민의 건전한 납세의식을 확립함을 목적으로 한다. 〈개정 2018.12.31.〉

제2조(정의)
이 법에서 "조세"란 관세를 제외한 국세를 말한다.

제3조(조세 포탈 등)
① 사기나 그 밖의 부정한 행위로써 조세를 포탈하거나 조세의 환급·공제를 받은 자는 2년 이하의 징역 또는 포탈세액, 환급·공제받은 세액(이하 "포탈세액등"이라 한다)의 2배 이하에 상당하는 벌금에 처한다. 다만, 다음 각 호의 어느 하나에 해당하는 경우에는 3년 이하의 징역 또는 포탈세액등의 3배 이하에 상당하는 벌금에 처한다.
  1. 포탈세액등이 3억원 이상이고, 그 포탈세액등이 신고·납부하여야 할 세액(납세의무자의 신고에 따라 정부가 부과·징수하는 조세의 경우에는 결정·고지하여야 할 세액을 말한다)의 100분의 30 이상인 경우
  2. 포탈세액등이 5억원 이상인 경우
② 제1항의 죄를 범한 자에 대해서는 정상(정상)에 따라 징역형과 벌금형을 병과할 수 있다.
③ 제1항의 죄를 범한 자가 포탈세액등에 대하여 「국세기본법」 제45조에 따라 법정신고기한이 지난 후 2년 이내에 수정신고를 하거나 같은 법 제45조의3에 따라 법정신고기한이 지난 후 6개월 이내에 기한 후 신고를 하였을 때에는 형을 감경할 수 있다.
④ 제1항의 죄를 상습적으로 범한 자는 형의 2분의 1을 가중한다.
⑤ 제1항에서 규정하는 범칙행위의 기수(기수) 시기는 다음의 각 호의 구분에 따른다.
  1. 납세의무자의 신고에 의하여 정부가 부과·징수하는 조세 : 해당 세목의 과세표준을 정부가 결정하거나 조사결정한 후 그 납부기한이 지난 때. 다만, 납세의무자가 조세를 포탈할 목적으로 세법에 따른 과세표준을 신고하지 아니함으로써 해당 세목의 과세표준을 정부가 결정하거나 조사결정할 수 없는 경우에는 해당 세목의 과세표준의 신고기한이 지난 때로 한다.
  2. 제1호에 해당하지 아니하는 조세 : 그 신고·납부기한이 지난 때
⑥ 제1항에서 "사기나 그 밖의 부정한 행위"란 다음 각 호의 어느 하나에 해당하는 행위로서 조세의 부과와 징수를 불가능하게 하거나 현저히 곤란하게 하는 적극적 행위를 말한다. 〈개정 2015.12.29.〉
  1. 이중장부의 작성 등 장부의 거짓 기장
  2. 거짓 증빙 또는 거짓 문서의 작성 및 수취

3. 장부와 기록의 파기
4. 재산의 은닉, 소득·수익·행위·거래의 조작 또는 은폐
5. 고의적으로 장부를 작성하지 아니하거나 비치하지 아니하는 행위 또는 계산서, 세금계산서 또는 계산서합계표, 세금계산서합계표의 조작
6. 「조세특례제한법」 제5조의2 제1호에 따른 전사적 기업자원 관리설비의 조작 또는 전자세금계산서의 조작
7. 그 밖에 위계(위계)에 의한 행위 또는 부정한 행위

제4조(면세유의 부정 유통)

① 「조세특례제한법」 제106조의2 제1항 제1호에 따른 석유류를 같은 호에서 정한 용도 외의 다른 용도로 사용·판매하여 조세를 포탈하거나 조세의 환급·공제를 받은 석유판매업자(같은 조 제2항에 따른 석유판매업자를 말한다)는 3년 이하의 징역 또는 포탈세액등의 5배 이하의 벌금에 처한다.

② 「개별소비세법」 제18조 제1항 제11호 및 「교통·에너지·환경세법」 제15조 제1항 제3호에 따른 외국항행선박 또는 원양어업선박에 사용할 목적으로 개별소비세 및 교통·에너지·환경세를 면제받는 석유류를 외국항행선박 또는 원양어업선박 외의 용도로 반출하여 조세를 포탈하거나, 외국항행선박 또는 원양어업선박 외의 용도로 사용된 석유류에 대하여 외국항행선박 또는 원양어업선박에 사용한 것으로 환급·공제받은 자는 3년 이하의 징역 또는 포탈세액등의 5배 이하의 벌금에 처한다. 〈개정 2018.12.31.〉

제4조의2(면세유류 구입카드등의 부정 발급)

「조세특례제한법」 제106조의2 제11항 제1호의 행위를 한 자는 3년 이하의 징역 또는 3천만원 이하의 벌금에 처한다.
[본조신설 2014.1.1.]

제5조(가짜석유제품의 제조 또는 판매)

「석유 및 석유대체연료 사업법」 제2조 제10호에 따른 가짜석유제품을 제조 또는 판매하여 조세를 포탈한 자는 5년 이하의 징역 또는 포탈한 세액의 5배 이하의 벌금에 처한다. 〈개정 2013.1.1.〉
[제목개정 2013.1.1.]

제6조(무면허 주류의 제조 및 판매)

「주류 면허 등에 관한 법률」에 따른 면허를 받지 아니하고 주류, 밑술·술덧을 제조(개인의 자가소비를 위한 제조는 제외한다)하거나 판매한 자는 3년 이하의 징역 또는 3천만원(해당 주세 상당액의 3배의 금액이 3천만원을 초과할 때에는 그 주세 상당액의 3배의 금액) 이하의 벌금에 처한다. 이 경우 밑술과 술덧은 탁주로 본다. 〈개정 2020.12.29.〉

제7조(체납처분 면탈)

① 납세의무자 또는 납세의무자의 재산을 점유하는 자가 체납처분의 집행을 면탈하거나 면탈하게 할 목적으로 그 재산을 은닉·탈루하거나 거짓 계약을 하였을 때에는 3년 이하의 징역 또는 3천만원 이하의 벌금에 처한다.

② 「형사소송법」 제130조 제1항에 따른 압수물건의 보관자 또는 「국세징수법」 제49조 제1항에 따른 압류물건의 보관자가 그 보관한 물건을 은닉·탈루하거나 손괴 또는 소비하였을 때에도 제1항과 같다. 〈개정 2015.12.29., 2020.12.29.〉

③ 제1항과 제2항의 사정을 알고도 제1항과 제2항의 행위를 방조하거나 거짓 계약을 승낙한 자는 2년 이하의 징역 또는 2천만원 이하의 벌금에 처한다.

제8조(장부의 소각·파기 등)

조세를 포탈하기 위한 증거인멸의 목적으로 세법에서 비치하도록 하는 장부 또는 증빙서류(「국세기본법」 제85조의3 제3항에 따른 전산조직을 이용하여 작성한 장부 또는 증빙서류를 포함한다)를 해당 국세의 법정신고기한이 지난 날부터 5년 이내에 소각·파기 또는 은닉한 자는 2년 이하의 징역 또는 2천만원 이하의 벌금에 처한다.

제9조(성실신고 방해 행위)
① 납세의무자를 대리하여 세무신고를 하는 자가 조세의 부과 또는 징수를 면하게 하기 위하여 타인의 조세에 관하여 거짓으로 신고를 하였을 때에는 2년 이하의 징역 또는 2천만원 이하의 벌금에 처한다.
② 납세의무자로 하여금 과세표준의 신고(신고의 수정을 포함한다. 이하 "신고"라 한다)를 하지 아니하게 하거나 거짓으로 신고하게 한 자 또는 조세의 징수나 납부를 하지 않을 것을 선동하거나 교사한 자는 1년 이하의 징역 또는 1천만원 이하의 벌금에 처한다.

제10조(세금계산서의 발급의무 위반 등)
① 다음 각 호의 어느 하나에 해당하는 행위를 한 자는 1년 이하의 징역 또는 공급가액에 부가가치세의 세율을 적용하여 계산한 세액의 2배 이하에 상당하는 벌금에 처한다. 〈개정 2018.12.31.〉
  1. 「부가가치세법」에 따라 세금계산서(전자세금계산서를 포함한다. 이하 이 조에서 같다)를 발급하여야 할 자가 세금계산서를 발급하지 아니하거나 거짓으로 기재하여 발급한 행위
  2. 「소득세법」 또는 「법인세법」에 따라 계산서(전자계산서를 포함한다. 이하 이 조에서 같다)를 발급하여야 할 자가 계산서를 발급하지 아니하거나 거짓으로 기재하여 발급한 행위
  3. 「부가가치세법」에 따라 매출처별 세금계산서합계표를 제출하여야 할 자가 매출처별 세금계산서합계표를 거짓으로 기재하여 제출한 행위
  4. 「소득세법」 또는 「법인세법」에 따라 매출처별 계산서합계표를 제출하여야 할 자가 매출처별 계산서합계표를 거짓으로 기재하여 제출한 행위
② 다음 각 호의 어느 하나에 해당하는 행위를 한 자는 1년 이하의 징역 또는 공급가액에 부가가치세의 세율을 적용하여 계산한 세액의 2배 이하에 상당하는 벌금에 처한다. 〈개정 2018.12.31.〉
  1. 「부가가치세법」에 따라 세금계산서를 발급받아야 할 자가 통정하여 세금계산서를 발급받지 아니하거나 거짓으로 기재한 세금계산서를 발급받은 행위
  2. 「소득세법」 또는 「법인세법」에 따라 계산서를 발급받아야 할 자가 통정하여 계산서를 발급받지 아니하거나 거짓으로 기재한 계산서를 발급받은 행위
  3. 「부가가치세법」에 따라 매입처별 세금계산서합계표를 제출하여야 할 자가 통정하여 매입처별 세금계산서합계표를 거짓으로 기재하여 제출한 행위
  4. 「소득세법」 또는 「법인세법」에 따라 매입처별 계산서합계표를 제출하여야 할 자가 통정하여 매입처별 계산서합계표를 거짓으로 기재하여 제출한 행위
③ 재화 또는 용역을 공급하지 아니하거나 공급받지 아니하고 다음 각 호의 어느 하나에 해당하는 행위를 한 자는 3년 이하의 징역 또는 공급가액에 부가가치세의 세율을 적용하여 계산한 세액의 3배 이하에 상당하는 벌금에 처한다. 〈개정 2012.1.26., 2018.12.31.〉
  1. 「부가가치세법」에 따른 세금계산서를 발급하거나 발급받은 행위
  2. 「소득세법」 및 「법인세법」에 따른 계산서를 발급하거나 발급받은 행위
  3. 「부가가치세법」에 따른 매출·매입처별 세금계산서합계표를 거짓으로 기재하여 제출한 행위
  4. 「소득세법」 및 「법인세법」에 따른 매출·매입처별계산서합계표를 거짓으로 기재하여 제출한 행위
④ 제3항의 행위를 알선하거나 중개한 자도 제3항과 같은 형에 처한다. 이 경우 세무를 대리하는 세무사·공인회계사 및 변호사가 제3항의 행위를 알선하거나 중개한 때에는 「세무사법」 제22조 제2항에도 불구하고 해당 형의 2분의 1을 가중한다.
⑤ 제3항의 죄를 범한 자에 대해서는 정상(정상)에 따라 징역형과 벌금형을 병과할 수 있다.

제11조(명의대여행위 등)
① 조세의 회피 또는 강제집행의 면탈을 목적으로 타인의 성명을 사용하여 사업자등록을 하거나 타인 명의의 사업자등록을 이용하여 사업을 영위한 자는 2년 이하의 징역 또는 2천만원 이하의 벌금에 처한다. 〈개정 2015.12.29.〉
② 조세의 회피 또는 강제집행의 면탈을 목적으로 자신의 성명을 사용하여 타인에게 사업자등록을 할 것을 허락하거나 자신 명의의 사업자등록을 타인이 이용하여 사업을 영위하도록 허락한 자는 1년 이하의 징역 또는 1천만원 이하의 벌금에 처한다. 〈개정 2015.12.29.〉

제12조(납세증명표지의 불법사용 등)

다음 각 호의 어느 하나에 해당하는 자는 2년 이하의 징역 또는 2천만원 이하의 벌금에 처한다. 〈개정 2018.12.31., 2020.12.29.〉

1. 「주류 면허 등에 관한 법률」 제22조에 따른 납세증명표지(이하 이 조에서 "납세증명표지"라 한다)를 재사용하거나 정부의 승인을 받지 아니하고 이를 타인에게 양도한 자
2. 납세증명표지를 위조하거나 변조한 자
3. 위조하거나 변조한 납세증명표지를 소지 또는 사용하거나 타인에게 교부한 자
4. 「인지세법」 제8조 제1항 본문에 따라 첨부한 종이문서용 전자수입인지를 재사용한 자

제13조(원천징수의무자의 처벌)

① 조세의 원천징수의무자가 정당한 사유 없이 그 세금을 징수하지 아니하였을 때에는 1천만원 이하의 벌금에 처한다.
② 조세의 원천징수의무자가 정당한 사유 없이 징수한 세금을 납부하지 아니하였을 때에는 2년 이하의 징역 또는 2천만원 이하의 벌금에 처한다.

제14조(거짓으로 기재한 근로소득 원천징수영수증의 발급 등)

① 타인이 근로장려금(「조세특례제한법」 제2장제10절의2에 따른 근로장려금을 말한다)을 거짓으로 신청할 수 있도록 근로를 제공받지 아니하고 다음 각 호의 어느 하나에 해당하는 행위를 한 자는 2년 이하의 징역 또는 그 원천징수영수증 및 지급명세서에 기재된 총급여·총지급액의 100분의 20 이하에 상당하는 벌금에 처한다. 〈개정 2018.12.31.〉
  1. 근로소득 원천징수영수증을 거짓으로 기재하여 타인에게 발급한 행위
  2. 근로소득 지급명세서를 거짓으로 기재하여 세무서에 제출한 행위
② 제1항의 행위를 알선하거나 중개한 자도 제1항과 같은 형에 처한다.

제15조(해외금융계좌정보의 비밀유지 의무 등의 위반)

① 「국제조세조정에 관한 법률」 제38조 제2항부터 제4항까지 및 제57조를 위반한 사람은 5년 이하의 징역 또는 3천만원 이하의 벌금에 처한다. 〈개정 2020.12.22.〉
② 제1항의 죄를 범한 자에 대해서는 정상(情狀)에 따라 징역형과 벌금형을 병과할 수 있다.
[전문개정 2018.12.31.]

제16조(해외금융계좌 신고의무 불이행)

① 「국제조세조정에 관한 법률」 제53조 제1항에 따른 계좌신고의무자로서 신고기한 내에 신고하지 아니한 금액이나 과소 신고한 금액(이하 이 항에서 "신고의무 위반금액"이라 한다)이 50억원을 초과하는 경우에는 2년 이하의 징역 또는 신고의무 위반금액의 100분의 13 이상 100분의 20 이하에 상당하는 벌금에 처한다. 다만, 정당한 사유가 있는 경우에는 그러하지 아니한다. 〈개정 2020.12.22.〉
② 제1항의 죄를 범한 자에 대해서는 정상에 따라 징역형과 벌금형을 병과할 수 있다.
[전문개정 2018.12.31.]

제17조 삭제 〈2018.12.31.〉

제18조(양벌 규정)

법인(「국세기본법」 제13조에 따른 법인으로 보는 단체를 포함한다. 이하 같다)의 대표자, 법인 또는 개인의 대리인, 사용인, 그 밖의 종업원이 그 법인 또는 개인의 업무에 관하여 이 법에서 규정하는 범칙행위(「국제조세조정에 관한 법률」 제57조를 위반한 행위는 제외한다)를 하면 그 행위자를 벌할 뿐만 아니라 그 법인 또는 개인에게도 해당 조문의 벌금형을 과(科)한다. 다만, 법인 또는 개인이 그 위반행위를 방지하기 위하여 해당 업무에 관하여 상당한 주의와 감독을 게을리하지 아니한 경우에는 그러하지 아니한다. 〈개정 2018.12.31., 2020.12.22.〉

제19조 삭제 〈2018.12.31.〉

제20조(「형법」 적용의 일부 배제)
제3조부터 제6조까지, 제10조, 제12조부터 제14조까지의 범칙행위를 한 자에 대해서는 「형법」 제38조 제1항 제2호 중 벌금경합에 관한 제한가중규정을 적용하지 아니한다.

제21조(고발)
이 법에 따른 범칙행위에 대해서는 국세청장, 지방국세청장 또는 세무서장의 고발이 없으면 검사는 공소를 제기할 수 없다.

제22조(공소시효 기간)
제3조부터 제14조까지에 규정된 범칙행위의 공소시효는 7년이 지나면 완성된다. 다만, 제18조에 따른 행위자가 「특정범죄가중처벌 등에 관한 법률」 제8조의 적용을 받는 경우에는 제18조에 따른 법인에 대한 공소시효는 10년이 지나면 완성된다. 〈개정 2015.12.29.〉

조세특례제한법 <일부개정 2021.3.16. [법률 제17926호, 시행 2021.3.16.] 기획재정부>

제106조의2(농업·임업·어업용 및 연안여객선박용 석유류에 대한 부가가치세 등의 감면 등)

① 다음 각 호의 어느 하나에 해당하는 석유류(「석유 및 석유대체연료 사업법」에 따른 석유제품을 말한다. 이하 이 조에서 "면세유"라 한다)의 공급에 대해서는 부가가치세와 제조장 또는 보세구역에서 반출되는 것에 대한 개별소비세, 교통·에너지·환경세, 교육세 및 자동차 주행에 대한 자동차세(이하 이 조에서 "자동차세"라 한다)를 대통령령으로 정하는 바에 따라 면제한다. 이 경우 제1호는 2021년 12월 31일까지 공급하는 것에만 적용하고, 제2호는 2022년 12월 31일까지 공급하는 것에만 적용한다. 〈개정 2011.12.31., 2015.12.15., 2018.12.24., 2020.12.29.〉

1. 대통령령으로 정하는 농민, 임업에 종사하는 자 및 어민(이하 이 조에서 "농어민등"이라 한다)이 농업·임업 또는 어업에 사용하기 위한 석유류로서 대통령령으로 정하는 것
2. 연안을 운항하는 여객선박(「관광진흥법」 제2조에 따른 관광사업 목적으로 사용되는 여객선박은 제외한다)에 사용할 목적으로 「한국해운조합법」에 따라 설립된 한국해운조합에 직접 공급하는 석유류

② 주유소 등 대통령령으로 정하는 석유판매업자(이하 이 조에서 "석유판매업자"라 한다)가 부가가치세, 개별소비세, 교통·에너지·환경세, 교육세 및 자동차세가 과세된 석유류를 공급받아 농어민등에게 공급한 석유류가 제1항 각 호의 어느 하나에 해당하는 경우에는 석유판매업자는 대통령령으로 정하는 바에 따라 신청하여 면제되는 세액을 환급받거나 납부 또는 징수할 세액에서 공제받을 수 있다. 〈개정 2011.5.19., 2011.12.31.〉

③ 농어민등이 면세유를 공급받기 위하여는 「농업협동조합법」에 따른 조합, 「산림조합법」에 따른 조합 및 「수산업협동조합법」에 따른 조합(이하 이 조에서 "면세유류 관리기관인 조합"이라 한다)에 대통령령으로 정하는 농업기계, 임업기계 및 어업기계 또는 선박 및 시설(이하 이 조에서 "농기계등"이라 한다)의 보유 현황과 영농·영림 또는 어업경영 사실을 대통령령으로 정하는 바에 따라 신고하여야 하며, 농기계등의 취득·양도 또는 농어민등의 사망, 이농(이농) 등으로 그 신고 내용에 달라진 사항이 있으면 그 사유 발생일부터 30일 이내에 그 변동 내용을 신고하여야 한다. 〈개정 2013.1.1.〉

④ 농어민등이 면세유를 공급받으려면 면세유류 관리기관인 조합으로부터 대통령령으로 정하는 면세유류 구입카드 또는 출고지시서(이하 이 조에서 "면세유류 구입카드등"이라 한다)를 발급받아야 한다.

⑤ 농어민등이 면세유를 농기계등에 사용하려는 경우에는 다음 각 호의 구분에 따른 사항을 준수하여야 한다. 이 경우 농어민등이 제1호 나목 및 제2호에 따른 서류를 매반기 마지막 달의 다음 달 말일(이하 이 항에서 "제출기한"이라 한다)까지 제출하지 아니한 경우에는 면세유류 관리기관인 조합은 농어민등에게 제출기한부터 1개월이 되는 날(이하 이 조에서 "최종 제출기한"이라 한다)까지 해당 서류를 제출할 것을 요구하여야 한다. 〈개정 2014.12.23., 2018.12.24.〉

1. 대통령령으로 정하는 농업기계, 어업기계 및 선박의 경우 : 다음 각 목의 사항
   가. 사용 실적 등을 확인할 수 있는 대통령령으로 정하는 장치를 부착할 것
   나. 사용 실적 등을 확인할 수 있는 대통령령으로 정하는 서류를 제출기한까지 면세유류 관리기관인 조합에 제출할 것
2. 대통령령으로 정하는 농업기계, 어업기계 및 농어업용 시설의 경우 : 생산 실적 등을 확인할 수 있는 대통령령으로 정하는 서류를 제출기한까지 면세유류 관리기관인 조합에 제출할 것

⑥ 면세유류 관리기관인 조합은 농어민등의 농기계등의 보유 현황, 영농·영림 또는 어업경영 규모 등을 고려하여 면세유류 구입카드등을 발급하여야 한다.

⑦ 「농업협동조합법」에 따른 농업협동조합중앙회, 「산림조합법」에 따른 산림조합중앙회 및 「수산업협동조합법」에 따른 수산업협동조합중앙회(이하 이 조에서 "면세유류 관리기관인 중앙회"라 한다)는 면세유 관리업무의 효율화 및 부정 유통 방지를 위하여 필요하면 대통령령으로 정하는 바에 따라 석유판매업자의 신청을 받아 농어민등에게 면세유를 판매할 수 있는 석유판매업자를 지정할 수 있다.

⑧ 면세유류 관리기관인 중앙회와 면세유류 관리기관인 조합(이하 이 조에서 "면세유류 관리기관"이라 한다)은 농어민등에 대한 면세유의 공급 명세를 면세유류 관리기관의 홈페이지에 공개할 수 있다.

⑨ 농어민등이 제4항에 따라 발급받은 면세유류 구입카드등으로 공급받은 석유류를 농업·임업·어업용 외의 용도로 사용한 경우에는 대통령령으로 정하는 바에 따라 다음 각 호에 따라 계산한 금액의 합계액을 추징한다. 〈개정 2011.12.31., 2019.12.31.〉
   1. 해당 석유류에 대한 부가가치세, 개별소비세, 교통·에너지·환경세, 교육세 및 자동차세의 감면세액
   2. 제1호에 따른 감면세액의 100분의 40에 해당하는 금액의 가산세

⑩ 농어민등이 다음 각 호의 어느 하나에 해당하는 경우에는 그 농어민등(그 농어민등과 공동으로 생산 활동을 하는 배우자 및 직계존비속으로서 생계를 같이 하는 자를 포함한다)은 면세유류 관리기관이 그 사실을 안 날부터 2년간(제3호의 경우에는 1년간, 제4호의 경우로서 제9항에 따른 추징세액을 2년이 지난 날까지 납부하지 아니한 경우에는 그 추징세액을 납부하는 날까지) 면세유를 사용할 수 없다. 다만, 천재지변 등 대통령령으로 정하는 사유로 제3항에 따른 변동신고를 하지 못하거나 제5항 제1호 나목 및 같은 항 제2호에 따른 서류를 최종 제출기한까지 제출하지 못한 경우에는 대통령령으로 정하는 바에 따라 면세유를 사용할 수 있다. 〈개정 2010.12.27., 2014.12.23., 2019.12.31., 2020.6.9.〉
   1. 제3항에 따른 신고를 거짓이나 그 밖의 부정한 방법으로 하거나 변동신고를 하지 아니한 경우
   2. 제4항에 따라 발급받은 면세유류 구입카드등과 그 면세유류 구입카드등으로 공급받은 석유류를 타인에게 양도한 경우
   3. 제5항 제1호 나목 및 같은 항 제2호에 따른 서류를 최종 제출기한까지 제출하지 아니하거나 거짓으로 제출한 경우
   4. 제9항에 따른 감면세액의 추징 사유가 발생한 경우

⑪ 면세유류 관리기관인 조합이 제1호에 해당하는 경우에는 해당 석유류에 대한 부가가치세, 개별소비세, 교통·에너지·환경세, 교육세 및 자동차세의 감면세액의 100분의 40에 해당하는 금액을, 제2호에 해당하는 경우에는 해당 석유류에 대한 부가가치세, 개별소비세, 교통·에너지·환경세, 교육세 및 자동차세의 감면세액의 100분의 20에 해당하는 금액을 대통령령으로 정하는 바에 따라 가산세로 징수한다. 〈개정 2011.12.31., 2019.12.31.〉
   1. 거짓이나 그 밖의 부정한 방법으로 면세유류 구입카드등을 발급하는 경우
   2. 관련 증거서류를 확인하지 아니하는 등 관리 부실로 인하여 농어민등에게 면세유류 구입카드등을 잘못 발급하거나 농어민등 외의 자에게 면세유류 구입카드등을 발급하는 경우

⑫ 농어민등이 아닌 자가 제4항에 따라 면세유류 구입카드등을 발급받거나 농어민등 또는 농어민등이 아닌 자가 농어민등으로부터 면세유류 구입카드등 또는 그 면세유류 구입카드등으로 공급받은 석유류를 양수받은 경우 또는 석유판매업자가 제2항에 따라 신청한 환급·공제세액이 신청하여야 할 환급·공제세액을 초과하는 경우에는 대통령령으로 정하는 바에 따라 다음 각 호에 따라 계산한 금액을 추징한다. 〈개정 2010.12.27., 2011.12.31., 2019.12.31.〉

1. 면세유류 관리기관인 조합으로부터 면세유류 구입카드등을 발급받거나 농어민등으로부터 면세유류 구입카드등을 양수받은 경우에는 다음 각 목에 따라 계산한 금액을 합친 금액
   가. 발급 또는 양수 당시 면세유류 구입카드등으로 석유류를 공급받을 경우의 부가가치세, 개별소비세, 교통·에너지·환경세, 교육세 및 자동차세의 감면세액 상당액
   나. 가목에 따른 감면세액 상당액의 100분의 40에 해당하는 금액의 가산세
2. 농어민등으로부터 면세유류 구입카드등으로 공급받은 석유류를 양수받은 경우에는 다음 각 목에 따라 계산한 금액을 합친 금액
   가. 해당 석유류에 대한 부가가치세, 개별소비세, 교통·에너지·환경세, 교육세 및 자동차세의 감면세액
   나. 가목에 따른 감면세액의 100분의 40에 해당하는 금액의 가산세
3. 석유판매업자가 제2항에 따라 신청한 환급·공제세액이 신청하여야 할 환급·공제세액을 초과하는 경우에는 다음 각 목에 따라 계산한 금액을 합친 금액. 다만, 나목은 부당한 방법으로 신청하는 경우에만 적용한다.
   가. 해당 석유류에 대한 부가가치세, 개별소비세, 교통·에너지·환경세, 교육세 및 자동차세의 감면세액
   나. 가목에 따른 감면세액의 100분의 40에 해당하는 금액의 가산세

⑬ 석유판매업자가 다음 각 호의 어느 하나에 해당하는 경우에는 면세유류 관리기관인 중앙회는 면세유류를 판매할 수 있는 석유판매업자의 지정을 취소할 수 있으며, 지정 취소된 석유판매업자는 각 호에서 정하는 기간 동안 제7항에 따른 지정 신청을 할 수 없다. 〈개정 2013.1.1., 2019.12.31.〉
1. 제12항에 따른 감면세액의 추징 사유가 생긴 경우 : 지정취소일부터 5년간
2. 직전 2회계연도의 기간 동안 면세유류 판매실적이 없는 경우 : 지정취소일부터 1년간

⑭ 제12항에 따른 감면세액의 추징 사유가 생긴 석유판매업자와 다음 각 호의 관계에 있는 자에 대하여도 제13항을 적용한다. 다만, 그 양수인(해당 석유판매업자와 대통령령으로 정하는 특수관계에 있는 자는 제외한다) 또는 법인이 종전 석유판매업자의 감면세액 추징 사유가 생긴 것을 알지 못하였음을 증명하는 경우에는 그러하지 아니하다. 〈개정 2014.12.23.〉
1. 석유판매업자가 사망한 경우 그 상속인
2. 석유판매업자가 그 석유판매업의 전부를 양도한 경우 그 양수인
3. 법인인 석유판매업자가 다른 석유판매업자와 합병을 한 경우 합병 후 존속하는 법인이나 합병에 의하여 설립되는 법인

⑮ 제1항 제1호에 따른 석유류의 연간 한도량은 대통령령으로 정하는 바에 따라 농림축산식품부장관, 해양수산부장관 또는 산림청장의 신청을 받아 기획재정부장관이 석유제품별로 정한다. 〈개정 2013.1.1., 2013.3.23.〉

⑯ 면세유류 관리기관인 중앙회는 제15항에 따른 석유류의 연간 한도량(이하 이 항에서 "면세유류한도량"이라 한다)의 범위에서 제4항에 따른 면세유류 구입카드등이 발급되고 사용되도록 관리하여야 하며, 면세유류한도량을 초과하여 면세유류 구입카드등이 발급되어 제1항 제1호에 따른 석유류가 공급되었을 경우에는 그 면세유류한도량을 초과하는 석유류에 대해서는 면세유류 관리기관인 중앙회가 공급받은 것으로 보아 대통령령으로 정하는 바에 따라 면세유류 관리기관인 중앙회로부터 부가가치세, 개별소비세, 교통·에너지·환경세, 교육세 및 자동차세의 감면세액을 추징한다. 〈개정 2011.12.31., 2019.12.31.〉

⑰ 「농업협동조합법」에 따른 조합은 농어민에 대한 면세유류의 공급과 관련하여 면세유류 구입카드등의 발급, 관리대장의 비치, 전산처리 등에 사용되는 비용에 충당하기 위하여 면세유류 구입카드등을 발급받는 자로부터 대통령령으로 정하는 금액을 수수료로 징수할 수 있다.

⑱ 면세유류 관리기관인 조합은 제9항·제11항 및 제12항에 따른 감면세액 또는 가산세의 추징 사유가 발생하였음을 알았거나 농어민등이 「수산업법」 등 관련 법령에 따라 어업 등에 대한 제한이나 정지처분을 갈음하는 과징금을 부과받은 경우에는 면세유류 구입카드등의 발급 및 사용을 즉시 중지시키고 지체 없이 그 사실을 관할 세무서장에게 알려야 한다. 〈개정 2015.12.15.〉

⑲ 관할 세무서장은 제9항부터 제14항까지 및 제16항에 따른 감면세액 추징 사유 등이 발생하였음을 알았을 때에는 지체 없이 「지방세법」 제137조 제1항에 따른 자동차세의 특별징수의무자와 면세유류관리기관인 조합에 그 사실을 알려야 한다. 〈개정 2019.12.31.〉

⑳ 면세유류 관리기관은 면세유 관리업무를 효율적으로 수행하기 위하여 행정기관 등에 다음 각 호의 자료를 요청할 수 있으며, 요청받은 행정기관 등은 정당한 사유가 없으면 면세유류 관리기관에 요청받은 자료를 제출하여야 한다. 〈개정 2014.12.23., 2019.12.31.〉
  1. 농어민등의 「가족관계의 등록 등에 관한 법률」 제9조에 따른 사망에 관한 자료
  2. 농어민등의 「주민등록법」 제16조에 따른 전입신고에 관한 자료
  3. 「어선법」 제5조의2에 따른 어선위치발신장치의 선박위치 관련 자료
  4. 제9항에 따른 추징세액의 납부 여부에 관한 자료
  5. 농어민등이 보유한 화물자동차의 「자동차관리법」 제69조에 따른 전산자료(자동차등록번호, 소유자 성명 및 주민등록번호를 포함한 자동차의 신규등록·이전등록·변경등록·말소등록에 관한 자료)
㉑ 관할 세무서장은 제1항 제1호에 따른 면세유를 공급받은 자로부터 취득하여 판매한 자에게 판매가액의 3배 이하의 과태료를 부과한다. 〈신설 2018.12.24.〉
㉒ 제1항부터 제21항까지의 규정에 따른 면세유의 공급 및 관리절차, 면세유류 구입카드등의 발급 및 사용방법, 감면세액과 감면세액 상당액 및 가산세의 추징 절차 등에 필요한 사항은 대통령령으로 정한다. 〈개정 2018.12.24.〉
[전문개정 2010.1.1.]
[제목개정 2010.12.27.]

농·축산·임·어업용 기자재 및 석유류에 대한 부가가치세 영세율 및 면세 적용 등에 관한 특례규정 <일부개정 2021.2.17. [대통령령 제31459호, 시행 2021.2.17.] 기획재정부>

제14조(농·임·어업용 면세석유류 적용대상 농어민 등의 범위)
법 제106조의2 제1항 제1호에서 "대통령령으로 정하는 농민, 임업에 종사하는 자 및 어민"이란 다음 각 호의 어느 하나에 해당하는 자(이하 이 장에서 "농어민등"이라 한다)를 말한다. 〈개정 2002.12.30., 2005.2.19., 2007.9.20., 2007.10.31., 2008.2.22., 2008.2.29., 2008.6.20., 2009.2.4., 2009.10.8., 2010.12.30., 2015.2.3.〉
  1. 통계청장이 고시하는 한국표준산업분류상의 농업 중 작물재배업·축산업·작물재배 및 축산복합농업 또는 농산물건조장운영업에 종사하는 다음 각 목의 어느 하나에 해당하는 자(이하 이 장에서 "농민"이라 한다). 다만, 한국표준산업분류상 시설작물재배업 중 기획재정부령으로 정하는 업종에 종사하는 자를 제외한다.
    가. 개인(「농어업경영체 육성 및 지원에 관한 법률」 제4조 제1항에 따라 농어업경영정보를 등록한 자만 해당하되, 농산물건조장운영업에 종사하는 자는 그러하지 아니하다)
    나. 「농어업경영체 육성 및 지원에 관한 법률」에 따라 설립된 영농조합법인과 농업회사법인
    다. 「농업협동조합법」에 따른 조합, 조합공동사업법인 및 중앙회(같은 법에 따라 설립된 농협경제지주회사 및 그 자회사를 포함한다)
  2. 한국표준산업분류상의 임업 중 영림업 또는 벌목업에 종사하는 다음 각 목의 어느 하나에 해당하는 자(이하 이 장에서 "임업인"이라 한다)
    가. 개 인
    나. 「산림조합법」에 의한 조합
  3. 통계청장이 고시하는 한국표준산업분류상의 어업 또는 수산물 자숙(煮熟)·건조장운영업에 종사하는 다음 각 목의 어느 하나에 해당하는 자(이하 이 장에서 "어민"이라 한다)
    가. 개 인
    나. 「농어업경영체 육성 및 지원에 관한 법률」 제16조에 따른 영어조합법인
    다. 「수산업협동조합법」에 의한 수산업협동조합과 어촌계
    라. 어업주업법인
[제목개정 2015.2.3.]

형사소송법 | 2021년 제27회 기출문제해설

문제 1-1-가

[기본적 사실관계]

A는 농촌 지역에서 주유소를 운영하는 자로서, S정유회사를 통해 공급받은 유류를 면세유 구입카드를 소지한 영세 농민에게 면세유로 공급하고, 면세유 관리기관인 농협으로부터 해당 공급량에 대한 면세유류공급확인서를 발급받아 세무서에 제출함으로써 부가세 등 세금을 환급받아 정상유와 면세유의 차액 상당액을 정산하는 공급거래를 이어오고 있다. 한편 화물차를 운행하는 B는 면세유 공급대상자가 아님에도 A와의 친분을 통해 2019.2.1.부터 2019.4.1. 사이에 A가 위탁보관 중이던 타인의 면세유 구입카드를 이용하여 A로부터 몇 차례 면세유를 정상유보다 저렴한 가격에 공급받았고, A는 그 거래에 대하여 세무서로부터 감면세액을 환급받았다(각 설문은 상호관련성이 없음).

1. (추가된 사실관계) 사법경찰관 P는 A가 B와의 공모관계에서 면세유를 본래와 다른 용도로 부정유통하였다는 범죄사실로 A의 스마트폰에 대한 압수·수색영장을 발부받아 확보한 스마트폰에 '면세유'를 키워드로 검색하여 나온 문자메시지, 사진 및 문서파일 등의 전자정보를 복제·출력하는 방식으로 압수·수색 절차를 진행하였다(각 설문은 상호관련성이 없고, 견해 대립이 있을 경우 대법원 판례에 따름).

   가. 사법경찰관 P가 A의 스마트폰에 대한 압수·수색영장을 집행할 때 준수하여야 할 절차상 유의사항은 무엇인지 설명하시오. [10점]

✅ 해설 1-1-가

I 압수·수색영장의 집행 시 준수하여야 할 절차상 유의사항

1. 압수·수색영장의 제시

① 대한민국헌법 제12조 제3항 본문은 '체포·구속·압수 또는 수색을 할 때에는 적법한 절차에 따라 검사의 신청에 의하여 법관이 발부한 영장을 제시하여야 한다'고 규정하고, 형사소송법 제219조, 제118조는 '수사기관이 압수·수색영장을 집행할 때에는 처분을 받는 자(피압수자)에게 반드시 압수·수색영장을 제시하여야 한다'는 취지로 규정하고 있다(대판 2017.9.21. 2015도12400).

② 영장의 원본을 제시하여야 하고, 팩스로 영장 사본을 송신하는 경우 적법한 영장의 제시가 있었다고 볼 수 없다(대판 2017.9.7. 2015도10648).

③ 집행하는 수사기관은 피압수자로 하여금 법관이 발부한 영장에 의한 압수·수색이라는 사실을 확인함과 동시에 형사소송법이 압수·수색영장에 필요적으로 기재하도록 정한 사항이나 그와 일체를 이루는 사항을 충분히 알 수 있도록 압수·수색영장을 제시하여야 한다(대판 2017.9.21. 2015도12400).

④ 반드시 사전 제시를 요하고 구속에서와 같은 긴급집행은 허용되지 않는다.

⑤ 나아가 압수·수색영장은 현장에서 피압수자가 여러 명일 경우에는 그들 모두에게 개별적으로 영장을 제시해야 하는 것이 원칙이다. 수사기관이 압수·수색에 착수하면서 그 장소의 관리책임자에게 영장을 제시하였더라도, 물건을 소지하고 있는 다른 사람으로부터 이를 압수하고자 하는 때에는 그 사람에게 따로 영장을 제시하여야 한다(대판 2017.9.21. 2015도12400).

2. 영장집행 과정에서 피압수자 및 변호인 참여 보장

수사기관이 압수·수색영장을 집행할 때에는 피압수자 또는 변호인은 그 집행에 참여할 수 있다(형사소송법 제219조, 제121조). 형사소송법 제219조, 제121조가 규정한 변호인의 참여권은 피압수자의 보호를 위하여 변호인에게 주어진 고유권이다. 따라서 설령, 피압수자에게 집행의 일시와 장소를 통지하고, 피압수자가 스스로 수사기관에 압수·수색영장의 집행에 참여할 의사를 명시하거나 또는 집행에 참여하지 않는다는 의사를 명시하였다고 하더라도, 특별한 사정이 없는 한 그 변호인에게는 형사소송법 제219조, 제122조에 따라 미리 집행의 일시와 장소를 통지하는 등으로 압수·수색영장의 집행에 참여할 기회를 별도로 보장하여야 한다(대판 2025.5.1. 2014도19106).

3. 압수목록의 작성·교부 및 압수조서의 작성

압수물을 압수한 경우에는 목록을 작성하여 소유자, 소지자 등에게 교부하여야 한다(형사소송법 제219조, 제129조). 즉, 검사 또는 사법경찰관은 증거물 또는 몰수할 물건을 압수했을 때에는 압수의 일시·장소, 압수 경위 등을 적은 압수조서와 압수물건의 품종·수량 등을 적은 압수목록을 작성해야 한다. 다만, 피의자신문조서, 진술조서, 검증조서에 압수의 취지를 적은 경우에는 그렇지 않다(수사준칙 제40조).

Ⅱ. 정보저장매체에 대한 압수·수색 시 준수사하여야 할 절차상 유의사항

1. 전자정보의 압수·수색 또는 검증 방법

① 검사 또는 사법경찰관은 형사소송법 제219조에서 준용하는 제106조 제3항에 따라 컴퓨터용디스크 및 그 밖에 이와 비슷한 정보저장매체(이하 이 항에서 "정보저장매체등"이라 한다)에 기억된 정보(이하 "전자정보"라 한다)를 압수하는 경우에는 해당 정보저장매체등의 소재지에서 수색 또는 검증한 후 범죄사실과 관련된 전자정보의 범위를 정하여 출력하거나 복제하는 방법으로 한다(수사준칙 제41조 제1항).

② 위 ①에 따른 압수 방법의 실행이 불가능하거나 그 방법으로는 압수의 목적을 달성하는 것이 현저히 곤란한 경우에는 압수·수색 또는 검증 현장에서 정보저장매체등에 들어 있는 전자정보 전부를 복제하여 그 복제본을 정보저장매체등의 소재지 외의 장소로 반출할 수 있다(수사준칙 제41조 제2항).

③ 위 ① 및 ②에 따른 압수 방법의 실행이 불가능하거나 그 방법으로는 압수의 목적을 달성하는 것이 현저히 곤란한 경우에는 피압수자 또는 법 제123조에 따라 압수·수색영장을 집행할 때 참여하게 해야 하는 사람(이하 "피압수자등"이라 한다)이 참여한 상태에서 정보저장매체등의 원본을 봉인(封印)하여 정보저장매체등의 소재지 외의 장소로 반출할 수 있다(수사준칙 제41조 제3항).

2. 전자정보의 압수·수색 또는 검증 시 유의사항

① 검사 또는 사법경찰관은 전자정보의 탐색·복제·출력을 완료한 경우에는 지체 없이 피압수자등에게 압수한 전자정보의 목록을 교부해야 한다(수사준칙 제42조 제1항).

② 검사 또는 사법경찰관은 ①의 목록에 포함되지 않은 전자정보가 있는 경우에는 해당 전자정보를 지체 없이 삭제 또는 폐기하거나 반환해야 한다. 이 경우 삭제·폐기 또는 반환확인서를 작성하여 피압수자등에게 교부해야 한다(수사준칙 제42조 제2항).

③ 검사 또는 사법경찰관은 전자정보의 복제본을 취득하거나 전자정보를 복제할 때에는 해시값(파일의 고유값으로서 일종의 전자지문을 말한다)을 확인하거나 압수·수색 또는 검증의 과정을 촬영하는 등 전자적 증거의 동일성과 무결성(無缺性)을 보장할 수 있는 적절한 방법과 조치를 취해야 한다(수사준칙 제42조 제3항).

④ 검사 또는 사법경찰관은 압수·수색 또는 검증의 전 과정에 걸쳐 피압수자등이나 변호인의 참여권을 보장해야 하며, 피압수자등과 변호인이 참여를 거부하는 경우에는 신뢰성과 전문성을 담보할 수 있는 상당한 방법으로 압수·수색 또는 검증을 해야 한다(수사준칙 제42조 제4항).

⑤ 검사 또는 사법경찰관은 제4항에 따라 참여한 피압수자등이나 변호인이 압수 대상 전자정보와 사건의 관련성에 관하여 의견을 제시한 때에는 이를 조서에 적어야 한다(수사준칙 제42조 제5항).

문제 1-1-나

[기본적 사실관계]

A는 농촌 지역에서 주유소를 운영하는 자로서, S정유회사를 통해 공급받은 유류를 면세유 구입카드를 소지한 영세 농민에게 면세유로 공급하고, 면세유 관리기관인 농협으로부터 해당 공급량에 대한 면세유류공급확인서를 발급받아 세무서에 제출함으로써 부가세 등 세금을 환급받아 정상유와 면세유의 차액 상당액을 정산하는 공급거래를 이어오고 있다. 한편 화물차를 운행하는 B는 면세유 공급대상자가 아님에도 A와의 친분을 통해 2019.2.1.부터 2019.4.1. 사이에 A가 위탁보관 중이던 타인의 면세유 구입카드를 이용하여 A로부터 몇 차례 면세유를 정상유보다 저렴한 가격에 공급받았고, A는 그 거래에 대하여 세무서로부터 감면세액을 환급받았다(각 설문은 상호관련성이 없음).

1. (추가된 사실관계) 사법경찰관 P는 A가 B와의 공모관계에서 면세유를 본래와 다른 용도로 부정유통하였다는 범죄사실로 A의 스마트폰에 대한 압수·수색영장을 발부받아 확보한 스마트폰에 '면세유'를 키워드로 검색하여 나온 문자메시지, 사진 및 문서파일 등의 전자정보를 복제·출력하는 방식으로 압수·수색 절차를 진행하였다(각 설문은 상호관련성이 없고, 견해 대립이 있을 경우 대법원 판례에 따름).

    나. 영장집행 단계에서 사법경찰관 P가 A에게 압수·수색영장의 첫 페이지 범죄사실 부분만을 제시하면서 나머지 영장 부분을 A가 확인하지 못하도록 한 경우 영장 제시는 적법한지 설명하시오. 만약 이후 수사 단계에서 조사에 참여한 A의 변호인이 위 영장의 나머지 부분까지 확인한 경우에 압수·수색 처분의 효력에 차이가 발생하는지 설명하시오. [10점]

✅ 해설 1-1-나

I. 사법경찰관 P의 압수·수색영장 제시의 적법 여부

1. 압수·수색영장의 제시 범위 및 방법

① 헌법 제12조 제3항 본문, 형사소송법 제219조, 제118조는 '수사기관이 압수·수색영장을 집행할 때에는 처분을 받는 자에게 반드시 압수·수색영장을 제시하여야 한다'는 취지로 규정하고 있다. 그리고 형사소송법 제219조, 제114조 제1항 본문, 형사소송규칙 제58조는 압수·수색영장에 피의자의 성명, 죄명, 압수할 물건, 수색할 장소, 신체, 물건, 발부연월일, 유효기간, 압수·수색의 사유 등이 기재되어야 한다는 취지로 규정하고 있다.

② 위와 같은 관련 규정과 영장 제시 제도의 입법 취지 등을 종합하여 보면, 압수·수색영장을 집행하는 수사기관은 피압수자로 하여금 법관이 발부한 영장에 의한 압수·수색이라는 사실을 확인함과 동시에 형사소송법이 압수·수색영장에 필요적으로 기재하도록 정한 사항이나 그와 일체를 이루는 사항을 충분히 알 수 있도록 압수·수색영장을 제시하여야 한다(대판 2017.9.21. 2015도12400 참조).

2. 사안의 경우

사법경찰관 P가 A에게 압수·수색영장의 첫 페이지 범죄사실 부분만을 제시하면서 나머지 영장 부분을 A가 확인하지 못하도록 한 경우, A가 형사소송법이 압수·수색영장에 필요적으로 기재하도록 정한 사항이나 그와 일체를 이루는 사항을 충분히 알 수 없으므로, P의 압수·수색영장의 제시는 위법하다(대결 2020.4.16. 2019모3526).

II. A의 변호인이 위 영장의 나머지 부분까지 확인한 경우에 압수·수색 처분의 효력

사법경찰관 P가 A에게 압수·수색영장의 첫 페이지 범죄사실 부분만을 제시하면서 나머지 영장 부분을 A가 확인하지 못하게 함으로써 형사소송법 제219조, 제118조에 따른 적법한 압수·수색영장의 제시라고 인정하기 어려운 이상, 수사 단계에서 조사에 참여한 A의 변호인이 위 영장의 나머지 부분까지 확인하였다는 사정으로 인하여 그 위법성이 치유되는 것은 아니다. 따라서 A의 변호인이 위 영장의 나머지 부분까지 확인한 경우라도 압수·수색 처분은 위법하다(대결 2020.4.16. 2019모3526).

문제 1-1-다

[기본적 사실관계]

A는 농촌 지역에서 주유소를 운영하는 자로서, S정유회사를 통해 공급받은 유류를 면세유 구입카드를 소지한 영세 농민에게 면세유로 공급하고, 면세유 관리기관인 농협으로부터 해당 공급량에 대한 면세유류공급확인서를 발급받아 세무서에 제출함으로써 부가세 등 세금을 환급받아 정상유와 면세유의 차액 상당액을 정산하는 공급거래를 이어오고 있다. 한편 화물차를 운행하는 B는 면세유 공급대상자가 아님에도 A와의 친분을 통해 2019. 2. 1.부터 2019. 4. 1. 사이에 A가 위탁보관 중이던 타인의 면세유 구입카드를 이용하여 A로부터 몇 차례 면세유를 정상유보다 저렴한 가격에 공급받았고, A는 그 거래에 대하여 세무서로부터 감면세액을 환급받았다(각 설문은 상호관련성이 없음).

1. (추가된 사실관계) 사법경찰관 P는 A가 B와의 공모관계에서 면세유를 본래와 다른 용도로 부정유통하였다는 범죄사실로 A의 스마트폰에 대한 압수·수색영장을 발부받아 확보한 스마트폰에 '면세유'를 키워드로 검색하여 나온 문자메시지, 사진 및 문서파일 등의 전자정보를 복제·출력하는 방식으로 압수·수색 절차를 진행하였다(각 설문은 상호관련성이 없고, 견해 대립이 있을 경우 대법원 판례에 따름).

   다. 사법경찰관 P는 압수·수색영장의 집행에 따라 A의 스마트폰에서 출력한 전자정보를 통해 A가 2019. 3. 무렵 공장운영자 C에게도 면세유를 부정유통한 정황을 포착하였다. 위 전자정보를 A와 C의 공모관계에 의한 면세유 부정유통 추가 범행의 증거로 사용할 수 있는지 설명하시오.

   [10점]

◆ 해설 1-1-다

I 결론

A의 스마트폰에서 출력한 전자정보를 A와 C의 공모관계에 의한 면세유 부정유통 추가 범행의 증거로 사용할 수 없다.

II 이유

1. 문제점

형사소송법 제215조 제1항에 의하면, 영장 발부의 사유로 된 범죄 혐의사실과 무관한 별개의 증거를 압수하였을 경우 이는 원칙적으로 유죄 인정의 증거로 사용할 수 없다. 그러나 압수·수색의 목적이 된 범죄나 이와 관련된 범죄의 경우에는 그 압수·수색의 결과를 유죄의 증거로 사용할 수 있다(대판 2016.3.10. 2013도11233 참조). 따라서 사안의 경우는 압수·수색영장에 기재된 범죄사실과 A와 C의 공모관계에 의한 면세유 부정유통 범행과의 관련성이 인정할 수 있는지 문제된다.

2. 압수·수색영장 기재된 범죄사실과 A와 C의 공모관계에 의한 면세유 부정유통 범행과의 관련성이 인정되는지 여부

① 압수·수색영장의 범죄 혐의사실과 관계있는 범죄라는 것은 압수·수색영장에 기재한 혐의사실과 객관적 관련성이 있고 압수·수색영장 대상자와 피의자 사이에 인적 관련성이 있는 범죄를 의미한다.
  ㉠ 그중 혐의사실과의 객관적 관련성은 압수·수색영장에 기재된 혐의사실 자체 또는 그와 기본적 사실관계가 동일한 범행과 직접 관련되어 있는 경우는 물론 범행 동기와 경위, 범행 수단과 방법, 범행 시간과 장소 등을 증명하기 위한 간접증거나 정황증거 등으로 사용될 수 있는 경우에도 인정될 수 있다. 그 관련성은 압수·수색영장에 기재된 혐의사실의 내용과 수사의 대상, 수사 경위 등을 종합하여 구체적·개별적 연관관계가 있는 경우에만 인정된다고 보아야 하고, 혐의사실과 단순히 동종 또는 유사 범행이라는 사유만으로 관련성이 있다고 할 것은 아니다(대판 2017.1.25. 2016도13489, 대판 2017.12.5. 2017도13458 참조).
  ㉡ 피의자와 사이의 인적 관련성은 압수·수색영장에 기재된 대상자의 공동정범이나 교사범 등 공범이나 간접정범은 물론 필요적 공범 등에 대한 피고사건에 대해서도 인정될 수 있다(대판 2017.1.25. 2016도13489, 대판 2017.12.5. 2017도13458 참조).

② 사안의 경우, 영장에 기재된 범죄사실은 2019.2.1.부터 2019.4.1. 사이에 A가 B와의 공모하여 면세유를 본래와 다른 용도로 부정유통하였다는 범죄사실이고, 추가로 포착된 범죄사실은 2019.3. 무렵 A가 C와 공모하여 면세유를 부정유통하였다는 범죄사실이므로 양자 사이에 기본적 사실관계의 동일성이 없을 뿐만 아니라 추가로 발견된 범죄사실이 영장에 기재된 범죄사실의 범행 동기와 경위, 범행 수단과 방법, 범행 시간과 장소 등을 증명하기 위한 간접증거나 정황증거 등으로 사용될 수 있는 경우에도 해당하지 아니한다. 따라서 추가로 발견된 범죄사실이 영장에 기재된 범죄사실과 단순히 동종 또는 유사 범행이라는 사유만으로 혐의사실과의 객관적 관련성이 있다고 할 것은 아니다. 그리고 추가로 발견된 범죄사실의 피의자(A와 C의 공동정범)가 영장에 기재된 피의자(A와 B의 공동정범)와 공동정범이나 교사범 등 공범이나 간접정범 등 필요적 공범에 해당하지도 않으므로 피의자 사이의 인적관련성도 부정된다.[8]

III. 수사기관이 전자정보에 대한 압수수색 중 별도의 범죄혐의와 관련된 전자정보를 우연히 발견한 경우의 조치

① 전자정보에 대한 압수수색이 종료되기 전에 혐의사실과 관련된 전자정보를 적법하게 탐색하는 과정에서 별도의 범죄 혐의와 관련된 전자정보를 우연히 발견한 경우라면, 수사기관으로서는 더 이상의 추가 탐색을 중단하고 법원으로부터 별도의 범죄 혐의에 대한 압수수색영장을 발부받은 경우에 한하여 그러한 정보에 대하여도 적법하게 압수수색을 할 수 있다(대결 2015.7.16. 2011모1839[전합] 참조). 이 경우에도 특별한 사정이 없는 한 피압수자에게 형사소송법 제219조, 제121조, 제129조에 따라 참여권을 보장하고 압수한 전자정보 목록을 교부하는 등 피압수자의 이익을 보호하기 위한 적절한 조치를 하여야 한다. 이러한 압수·수색 절차는 '별도의 범죄혐의'가 제3자의 것인 경우에도 동일하게 준수되어야 한다(서울서부지법 2019.12.11. 2019고합174).

② 만일 별도의 압수·수색영장을 발부받지 아니한 채 별도의 범죄혐의와 관련된 전자정보를 압수하였다면 이는 형사소송법 제308조의2에서 정한 '적법한 절차에 따르지 아니하고 수집한 증거'로서 증거로 쓸 수 없고, 그 절차적 위법은 헌법상 영장주의 내지 적법절차의 실질적 내용을 침해하는 중대한 위법에 해당하여 예외적으로 증거능력을 인정할 수도 없다(대판 2014.1.16. 2013도7101).

③ 사안의 경우, 사법경찰관 P는 별도의 압수·수색영장을 발부받지 아니한 채 별도의 범죄 혐의(A와 C의 공모관계에 의한 면세유 부정유통 하였다는 범죄 혐의)와 관련된 전자정보를 압수한 것으로서 보인다. 그렇다면 이는 형사소송법 제308조의2에서 정한 '적법한 절차에 따르지 아니하고 수집한 증거'로서 증거로 쓸 수 없다.

---

8) 이와 달리 사건과의 관련성을 인정하는 것으로 결론을 내리기를 원한다면, 객관적 관련성과 인적 관련성이 인정된다고 사안포섭을 하면 될 것이다.

문제 1-2-가

[기본적 사실관계]

A는 농촌 지역에서 주유소를 운영하는 자로서, S정유회사를 통해 공급받은 유류를 면세유 구입카드를 소지한 영세 농민에게 면세유로 공급하고, 면세유 관리기관인 농협으로부터 해당 공급량에 대한 면세유류공급확인서를 발급받아 세무서에 제출함으로써 부가세 등 세금을 환급받아 정상유와 면세유의 차액 상당액을 정산하는 공급거래를 이어오고 있다. 한편 화물차를 운행하는 B는 면세유 공급대상자가 아님에도 A와의 친분을 통해 2019.2.1.부터 2019.4.1. 사이에 A가 위탁보관 중이던 타인의 면세유 구입카드를 이용하여 A로부터 몇 차례 면세유를 정상유보다 저렴한 가격에 공급받았고, A는 그 거래에 대하여 세무서로부터 감면세액을 환급받았다(각 설문은 상호관련성이 없음).

2. (추가된 사실관계) A는 2020.1.20. "농업 용도에 사용할 면세유를 B에게 다른 용도로 판매하고 조세를 환급받았다."는 공소사실에 대하여 조세범처벌법위반죄로 공소가 제기되었다(각 설문은 상호관련성이 없고, 견해 대립이 있을 경우 대법원 판례에 따름).

    가. 사법경찰관 P는 공소제기에 앞서 A에 대한 피의자신문조서를 작성하였고, 이후 소속 경찰청장 명의로 관할 세무서장에게 고발의뢰가 이루어졌으나 별다른 이유 없이 고발장이 제출되지 않았다. 이 경우 A에 대한 피의자조사의 적법성에 대하여 논하시오. [7점]

✅ 해설 1-2-가

I. 결론

A에 대한 피의자조사는 적법하다.

II. 이유

1. 문제점

고소나 고발은 수사의 단서에 불과하다. 그러나 친고죄나 세무공무원 등의 고발이 있어야 논할 수 있는 죄의 경우 고소나 고발은 소추조건이므로 고소나 고발이 없으면 공소를 제기할 수 없다. 사안의 경우, 조세범처벌법위반죄는 세무공무원의 고발이 있어야 공소를 제기할 수 있는 사건에 해당하는바(조세범처벌법 제21조), 이처럼 세무공무원 등의 고발이 있어야 논할 수 있는 죄에서 고소나 고발이 없는 경우 수사를 개시할 수 있는지가 문제된다.

2. 학설

이에 대하여 고소나 고발이 없는 경우에도 수사가 허용된다는 견해(전면허용설), 고소나 고발이 없으면 강제수사는 물론 임의수사도 할 수 없다는 견해(전면부정설), 고소나 고발이 없는 경우에도 수사는 허용되지만 고소나 고발의 가능성이 없는 때에는 수사가 허용되지 않거나 제한되어야 한다는 견해(제한적 허용설)가 있다.

3. 판례

판례는 "친고죄나 세무공무원 등의 고발이 있어야 논할 수 있는 죄에 있어서 고소 또는 고발은 이른바 소추조건에 불과하고 당해 범죄의 성립 요건이나 수사의 조건은 아니므로, 위와 같은 범죄에 관하여 고소나 고발이 있기 전에 수사를 하였다고 하더라도, 그 수사가 장차 고소나 고발이 있을 가능성이 없는 상태 하에서 행해졌다는 등의 특단의 사정이 없는 한, 고소나 고발이 있기 전에 수사를 하였다는 이유만으로 그 수사가 위법하다고 볼 수는 없다."고 판시하여(대판 1995.2.24. 94도252), 제한적 긍정설의 입장이다. 판례는 임의수사는 물론 강제수사도 허용된다는 입장이다(대판 1995.3.10. 94도3373).

4. 검토 및 사안의 해결

① 친고죄나 세무공무원 등의 고발이 있어야 논할 수 있는 죄에 있어서 고소나 고발이 없는 때에도 증거나 범인을 확보하기 위하여 수사를 개시할 필요가 있음을 부정할 수 없으므로 전면부정설은 타당하지 않다. 전면허용설도 공소제기의 가능성이 없는 수사까지 허용하는 점에서 옳다고 할 수 없다. 따라서 친고죄나 세무공무원 등의 고발이 있어야 논할 수 있는 죄에 있어서 고소나 고발이 없어도 고소나 고발의 가능성이 있을 대에는 임의수사는 물론 강제수사도 허용되지만, 고소나 고발의 가능성이 없는 때에는 임의수사와 강제수사가 모두 허용되지 않는다고 하는 제한적 허용설이 타당하다.

② 사안의 경우, 세무공무원 등의 고발이 있어야 논할 수 있는 죄에 있어서 검사의 A에 대한 피의자조사(임의조사)는 장차 고발이 있을 가능성이 없는 상태 하에서 행해졌다는 등의 특단의 사정이 없는 이상, 고발이 있기 전에 수사하였다는 이유만으로 그 피의자수사가 위법하다고 볼 수는 없다.

✔ 문제 1-2-나

> **[기본적 사실관계]**
> A는 농촌 지역에서 주유소를 운영하는 자로서, S정유회사를 통해 공급받은 유류를 면세유 구입카드를 소지한 영세 농민에게 면세유로 공급하고, 면세유 관리기관인 농협으로부터 해당 공급량에 대한 면세유류공급확인서를 발급받아 세무서에 제출함으로써 부가세 등 세금을 환급받아 정상유와 면세유의 차액 상당액을 정산하는 공급거래를 이어오고 있다. 한편 화물차를 운행하는 B는 면세유 공급대상자가 아님에도 A와의 친분을 통해 2019.2.1.부터 2019.4.1. 사이에 A가 위탁보관 중이던 타인의 면세유 구입카드를 이용하여 A로부터 몇 차례 면세유를 정상유보다 저렴한 가격에 공급받았고, A는 그 거래에 대하여 세무서로부터 감면세액을 환급받았다(각 설문은 상호관련성이 없음).

2. (추가된 사실관계) A는 2020.1.20. "농업 용도에 사용할 면세유를 B에게 다른 용도로 판매하고 조세를 환급받았다."는 공소사실에 대하여 조세범처벌법위반죄로 공소가 제기되었다(각 설문은 상호관련성이 없고, 견해 대립이 있을 경우 대법원 판례에 따름).

   나. 공판절차에서 A는 공소사실을 자백하고 있으나 제1심법원은 관할 세무서장의 고발이 없는 채로 제기된 공소의 효력에 대하여 심리하고자 한다. 제1심법원의 적정한 처리에 대하여 논하시오.
   [8점]

✅ 해설 1-2-나

I. 결론

제1심법원은 공소제기절차가 법률의 규정에 위반되어 무효임을 이유로 형사소송법 제327조 제2호에 따라 공소기각의 판결을 선고하여야 한다. 다만, 피고인 A는 공판절차에서 자백을 하였으므로, 만일 심리결과 자백 이외에 보강증거가 없다면 법원이 피고인의 이익을 위하여 무죄판결을 선고하더라도 위법으로 볼 것은 아니다.

II. 이유

1. 문제점

필요적 고발사건에서 고발은 소추조건에 해당하므로, 고발이 없음에도 공소를 제기한 경우, 형사소송법 제327조 제2호의 공소기각판결의 사유에 해당한다. 다만 사안의 경우, 피고인 A가 공판절차에서 자백을 한 것과 관련하여 법원이 유·무죄의 실체재판을 할 수 있는지가 문제된다.

2. 공소기각판결 사유와 무죄판결의 사유가 경합된 경우, 법원의 실체재판 가부

(1) 원 칙

판례는 친고죄의 고소와 같은 소추조건은 실체재판의 전제조건이라는 점을 고려하여, 공소기각판결의 사유에 해당하는 경우 범죄의 증명이 없다고 하더라도 원칙적으로 공소기각판결을 하여야 한다는 입장이다(대판 1999.4.15. 96도1922).

(2) 예 외

다만, 판례는 공소기각판결의 사유가 있는 경우에도 사건의 실체에 관한 심리가 이미 완료된 때는 사실심법원이 피고인의 이익을 위하여 무죄의 실체판결을 선고하더라도 위법이 아니라고 본다(대판 2015.5.14. 2012도11431).

3. 사안의 경우

제1심법원은 공소제기절차가 법률의 규정에 위반되어 무효임을 이유로 형사소송법 제327조 제2호에 따라 공소기각의 판결을 선고하여야 한다. 다만, 피고인 A는 공판절차에서 자백을 하였으므로, 만일 심리결과 자백 이외에 보강증거가 없다면 법원이 피고인의 이익을 위하여 무죄판결을 선고하더라도 위법으로 볼 것은 아니다.

문제 1-2-다

[기본적 사실관계]

A는 농촌 지역에서 주유소를 운영하는 자로서, S정유회사를 통해 공급받은 유류를 면세유 구입카드를 소지한 영세 농민에게 면세유로 공급하고, 면세유 관리기관인 농협으로부터 해당 공급량에 대한 면세유류공급확인서를 발급받아 세무서에 제출함으로써 부가세 등 세금을 환급받아 정상유와 면세유의 차액 상당액을 정산하는 공급거래를 이어오고 있다. 한편 화물차를 운행하는 B는 면세유 공급대상자가 아님에도 A와의 친분을 통해 2019.2.1.부터 2019.4.1. 사이에 A가 위탁보관 중이던 타인의 면세유 구입카드를 이용하여 A로부터 몇 차례 면세유를 정상유보다 저렴한 가격에 공급받았고, A는 그 거래에 대하여 세무서로부터 감면세액을 환급받았다(각 설문은 상호관련성이 없음).

2. (추가된 사실관계) A는 2020.1.20. "농업 용도에 사용할 면세유를 B에게 다른 용도로 판매하고 조세를 환급받았다."는 공소사실에 대하여 조세범처벌법위반죄로 공소가 제기되었다(각 설문은 상호관련성이 없고, 견해 대립이 있을 경우 대법원 판례에 따름).

　다. 만약 제1심 계속 중에 관할 세무서장이 고발장을 제출한 경우 공소제기의 효력에 어떤 영향이 있는지 논하시오. [5점]

해설 1-2-다

I 결론

제1심 계속 중에 고발의 추완이 있더라도 공소제기절차가 법률의 규정에 위반되어 무효라는 결론에는 어떠한 영향도 미치지 아니한다.

II 이유

① 판례는 세무공무원의 고발 없이 조세범칙사건의 공소가 제기된 후에 세무공무원이 고발을 하여도 그 공소제기절차의 무효가 치유된다고 할 수 없다고 판시하였다(대판 1970.7.28. 70도942).
② 생각건대, 필요적 고발사건에 있어서 고발은 소송조건에 해당하고, 공소제기절차는 그 형식적 확실성이 특히 요청되므로 고발의 추완은 인정되지 않는다고 보는 것이 타당하다.

형사소송법
2020년 제26회 기출문제

문제 1

아래의 각 물음에 답하시오(아래 각 물음은 상호관련성이 없음, 관련 법리에 관한 대법원 판결이 있는 경우 대법원 판결의 입장과 논거를 포함시킬 것, 견해 대립이 있는 경우 대법원 판례 및 대법원전원합의체 판례의 다수의견에 따름).

1. 피고인은 2018.6.11. 수원지방법원에서 절도죄, 각 사기죄 등으로 벌금 300만원의 약식명령을 받은 후 정식재판을 청구하였다(검사는 정식재판을 청구하지 않음). 제1심법원은 위 정식재판 사건(2018고정0000)을 2018고단0000 점유이탈물횡령 등 사건에 병합하였고, 이후 7건의 사건을 추가로 병합하였다. 제1심은 2019.7.12. 판시 각 죄에 대하여 모두 징역형을 선택한 다음 이를 경합범으로 처단하여 피고인에게 징역 1년 2월을 선고하였고, 이에 피고인과 검사는 각 양형부당을 이유로 항소를 제기하였다. 항소심은 2019.10.11. 피고인과 검사의 각 양형부당 항소를 모두 기각하였다. 위 항소심의 판단이 적법한지 설명하시오. [10점]

2. 서울중앙지방법원은 2019.9.5. 피고인에 관한 2019고단0000 사건(이하 '제1사건'이라고 한다)에서 각 사기죄, 상해죄 등을 유죄로 인정하고 징역 1년 2월을 선고하였다. 한편 서울중앙지방법원은 2018.11.26. 피고인에 대하여 폭행죄, 모욕죄로 벌금 300만원의 약식명령을 하였고, 이후 피고인의 정식재판회복청구가 받아들여진 2019고정0000(이하 '제2사건'이라고 한다. 검사는 정식재판을 청구하지 않음)에서 2019.9.26. 위 폭행죄, 모욕죄에 대하여 유죄로 인정되어 벌금 300만원이 선고되었다. 항소심은 2019.12.12. 제1사건의 항소사건(쌍방 항소함)과 제2사건의 항소사건(피고인만 항소함)이 병합되었음을 이유로 위 제1심판결들을 모두 파기한 다음, 위 각 죄에 대하여 유죄로 인정하고 징역형을 각 선택한 후 누범가중과 경합범가중을 하여 그 처단형의 범위 안에서 피고인에게 징역 1년 2월을 선고하였다. 위 항소심의 판단이 적법한지 설명하시오. [10점]

문제 2

아래의 각 물음에 답하시오(아래 각 물음은 상호관련성이 없음, 관련 법리에 관한 대법원 판결이 있는 경우 대법원 판결의 입장과 논거를 포함시킬 것, 견해 대립이 있는 경우 대법원 판례 및 대법원전원합의체 판례의 다수의견에 따름).

1. 甲은 피고인이 경영하는 병원의 사무국장으로 근무하면서 2011.8.23.부터 2012.2.21.까지 총 43회에 걸쳐 합계 23,490,000원을 환자 소개의 대가 명목으로 교부하면서 환자를 소개·알선·유인하는 행위를 저질렀다. 이와 관련하여 피고인은 양벌규정인 의료법 제91조를 적용법조로 하여 기소되었다. 피고인은 제1심 제3회 공판기일에서 검사가 증거로 제출한 사법경찰관 작성의 甲에 대한 피의자신문조서를 증거로 함에 동의하지 않고 그 내용을 부인하였으나, 제1심은 위 피의자신문조서를 형사소송법 제312조 제3항이 적용되는 '검사 이외의 수사기관이 작성한 피의자신문조서'가 아니라 같은 조 제4항의 '사법경찰관이 피고인 아닌 자의 진술을 기재한 조서'에 해당한다고 보아, 甲이 이미 사망하였으므로 공판기일에 출석하여 진술을 할 수 없는 경우에 해당하고 그의 경찰에서의 진술은 특히 신빙할 수 있는 상태 하에서 행하여졌음이 인정된다는 이유로 형사소송법 제314조에 의하여 증거능력을 인정하였다. 이에 따라 제1심은 피고인에 대한 공소사실을 유죄로 인정하였다. 제1심의 증거능력에 대한 판단이 적법한지 설명하시오. [10점]

2. (기초사실) 피고인은 2018.3.20.부터 2018.3.26.까지 총 18회에 걸쳐 휴대전화기의 카메라 등을 이용하여 성명불상의 여성 피해자의 치마 속을 몰래 촬영하였다는 이유로 성폭력범죄의 처벌 등에 관한 특례법위반(카메라등이용촬영)죄로 기소되었다. 피고인은 제1심과 항소심에서 공소사실에 대해 자백하였고 검사가 제출한 모든 서류에 대하여 증거를 동의하였다(아래 가, 나항은 상호 관련 없음).

    가. (위 기초사실을 바탕으로 한 추가사실) 검사가 법원에 제출한 증거에는 경찰관이 현행범 체포할 때 임의제출 방식으로 압수한 피고인 소유의 휴대전화기 및 여기에 기억된 저장정보를 탐색하여 복제·출력한 영상캡처 사진과 복제된 영상파일이 있었다(위 휴대전화기와 관련하여 별도로 사후에 영장을 받은 사실은 없다). 현행범 체포 당시 임의제출 방식 자체는 적법하였다는 전제하에 피고인의 자백을 뒷받침할 보강증거가 있다고 볼 수 있는지 설명하시오. [5점]

    나. (위 기초사실을 바탕으로 한 추가사실) 검찰이 법원에 제출한 증거는 오로지 2018.3.26.자 범행과 관련하여 작성한 위 휴대전화기에 대한 압수조서와 피고인에 대한 검사 작성의 피의자신문조서만이 있었는데, 위 압수조서에는 "2018.3.26. 07:30경 지하철 O호선 A역 승강장 등에서 경찰관이 비노출 잠복근무 중 검정 재킷, 검정 바지, 흰색 운동화를 착용한 20대 가량의 남성이 짧은 치마를 입고 에스컬레이터를 올라가는 여성을 쫓아가 뒤에 밀착하여 치마 속으로 휴대폰을 집어넣는 등 해당 여성의 신체를 몰래 촬영하는 행동을 하였다"는 내용이 포함되어 있고, 그 하단에는 2018.3.26.자 공소사실에 관한 피고인의 범행을 직접 목격하면서 위 압수조서를 작성한 사법경찰관 및 사법경찰리의 각 기명날인이 들어가 있었다. 이 경우 피고인의 각 범행에 관하여 자백을 뒷받침할 보강증거가 있다고 볼 수 있는지 설명하시오(만약 범행별로 그 여부가 달라질 경우 이를 구분하여 설명할 것). [5점]

3. 피고인은 새마을금고 이사장 선거와 관련하여 대의원인 甲에게 자신을 지지해 달라고 부탁하면서 현금 50만원을 제공하였다는 이유로 새마을금고법 위반으로 기소되었다. 검사는 사법경찰관 작성의 공범 甲에 대한 피의자신문조서 및 진술조서를 증거로 제출하고, 검사가 신청한 증인 乙은 법정에 출석하여 '甲으로부터 피고인에게서 50만원을 받았다는 취지의 말을 들었다'고 증언하였다. 피고인은 공판기일에서 공소사실을 부인하였고 위 甲에 대한 피의자신문조서와 진술조서의 내용을 모두 부인하였다. 한편 공범이자 공동피고인인 甲은 현금 50만원을 받았다는 취지의 공소사실을 부인하면서도 위 피의자신문조서와 진술조서의 성립의 진정은 인정하였다. 이 경우 피고인에 대하여 위 甲에 대한 피의자신문조서와 진술조서, 그리고 乙의 법정진술의 증거능력 유무에 대하여 설명하시오. [10점]

형사소송법 | 2020년 제26회 기출문제해설

✓ 문제 1-1

> 아래의 각 물음에 답하시오(아래 각 물음은 상호관련성이 없음, 관련 법리에 관한 대법원 판결이 있는 경우 대법원 판결의 입장과 논거를 포함시킬 것, 견해 대립이 있는 경우 대법원 판례 및 대법원전원합의체 판례의 다수의견에 따름).

1. 피고인은 2018.6.11. 수원지방법원에서 절도죄, 각 사기죄 등으로 벌금 300만원의 약식명령을 받은 후 정식재판을 청구하였다(검사는 정식재판을 청구하지 않음). 제1심법원은 위 정식재판 사건(2018고정 OOO)을 2018고단OOOO 점유이탈물횡령 등 사건에 병합하였고, 이후 7건의 사건을 추가로 병합하였다. 제1심은 2019.7.12. 판시 각 죄에 대하여 모두 징역형을 선택한 다음 이를 경합범으로 처단하여 피고인에게 징역 1년 2월을 선고하였고, 이에 피고인과 검사는 각 양형부당을 이유로 항소를 제기하였다. 항소심은 2019.10.11. 피고인과 검사의 각 양형부당 항소를 모두 기각하였다. 위 항소심의 판단이 적법한지 설명하시오. [10점]

✅ 해설 1-1

I 결 론

항소심의 기각판결은 부적법하다.

II 이 유

1. **제1심판결의 위법 여부**

(1) **형종 상향 금지의 원칙**

형사소송법 제457조의2 제1항은 "피고인이 정식재판을 청구한 사건에 대하여는 약식명령의 형보다 중한 종류의 형을 선고하지 못한다."라고 규정하여, 정식재판청구 사건에서의 형종 상향 금지의 원칙을 정하고 있다.

(2) **사안의 경우**

제1심판결 중 2018고정850 사건 부분은 피고인만이 정식재판을 청구한 사건인데도 약식명령의 벌금형보다 중한 종류의 형인 징역형을 선택하여 형을 선고하였으므로, 여기에 형사소송법 제457조의2 제1항에서 정한 형종 상향 금지의 원칙을 위반한 잘못이 있다.

2. **항소심판결의 위법 여부**

(1) **항소심의 구조**

대법원은 "현행 형사소송법은 항소심은 기본적으로 실체적 진실을 추구하는 면에서 속심적 기능이 강조되고 있고, 다만 사후심적 요소를 도입한 형사소송법의 조문들이 남상소의 폐단을 억제하고 항소법원의 부담을 감소시킨다는 소송경제상의 필요에서 항소심의 속심적 성격에 제한을 가하고 있음에 불과하다."고 판시하여(대판 1983.4.26. 82도2829), 항소심을 원칙적으로 속심으로 본다.

(2) **항소법원이 조치해야 할 사항**

항소법원은 판결에 영향을 미친 사유에 관하여는 항소이유서에 포함되지 아니한 경우에도 직권으로 심판할 수 있다(형사소송법 제64조 제1항). 항소이유가 있다고 인정한 때에는 원심판결을 파기하고 다시 판결을 하여야 한다(형사소송법 제64조 제4항).

(3) **사안의 경우**

항소법원은 기각판결을 함으로써 제1심판결을 그대로 유지하였으므로, 항소심판결은 형사소송법 제457조의2 제1항을 위반하여 위법하다.

문제 1-2

아래의 각 물음에 답하시오(아래 각 물음은 상호관련성이 없음, 관련 법리에 관한 대법원 판결이 있는 경우 대법원 판결의 입장과 논거를 포함시킬 것, 견해 대립이 있는 경우 대법원 판례 및 대법원전원합의체 판례의 다수의견에 따름).

2. 서울중앙지방법원은 2019.9.5. 피고인에 관한 2019고단0000 사건(이하 '제1사건'이라고 한다)에서 각 사기죄, 상해죄 등을 유죄로 인정하고 징역 1년 2월을 선고하였다. 한편 서울중앙지방법원은 2018.11.26. 피고인에 대하여 폭행죄, 모욕죄로 벌금 300만원의 약식명령을 하였고, 이후 피고인의 정식재판회복청구가 받아들여진 2019고정0000(이하 '제2사건'이라고 한다. 검사는 정식재판을 청구하지 않았음)에서 2019.9.26. 위 폭행죄, 모욕죄에 대하여 유죄로 인정되어 벌금 300만원이 선고되었다. 항소심은 2019.12.12. 제1사건의 항소사건(쌍방 항소함)과 제2사건의 항소사건(피고인만 항소함)이 병합되었음을 이유로 위 제1심판결들을 모두 파기한 다음, 위 각 죄에 대하여 유죄로 인정하고 징역형을 각 선택한 후 누범가중과 경합범가중을 하여 그 처단형의 범위 안에서 피고인에게 징역 1년 2월을 선고하였다. 위 항소심의 판단이 적법한지 설명하시오. [10점]

해설 1-2

Ⅰ. 결론

항소심의 판단은 형사소송법 제457조의2 제1항을 위반하여 위법하다.

Ⅱ. 이유

1. 형종 상향 금지의 원칙

형사소송법 제457조의2 제1항은 "피고인이 정식재판을 청구한 사건에 대하여는 약식명령의 형보다 중한 종류의 형을 선고하지 못한다."라고 규정하여, 정식재판청구 사건에서의 형종 상향 금지의 원칙을 정하고 있다. 위 형종 상향 금지의 원칙은 피고인이 정식재판을 청구한 사건과 다른 사건이 병합·심리된 후 경합범으로 처단되는 경우에도 정식재판을 청구한 사건에 대하여 그대로 적용된다(대판 2020.3.26. 2020도355).

2. 사안의 경우

① 제2사건은 피고인만이 정식재판을 청구한 사건이므로 형종 상향 금지의 원칙에 따라 그 각 죄에 대하여는 약식명령의 벌금형보다 중한 종류의 형인 징역형을 선택하지 못하고, 나아가 제2사건이 항소심에서 제1사건과 병합·심리되어 경합범으로 처단되더라도 제2사건에 대하여는 징역형을 선고하여서는 아니 된다.

② 그런데 제2사건의 항소심에서 각 죄에 대하여 약식 명령의 벌금형보다 중한 종류의 형인 징역형을 선택한 다음 경합범가중 등을 거쳐 제1사건의 각 죄와 제2사건의 각 죄에 대하여 하나의 징역형을 선고하고 말았다. 이러한 항소심의 판단은 형사소송법 제457조의2 제1항에서 정한 형종 상향 금지의 원칙을 위반하여 위법하다.

◆ 문제 2-1

> 아래의 각 물음에 답하시오(아래 각 물음은 상호관련성이 없음, 관련 법리에 관한 대법원 판결이 있는 경우 대법원 판결의 입장과 논거를 포함시킬 것, 견해 대립이 있는 경우 대법원 판례 및 대법원전원합의체 판례의 다수의견에 따름).

1. 甲은 피고인이 경영하는 병원의 사무국장으로 근무하면서 2011.8.23.부터 2012.2.21.까지 총 43회에 걸쳐 합계 23,490,000원을 환자 소개의 대가 명목으로 교부하면서 환자를 소개·알선·유인하는 행위를 저질렀다. 이와 관련하여 피고인은 양벌규정인 의료법 제91조를 적용법조로 하여 기소되었다. 피고인은 제1심 제3회 공판기일에서 검사가 증거로 제출한 사법경찰관 작성의 甲에 대한 피의자신문조서를 증거로 함에 동의하지 않고 그 내용을 부인하였으나, 제1심은 위 피의자신문조서를 형사소송법 제312조 제3항이 적용되는 '검사 이외의 수사기관이 작성한 피의자신문조서'가 아니라 같은 조 제4항의 '사법경찰관이 피고인 아닌 자의 진술을 기재한 조서'에 해당한다고 보아, 甲이 이미 사망하였으므로 공판기일에 출석하여 진술을 할 수 없는 경우에 해당하고 그의 경찰에서의 진술은 특히 신빙할 수 있는 상태 하에서 행하여졌음이 인정된다는 이유로 형사소송법 제314조에 의하여 증거능력을 인정하였다. 이에 따라 제1심은 피고인에 대한 공소사실을 유죄로 인정하였다. 제1심의 증거능력에 대한 판단이 적법한지 설명하시오. [10점]

✅ 해설 2-1

Ⅰ 결론

제1심의 증거능력에 대한 판단은 위법하다.

Ⅱ 이유

1. 판례

① 형사소송법 제312조 제3항은 검사 이외의 수사기관이 작성한 해당 피고인에 대한 피의자신문조서를 유죄의 증거로 하는 경우뿐만 아니라 검사 이외의 수사기관이 작성한 해당 피고인과 공범관계에 있는 다른 피고인이나 피의자에 대한 피의자신문조서를 해당 피고인에 대한 유죄의 증거로 채택할 경우에도 적용된다(대판 2020.6.11. 2016도9367).

② 따라서 해당 피고인과 공범관계가 있는 다른 피의자에 대하여 검사 이외의 수사기관이 작성한 피의자신문조서는 그 피의자의 법정진술에 의하여 성립의 진정이 인정되는 등 형사소송법 제312조 제4항의 요건을 갖춘 경우라도 해당 피고인이 공판기일에서 그 조서의 내용을 부인한 이상 이를 유죄 인정의 증거로 사용할 수 없고, 그 당연한 결과로 위 피의자신문조서에 대하여는 사망 등 사유로 인하여 법정에서 진술할 수 없는 때에 예외적으로 증거능력을 인정하는 규정인 형사소송법 제314조가 적용되지 아니한다(대판 2020.6.11. 2016도9367).

③ 그리고 이러한 법리는 공동정범이나 교사범, 방조범 등 공범관계에 있는 자들 사이에서뿐만 아니라, 법인의 대표자나 법인 또는 개인의 대리인, 사용인, 그 밖의 종업원 등 행위자의 위반행위에 대하여 행위자가 아닌 법인 또는 개인이 양벌규정에 따라 기소된 경우, 이러한 법인 또는 개인과 행위자 사이의 관계에서도 마찬가지로 적용된다고 보아야 한다(대판 2020.6.11. 2016도9367).

2. 검토 및 사안의 경우

① 생각건대, 양벌규정에 따라 처벌되는 행위자와 행위자가 아닌 법인 또는 개인 간의 관계는, 행위자가 저지른 법규위반행위가 사업주의 법규위반행위와 사실관계가 동일하거나 적어도 중요부분을 공유한다는 점에서 내용상 불가분적 관련성을 지닌다고 보아야 하고, 따라서 앞서 본 형법총칙의 공범관계 등과 마찬가지로 인권보장적인 요청에 따라 형사소송법 제312조 제3항이 이들 사이에서도 적용된다고 보는 것이 타당하다.

② 사안의 경우, 피고인이 법정에서 사법경찰관 작성의 甲에 대한 피의자신문조서를 증거로 함에 동의하지 않았을 뿐만 아니라 오히려 그 내용을 부인하고 있는 이상, 검사 이외의 수사기관이 양벌규정의 행위자인 甲에 대하여 작성한 피의자신문조서에 관해서는 형사소송법 제312조 제3항이 적용되어 그 증거능력이 없다. 그리고 이 경우에는 형사소송법 제314조를 적용하여 위 피의자신문조서의 증거능력을 인정할 수도 없다. 그럼에도 제1심은 형사소송법 제314조를 적용하여 사법경찰관 작성의 甲에 대한 피의자신문조서의 증거능력을 인정하였는바, 제1심의 증거능력에 대한 판단은 위법하다.

문제 2-2

아래의 각 물음에 답하시오(아래 각 물음은 상호관련성이 없음, 관련 법리에 관한 대법원 판결이 있는 경우 대법원 판결의 입장과 논거를 포함시킬 것, 견해 대립이 있는 경우 대법원 판례 및 대법원전원합의체 판례의 다수의견에 따름).

2. (기초사실) 피고인은 2018.3.20.부터 2018.3.26.까지 총 18회에 걸쳐 휴대전화기의 카메라 등을 이용하여 성명불상의 여성 피해자의 치마 속을 몰래 촬영하였다는 이유로 성폭력범죄의 처벌 등에 관한 특례법위반(카메라등이용촬영)죄로 기소되었다. 피고인은 제1심과 항소심에서 공소사실에 대해 자백하였고 검사가 제출한 모든 서류에 대하여 증거를 동의하였다(아래 가, 나항은 상호 관련 없음).

가. (위 기초사실을 바탕으로 한 추가사실) 검사가 법원에 제출한 증거에는 경찰관이 현행범 체포할 때 임의제출 방식으로 압수한 피고인 소유의 휴대전화기 및 여기에 기억된 저장정보를 탐색하여 복제·출력한 영상캡쳐 사진과 복제된 영상파일이 있었다(위 휴대전화기와 관련하여 별도로 사후에 영장을 받은 사실은 없다). 현행범 체포 당시 임의제출 방식 자체는 적법하였다는 전제하에 피고인의 자백을 뒷받침할 보강증거가 있다고 볼 수 있는지 설명하시오. [5점]

나. (위 기초사실을 바탕으로 한 추가사실) 검찰이 법원에 제출한 증거는 오로지 2018.3.26.자 범행과 관련하여 작성한 위 휴대전화기에 대한 압수조서와 피고인에 대한 검사 작성의 피의자신문조서만이 있었는데, 위 압수조서에는 "2018.3.26. 07:30경 지하철 O호선 A역 승강장 등에서 경찰관이 비노출 잠복근무 중 검정 재킷, 검정 바지, 흰색 운동화를 착용한 20대 가량의 남성이 짧은 치마를 입고 에스컬레이터를 올라가는 여성을 쫓아가 뒤에 밀착하여 치마 속으로 휴대폰을 집어넣는 등 해당 여성의 신체를 몰래 촬영하는 행동을 하였다"는 내용이 포함되어 있고, 그 하단에는 2018.3.26.자 공소사실에 관한 피고인의 범행을 직접 목격하면서 위 압수조서를 작성한 사법경찰관 및 사법경찰리의 각 기명날인이 들어가 있었다. 이 경우 피고인의 각 범행에 관하여 자백을 뒷받침할 보강증거가 있다고 볼 수 있는지 설명하시오(만약 범행별로 그 여부가 달라질 경우 이를 구분하여 설명할 것).
[5점]

✅ 해설 2-2

I 설문 가.의 해결

1. 결론

피고인 소유의 휴대전화기 및 여기에 기억된 저장정보를 탐색하여 복제·출력한 영상캡쳐 사진과 복제된 영상파일은 피고인의 자백을 뒷받침할 보강증거에 해당한다.

2. 이유

(1) 문제점

형사소송법 제310조는 '피고인의 자백이 그 피고인에게 불이익한 유일의 증거인 때에는 이를 유죄의 증거로 하지 못한다'고 규정하여 자백의 보강법칙을 선언하고 있다. 자백을 보강하는 보강증거도 증거능력 있는 증거일 것을 요하고, 보강증거는 자백 이외의 독립증거일 것을 요한다. 사안의 경우, 경찰관이 현행범 체포할 때 임의제출 방식으로 압수한 피고인 소유의 휴대전화기 및 여기에 기억된 저장정보를 탐색하여 복제·출력한 영상캡쳐 사진과 복제된 영상파일은 피고인의 자백 이외의 독립증거에 해당한다. 다만, 위 휴대전화기와 관련하여 별도로 사후에 영장을 받은 사실이 없다는 점으로 인하여 위법수집증거에 해당하여 증거능력이 부정되고, 그 결과 보강증거가 되지 못하는 것이 문제된다.

(2) 판례

범죄를 실행 중이거나 실행 직후의 현행범인은 누구든지 영장 없이 체포할 수 있고(형사소송법 제212조), 검사 또는 사법경찰관은 피의자 등이 유류한 물건이나 소유자·소지자 또는 보관자가 임의로 제출한 물건은 영장 없이 압수할 수 있으므로(제218조), 현행범 체포 현장이나 범죄 현장에서도 소지자 등이 임의로 제출하는 물건은 형사소송법 제218조에 의하여 영장 없이 압수하는 것이 허용되고, 이 경우 검사나 사법경찰관은 별도로 사후에 영장을 받을 필요가 없다(대판 2019.11.14. 2019도13290; 대판 2016.2.18. 2015도13726).

(3) 사안의 경우

현행범 체포 현장이나 범죄 현장에서 소지자 등이 임의로 제출하는 물건을 형사소송법 제218조에 의하여 영장 없이 압수할 수 있고, 이때 사법경찰관은 별도로 사후에 영장을 받을 필요가 없다. 따라서 현행범 체포 당시 임의제출에 의한 압수가 적법한 이상, 피고인 소유의 휴대전화기 및 여기에 기억된 저장정보를 탐색하여 복제·출력한 영상캡쳐 사진과 복제된 영상파일은 피고인의 자백을 뒷받침할 보강증거에 해당한다.

Ⅱ 설문 나.의 해결

1. 결론

2018.3.26.자 성폭력처벌법위반(카메라등이용촬영)죄에 대한 자백의 경우 피고인 소유 휴대전화기에 대한 압수조서 중 '압수경위'란에 기재된 내용이 보강증거가 되지만, 2018.3.26.자 이외의 17회의 각 범행에 대한 자백의 보강증거는 없다.

2. 이유

(1) 판례

체포 당시 임의제출 방식으로 압수된 피고인 소유 휴대전화기에 대한 압수조서 중 '압수경위'란에 기재된 내용은 피고인이 범행을 저지르는 현장을 직접 목격한 사람의 진술이 담긴 것으로서 형사소송법 제312조 제5항에서 정한 '피고인이 아닌 자가 수사과정에서 작성한 진술서'에 준하는 것으로 볼 수 있고, 이에 따라 휴대전화기에 대한 임의제출절차가 적법하였는지에 영향을 받지 않는 별개의 독립적인 증거에 해당한다. 따라서 피고인이 증거로 함에 동의한 이상 유죄를 인정하기 위한 증거로 사용할 수 있을 뿐 아니라 이 부분 공소사실에 대한 피고인의 자백을 보강하는 증거가 된다(대판 2019.11.14. 2019도13290).

(2) 사안의 경우

1) 2018.3.26.자 성폭력처벌법위반(카메라등이용촬영)죄에 대한 자백의 보강증거

2018.3.26.자 범행과 관련하여 체포 당시 임의제출 방식으로 압수된 피고인 소유 휴대전화기에 대한 압수조서 중 '압수경위'란에 기재된 내용은 형사소송법 제312조 제5항에서 정한 '피고인이 아닌 자가 수사과정에서 작성한 진술서'에 준하는 것으로서 피고인이 증거로 함에 동의한 이상, 2018.3.26.자 범행의 공소사실에 대한 피고인의 자백을 보강하는 증거가 된다.

2) 2018.3.26.자 이외의 17회의 각 범행에 대한 자백의 보강증거

이 사건 공소사실 중 2018.3.26.자 이외의 17회의 각 성폭력처벌법위반(카메라등이용촬영)죄는 모두 행위가 다르고 피해자가 달라 실체적 경합범에 해당한다. 경합범은 수죄이므로 독립된 범죄에 대하여 각각 보강증거가 필요하다는 점에는 이론이 없다. 따라서 2018.3.26.자 성폭력처벌법위반(카메라등이용촬영)의 범행에 대한 압수조서상 '압수경위'란에 기재된 내용은 2018.3.26.자 이외의 17회의 각 범행에 대한 보강증거가 될 수 없다. 그렇다면 2018.3.26.자 이외의 17회의 각 범행에 대해서는 피고인의 자백 이외에 달리 보강증거가 없으므로 자백을 유죄의 증거로 하지 못한다(형사소송법 제310조).

문제 2-3

> 아래의 각 물음에 답하시오(아래 각 물음은 상호관련성이 없음, 관련 법리에 관한 대법원 판결이 있는 경우 대법원 판결의 입장과 논거를 포함시킬 것, 견해 대립이 있는 경우 대법원 판례 및 대법원전원합의체 판례의 다수의견에 따름).

3. 피고인은 새마을금고 이사장 선거와 관련하여 대의원인 甲에게 자신을 지지해 달라고 부탁하면서 현금 50만원을 제공하였다는 이유로 새마을금고법 위반으로 기소되었다. 검사는 사법경찰관 작성의 공범 甲에 대한 피의자신문조서 및 진술조서를 증거로 제출하고, 검사가 신청한 증인 乙은 법정에 출석하여 '甲으로부터 피고인에게서 50만원을 받았다는 취지의 말을 들었다'고 증언하였다. 피고인은 공판기일에서 공소사실을 부인하였고 위 甲에 대한 피의자신문조서와 진술조서의 내용을 모두 부인하였다. 한편 공범이자 공동피고인인 甲은 현금 50만원을 받았다는 취지의 공소사실을 부인하면서도 위 피의자신문조서와 진술조서의 성립의 진정은 인정하였다. 이 경우 피고인에 대하여 위 甲에 대한 피의자신문조서와 진술조서, 그리고 乙의 법정진술의 증거능력 유무에 대하여 설명하시오. [10점]

✅ 해설 2-3

I 결론

피고인에 대하여 위 甲에 대한 피의자신문조서와 진술조서, 그리고 乙의 법정진술은 모두 형사소송법 제310조의2에 의하여 증거능력이 없다.

II 이유

1. 사법경찰관 작성의 甲에 대한 피의자신문조서와 진술조서의 증거능력

① 형사소송법 제312조 제3항은 검사 이외의 수사기관이 작성한 당해 피고인에 대한 피의자신문조서를 유죄의 증거로 하는 경우뿐만 아니라 검사 이외의 수사기관이 작성한 당해 피고인과 공범관계에 있는 다른 피고인이나 피의자에 대한 피의자신문조서를 당해 피고인에 대한 유죄의 증거로 채택할 경우에도 적용된다(대판 2019.11.14. 2019도11552).

② 따라서 당해 피고인과 공범관계가 있는 다른 피의자에 대하여 검사 이외의 수사기관이 작성한 피의자신문조서는 그 피의자의 법정진술에 의하여 그 성립의 진정이 인정되는 등 형사소송법 제312조 제4항의 요건을 갖춘 경우라고 하더라도 당해 피고인이 공판기일에서 그 조서의 내용을 부인한 이상 이를 유죄 인정의 증거로 사용할 수 없다(대판 2019.11.14. 2019도11552).

③ 그리고 피의자의 진술을 녹취 내지 기재한 서류 또는 문서가 수사기관에서의 조사과정에서 작성된 것이라면 그것이 진술조서라는 형식을 취하였다고 하더라도 피의자신문조서와 달리 볼 수 없다(대판 2019.11.14. 2019도11552).

④ 사안의 경우, 피고인은 甲과 새마을금고법위반죄의 공범으로 기소된 사실, 피고인은 공판기일에서 사법경찰관 작성의 甲에 대한 피의자신문조서 및 진술조서의 내용을 모두 부인한 사실을 알 수 있는바, 이러한 사실관계를 앞서 본 법리에 비추어 살펴보면, 甲이 법정에 출석하여 위 피의자신문조서 및 진술조서의 성립의 진정을 인정하였다고 하더라도 피고인이 그 조서의 내용을 부인한 이상 이는 증거능력이 없다.

2. 乙의 법정진술의 증거능력

① 형사소송법 제316조 제2항은 피고인 아닌 자가 공판준비 또는 공판기일에서 한 진술이 피고인 아닌 타인의 진술을 그 내용으로 하는 것인 때에는 원진술자가 사망, 질병, 외국거주, 소재불명 그 밖에 이에 준하는 사유로 인하여 진술할 수 없고 그 진술이 특히 신빙할 수 있는 상태 하에서 행하여졌음이 증명된 때에 한하여 이를 증거로 할 수 있다고 규정하고 있는데, 여기서 말하는 '피고인 아닌 자'에는 공동피고인이나 공범자도 포함된다.

② 사안의 경우, 乙은 공판기일에 출석하여 '甲으로부터 피고인에게서 50만원을 받았다는 취지의 말을 들었다'고 증언한 사실, 한편 공동피고인인 甲은 공판기일에 공소사실을 부인한 사실 등을 알 수 있다. 이러한 사실관계를 앞서 본 법리에 비추어 살펴보면, 甲이 50만원을 제공받은 사실을 부인하는 이 사건에서는 원진술자인 甲이 사망, 질병, 외국거주, 소재불명 그 밖에 이에 준하는 사유로 인하여 진술할 수 없는 때에 해당하지 아니하므로 甲의 진술을 그 내용으로 하는 乙의 법정증언은 전문증거로서 증거능력이 없다.

③ 나아가 피고인은 공소사실을 부인하고, 공판기일에서 이 사건 공소사실에 부합하는 사법경찰관 작성의 甲에 대한 피의자신문조서 및 진술조서의 내용을 모두 부인한 점, 乙이 위와 같이 증언하기에 앞서 원진술자이자 공동피고인인 甲이 공판기일에서 피고인으로부터 50만원을 받았다는 취지의 공소사실을 부인한 점, 乙은 피고인이 아닌 검사가 신청한 증인인 점 등에 비추어 보면, 피고인이 乙의 법정증언을 증거로 삼는 데에 동의하였다고 볼 여지는 없다.

3. 사안의 경우

결국 사법경찰관 작성의 甲에 대한 피의자신문조서 및 진술조서와 乙의 법정진술(전문진술)은 모두 형사소송법 제310조의2에 의해 증거능력이 없다.

대부분의 사람은 마음먹은 만큼 행복하다.

– 에이브러햄 링컨 –

제4과목 민사소송법

01 2024년 제30회 기출문제

02 2023년 제29회 기출문제

03 2022년 제28회 기출문제

04 2021년 제27회 기출문제

05 2020년 제26회 기출문제

민사소송법

2024년 제30회 기출문제

✅ 문제 1

[기본적 사실관계]

甲은 乙을 피고로 하여 1억원의 대여금반환청구의 소(이하 '이 사건 소'라고 한다)를 제기하였다. 한편, 乙도 甲에게 1억원의 물품대금채권을 가지고 있다.

(아래의 각 추가된 사실관계는 상호 무관하고, 견해의 대립이 있으면 대법원 판례에 따를 것)

1. (추가된 사실관계) 이 사건 소에서 乙은 소구채권의 부존재 항변 및 상계항변을 하였는데, 제1심법원은 甲의 소구채권이 존재한다고 판단한 후 위 물품대금채권을 자동채권으로 한 乙의 상계항변이 이유 있다고 인정하여 甲의 청구를 기각하였다. 이 경우 乙에게 항소의 이익이 있는지에 관한 결론과 그 이유를 기재하시오. [10점]

2. (추가된 사실관계) 乙은 이 사건 소에서 자신의 물품대금채권을 자동채권으로 하여 상계할 수 있다는 것을 잘 알고 있었으나 상계항변을 하지 않아, 이 사건 소에서 甲의 청구를 모두 인용하는 판결이 선고되었고 위 판결은 그대로 확정되었다. 그 후 甲은 위 판결을 집행권원으로 하여 乙 소유의 부동산에 대하여 강제경매개시신청을 하여 강제경매개시결정이 발령되었다. 이에, 乙은 상계권을 행사하여 집행을 배제시키기 위하여 甲을 피고로 하여 청구이의의 소(민사집행법 제44조)를 제기하였다. 이러한 乙의 주장이 청구이의사유로 받아들여질 수 있는지에 관한 결론과 그 이유를 기재하시오. [10점]

문제 2

> **[기본적 사실관계]**
> 2019.1.1. 甲은 甲 소유의 X토지를 乙에게 2억원에 매도하기로 하는 계약을 乙과 체결하였고, 丙은 같은 날 乙의 부탁으로 乙에게 위 토지의 매매대금으로 사용할 2억원을 이자율 연 12%, 변제기는 2019.12.31.로 하여 대여하였다.
> (아래 각 사안은 서로 상호 독립적이고, 견해의 대립이 있는 경우 대법원 판례 및 대법원 전원합의체 판례의 다수의견에 따름)

1. (위 기본적 사실관계에 추가하여) 乙이 위 토지의 매매대금을 지급하였음에도 甲이 등기를 이전하여 주지 않자 2019.4.1. 乙은 甲을 상대로 2019.1.1.자 매매계약을 원인으로 하는 X토지에 대한 소유권이전등기청구의 소를 제기하였다. 그런데 소송 진행 중 丙이 2019.1.1.자 매매계약의 실제 당사자는 丙 자신이고 매매대금 역시 丙 자신이 지급한 것이며 乙은 丙의 대리인이었을 뿐인데 乙이 소유권이전등기청구를 한 것이라며 甲에 대하여 소유권이전등기절차의 이행을 구하는 독립당사자참가신청을 하였다. 丙의 독립당사자참가가 적법한지 여부에 대한 결론과 그 이유를 기재하시오(소의 병합요건과 소송요건은 갖춘 것을 전제로 한다). [15점]

2. (위 기본적 사실관계에 추가하여) 乙이 위 토지의 매매대금을 지급하였음에도 甲이 등기를 이전하여 주지 않자 2019.4.1. 乙은 甲을 상대로 2019.1.1.자 매매계약을 원인으로 하는 X토지에 대한 소유권이전등기청구의 소를 제기하였다. 그런데 소송 진행 중 丙이 다른 원인으로 자신에게도 소유권이전등기청구권이 있다며 甲에 대하여 소유권이전등기절차의 이행을 구하는 취지의 독립당사자참가신청을 하였으나, 제1심법원은 참가인 丙의 신청은 부적법하다고 하여 이를 각하하고, 원고 乙의 청구를 인용하는 판결을 선고하였다. 이에 대해 참가인 丙이 항소하였는데, 항소심법원은 丙의 항소를 기각하면서 제1심판결 중 피고 甲이 항소하지 않은 본소 부분을 취소하고 원고의 피고에 대한 청구를 기각하는 판결을 하였다. 항소심의 판결이 적법한지 여부에 대한 결론과 그 이유를 기재하시오. [10점]

3. (위 기본적 사실관계에 추가하여) 乙은 2019.3.4. X토지에 관하여 자신의 명의로 위 매매를 원인으로 하는 소유권이전등기를 마쳤는데, 2019.4.1. 甲은 2019.1.1.자 乙과의 매매계약은 사회질서에 위반된 법률행위(민법 제103조)에 해당하므로 乙의 소유권이전등기는 원인무효라고 주장하며 乙을 피고로 하여 소유권이전등기의 말소를 구하는 소(이하 '전소'라 한다)를 제기하였다. 전소 법원은 甲의 주장에 대한 증명이 부족하다는 이유로 2019.7.1. 변론을 종결하고 2019.8.1. 甲의 청구를 기각하는 판결을 선고하였고, 이 판결은 2019.8.30. 확정되었다. 그런데 2020.4.1. 甲은 다시 乙을 상대로 X토지에 관하여 진정명의회복을 원인으로 한 소유권이전등기청구의 소(이하 '후소'라 한다)를 제기하였다. 후소 법원의 심리 결과 위 매매계약이 사회질서에 위반된 법률행위라는 甲의 주장이 증명되었다면 후소 법원은 어떠한 판결을 하여야 하는지 여부에 대한 결론(소각하 / 청구기각 / 청구인용 등)과 이유를 기재하시오. [10점]

4. (위 기본적 사실관계에 추가하여) 2020.4.1. 丙은 乙을 상대로 위 대여금 2억원을 지급하라는 대여금반환 청구의 소(이하 '전소'라 한다)를 제기하였다. 그런데 법원은 대여사실에 대한 증명이 부족하다는 이유로 2020.7.1. 변론을 종결하고 2020.7.31. 丙의 청구를 기각하는 판결을 선고하였고, 이 판결은 2020.9.1. 확정되었다. 그런데 2021.4.1. 丙은 乙을 상대로 대여금 2억원에 대한 2020.1.1. 부터 2020.12.31.까지의 연 12%의 비율에 의한 금원을 지급하라는 청구의 소(이하 '후소'라 한다)를 제기하였다. 후소 법원의 심리 결과 위 대여사실에 대한 증명이 되었다면 후소 법원은 어떠한 판결을 하여야 하는지 여부에 대한 결론(소각하 / 청구기각 / 청구인용 등)과 그 이유를 기재하시오. [15점]

민사소송법 | 2024년 제30회 기출문제해설

✅ 문제 1-1

[기본적 사실관계]

甲은 乙을 피고로 하여 1억원의 대여금반환청구의 소(이하 '이 사건 소'라고 한다)를 제기하였다. 한편, 乙도 甲에게 1억원의 물품대금채권을 가지고 있다.

(아래의 각 추가된 사실관계는 상호 무관하고, 견해의 대립이 있으면 대법원 판례에 따를 것)

1. (추가된 사실관계) 이 사건 소에서 乙은 소구채권의 부존재 항변 및 상계항변을 하였는데, 제1심법원은 甲의 소구채권이 존재한다고 판단한 후 위 물품대금채권을 자동채권으로 한 乙의 상계항변이 이유 있다고 인정하여 甲의 청구를 기각하였다. 이 경우 乙에게 항소의 이익이 있는지에 관한 결론과 그 이유를 기재하시오. [10점]

✓ 해설 1-1

I 결론

乙에게 항소의 이익이 인정된다.

II 이유

(1) 원칙

상소는 자기에게 불이익한 재판에 대하여 유리하게 취소변경을 구하기 위하여 하는 것이므로 승소판결에 대한 불복상소는 허용할 수 없고 재판이 상소인에게 불이익한 것인지의 여부는 원칙적으로 재판의 주문을 표준으로 하여 판단하여야 하는 것이어서, 청구가 인용된 바 있다면 비록 그 판결이유에 불만이 있더라도 그에 대하여는 상소의 이익이 없다(대판 1992.3.27. 91다40696).

(2) 예외

소송상 방어방법으로서의 상계항변은 통상 수동채권의 존재가 확정되는 것을 전제로 하여 행하여지는 일종의 예비적 항변으로서, 원고의 소구채권 자체가 인정되지 않는 경우 더 나아가 피고의 상계항변의 당부를 따져볼 필요도 없이 원고 청구가 배척될 것이므로, '원고의 소구채권 그 자체를 부정하여 원고의 청구를 기각한 판결'과 '소구채권의 존재를 인정하면서도 상계항변을 받아들인 결과 원고의 청구를 기각한 판결'은 민사소송법 제216조에 따라 기판력의 범위를 서로 달리하고, 후자의 판결에 대하여 피고는 상소의 이익이 있다(대판 2018.8.30. 2016다46338).[9]

(3) 사안의 경우

승소한 피고 乙은 소구채권의 부존재를 이유로 청구기각 판결을 받는 경우 상계의 자동채권(반대채권)이 소멸하는 것을 면할 수 있으므로 소구채권의 부존재를 이유로 청구기각판결을 받기 위하여 항소할 이익이 인정된다.

---

[9] 상계항변이 인정된다는 이유로 승소한 피고는 소구채권 부존재를 이유로 승소한 것보다 반대채권(자동채권) 상실의 불이익이 있고, 상계항변에 대한 판결 이유 중 판단에는 기판력이 발생하므로(민사소송법 제216조 제2항), 상소이익이 인정된다는 판례의 태도는 타당하다.

문제 1-2

[기본적 사실관계]

甲은 乙을 피고로 하여 1억원의 대여금반환청구의 소(이하 '이 사건 소'라고 한다)를 제기하였다. 한편, 乙도 甲에게 1억원의 물품대금채권을 가지고 있다.

(아래의 각 추가된 사실관계는 상호 무관하고, 견해의 대립이 있으면 대법원 판례에 따를 것)

2. (추가된 사실관계) 乙은 이 사건 소에서 자신의 물품대금채권을 자동채권으로 하여 상계할 수 있다는 것을 잘 알고 있었으나 상계항변을 하지 않아, 이 사건 소에서 甲의 청구를 모두 인용하는 판결이 선고되었고 위 판결은 그대로 확정되었다. 그 후 甲은 위 판결을 집행권원으로 하여 乙 소유의 부동산에 대하여 강제경매개시신청을 하여 강제경매개시결정이 발령되었다. 이에, 乙은 상계권을 행사하여 집행을 배제시키기 위하여 甲을 피고로 하여 청구이의의 소(민사집행법 제44조)를 제기하였다. 이러한 乙의 주장이 청구이의사유로 받아들여질 수 있는지에 관한 결론과 그 이유를 기재하시오. [10점]

해설 1-2

I. 결론

乙이 청구이의의 소에서 상계권을 행사하는 것은 적법한 청구이의사유가 된다.

II. 이유

① 당사자 쌍방의 채무가 서로 상계적상에 있다 하더라도 그 자체만으로 상계로 인한 채무소멸의 효력이 생기는 것은 아니고, 상계의 의사표시를 기다려 비로소 상계로 인한 채무소멸의 효력이 생기는 것이므로, 채무자가 집행권원인 확정판결의 변론종결 전에 상대방에 대하여 상계적상에 있는 채권을 가지고 있었다 하더라도 집행권원인 확정판결의 변론종결 후에 이르러 비로소 상계의 의사표시를 한 때에는 민사집행법 제44조 제2항에서 규정하는 '이의원인이 변론종결 후에 생긴 때'에 해당하는 것으로서, 당사자가 집행권원인 확정판결의 변론종결 전에 자동채권의 존재를 알았는가 몰랐는가에 관계없이 적법한 청구이의 사유로 된다(대판 1998.11.24. 98다25344).[10]

② 사안의 경우, 乙이 집행권원원인 확정판결의 변론종결 전에 자신의 물품대금채권을 자동채권으로 하여 상계할 수 있다는 것을 알고 있었음에도 불구하고 상계항변을 하지 않았다고 하더라도 확정판결의 기판력에 의해 실권(차단)되지 않으므로, 乙이 청구이의의 소에서 상계권을 행사하는 것은 민사집행법 제44조 제2항에서 규정하는 '이의원인이 변론종결 후에 생긴 때'에 해당하므로, 적법한 청구이의사유가 된다.

---

10) 취소권, 해제권과 달리 상계권은 소구채권의 하자 문제가 아니라 출혈적 방어방법이라는 점을 고려할 때 판례의 태도는 타당하다.

문제 2-1

[기본적 사실관계]

2019.1.1. 甲은 甲 소유의 X토지를 乙에게 2억원에 매도하기로 하는 계약을 乙과 체결하였고, 丙은 같은 날 乙의 부탁으로 乙에게 위 토지의 매매대금으로 사용할 2억원을 이자율 연 12%, 변제기는 2019.12.31.로 하여 대여하였다.

(아래 각 사안은 서로 상호 독립적이고, 견해의 대립이 있는 경우 대법원 판례 및 대법원 전원합의체 판례의 다수의견에 따름)

1. (위 기본적 사실관계에 추가하여) 乙이 위 토지의 매매대금을 지급하였음에도 甲이 등기를 이전하여 주지 않자 2019.4.1. 乙은 甲을 상대로 2019.1.1.자 매매계약을 원인으로 하는 X토지에 대한 소유권이전등기청구의 소를 제기하였다. 그런데 소송 진행 중 丙이 2019.1.1.자 매매계약의 실제 당사자는 丙 자신이고 매매대금 역시 丙 자신이 지급한 것이며 乙은 丙의 대리인이었을 뿐인데 乙이 소유권이전등기청구를 한 것이라며 甲에 대하여 소유권이전등기절차의 이행을 구하는 독립당사자참가신청을 하였다. 丙의 독립당사자참가가 적법한지 여부에 대한 결론과 그 이유를 기재하시오(소의 병합요건과 소송요건은 갖춘 것을 전제로 한다). [15점]

✅ 해설 2-1

I. 결론

丙의 독립당사자참가는 적법하다.

II. 이유

1. 독립당사자참가의 취지

민사소송법 제79조에서 규정하고 있는 독립당사자참가는 소송의 목적의 전부나 일부가 자기의 권리임을 주장(권리주장참가)하거나, 소송의 결과에 의하여 권리침해를 받을 것을 주장(사해방지참가)하는 제3자가 당사자로서 소송에 참가하여 세 당사자 사이에 서로 대립하는 권리 또는 법률관계를 하나의 판결로써 서로 모순 없이 일시에 해결하려는 것이다.

2. 권리주장참가

(1) 권리주장참가의 요건

권리주장참가를 하는 독립당사자참가인은 우선 참가하려는 소송의 당사자 양쪽 또는 한쪽을 상대방으로 하여 원고의 본소청구와 양립할 수 없는 청구를 하여야 하고, 그 청구는 소의 이익을 갖추는 외에 그 주장 자체에 의하여 성립할 수 있음을 요한다(대결 2005.10.17. 2005마814 참조).

(2) 부동산 이중양도의 경우

① 부동산 이중양도의 경우 매수인 A·B 가운데 제2매수인 B가 매도인 C를 피고로 한 이전등기청구소송에서 제1매수인 A가 자기도 매수하였으므로 이전등기청구권은 자기에게도 있다고 주장하며 참가하여 등기청구를 할 때는 주장 자체로 양립할 수 있는 관계이므로 권리주장참가는 허용될 수 없을 것이다.

② 그러나 B와 C간의 매매계약의 무효·해제 등을 주장하거나 자기가 계약의 주체라고 하며 진정한 이전등기청구권자는 B가 아니라 A 자기만이라고 주장할 때에는 주장 자체로 양립되지 않는 경우이므로 권리주장참가가 허용된다(대판 1988.3.8. 86다148 참조).[11]

(3) 사안의 경우

丙은 乙이 제기한 소송에서 매매계약의 실제 매수인은 자신이라고 주장하면서 독립당사자참가신청을 하였다는 점에서, 주장 자체로 丙과 乙 사이에 매수인의 지위가 양립할 수 없는 관계임이 인정된다. 따라서 丙의 독립당사자참가신청은 권리주장참가로 적법하다.

---

11) 판례도 甲과 乙 사이에 체결한 매매계약의 매수당사자가 甲이라고 주장하며 소유권이전등기청구를 하고 있는데, 丙이 자기가 매수당자사자 주장하며 참가하는 경우 적법하다고 하였다(대판 1988.3.8. 86다148).

3. 사해방지참가

이 사건 참가를 사해방지참가로 본다고 하더라도, 사해방지참가는 원·피고가 소송을 통하여 제3자를 해칠 의사가 있다고 객관적으로 인정되고 그 소송의 결과 제3자의 권리 또는 법률상의 지위가 침해될 우려가 있다고 인정되어야만 할 것인데(대판 1999.5.28. 98다48552 참조), 乙이 甲을 상대로 매매계약을 원인으로 하는 X토지에 대한 소유권이전등기청구를 구하는 이 사건 본소가 참가인 丙을 해하기 위한 사해소송임을 인정할 수 있으므로, 참가인 丙의 독립당사자참가는 사해방지참가로서의 참가요건 역시 갖추었다고 할 것이다.

4. 결론

그렇다면 이 사건 독립당사자참가는 권리주장참가로 보나 사해방지참가로 보나 적법하다.

문제 2-2

[기본적 사실관계]

2019.1.1. 甲은 甲 소유의 X토지를 乙에게 2억원에 매도하기로 하는 계약을 乙과 체결하였고, 丙은 같은 날 乙의 부탁으로 乙에게 위 토지의 매매대금으로 사용할 2억원을 이자율 연 12%, 변제기는 2019.12.31.로 하여 대여하였다.

(아래 각 사안은 서로 상호 독립적이고, 견해의 대립이 있는 경우 대법원 판례 및 대법원 전원합의체 판례의 다수의견에 따름)

2. (위 기본적 사실관계에 추가하여) 乙이 위 토지의 매매대금을 지급하였음에도 甲이 등기를 이전하여 주지 않자 2019.4.1. 乙은 甲을 상대로 2019.1.1.자 매매계약을 원인으로 하는 X토지에 대한 소유권이전등기청구의 소를 제기하였다. 그런데 소송 진행 중 丙이 다른 원인으로 자신에게도 소유권이전등기청구권이 있다며 甲에 대하여 소유권이전등기절차의 이행을 구하는 취지의 독립당사자참가신청을 하였으나, 제1심법원은 참가인 丙의 신청은 부적법하다고 하여 이를 각하하고, 원고 乙의 청구를 인용하는 판결을 선고하였다. 이에 대해 참가인 丙이 항소하였는데, 항소심법원은 丙의 항소를 기각하면서 제1심판결 중 피고 甲이 항소하지 않은 본소 부분을 취소하고 원고의 피고에 대한 청구를 기각하는 판결을 하였다. 항소심의 판결이 적법한지 여부에 대한 결론과 그 이유를 기재하시오. [10점]

✅ 해설 2-2

I. 결론

항소심판결은 부적법하다.

II. 이유

1. 참가인의 항소로 인한 확정 차단 및 이심의 범위

민사소송법 제79조 제1항에 따라 원·피고, 독립당사자참가인 간의 소송에 대하여 본안판결을 할 때에는 위 세 당사자를 판결의 명의인으로 하는 하나의 종국판결만을 내려야 하는 것이지 위 당사자의 일부에 관해서만 판결을 하는 것은 허용되지 않고, 민사소송법 제79조 제2항에 의하여 제67조가 준용되는 결과 독립당사자참가소송에서 원고승소의 판결이 내려지자 이에 대하여 <u>참가인만이 항소를 한 경우에도 판결 전체의 확정이 차단되고 사건 전부에 관하여 이심의 효력이 생긴다</u>(대판 2007.12.14. 2007다37776). 이때 항소하지 않은 피고의 지위는 <u>단순한 항소심 당사자로 본다</u>(대판 1981.12.8. 80다577).

2. 참가인의 항소로 인한 항소심의 심판대상 및 불이익변경금지의 원칙의 적용 여부

① 항소심의 심판대상은 실제 항소를 제기한 자의 항소 취지에 나타난 불복범위에 한정하되 위 세 당사자(원고, 피고, 참가인) 사이의 결론의 합일확정의 필요성을 고려하여 그 심판의 범위를 판단하여야 하고, 이에 따라 항소심에서 심리·판단을 거쳐 결론을 내림에 있어 위 세 당사자 사이의 결론의 합일확정을 위하여 필요한 경우에는 그 한도 내에서 항소 또는 부대항소를 제기한 바 없는 당사자에게 결과적으로 제1심판결보다 유리한 내용으로 판결이 변경되는 것도 배제할 수는 없다(대판 2007.10.26. 2006다86573).

② 다만, 독립당사자참가소송에서 원고승소 판결에 대하여 참가인만이 항소를 했음에도 항소심에서 원고의 피고에 대한 청구인용 부분을 원고에게 불리하게 변경할 수 있는 것은 참가인의 참가신청이 적법하고 나아가 <u>합일확정의 요청상 필요한 경우에 한한다</u>(대판 2007.12.14. 2007다37776).

3. 사안의 경우

원고 乙의 피고 甲에 대한 청구를 인용하고 참가인 丙의 참가신청을 각하한 제1심판결에 대하여 참가인만이 항소하였는데, 참가인 丙의 독립당사자참가가 부적법하여 참가인의 항소를 기각한 이상, 제1심판결 중 피고 甲이 항소하지도 않은 본소 부분을 취소하고 원고 乙의 피고 甲에 대한 청구를 기각한 것은 부적법하다.

문제 2-3

> **[기본적 사실관계]**
> 2019.1.1. 甲은 甲 소유의 X토지를 乙에게 2억원에 매도하기로 하는 계약을 乙과 체결하였고, 丙은 같은 날 乙의 부탁으로 乙에게 위 토지의 매매대금으로 사용할 2억원을 이자율 연 12%, 변제기는 2019.12.31.로 하여 대여하였다.
> (아래 각 사안은 서로 상호 독립적이고, 견해의 대립이 있는 경우 대법원 판례 및 대법원 전원합의체 판례의 다수의견에 따름)

3. (위 기본적 사실관계에 추가하여) 乙은 2019.3.4. X토지에 관하여 자신의 명의로 위 매매를 원인으로 하는 소유권이전등기를 마쳤는데, 2019.4.1. 甲은 2019.1.1.자 乙과의 매매계약은 사회질서에 위반된 법률행위(민법 제103조)에 해당하므로 乙의 소유권이전등기는 원인무효라고 주장하며 乙을 피고로 하여 소유권이전등기의 말소를 구하는 소(이하 '전소'라 한다)를 제기하였다. 전소 법원은 甲의 주장에 대한 증명이 부족하다는 이유로 2019.7.1. 변론을 종결하고 2019.8.1. 甲의 청구를 기각하는 판결을 선고하였고, 이 판결은 2019.8.30. 확정되었다. 그런데 2020.4.1. 甲은 다시 乙을 상대로 X토지에 관하여 진정명의회복을 원인으로 한 소유권이전등기청구의 소(이하 '후소'라 한다)를 제기하였다. 후소 법원의 심리 결과 위 매매계약이 사회질서에 위반된 법률행위라는 甲의 주장이 증명되었다면 후소 법원은 어떠한 판결을 하여야 하는지 여부에 대한 결론(소각하 / 청구기각 / 청구인용 등)과 이유를 기재하시오.
[10점]

✅ 해설 2-3

I. 결론

청구기각(후소 법원은 청구기각판결을 하여야 한다)

II. 이유

1. 소송물의 동일 여부

진정한 등기명의의 회복을 위한 소유권이전등기청구는 이미 자기 앞으로 소유권을 표상하는 등기가 되어 있었거나 법률에 의하여 소유권을 취득한 자가 진정한 등기명의를 회복하기 위한 방법으로 현재의 등기명의인을 상대로 그 등기의 말소를 구하는 것에 갈음하여 허용되는 것인데, 말소등기에 갈음하여 허용되는 진정명의회복을 원인으로 한 소유권이전등기청구권과 무효등기의 말소청구권은 어느 것이나 진정한 소유자의 등기명의를 회복하기 위한 것으로서 실질적으로 그 목적이 동일하고, 두 청구권 모두 소유권에 기한 방해배제청구권으로서 그 법적 근거와 성질이 동일하므로, 비록 전자는 이전등기, 후자는 말소등기의 형식을 취하고 있다고 하더라도 그 소송물은 실질상 동일한 것으로 보아야 하고, 따라서 소유권이전등기말소청구소송에서 패소확정판결을 받았다면 그 기판력은 그 후 제기된 진정명의회복을 원인으로 한 소유권이전등기청구소송에도 미친다(대판 2001.9.20. 99다37894 [전합]).

2. 패소 확정판결의 기판력이 작용하는 경우, 후소 법원의 재판

확정된 종국판결은 당사자와 법원을 구속하는 기판력이 있으므로, 원고 패소판결을 받은 당사자가 전소의 상대방을 상대로 다시 패소 확정판결과 동일한 청구의 소를 제기하는 경우 법원은 그 확정판결과 모순되는 판단을 할 수 없어 그 청구를 기각하여야 한다(대판 1979.9.11. 79다1275 참조).

3. 사안의 경우

전소와 후소의 당사자(甲과 乙)가 동일하고, 전소의 소유권이전등기 말소청구와 후소의 진정한 등기명의의 회복을 위한 소유권이전등기청구는 소송물이 동일하므로, 전소의 원고(甲) 패소 판결의 기판력은 후소에 미친다. 따라서 후소 법원은 심리 결과 매매계약이 사회질서에 위반된 법률행위라는 甲의 주장이 증명되었더라도 확정된 전소판결과 모순되는 판단을 할 수 없어 청구기각 판결을 하여야 한다.

문제 2-4

[기본적 사실관계]

2019.1.1. 甲은 甲 소유의 X토지를 乙에게 2억원에 매도하기로 하는 계약을 乙과 체결하였고, 丙은 같은 날 乙의 부탁으로 乙에게 위 토지의 매매대금으로 사용할 2억원을 이자율 연 12%, 변제기는 2019.12.31.로 하여 대여하였다.

(아래 각 사안은 서로 상호 독립적이고, 견해의 대립이 있는 경우 대법원 판례 및 대법원 전원합의체 판례의 다수의견에 따름)

4. (위 기본적 사실관계에 추가하여) 2020.4.1. 丙은 乙을 상대로 위 대여금 2억원을 지급하라는 대여금반환청구의 소(이하 '전소'라 한다)를 제기하였다. 그런데 법원은 대여사실에 대한 증명이 부족하다는 이유로 2020.7.1. 변론을 종결하고 2020.7.31. 丙의 청구를 기각하는 판결을 선고하였고, 이 판결은 2020.9.1. 확정되었다. 그런데 2021.4.1. 丙은 乙을 상대로 대여금 2억원에 대한 2020.1.1. 부터 2020.12.31.까지의 연 12%의 비율에 의한 금원을 지급하라는 청구의 소(이하 '후소'라 한다)를 제기하였다. 후소 법원의 심리 결과 위 대여사실에 대한 증명이 되었다면 후소 법원은 어떠한 판결을 하여야 하는지 여부에 대한 결론(소각하 / 청구기각 / 청구인용 등)과 그 이유를 기재하시오. [15점]

● 해설 2-4

Ⅰ 결론

후소 법원은 2020.1.1.부터 2020.6.30.까지의 지연손해금청구는 인용하고, 나머지(2020.7.1.부터 2020.12.31.까지의 지연손해금) 청구는 기각해야 한다.

Ⅱ 이유

1. 문제점

기판력은 확정된 종국판결의 내용이 갖는 후소에 대한 구속력으로, 법적 안정성을 근거로 한다. 전소 판결이 확정되었으므로 후소에 기판력이 작용하는지, 특히 전소 확정판결의 기판력이 발생하는 표준 시와 이 표준시의 원본에 대한 판단과 후소인 지연손해금 청구가 기판력의 작용국면에 해당하는지가 문제된다.

2. 기판력의 주관적 범위

기판력은 당사자에게만 미치고 제3자에게는 미치지 않는 것이 원칙이다(기판력의 상대성원칙). 사안의 경우, 후소의 당사자는 전소의 당사자와 동일하므로 기판력의 주관적 범위에 해당한다.

3. 기판력의 객관적 범위

확정판결은 주문에 포함된 것에 한해 기판력을 가진다(민사소송법 제216조 제1항). 사안의 경우, 판결 주문의 대여금 채권이 부존재 한다는 판단에 기판력이 발생한다.

4. 기판력의 시적 범위(표준시)

기판력의 표준시는 사실심의 변론종결 시이다. 당사자는 그때까지 소송자료를 제출할 수 있고, 법원도 그때까지 제출된 소송자료를 기초로 판결하기 때문이다. 사안의 경우, 변론종결일인 2020.7.1. 대여금 채권이 부존재 한다는 판단에 기판력이 발생한다.

5. 기판력의 작용국면

기판력은 후소의 소송물이, 전소의 소송물과 동일하거나 선결관계 또는 모순관계에 있을 경우에 작용한다. 사안의 경우, 우선 ① 2020.1.1.부터 2020.6.30.까지의 지연손해금청구에 대해서는 전소판결의 기판력이 작용하지 않지만, ② 2020.7.1.부터 2020.12.31.까지의 지연손해금청구는 전소의 2020.7.1.의 대여금채권의 존부를 선결관계로 하므로 그에 대한 기판력이 작용한다.

6. 차단효 - 2020.7.1.부터 2020.12.31.까지의 지연손해금 청구와 관련하여

당사자는 전소의 변론종결 전에 존재했던 공격방어방법을 그 뒤에 후소에 제출하여 전소에서 확정된 권리관계와 다른 판단을 구할 수 없다. 후소 법원은 변론 종결 후의 사유만 심리해야 하는데, 사안의 경우, 변론종결 후의 사유는 제시되지 않았다.

7. 사안의 해결

(1) 2020.1.1.부터 2020.6.30.까지의 지연손해금청구

이에 대해서는 전소 확정판결의 기판력이 작용하지 않으므로, 후소 법원은 변론종결 전의 대여금채권의 존부에 관여 심리 결과 대여사실에 대한 증명이 되었다면, 2020.1.1.부터 2020.6.30.까지의 지연손해금청구를 인용하여야 한다.

(2) 2020.7.1.부터 2020.12.31.까지의 지연손해금청구

이에 대해서는 전소 확정판결의 기판력이 작용하므로, 후소법원은 대여금채권의 존부에 대한 전소 확정판결에 구속되어 모순 없이 판단해야 한다(선결관계효). 즉, 후소 법원은 전소 변론종결 시인 2020.7.1.에 대여금채권이 부존재한다는 판단을 전제로 하여, 변론종결 후 다른 사유가 없는 이상, 2020.1.1.부터 2020.6.30.까지의 지연손해금청구를 기각해야 한다.

민사소송법
2023년 제29회 기출문제

◆ 문제 1

> [기본적 사실관계]
> 丙은 2022.1.1. 丁에게 1억원을 변제기를 2022.12.31.까지로 정하여 대여하는 계약을 체결하면서, "대여금청구소송은 丁의 보통재판적 소재지 법원인 서울중앙지방법원의 관할로 한다"라고 계약서상 약정하였다(이하 "이 사건 계약"이라 한다).
> 위 기본적 사실관계를 토대로 아래 각 문항에 답하시오(아래 각 문항은 특별한 언급이 없는 한 상호 독립적이고, 견해의 대립이 있는 경우 대법원 판례에 따름).

1. 丙은 2023.1.10. 자신의 보통재판적 소재지 법원인 서울남부지방법원에 丁을 상대로 1억원의 지급을 구하는 소를 제기하였다. 丁은 이 사건 계약상 서울중앙지방법원에 전속적 관할합의가 있다고 주장하면서 이송을 신청하였다. 丁의 주장이 타당한지 여부를 논하시오. [10점]

2. 만약 丙이 대여금채권을 戊에게 양도하였고(채권양도의 효력에는 다툼이 없다), 戊가 丁을 상대로 양수금 청구의 소를 제기하면서 戊의 보통재판적 소재지인 서울북부지방법원에 소를 제기하였다면, 이 경우 위 1문항의 결론이 달라지는지 및 그 이유를 논하시오. [10점]

문제 2

[기본적 사실관계]

2019.4.1. 甲은 길을 걷다 乙이 운전하는 차량에 의해 교통사고를 당하였다(이하 "이 사건 사고"라 한다). 이 사건 사고 당일 甲은 이 사건 사고로 인한 손해 및 가해자를 알았으며 이 점에 대하여는 甲과 乙 사이에 다툼이 없다. 2020.4.1. 甲은 乙을 상대로 전체 치료비 중 일부인 700만원을 청구금액으로 하여 불법행위에 기한 손해배상청구의 소를 제기하였다(지연손해금은 고려하지 아니함).
(아래 각 사안은 서로 상호 독립적이고, 견해의 대립이 있는 경우 대법원 판례 및 대법원 전원합의체 판결의 다수의견에 따름)

1. (위 기본적 사실관계에 추가하여) 甲은 소제기 당시 이 사건 사고로 인한 치료비 중 사고일로부터 2019.12.31.까지의 치료비인 700만원만을 특정하여 우선 청구하고 그 다음 날 이후부터의 치료비는 별도 소송으로 청구하겠다는 취지를 명시적으로 유보하였고, 2021.4.1. 현재 이 소송은 상고심에 계속 중이다. 2021.4.1. 甲은 乙을 상대로 2020.1.1. 이후의 치료비 1천 300만원을 별도로 청구하는 불법행위에 기한 손해배상청구의 소를 제기하였다. 甲의 2021.4.1. 소제기가 적법한지 여부에 대한 결론을 기재하고 그 이유를 설명하시오. [10점]

2. (위 기본적 사실관계에 추가하여) 甲은 이 사건 사고로 인한 치료비를 손해배상으로 구하는 소장을 제출하면서 앞으로 시행될 법원의 신체감정결과에 따라 청구금액을 확장할 뜻을 명백히 표시하고 치료비 700만원을 청구하였다가 2022.5.1. 기존의 청구금액 700만원에 1천 300만원을 더하여 총 청구금액을 2천만원으로 확장하였다. 乙은 민법 제766조가 불법행위로 인한 손해배상 청구권은 피해자가 그 손해 및 가해자를 안 날로부터 3년간 이를 행사하지 아니하면 시효로 소멸한다고 규정하므로 확장된 부분의 손해배상 청구권은 이 사건 사고일로부터 3년이 지나 소멸시효가 완성되었다고 항변한다. 乙의 항변이 타당한지 여부에 대한 결론을 기재하고 그 이유를 설명하시오. [10점]

3. (위 기본적 사실관계에 추가하여) 甲은 이 사건 사고로 인한 손해배상을 구하는 소장을 제출하면서 앞으로 시행될 법원의 신체감정결과에 따라 청구금액을 확장할 뜻을 명백히 표시하고 치료비 700만원을 청구하였다가 소송이 종료될 때까지 청구금액을 확장하지 아니하였고, 법원은 2022.4.1. '피고는 원고에게 700만원을 지급하라'는 甲의 청구를 전부인용하는 취지의 판결을 선고하였다. 위 판결은 2022.5.1. 확정되었다. 그 후 甲은 2022.6.1. 나머지 금액 1천 300만원을 지급하라는 후소를 제기하였는데, 후소에서 乙은 甲의 1천 300만원 채권은 사고일로부터 3년이 지나 이미 소멸시효가 완성되었다고 항변한다. 乙의 항변이 타당한지 여부에 대한 결론을 기재하고 그 이유를 설명하시오. [10점]

4. (위 기본적 사실관계에 추가하여) 甲은 이 사건 사고로 인한 손해배상을 구하는 소장을 제출하면서 우선 전체 치료비 중 일부인 700만원을 청구금액으로 하지만 후에 추가로 치료비 청구를 할 수 있다는 취지를 기재하였다. 법원은 심리 결과 이 사건 사고로 인한 甲의 전체 치료비는 2천만원인데 甲에게도 스마트폰을 보며 차로와 인도를 왔다갔다 걷는 등 과실이 있고 그 과실비율은 20%임을 인정하였다. 이 경우 법원은 甲의 청구금액 중 얼마를 인용할 수 있는지에 대한 결론을 기재하고 그 이유를 설명하시오. [10점]

5. (위 기본적 사실관계에 추가하여) 甲은 乙을 상대로 전체 치료비 중 일부라는 취지를 밝히지 않고서 700만원을 청구금액으로 하여 불법행위에 기한 손해배상청구의 소를 제기하였고, 2021.4.1. 법원은 '피고는 원고에게 700만원을 지급하라'는 甲의 청구를 전부인용하는 취지의 판결을 선고하였다. 판결을 송달받은 甲은 그로부터 2주 이내에 전체 치료비는 2천만원이라고 주장하며 항소를 제기함과 동시에 청구취지를 기존의 청구금액 700만원에 1천 300만원을 더하여 총 청구금액 2천만원의 지급을 구하는 것으로 확장하였다. 甲의 항소가 적법한지 여부에 대한 결론을 기재하고 그 이유를 설명하시오.

[10점]

민사소송법 | 2023년 제29회 기출문제해설

✔ 문제 1-1

[기본적 사실관계]

丙은 2022.1.1. 丁에게 1억원을 변제기를 2022.12.31.까지로 정하여 대여하는 계약을 체결하면서, "대여금청구소송은 丁의 보통재판적 소재지 법원인 서울중앙지방법원의 관할로 한다"라고 계약서상 약정하였다(이하 "이 사건 계약"이라 한다).

위 기본적 사실관계를 토대로 아래 각 문항에 답하시오(아래 각 문항은 특별한 언급이 없는 한 상호 독립적이고, 견해의 대립이 있는 경우 대법원 판례에 따름).

1. 丙은 2023.1.10. 자신의 보통재판적 소재지 법원인 서울남부지방법원에 丁을 상대로 1억원의 지급을 구하는 소를 제기하였다. 丁은 이 사건 계약상 서울중앙지방법원에 전속적 관할합의가 있다고 주장하면서 이송을 신청하였다. 丁의 주장이 타당한지 여부를 논하시오. [10점]

✅ 해설 1-1

I. 결 론

서울중앙지방법원에 전속적 관할합의가 있다는 丁의 주장은 타당하다.

II. 이 유

1. 문제점

당사자는 합의로 제1심 관할법원을 정할 수 있다(민사소송법 제29조 제1항). 이러한 관할합의에는 ① 법정관할 외에 1개 또는 수개의 관할법원을 추가하는 "부가적 관할합의"와 ② 특정 법원에만 관할권을 인정하고, 나머지 법정관할을 배제하는 "전속적 관할합의"가 있다. "부가적 관할합의"와 "전속적 관할합의"의 구별은 관할합의가 무엇인지 당사자의 의사가 명백한 경우에는 그 의사에 따르면 된다. 그러나 당사자의 의사가 불분명한 경우 그 관할합의를 어떻게 구별할 것인지가 문제된다.

2. 판 례

당사자들이 법정 관할법원에 속하는 여러 관할법원 중 어느 하나의 법원을 관할법원으로 하기로 약정한 경우에, 그와 같은 약정은 그 약정이 이루어진 국가 내에서 재판이 이루어질 경우를 예상하여 그 국가 내에서의 전속적 관할법원을 정하는 취지의 합의라고 해석될 수 있다(대판 2008.3.13. 2006다68209).

3. 검 토

생각건대, 당사자가 법정 관할법원 중 어느 하나의 법원을 관할법원으로 합의하였다면 다른 법정관할을 배제할 의사가 있었다고 보아 "전속적 관할합의"로 보고, 법정 관할법원 외의 법원으로 관할합의를 하였다면 "부가적 관할합의"로 보는 것이 당사자의 의사에 부합한다고 할 것이므로 판례의 태도는 타당하다.

4. 사안의 경우

피고 丁의 주소지(보통재판적) 법원인 서울중앙지방법원에 법정관할이 있음이 원칙이고(민사소송법 제2조), 이 사건 대여금채무와 같은 지참채무의 이행을 구하는 소의 경우에는 그 의무이행지인 채권자 丙의 주소지 법원(서울남부지방법원)에도 법정관할이 인정된다(민사소송법 제8조). 따라서 이 사건 관할합의 조항은 여러 법정 관할법원 중 하나를 관할법원(서울중앙지방법원)으로 하기로 약정한 것으로서 "전속적 관할합의"에 해당한다. 전속적 관할합의에 의하여 서울남부지방법원의 관할권은 소멸하고, 서울중앙지방법원의 관할권만 인정된다. 丁은 관할위반의 항변을 할 수 있다.

문제 1-2

[기본적 사실관계]

丙은 2022.1.1. 丁에게 1억원을 변제기를 2022.12.31.까지로 정하여 대여하는 계약을 체결하면서, "대여금청구소송은 丁의 보통재판적 소재지 법원인 서울중앙지방법원의 관할로 한다"라고 계약서상 약정하였다(이하 "이 사건 계약"이라 한다).

위 기본적 사실관계를 토대로 아래 각 문항에 답하시오(아래 각 문항은 특별한 언급이 없는 한 상호 독립적이고, 견해의 대립이 있는 경우 대법원 판례에 따름).

2. 만약 丙이 대여금채권을 戊에게 양도하였고(채권양도의 효력에는 다툼이 없다), 戊가 丁을 상대로 양수금 청구의 소를 제기하면서 戊의 보통재판적 소재지인 서울북부지방법원에 소를 제기하였다면, 이 경우 위 1문항의 결론이 달라지는지 및 그 이유를 논하시오. [10점]

✅ 해설 1-2

I 결 론

위 1문항의 결론은 달라지지 않는다. 즉, 이 경우에도 서울중앙지방법원에 전속적 관할합의가 인정된다.

II 이 유

1. 문제점

丙과 丁의 (전속적) 관할합의의 효력이 대여금채권의 양수인 戊에게도 미치는지 문제된다.

2. 판 례

관할의 합의는 소송법상의 행위로서 합의 당사자 및 그 일반승계인을 제외한 제3자에게 그 효력이 미치지 않는 것이 원칙이지만, 관할에 관한 당사자의 합의로 관할이 변경된다는 것을 실체법적으로 보면, 권리행사의 조건으로서 그 권리관계에 불가분적으로 부착된 실체적 이해의 변경이라 할 수 있으므로, 지명채권과 같이 그 권리관계의 내용을 당사자가 자유롭게 정할 수 있는 경우에는, 당해 권리관계의 특정승계인은 그와 같이 변경된 권리관계를 승계한 것이라고 할 것이어서, 관할합의의 효력은 특정승계인에게도 미친다(대결 2006.3.2. 2005마902).

3. 사안의 경우

판례에 따르면, 丙과 丁의 (전속적) 관할합의의 효력은 대여금채권(지명채권)의 양수인(특정승계인)인 戊에게도 미친다. 따라서 이 경우에도 서울중앙지방법원에 전속적 관할합의가 인정되고, 丁은 관할위반의 항변을 할 수 있다.

문제 2-1

[기본적 사실관계]

2019.4.1. 甲은 길을 걷다 乙이 운전하는 차량에 의해 교통사고를 당하였다(이하 "이 사건 사고"라 한다). 이 사건 사고 당일 甲은 이 사건 사고로 인한 손해 및 가해자를 알았으며 이 점에 대하여는 甲과 乙 사이에 다툼이 없다. 2020.4.1. 甲은 乙을 상대로 전체 치료비 중 일부인 700만원을 청구금액으로 하여 불법행위에 기한 손해배상청구의 소를 제기하였다(지연손해금은 고려하지 아니함).

(아래 각 사안은 서로 상호 독립적이고, 견해의 대립이 있는 경우 대법원 판례 및 대법원 전원합의체 판결의 다수의견에 따름)

1. (위 기본적 사실관계에 추가하여) 甲은 소제기 당시 이 사건 사고로 인한 치료비 중 사고일로부터 2019.12.31.까지의 치료비인 700만원만을 특정하여 우선 청구하고 그 다음 날 이후부터의 치료비는 별도 소송으로 청구하겠다는 취지를 명시적으로 유보하였고, 2021.4.1. 현재 이 소송은 상고심에 계속 중이다. 2021.4.1. 甲은 乙을 상대로 2020.1.1. 이후의 치료비 1천 300만원을 별도 청구하는 불법행위에 기한 손해배상청구의 소를 제기하였다. 甲의 2021.4.1. 소제기가 적법한지 여부에 대한 결론을 기재하고 그 이유를 설명하시오. [10점]

✅ 해설 2-1

I. 결론

甲이 2021.4.1. 乙을 상대로 제기한 손해배상청구의 소는 민사소송법 제259조의 중복된 소제기에 해당하지 않으므로 적법하다.

II. 이유

1. 문제점

중복제소금지의 원칙이란 이미 법원에 사건이 계속되어 있을 때에는 그와 동일한 사건에 대하여 당사자는 다시 소를 제기하지 못한다는 원칙을 말한다. 동일한 사건에 대하여 다시 소를 제기하는 금지하는 것은 판결의 모순·저촉을 방지하기 위한 것이다. 중복제소금지는 소극적 소송요건이고, 중복소송인가 여부는 법원의 직권조사사항이기 때문에, 후소가 중복소송에 해당하면 판결로써 후소를 각하하여야 한다. 사안의 경우, 동일한 손해배상청구권의 일부청구(700만원)에 관한 소송 계속 중 별소로 잔부청구(1천 300만원)를 하는 것이 중복소제기에 해당하여 부적법한 것은 아닌지 문제된다.

2. 판례

전 소송에서 불법행위를 원인으로 치료비청구를 하면서 일부만을 특정하여 청구하고 그 이외의 부분은 별도소송으로 청구하겠다는 취지를 명시적으로 유보한 때에는 그 전소송의 소송물은 그 청구한 일부의 치료비에 한정되는 것이고 전 소송에서 한 판결의 기판력은 유보한 나머지 부분의 치료비에까지는 미치지 아니한다 할 것이므로 전 소송의 계속 중에 동일한 불법행위를 원인으로 유보한 나머지 치료비청구를 별도소송으로 제기하였다 하더라도 중복제소에 해당하지 아니한다(대판 1985.4.9. 84다552).

3. 사안의 경우

① 민사소송법 제259조의 중복된 소제기에 해당하려면, ㉠ 당사자가 동일하고, ㉡ 소송물이 동일하며, ㉢ 전소 계속 중 후소가 제기되어야 한다.

② 사안의 경우, 2020.4.1. 甲이 제기한 700만원을 청구금액으로 하는 불법행위에 기한 손해배상청구의 소(이하 '전소'라 한다)와 2021.4.1. 甲이 제기한 1천 300만원을 별도로 청구하는 불법행위에 기한 손해배상청구의 소(이하 '후소'라 한다)는 소송의 당사자가 동일하고, 전소 계속 중 후소를 제기하였음이 명백하다. 다만, 전소와 후소의 소송물이 동일한지가 문제되는데, 판례에 따르면 甲은 전소에서 명시적 일부청구를 하였으므로 나머지 잔부를 청구하는 후소와는 소송물이 동일하다고 볼 수 없다. 따라서 甲의 2021.4.1. 소제기는 민사소송법 제259조의 중복된 소제기에 해당하지 않으므로 적법하다.

문제 2-2

[기본적 사실관계]

2019.4.1. 甲은 길을 걷다 乙이 운전하는 차량에 의해 교통사고를 당하였다(이하 "이 사건 사고"라 한다). 이 사건 사고 당일 甲은 이 사건 사고로 인한 손해 및 가해자를 알았으며 이 점에 대하여는 甲과 乙 사이에 다툼이 없다. 2020.4.1. 甲은 乙을 상대로 전체 치료비 중 일부인 700만원을 청구금액으로 하여 불법행위에 기한 손해배상청구의 소를 제기하였다(지연손해금은 고려하지 아니함).
(아래 각 사안은 서로 상호 독립적이고, 견해의 대립이 있는 경우 대법원 판례 및 대법원 전원합의체 판결의 다수의견에 따름)

2. (위 기본적 사실관계에 추가하여) 甲은 이 사건 사고로 인한 치료비를 손해배상으로 구하는 소장을 제출하면서 앞으로 시행될 법원의 신체감정결과에 따라 청구금액을 확장할 뜻을 명백히 표시하고 치료비 700만원을 청구하였다가 2022.5.1. 기존의 청구금액 700만원에 1천 300만원을 더하여 총 청구금액을 2천만원으로 확장하였다. 乙은 민법 제766조가 불법행위로 인한 손해배상 청구권은 피해자가 그 손해 및 가해자를 안 날로부터 3년간 이를 행사하지 아니하면 시효로 소멸한다고 규정하므로 확장된 부분의 손해배상 청구권은 이 사건 사고일로부터 3년이 지나 소멸시효가 완성되었다고 항변한다. 乙의 항변이 타당한지 여부에 대한 결론을 기재하고 그 이유를 설명하시오. [10점]

해설 2-2

I 결론

乙의 항변은 타당하지 않다.

II 이유

① 불법행위로 인한 손해배상청구권은 손해 및 가해자를 안 날로부터 3년간 행사하지 않으면 시효로 인하여 소멸한다(민법 제766조 제1항). 그리고 재판상 청구에 의한 소멸시효 중단의 효과는 소장을 법원을 제출한 때에 발생한다(민법 제168조 제1호·제170조 제1항, 민사소송법 제265조·제248조).

② 하나의 채권 중 일부에 관하여만 판결을 구한다는 취지를 명백히 하여 소송을 제기한 경우에는 소제기에 의한 소멸시효중단의 효력이 그 일부에 관하여만 발생하고, 나머지 부분에는 발생하지 아니하나, 소장에서 청구의 대상으로 삼은 채권 중 일부만을 청구하면서 소송의 진행경과에 따라 장차 청구금액을 확장할 뜻을 표시하고 당해 소송이 종료될 때까지 실제로 청구금액을 확장한 경우에는 소제기 당시부터 채권 전부에 관하여 판결을 구한 것으로 해석되므로, 이러한 경우에는 소제기 당시부터 채권 전부에 관하여 재판상 청구로 인한 시효중단의 효력이 발생한다(대판 2020.2.6. 2019다223723).

③ 사안의 경우, 甲은 2020.4.1. 이 사건 사고로 인한 치료비를 손해배상으로 구하는 소장을 제출하면서 앞으로 시행될 법원의 신체감정결과에 따라 청구금액을 확장할 뜻을 명백히 표시하고 치료비 700만원을 청구하였다가 당해 소송이 종료되기 전 2022.5.1. 실제로 기존의 청구금액 700만원에 1천 300만원을 더하여 총 청구금액을 2천만원으로 확장하였다. 이러한 경우에는 소제기 당시(2020.4.1.)부터 2천만원 채권 전부에 관하여 재판상 청구로 인한 시효중단의 효력이 발생한다. 따라서 확장된 부분(1천 300만원)의 손해배상 청구권은 이 사건 사고일(2019.4.1.)로부터 3년이 지나 소멸시효가 완성되었다는 乙의 항변은 타당하지 않다.

문제 2-3

[기본적 사실관계]

2019.4.1. 甲은 길을 걷다 乙이 운전하는 차량에 의해 교통사고를 당하였다(이하 "이 사건 사고"라 한다). 이 사건 사고 당일 甲은 이 사건 사고로 인한 손해 및 가해자를 알았으며 이 점에 대하여는 甲과 乙 사이에 다툼이 없다. 2020.4.1. 甲은 乙을 상대로 전체 치료비 중 일부인 700만원을 청구금액으로 하여 불법행위에 기한 손해배상청구의 소를 제기하였다(지연손해금은 고려하지 아니함).
(아래 각 사안은 서로 상호 독립적이고, 견해의 대립이 있는 경우 대법원 판례 및 대법원 전원합의체 판결의 다수의견에 따)

3. (위 기본적 사실관계에 추가하여) 甲은 이 사건 사고로 인한 손해배상을 구하는 소장을 제출하면서 앞으로 시행될 법원의 신체감정결과에 따라 청구금액을 확장할 뜻을 명백히 표시하고 치료비 700만원을 청구하였다가 소송이 종료될 때까지 청구금액을 확장하지 아니하였고, 법원은 2022.4.1. '피고는 원고에게 700만원을 지급하라'는 甲의 청구를 전부인용하는 취지의 판결을 선고하였다. 위 판결은 2022.5.1. 확정되었다. 그 후 甲은 2022.6.1. 나머지 금액 1천 300만원을 지급하라는 후소를 제기하였는데, 후소에서 乙은 甲의 1천 300만원 채권은 사고일로부터 3년이 지나 이미 소멸시효가 완성되었다고 항변한다. 乙의 항변이 타당한지 여부에 대한 결론을 기재하고 그 이유를 설명하시오. [10점]

해설 2-3

I 결론

乙의 항변은 타당하지 않다.

II 이유

① 소장에서 청구의 대상으로 삼은 채권 중 일부만을 청구하면서 소송의 진행경과에 따라 장차 청구금액을 확장할 뜻을 표시하였으나 당해 소송이 종료될 때까지 실제로 청구금액을 확장하지 않은 경우에는 소송의 경과에 비추어 볼 때 채권 전부에 관하여 판결을 구한 것으로 볼 수 없으므로, 나머지 부분에 대하여는 재판상 청구로 인한 시효중단의 효력이 발생하지 아니한다(대판 2020.2.6. 2019다223723).

② 그러나 이와 같은 경우에도 소를 제기하면서 장차 청구금액을 확장할 뜻을 표시한 채권자로서는 장래에 나머지 부분을 청구할 의사를 가지고 있는 것이 일반적이라고 할 것이므로, 다른 특별한 사정이 없는 한 당해 소송이 계속 중인 동안에는 나머지 부분에 대하여 권리를 행사하겠다는 의사가 표명되어 최고에 의해 권리를 행사하고 있는 상태가 지속되고 있는 것으로 보아야 하고, 채권자는 당해 소송이 종료된 때부터 6월 내에 민법 제174조에서 정한 조치를 취함으로써 나머지 부분에 대한 소멸시효를 중단시킬 수 있다(대판 2020.2.6. 2019다223723).

③ 사안의 경우, 甲은 2020.4.1. 이 사건 사고로 인한 치료비를 손해배상으로 구하는 소장을 제출하면서 앞으로 시행될 법원의 신체감정결과에 따라 청구금액을 확장할 뜻을 명백히 표시하고 치료비 700만원을 청구하였다가 소송이 종료될 때까지 청구금액을 확장하지 아니하였다. 다만, 다른 특별한 사정이 없는 한 당해 소송이 계속 중인 동안에는 나머지 부분에 대하여 권리를 행사하겠다는 의사가 표명되어 최고에 의해 권리를 행사하고 있는 상태가 지속되고 있는 것으로 보아야 한다. 그 후 甲이 소송이 종료된 때(2022.5.1.)부터 6월 내인 2022.6.1.에 민법 제174조에 따라 나머지 금액 1천 300만원을 지급하라는 후소를 제기하였으므로 나머지 금액 1천 300만원에 대한 소멸시효 역시 최초의 소제기 당시(2020.4.1.)에 중단되었다. 따라서 1천 300만원 채권은 사고일(2019.4.1.)로부터 3년이 지나 이미 소멸시효가 완성되었다는 乙의 항변은 타당하지 않다.

문제 2-4

[기본적 사실관계]

2019.4.1. 甲은 길을 걷다 乙이 운전하는 차량에 의해 교통사고를 당하였다(이하 "이 사건 사고"라 한다). 이 사건 사고 당일 甲은 이 사건 사고로 인한 손해 및 가해자를 알았으며 이 점에 대하여는 甲과 乙 사이에 다툼이 없다. 2020.4.1. 甲은 乙을 상대로 전체 치료비 중 일부인 700만원을 청구금액으로 하여 불법행위에 기한 손해배상청구의 소를 제기하였다(지연손해금은 고려하지 아니함).

(아래 각 사안은 서로 상호 독립적이고, 견해의 대립이 있는 경우 대법원 판례 및 대법원 전원합의체 판결의 다수의견에 따름)

4. (위 기본적 사실관계에 추가하여) 甲은 이 사건 사고로 인한 손해배상을 구하는 소장을 제출하면서 우선 전체 치료비 중 일부인 700만원을 청구금액으로 하지만 후에 추가로 치료비 청구를 할 수 있다는 취지를 기재하였다. 법원은 심리 결과 이 사건 사고로 인한 甲의 전체 치료비는 2천만원인데 甲에게도 스마트폰을 보며 차로와 인도를 왔다갔다 걷는 등 과실이 있고 그 과실비율은 20%임을 인정하였다. 이 경우 법원은 甲의 청구금액 중 얼마를 인용할 수 있는지에 대한 결론을 기재하고 그 이유를 설명하시오. [10점]

✅ 해설 2-4

I 결론

법원은 甲의 청구금액 700만원 전부를 인용할 수 있다.

II 이유

① 일개의 손해배상청구권 중 일부가 소송상 청구되어 있는 경우에 과실상계를 함에 있어서는 손해의 전액에서 과실비율에 의한 감액을 하고 그 잔액이 청구액을 초과하지 않을 경우에는 그 잔액을 인용할 것이고 잔액이 청구액을 초과할 경우에는 청구의 전액을 인용하는 것으로 해석하여야 할 것이며, 이와 같이 풀이하는 것이 일부청구를 하는 당사자의 통상적 의사라고 할 것이고, 이러한 방식에 따라 원고의 청구를 인용한다고 하여도 처분권주의(민사소송법 제203조)에 위배되는 것이라고 할 수는 없다(대판 2008.12.24. 2008다51649).

② 사안의 경우, 법원의 심리 결과 甲의 전체 치료비는 2천만원인데 甲에게도 과실이 있고 그 과실비율은 20%로 인정되었으며, 甲은 전체 치료비 중 700만원을 일부청구하였다. 우선 전체 손해액인 2천만원에서 과실비율 20%에 의한 감액을 하면 그 잔액은 1천 600만원이 된다. 그 잔액(1천 600만원)은 甲의 청구금액 700만원을 초과하므로 법원은 甲의 청구금액 700만원 전부를 인용할 수 있다.

문제 2-5

[기본적 사실관계]

2019.4.1. 甲은 길을 걷다 乙이 운전하는 차량에 의해 교통사고를 당하였다(이하 "이 사건 사고"라 한다). 이 사건 사고 당일 甲은 이 사건 사고로 인한 손해 및 가해자를 알았으며 이 점에 대하여는 甲과 乙 사이에 다툼이 없다. 2020.4.1. 甲은 乙을 상대로 전체 치료비 중 일부인 700만원을 청구금액으로 하여 불법행위에 기한 손해배상청구의 소를 제기하였다(지연손해금은 고려하지 아니함).

(아래 각 사안은 서로 상호 독립적이고, 견해의 대립이 있는 경우 대법원 판례 및 대법원 전원합의체 판결의 다수의견에 따름)

5. (위 기본적 사실관계에 추가하여) 甲은 乙을 상대로 전체 치료비 중 일부라는 취지를 밝히지 않고서 700만원을 청구금액으로 하여 불법행위에 기한 손해배상청구의 소를 제기하였고, 2021.4.1. 법원은 '피고는 원고에게 700만원을 지급하라'는 甲의 청구를 전부인용하는 취지의 판결을 선고하였다. 판결을 송달받은 甲은 그로부터 2주 이내에 전체 치료비는 2천만원이라고 주장하며 항소를 제기함과 동시에 청구취지를 기존의 청구금액 700만원에 1천 300만원을 더하여 총 청구금액 2천만원의 지급을 구하는 것으로 확장하였다. 甲의 항소가 적법한지 여부에 대한 결론을 기재하고 그 이유를 설명하시오.

[10점]

◆ 해설 2-5

I 결론
甲의 항소는 항소의 이익이 있어 적법하다.

II 이유

① 상소는 자기에게 불이익한 재판에 대하여 유리하게 취소·변경을 구하는 것이므로 전부 승소한 판결에 대하여는 항소를 허용하지 아니하는 것이 원칙이고 재판이 항소인에게 불이익한 것인지 여부는 원칙적으로 재판의 주문을 표준으로 하여 판단한다(대판 1997.10.24. 96다12276).

② 그러나 가분채권에 대한 이행청구의 소를 제기하면서 그것이 나머지 부분을 유보하고 일부만 청구하는 것이라는 취지를 명시하지 아니한 경우에는 그 확정판결의 기판력은 나머지 부분에까지 미치는 것이어서 별소로써 나머지 부분에 관하여 다시 청구할 수는 없으므로, 일부 청구에 관하여 전부 승소한 채권자는 나머지 부분에 관하여 청구를 확장하기 위한 항소가 허용되지 아니한다면 나머지 부분을 소구할 기회를 상실하는 불이익을 입게 되고, 따라서 이러한 경우에는 예외적으로 전부 승소한 판결에 대해서도 나머지 부분에 관하여 청구를 확장하기 위한 항소의 이익을 인정함이 상당하다(대판 1997.10.24. 96다12276).

③ 사안의 경우, 甲은 乙을 상대로 700만원을 청구금액으로 하여 불법행위에 기한 손해배상청구의 소를 제기하면서 그것이 나머지 부분을 유보하고 전체 치료비 중 일부만 청구하는 것이라는 취지를 명시하지 아니하였다. 따라서 甲이 소송에서 전부 승소하였더라도 예외적으로 나머지 치료비 부분(1천 300만원)에 관하여 청구를 확장하기 위한 항소의 이익이 인정된다. 甲의 항소는 항소의 이익이 있어 적법하다.

민사소송법
2022년 제28회 기출문제

✓ 문제 1

[기본적 사실관계]

甲은 乙 회사를 상대로 부당이득을 원인으로 하여 부당이득금 15억원의 지급을 청구하였는데 항소심에서 10억원의 지급을 명하는 일부승소판결을 받았다. 이에 대하여 乙 회사만이 그 패소 부분에 대하여 상고하였는데, 상고심은 乙 회사의 상고를 받아들여 乙 회사의 패소 부분을 파기환송 하였다.
(아래 각 설문은 서로 상호 독립적이고, 견해의 대립이 있으면 대법원 판례에 따름)

1. (위 기본적 사실관계에 추가하여) 甲은 상고심의 환송판결은 종전 대법원판례와 상반되어 실질적으로 판례를 변경한 것임에도 불구하고 대법관 전원의 3분의 2 이상의 전원합의체에서 재판하지 않고 대법관 4인으로 구성된 부에서 재판하였으니 이는 민사소송법 제451조 제1항 제1호 소정의 "법률에 따라 판결법원을 구성하지 아니한 때"에 해당한다고 주장하면서 환송판결에 대하여 재심의 소를 제기하였다. 甲의 재심의 소가 적법한지 여부에 대하여 결론과 그 이유를 설명하시오. [10점]

2. (위 기본적 사실관계에 추가하여) 환송 후 항소심은 상고심의 판단에 따라 甲의 청구를 기각하였다. 甲은 환송 전 항소심에서 丙을 소송대리인으로 선임한 바 있다. 환송 후 항소심의 판결정본은 2022.7.1. 丙에게 송달되었는데 丙은 이를 甲에게 알리지 아니하였고, 甲은 이를 2022.7.29. 알게 되어 2022.8.1. (재)상고장을 제출하였다. 甲의 (재)상고가 적법한지 여부에 대하여 결론과 그 이유를 설명하시오. [10점]

3. (위 기본적 사실관계에 추가하여) ① 환송 후 항소심이 심리하여 乙 회사에 12억원의 부당이득반환채무가 있다고 보아 乙 회사에 대하여 甲에게 12억원의 부당이득금을 지급하라는 판결을 할 수 있는지 여부에 대하여 결론과 그 이유를 설명하시오. ② 만약, 상고심이 환송 전 항소심 계속 중 乙 회사가 파산선고를 받은 사실을 알게 되어 소송의 형태를 파산채권확정소송으로 변경할 것을 심리하여야 한다는 이유로 乙 회사의 패소 부분을 파기환송하였고, 甲은 환송 후 항소심에서 종전과 같은 청구원인 및 같은 청구금액으로 파산채권확정의 소로 청구를 교환적으로 변경하였는데, 환송 후 항소심이 심리하여 乙 회사에 12억원의 부당이득반환채무가 있다고 보아 교환적으로 변경된 청구에 따라 12억원의 파산채권을 확정할 수 있는지 여부에 대하여 결론과 그 이유를 설명하시오(각, 청구에 대한 법정이자와 지연손해금은 고려하지 아니함). [20점]

4. (위 기본적 사실관계에 추가하여) 환송 후 항소심은 환송 후의 심리과정에서 甲이나 乙 회사로부터 새로운 주장이나 입증이 제출되지 아니하여 기속적 판단의 기초가 된 사실관계에 변동이 생기지 아니하였으므로 상고법원이 파기이유로 한 사실상 및 법률상의 판단에 따라 판결하였다. 이에 대하여 甲이 재상고하였을 경우 재상고심도 환송판결의 법률상 판단에 기속되는지 여부에 대하여 결론과 그 이유를 설명하시오.
[10점]

문제 2

(아래 각 설문은 서로 상호 독립적이고, 견해의 대립이 있으면 대법원 판례에 따름)

1. 甲은 공무원 시험에 응시하였다가 불합격처분을 받게 되자 불합격처분취소소송을 제기하였다. 공무원인 乙은 甲에 대한 불합격처분이 적법하다는 주장을 뒷받침하기 위해 소송에서 위 시험 관련 회의문서의 존재와 내용을 구체적으로 언급하였다. 다만 회의문서 자체를 증거로서 인용하지는 않았다. 甲은 이 문서에 대해 문서제출명령을 신청하였으나 乙은 이 문서는 민사소송법 제344조 제2항의 '공무원이 그 직무와 관련하여 보관하거나 가지고 있는 문서'이며, 또 공공기관의 정보공개에 관한 법률에서 규정한 비공개정보에 해당하므로 이를 제출할 의무가 없다고 주장하였다. 법원은 이 문서는 위 시험과 관련한 업무의 공정한 수행에 현저한 지장을 초래할만한 특별한 사정이 있는 문서는 아니라는 전제에서 그 제출을 명하였다. 법원의 문서제출명령이 적법한지 여부에 대하여 결론과 그 이유를 설명하시오.
[7점]

2. 甲은 乙 회사의 주주인데, 乙 회사가 丙 회사에 흡수합병되는 과정에서 乙 회사의 이사들이 불공정한 합병비율을 적용해 乙 회사의 주식가치가 저평가되었다는 이유로 乙, 丙 회사를 상대로 손해배상을 청구하였다. 甲은 소송 중 자신의 주장을 증명하기 위해 乙 회사의 급여 및 상여금 지급 관련 기안문, 결의서에 대한 문서제출명령을 신청하였다. 乙, 丙 회사는 이 문서들은 통상 회사 내부의 의사결정을 위해 회사 내부의 이용에 쓸 목적으로 작성되고 외부인에게 공개하는 것이 예정되어 있지 않은 자기이용문서에 해당하므로 문서제출신청의 대상이 될 수 없다고 주장하였다. 법원은 심리 후 이 문서 자체는 외부에 공개가 예정되어 있지 않으나 문서에 기재된 정보나 내용은 회계장부 등을 통해 공개가 예정되어 있으며 다른 요건들을 갖추었다고 보아 이 문서들에 대해 제출명령을 하였다. 법원의 문서제출명령이 적법한지 여부에 대하여 결론과 그 이유를 설명하시오.
[7점]

3. 당사자가 법원의 문서제출명령을 받고도 제출을 거부하는 경우 법원은 어떻게 해야 하는지에 대해 설명하시오.
[6점]

민사소송법 | 2022년 제28회 기출문제해설

✓ 문제 1-1

[기본적 사실관계]

甲은 乙 회사를 상대로 부당이득을 원인으로 하여 부당이득금 15억원의 지급을 청구하였는데 항소심에서 10억원의 지급을 명하는 일부승소판결을 받았다. 이에 대하여 乙 회사만이 그 패소 부분에 대하여 상고하였는데, 상고심은 乙 회사의 상고를 받아들여 乙 회사의 패소 부분을 파기환송 하였다.
(아래 각 설문은 서로 상호 독립적이고, 견해의 대립이 있으면 대법원 판례에 따름)

1. (위 기본적 사실관계에 추가하여) 甲은 상고심의 환송판결은 종전 대법원판례와 상반되어 실질적으로 판례를 변경한 것임에도 불구하고 대법관 전원의 3분의 2 이상의 전원합의체에서 재판하지 않고 대법관 4인으로 구성된 부에서 재판하였으니 이는 민사소송법 제451조 제1항 제1호 소정의 "법률에 따라 판결법원을 구성하지 아니한 때"에 해당한다고 주장하면서 환송판결에 대하여 재심의 소를 제기하였다. 甲의 재심의 소가 적법한지 여부에 대하여 결론과 그 이유를 설명하시오. [10점]

✅ 해설 1-1

Ⅰ 결론

대법원의 환송판결을 대상으로 한 甲의 재심의 소는 대상적격의 흠결로 부적법하다.

Ⅱ 이유

1. 법정재심사유를 주장할 것

① 재심의 소는 민사소송법 제451조에 한정적으로 열거된 재심사유가 있는 경우에 한하여 허용된다. 재심원고가 법정재심사유를 주장하는 것은 소의 적법요건이 되며, 그 주장이 없거나 주장사유 자체가 재심사유가 되지 아니하면 재심의 소는 각하된다(대판 1996.10.25. 96다31307).

② 재심대상판결에서 판시한 법률 등의 해석적용에 관한 의견이 그전에 선고된 대법원판결에서 판시한 의견을 변경하는 것임에도 대법관 전원의 3분의 2에 미달하는 대법관만으로 구성된 부에서 재심대상판결을 심판하였다면 이는 민사소송법 제451조 제1항 제1호의 "법률에 의하여 판결법원을 구성하지 아니한 때"의 재심사유에 해당한다(대판 2011.7.21. 2011재다199[전합]).

2. 재심의 대상적격 : 확정된 종국판결

① 재심제도의 본래의 목적에 비추어 볼 때 재심의 대상이 되는 "확정된 종국판결"이란 당해 사건에 대한 소송절차를 최종적으로 종결시켜 그것에 하자가 있다고 하더라도 다시 통상의 절차로는 더 이상 다툴 수 없는 기판력이나 형성력, 집행력을 갖는 판결을 뜻하는 것이라고 이해하여야 할 것이다.

② 대법원의 환송판결은 형식적으로 보면 "확정된 종국판결"에 해당하지만, 여기서 종국판결이라고 하는 의미는 당해 심급의 심리를 완결하여 사건을 당해 심급에서 이탈시킨다는 것을 의미하는 것일 뿐이고 실제로는 환송받은 하급심에서 다시 심리를 계속하게 되므로 소송절차를 최종적으로 종료시키는 판결은 아니며, 또한 환송판결도 동일절차 내에서는 철회, 취소될 수 없다는 의미에서 기속력이 인정됨은 물론 법원조직법 제8조, 민사소송법 제406조 제2항 후문의 규정에 의하여 하급심에 대한 특수한 기속력은 인정되지만 소송물에 관하여 직접적으로 재판하지 아니하고 원심의 재판을 파기하여 다시 심리판단하여 보라는 종국적 판단을 유보한 재판의 성질상 직접적으로 기판력이나 실체법상 형성력, 집행력이 생기지 아니한다고 하겠으므로 이는 중간판결의 특성을 갖는 판결로서 "실질적으로 확정된 종국판결"이라 할 수 없다.

③ 종국판결은 당해 심급의 심리를 완결하여 심급을 이탈시킨다는 측면에서 상소의 대상이 되는 판결인지 여부를 결정하는 기준이 됨은 분명하지만 종국판결에 해당하는 모든 판결이 바로 재심의 대상이 된다고 이해할 아무런 이유가 없다. 통상의 불복방법인 상소제도와 비상의 불복방법인 재심제도의 본래의 목적상의 차이에 비추어 보더라도 당연하다. 따라서 환송판결은 재심의 대상을 규정한 민사소송법 제422조 제1항 소정의 "확정된 종국판결"에는 해당하지 아니하는 것으로 보아야 할 것이어서, 환송판결을 대상으로 하여 제기한 이 사건 재심의 소는 부적법하므로 이를 각하하여야 한다(대판 1995.2.14. 93재다27[전합]).

3. 사안의 경우

甲이 주장한 재심사유는 민사소송법 제451조 제1항 제1호의 "법률에 의하여 판결법원을 구성하지 아니한 때"의 재심사유에 해당한다. 그러나 대법원의 환송판결은 재심의 대상을 규정한 민사소송법 제422조 제1항 소정의 "확정된 종국판결"에는 해당하지 아니하므로, 대법원의 환송판결을 대상으로 하여 제기한 甲의 재심의 소는 부적법하므로 이를 각하하여야 한다.

문제 1-2

[기본적 사실관계]

甲은 乙 회사를 상대로 부당이득을 원인으로 하여 부당이득금 15억원의 지급을 청구하였는데 항소심에서 10억원의 지급을 명하는 일부승소판결을 받았다. 이에 대하여 乙 회사만이 그 패소 부분에 대하여 상고하였는데, 상고심은 乙 회사의 상고를 받아들여 乙 회사의 패소 부분을 파기환송 하였다.
(아래 각 설문은 서로 상호 독립적이고, 견해의 대립이 있으면 대법원 판례에 따름)

2. (위 기본적 사실관계에 추가하여) 환송 후 항소심은 상고심의 판단에 따라 甲의 청구를 기각하였다. 甲은 환송 전 항소심에서 丙을 소송대리인으로 선임한 바 있다. 환송 후 항소심의 판결정본은 2022.7.1. 丙에게 송달되었는데 丙은 이를 甲에게 알리지 아니하였고, 甲은 이를 2022.7.29. 알게 되어 2022.8.1. (재)상고장을 제출하였다. 甲의 (재)상고가 적법한지 여부에 대하여 결론과 그 이유를 설명하시오.
[10점]

해설 1-2

I 결론

甲의 (재)상고는 상고기간이 도과하여 부적법하다.

II 이유

1. 상고기간

상고와 상고심의 소송절차는 특별한 규정이 없으면 항소심절차의 규정을 준용한다(민사소송법 제425조). 따라서 상고는 판결서가 송달될 날부터 2주 이내에 하여야 한다(민사소송법 제396조 제1항 본문).

2. 소송대리권의 범위

① 소송대리권의 범위는 특별한 사정이 없는 한 당해 심급에 한정되어, 소송대리인의 소송대리권의 범위는 수임한 소송사무가 종료하는 시기인 당해 심급의 판결을 송달받은 때까지라고 할 것이다(대결 2000.1.31. 99마6205).

② 다만, 사건이 상고심에서 환송되어 다시 항소심에 계속하게 된 경우에는 상고전의 항소심에서의 소송대리인의 대리권은 그 사건이 항소심에 계속되면서 다시 부활하는 것이므로 환송받은 항소심에서 환송전의 항소심에서의 소송대리인에게 한 송달은 소송당사자에게 한 송달과 마찬가지의 효력이 있다(대판 1984.6.14. 84다카744).

③ 그리고 소송대리인이 판결정본의 송달을 받고도 당사자에게 그 사실을 알려 주지 아니하여 당사자가 그 판결정본의 송달사실을 모르고 있다가 상고제기기간이 경과된 후에 비로소 그 사실을 알게 되었다 하더라도 이를 가리켜 당사자가 책임질 수 없는 사유로 인하여 불변기간을 준수할 수 없었던 경우에 해당한다고는 볼 수 없다(대판 1984.6.14. 84다카744).

3. 사안의 경우

환송 전 항소심에서 선임된 소송대리인 丙의 대리권은 환송 후 항소심이 계속되면서 다시 부활하므로, 환송 후 항소심의 판결정본을 丙에게 한 송달은 효력이 있다. 따라서 甲은 판결정본이 丙에게 송달된 2022.7.1.부터 2주 이내인 2022.7.15.까지 상고장을 제출하여야 한다. 설사 丙이 판결정본의 송달을 받고도 甲에게 그 사실을 알려주지 아니하여 甲이 그 판결정본의 송달사실을 모르고 있다가 상고제기기간이 경과한 2022.7.29.에야 비로소 송달사실을 알게 되었다 하더라도 이를 당사자가 책임질 수 없는 사유로 인하여 불법기간을 준수할 수 없었던 경우에 해당한다고 할 수 없다. 따라서 甲이 상고기간이 도과한 후인 2022.8.1.에 (재)상고장을 제출한 이상 甲의 (재)상고는 상고기간이 도과하여 부적법하다.

문제 1-3

[기본적 사실관계]

甲은 乙 회사를 상대로 부당이득을 원인으로 하여 부당이득금 15억원의 지급을 청구하였는데 항소심에서 10억원의 지급을 명하는 일부승소판결을 받았다. 이에 대하여 乙 회사만이 그 패소 부분에 대하여 상고하였는데, 상고심은 乙 회사의 상고를 받아들여 乙 회사의 패소 부분을 파기환송 하였다.
(아래 각 설문은 서로 상호 독립적이고, 견해의 대립이 있으면 대법원 판례에 따름)

3. (위 기본적 사실관계에 추가하여) ① 환송 후 항소심이 심리하여 乙 회사에 12억원의 부당이득반환채무가 있다고 보아 乙 회사에 대하여 甲에게 12억원의 부당이득금을 지급하라는 판결을 할 수 있는지 여부에 대하여 결론과 그 이유를 설명하시오. ② 만약, 상고심이 환송 전 항소심 계속 중 乙 회사가 파산선고를 받은 사실을 알게 되어 소송의 형태를 파산채권확정소송으로 변경할 것을 심리하여야 한다는 이유로 乙 회사의 패소 부분을 파기환송하였고, 甲은 환송 후 항소심에서 종전과 같은 청구원인 및 같은 청구금액으로 파산채권확정의 소로 청구를 교환적으로 변경하였는데, 환송 후 항소심이 심리하여 乙 회사에 12억원의 부당이득반환채무가 있다고 보아 교환적으로 변경된 청구에 따라 12억원의 파산채권을 확정할 수 있는지 여부에 대하여 결론과 그 이유를 설명하시오(각, 청구에 대한 법정이자와 지연손해금은 고려하지 아니함).

[20점]

✅ 해설 1-3

Ⅰ. 3-①의 해결

1. 결론

환송 후 항소심법원은 乙 회사에 대하여 甲에게 12억원의 부당이득금을 지급하라는 판결을 할 수 없다.

2. 이유

(1) 환송 후 항소심의 심리대상

원고의 청구가 일부 인용된 환송 전 항소심판결에 대하여 피고만이 상고하고 상고심은 이 상고를 받아들여 원심판결 중 피고 패소부분을 파기환송하였다면 피고 패소부분만이 상고되었으므로 위의 상고심에서의 심리대상은 이 부분(피고 패소부분)에 국한되었으며, 환송되는 사건의 범위, 다시 말하자면 환송 후 원심의 심판 범위도 환송 전 항소심에서 피고가 패소한 부분에 한정되는 것이 원칙이고, 환송 전 항소심판결 중 원고 패소부분은 확정되었다 할 것이므로 환송 후 항소심으로서는 이에 대하여 심리할 수 없다(대판 2013.2.28. 2011다31706).

(2) 환송판결의 기속력

상고법원으로부터 사건을 환송받은 법원은 그 사건을 다시 재판함에 있어서 상고법원의 파기 이유로 한 사실상과 법률상의 판단에 기속을 받는 것이나(민사소송법 제436조 제2항), 환송 후의 심리과정에서 새로운 주장·입증이 제출되어 기속적 판단의 기초가 된 사실관계에 변동이 생긴 때에는 그 기속력은 미치지 아니한다고 할 것이고, 환송판결의 하급심에 대한 법률상 판단의 기속력은 그 파기의 이유로서 원심판결의 판단이 정당치 못하다는 소극적인 면에서만 발생하는 것이고 하급심은 파기의 이유로 된 잘못된 견해만 피하면 다른 가능한 견해에 의하여 환송 전의 판결과 동일한 결론을 가져온다고 하여도 환송판결의 기속을 받지 아니한 위법을 범한 것이라 할 수 없다(대판 1996.1.26.고 95다12828).

(3) 사안의 경우

① 환송 후 항소심의 심판범위는 환송 전 항소심에서 乙 회사(피고)가 패소한 부분(부당이득금 10억원)에 국한된다. 환송 전 항소심에서 원고 "甲이 승소한 부당이득금 10억원을 초과하는 부분"(= 나머지 부당이득금 5억원)은 甲이 상고하지 않아 이미 대법원의 환송판결 선고와 동시에 분리 확정되었으므로 환송 후 항소심이 이 부분을 새로 심리하여 甲의 청구를 인용하는 판결을 할 수 없다.

② 환송 전 항소심에서 乙 회사(피고)가 패소한 부분(= 부당이득금 10억원, 甲이 승소한 부분)은 또한, 환송 후의 심리과정에서 새로운 주장·입증이 제출되어 환송판결의 기속적 판단의 기초가 된 사실관계에 변동이 생기지 않은 이상, 상고법원이 파기이유로 한 사실상 및 법률상의 판단에 기속되어 甲의 청구를 인용하는 판결을 할 수 없다.

③ 따라서 환송 후 항소심이 심리하여 乙 회사에 12억원의 부당이득반환채무가 있다고 보아 乙 회사에 대하여 甲에게 12억원의 부당이득금을 지급하라는 일부인용 판결을 할 수 없고, 기각판결을 하여야 한다.

Ⅱ 3-②의 해결

1. 결론

환송 후 항소심법원은 교환적으로 변경된 청구에 따라 12억원의 파산채권을 확정할 수는 없고, 파산채권 중 10억원을 초과하는 2억원 부분은 기각하여야 한다.

2. 이유

(1) 환송 후 항소심에서의 교환적 변경

환송 후 항소의 소송절차는 환송 전 항소심의 속행이므로 당사자는 원칙적으로 새로운 사실과 증거를 제출할 수 있음은 물론, 소의 변경, 부대항소의 제기뿐만 아니라 청구의 확장 등 그 심급에서 허용되는 모든 소송행위를 할 수 있고, 이때 소를 교환적으로 변경하면, 제1심판결은 소취하로 실효되고 항소심의 심판대상은 교환된 청구에 대한 새로운 소송으로 바뀌어 항소심은 사실상 제1심으로 재판하는 것이 된다(대판 2013.2.28. 2011다31706).

(2) 환송 후 항소심에서의 파산채권확정의 소로 청구를 교환적으로 변경

대법원은, 환송 전 항소심이 원고의 부당이득반환청구를 일부 인용하였고 피고만이 상고하여 환송판결이 피고 패소부분을 파기환송하였는데, 원고가 환송 후 항소심에서 종전과 같은 청구원인 및 같은 청구금액으로 파산채권확정의 소로 청구를 교환적으로 변경한 사안에서, 환송 전 항소심의 청구 중 일부 인용한 금액을 초과하는 부분은 원고 패소로 확정되었지만, 환송 후 항소심에서 교환적으로 변경된 청구는 전체가 원심의 심판대상이 되는데, 환송 전 항소심판결의 청구 중 일부 인용한 금액을 초과하는 부분은 원고 패소로 확정되었으므로 이와 실질적으로 동일한 소송물인 파산채권확정청구에 대하여도 다른 판단을 할 수 없다고 하였다(대판 2013.2.28. 2011다31706).

(3) 사안의 경우

① 환송 전 항소심판결의 청구 중 10억원을 초과하는 부분(= 나머지 5억원)은 원고 甲의 패소로 확정되었다고 할 것이지만, 환송 후 항소심에서 교환적으로 변경된 청구는 그 전체가 원심의 심판대상이 된다고 할 것이다.

② 그런데 환송 전 항소심에서의 부당이득반환청구와 환송 후 항소심에서 교환적으로 변경된 파산채권확정청구는 어느 것이나 파산채권자가 자신이 보유하는 동일한 채권을 회수하기 위한 것으로서 실질적으로 그 목적이 동일하고, 부당이득반환청구라는 그 실체법상 법적 근거와 성질이 동일하며, 다만 파산절차의 개시라는 특수한 상황에 처하여 그 청구취지만을 이행소송에서 확인소송으로 변경한 것에 불과하여 양자의 소송물은 실질적으로 동일한 것으로 봄이 상당하다.

③ 그렇다면 환송 전 항소심판결의 청구 중 10억원을 초과하는 부분(= 나머지 5억원)은 원고 甲의 패소로 확정되었으므로 이와 실질적으로 동일한 소송물이라고 할 수 있는 파산채권확정청구에 대하여도 이와 다른 판단을 할 수 없고 파산채권 중 10억원을 초과하는 2억원 부분은 기각하여야 할 것이다(기판력, 모순금지설).

문제 1-4

[기본적 사실관계]

甲은 乙 회사를 상대로 부당이득을 원인으로 하여 부당이득금 15억원의 지급을 청구하였는데 항소심에서 10억원의 지급을 명하는 일부승소판결을 받았다. 이에 대하여 乙 회사만이 그 패소 부분에 대하여 상고하였는데, 상고심은 乙 회사의 상고를 받아들여 乙 회사의 패소 부분을 파기환송 하였다.
(아래 각 설문은 서로 상호 독립적이고, 견해의 대립이 있으면 대법원 판례에 따름)

4. (위 기본적 사실관계에 추가하여) 환송 후 항소심은 환송 후의 심리과정에서 甲이나 乙 회사로부터 새로운 주장이나 입증이 제출되지 아니하여 기속적 판단의 기초가 된 사실관계에 변동이 생기지 아니하였으므로 상고법원이 파기이유로 한 사실상 및 법률상의 판단에 따라 판결하였다. 이에 대하여 甲이 재상고하였을 경우 재상고심도 환송판결의 법률상 판단에 기속되는지 여부에 대하여 결론과 그 이유를 설명하시오.
[10점]

✓ 해설 1-4

I 결론

원칙적으로 재상고심도 환송판결의 법률상 판단에 기속되지만, 예외적으로 재상고심의 전원합의체의 경우에는 환송판결의 법률상 판단에 기속되지 않는다.

II 이유

1. 환송판결의 기속력이 재상고심에도 미치는지 여부

① 민사소송법 제406조 제2항이 사건을 환송받은 법원은 상고법원이 파기이유로 한 법률상의 판단 등에 기속을 받는다고 규정하고 있는 취지는, 사건을 환송받은 법원이 자신의 견해가 상고법원의 그것과 다르다는 이유로 이에 따르지 아니하고 다른 견해를 취하는 것을 허용한다면 법령의 해석적용의 통일이라는 상고법원의 임무가 유명무실하게 되고, 사건이 하급심법원과 상고법원 사이를 여러 차례 왕복할 수밖에 없게 되어 분쟁의 종국적 해결이 지연되거나 불가능하게 되며, 나아가 심급제도 자체가 무의미하게 되는 결과를 초래하게 될 것이므로, 이를 방지함으로써 법령의 해석적용의 통일을 기하고 심급제도를 유지하며 당사자의 법률관계의 안정과 소송경제를 도모하고자 하는 데 있다고 할 수 있다.

② 따라서 위와 같은 환송판결의 하급심법원에 대한 기속력을 절차적으로 담보하고 그 취지를 관철하기 위하여서는 원칙적으로 하급심법원뿐만 아니라 상고법원 자신도 동일 사건의 재상고심에서 환송판결의 법률상 판단에 기속된다고 할 것이다. 그러나 한편, 대법원은 법령의 정당한 해석적용과 그 통일을 주된 임무로 하는 최고법원이고, 대법원의 전원합의체는 종전에 대법원에서 판시한 법령의 해석적용에 관한 의견을 스스로 변경할 수 있는 것인바(법원조직법 제7조 제1항 제3호), 환송판결이 파기이유로 한 법률상 판단도 여기에서 말하는 '대법원에서 판시한 법령의 해석적용에 관한 의견'에 포함되는 것이므로 대법원의 전원합의체가 종전의 환송판결의 법률상 판단을 변경할 필요가 있다고 인정하는 경우에는, 그에 기속되지 아니하고 통상적인 법령의 해석적용에 관한 의견의 변경절차에 따라 이를 변경할 수 있다고 보아야 할 것이다(대판 2001.3.15. 98두15597[전합]).

2. 사안의 경우

환송 후 항소심이 상고법원이 파기이유로 한 사실상 및 법률상의 판단에 따라 판결한 후 이에 대하여 甲이 재상고를 하면, 원칙적으로 재상고심도 환송판결의 법률상 판단에 기속된다. 다만, 대법원의 전원합의체가 종전의 환송판결의 법률상 판단을 변경할 필요가 있다고 인정하는 경우에는 예외적으로 그에 기속되지 아니하고 통상적인 법령의 해석적용에 관한 의견의 변경절차에 따라 이를 변경할 수 있다.

문제 2-1

1. 甲은 공무원 시험에 응시하였다가 불합격처분을 받게 되자 불합격처분취소소송을 제기하였다. 공무원인 乙은 甲에 대한 불합격처분이 적법하다는 주장을 뒷받침하기 위해 소송에서 위 시험 관련 회의문서의 존재와 내용을 구체적으로 언급하였다. 다만 회의문서 자체를 증거로서 인용하지는 않았다. 甲은 이 문서에 대해 문서제출명령을 신청하였으나 乙은 이 문서는 민사소송법 제344조 제2항의 '공무원이 그 직무와 관련하여 보관하거나 가지고 있는 문서'이며, 또 공공기관의 정보공개에 관한 법률에서 규정한 비공개정보에 해당하므로 이를 제출할 의무가 없다고 주장하였다. 법원은 이 문서는 위 시험과 관련한 업무의 공정한 수행에 현저한 지장을 초래할만한 특별한 사정이 있는 문서는 아니라는 전제에서 그 제출을 명하였다. 법원의 문서제출명령이 적법한지 여부에 대하여 결론과 그 이유를 설명하시오.

[7점]

✓ 해설 2-1

I 결론

법원의 문서제출명령은 적법하다.

II 이유

1. 당사자가 소송에서 인용한 문서의 제출의무

① 민사소송법 제344조는 '문서의 제출의무'에 관하여 정하고 있는데, 제1항 제1호는 당사자가 소송에서 인용한 문서(이하 '인용문서'라 한다)를 가지고 있는 때에는 문서를 가지고 있는 사람은 그 제출을 거부하지 못한다고 정하고 있다. 제2항은 제1항의 경우 외에도 문서의 제출의무가 인정되는 사유를 정하면서 '공무원 또는 공무원이었던 사람이 그 직무와 관련하여 보관하거나 가지고 있는 문서'에 대해서는 제2항에 따른 문서 제출의무의 대상에서 제외하고 있다(대결 2017.12.28. 2015무423).

② 민사소송법 제344조 제1항 제1호에서 정하고 있는 인용문서는 당사자가 소송에서 문서 그 자체를 증거로서 인용한 경우뿐만 아니라 자기주장을 명백히 하기 위하여 적극적으로 문서의 존재와 내용을 언급하여 자기주장의 근거나 보조 자료로 삼은 문서도 포함한다. 또한 위 조항의 인용문서에 해당하면, 그것이 같은 조 제2항에서 정하고 있는 '공무원이 그 직무와 관련하여 보관하거나 가지고 있는 문서'라도 특별한 사정이 없는 한 문서 제출의무를 면할 수 없다(대결 2017.12.28. 2015무423).

③ 나아가 민사소송법 제344조 제1항 제1호의 문언, 내용, 체계와 입법 목적 등에 비추어 볼 때, 인용문서가 공무원이 직무와 관련하여 보관하거나 가지고 있는 문서로서 공공기관의 정보공개에 관한 법률 제9조에서 정하고 있는 비공개대상정보에 해당한다고 하더라도, 특별한 사정이 없는 한 그에 관한 문서 제출의무를 면할 수 없다(대결 2017.12.28. 2015무423).

2. 사안의 경우

공무원 乙은 소송에서 회의문서 자체를 증거로서 인용하지는 않았으나, 甲에 대한 불합격처분이 적법하다는 주장을 명백히 하기 위해 소송에서 적극적으로 시험 관련 회의문서의 존재와 내용을 언급하여 자기주장의 근거나 보조 자료로 삼았으므로, 위 회의문서는 민사소송법 제344조 제1항 제1호의 인용문서에 해당한다. 그리고 인용문서가 공무원이 직무와 관련하여 보관하거나 가지고 있는 문서로서 공공기관의 정보공개에 관한 법률 제9조에서 정하고 있는 비공개대상정보에 해당한다고 하더라도, 특별한 사정이 없는 한 그에 관한 문서 제출의무를 면할 수 없다. 따라서 법원의 문서제출명령은 적법하다.

문제 2-2

2. 甲은 乙 회사의 주주인데, 乙 회사가 丙 회사에 흡수합병되는 과정에서 乙 회사의 이사들이 불공정한 합병비율을 적용해 乙 회사의 주식가치가 저평가되었다는 이유로 乙, 丙 회사를 상대로 손해배상을 청구하였다. 甲은 소송 중 자신의 주장을 증명하기 위해 乙 회사의 급여 및 상여금 지급 관련 기안문, 결의서에 대한 문서제출명령을 신청하였다. 乙, 丙 회사는 이 문서들은 통상 회사 내부의 의사결정을 위해 회사 내부의 이용에 쓸 목적으로 작성되고 외부인에게 공개하는 것이 예정되어 있지 않은 자기이용문서에 해당하므로 문서제출신청의 대상이 될 수 없다고 주장하였다. 법원은 심리 후 이 문서 자체는 외부에 공개가 예정되어 있지 않으나 문서에 기재된 정보나 내용은 회계장부 등을 통해 공개가 예정되어 있으며 다른 요건들을 갖추었다고 보아 이 문서들에 대해 제출명령을 하였다. 법원의 문서제출명령이 적법한지 여부에 대하여 결론과 그 이유를 설명하시오. [7점]

✅ **해설 2-2**

I 결론

법원의 문서제출명령은 적법하다.

II 이유

1. 자기이용문서의 판단방법

① 민사소송법 제344조 제2항은 문서를 가지고 있는 사람은 제344조 제1항에 해당하지 아니하는 경우에도 원칙적으로 문서의 제출을 거부하지 못한다고 규정하면서 예외사유로서 '오로지 문서를 가진 사람이 이용하기 위한 문서'(이른바 '자기이용문서')를 들고 있다(대결 2016.7.1. 2014마2239).

② 어느 문서가 오로지 문서를 가진 사람이 이용할 목적으로 작성되고 외부자에게 개시하는 것이 예정되어 있지 않으며 개시할 경우 문서를 가진 사람에게 심각한 불이익이 생길 염려가 있다면, 문서는 특별한 사정이 없는 한 위 규정의 자기이용문서에 해당한다. 여기서 어느 문서가 자기이용문서에 해당하는지는 문서의 표제나 명칭만으로 판단하여서는 아니 되고, 문서의 작성 목적, 기재 내용에 해당하는 정보, 당해 유형·종류의 문서가 일반적으로 갖는 성향, 문서의 소지 경위나 그 밖의 사정 등을 종합적으로 고려하여 객관적으로 판단하여야 하는데, 설령 주관적으로 내부 이용을 주된 목적으로 회사 내부에서 결재를 거쳐 작성된 문서일지라도, 신청자가 열람 등을 요구할 수 있는 사법상 권리를 가지는 문서와 동일한 정보 또는 직접적 기초·근거가 되는 정보가 문서의 기재 내용에 포함되어 있는 경우, 객관적으로 외부에서의 이용이 작성 목적에 전혀 포함되어 있지 않다고는 볼 수 없는 경우, 문서 자체를 외부에 개시하는 것은 예정되어 있지 않더라도 문서에 기재된 '정보'의 외부 개시가 예정되어 있거나 정보가 공익성을 가지는 경우 등에는 내부문서라는 이유로 자기이용문서라고 쉽게 단정할 것은 아니다(대결 2016.7.1. 2014마2239).

③ 「개인정보 보호법」 제18조 제2항 제2호에 따르면 개인정보처리자는 '다른 법률에 특별한 규정이 있는 경우'에는 개인정보를 목적 외의 용도로 이용하거나 이를 제3자에게 제공할 수 있고, 민사소송법 제344조 제2항은 각 호에서 규정하고 있는 문서제출거부사유에 해당하지 아니하는 경우 문서소지인에게 문서제출의무를 부과하고 있으므로, 임직원의 급여 및 상여금 내역 등이 개인정보 보호법상 개인정보에 해당하더라도 이를 이유로 문서소지인이 문서의 제출을 거부할 수 있는 것은 아니다(대결 2016.7.1. 2014마2239).

2. 사안의 경우

乙 회사의 급여 및 상여금 지급 관련 기안문, 결의서는 외부에 공개가 예정되어 있지 않으나 문서에 기재된 정보나 내용은 회계장부 등을 통해 공개가 예정되어 있으므로 내부문서라는 이유로 자기이용문서라고 쉽게 단정할 것은 아니다. 또한 민사소송법 제344조 제2항 제1호에서 규정하고 있는 문서제출거부사유에 해당하지 아니하므로 법원의 문서제출명령은 적법하다.

문제 2-3

3. 당사자가 법원의 문서제출명령을 받고도 제출을 거부하는 경우 법원은 어떻게 해야 하는지에 대해 설명하시오.

[6점]

해설 2-3

I. 결 론

법원은 그 문서의 기재에 대한 상대방의 주장을 진실한 것으로 인정할 수 있다.

II. 이 유

① 당사자가 법원의 문서제출명령을 받고도 이에 응하지 아니하고 거부하는 경우, 법원은 문서의 기재(문서의 성질, 내용, 성립의 진정 등)에 대한 상대방의 주장을 진실한 것으로 인정할 수 있다(민사소송법 제349조).

② 이는 제재로서 법원이 상대방의 그 문서의 기재에 관한 주장을 진실한 것으로 인정할 수 있다는 것이지, 상대방이 문서에 의하여 증명하고자 하는 주장사실(요증사실)이 바로 증명되었다고 볼 수는 없다. 이를 바탕으로 주장사실을 인정하느냐의 여부는 법관의 자유심증에 의하는 것이다(대판 2007.9.21. 2006다9446).

③ 한편, 당사자가 문서제출명령을 받고 불응한 경우에는 과태료의 제재를 가할 수 없다.[12]

---

12) 제3자가 문서제출명령을 받고 불응한 경우에는 500만원 이하의 과태료의 제재가 따른다(민사소송법 제351조).

민사소송법
2021년 제27회 기출문제

◉ 문제 1

[기본적 사실관계]
甲은 乙 종중과 사이에 부동산 위에 존재하는 분묘들의 파묘를 조건으로 X부동산과 Y부동산을 매수하기로 하는 내용의 매매계약(이하 '이 사건 매매계약')을 체결하고, 그 무렵 X부동산에 관하여는 소유권이전등기를 마쳤다. 그런데 X부동산 지상에는 乙 종중이 관리하는 분묘들 외에, 乙 종중의 종중원 丙이 별도로 설치하여 관리하는 분묘들도 설치되어 있었다.
(아래 각 설문은 상호 독립적이고, 견해의 대립이 있으면 대법원 판례에 따름)

1. (위 기본적 사실관계에 추가하여) 甲은 X부동산 지상의 분묘들이 그대로 존재하자 乙 종중과 丙을 공동피고로 하여 각 분묘 굴이 및 각 해당 토지 부분의 인도를 구하는 소송을 제기하였고, 제1심법원은 원고인 甲의 전부 승소 판결을 선고하였다. 丙은 위 판결에 대하여 항소하였으나, 乙 종중은 항소하지 아니하였다.
丙은 항소심 재판 과정에서, 乙 종중이 甲에게 X부동산을 매도하기로 한 종중총회는 일부 종중원에 대한 소집통지가 누락되었고, 그 밖에 종중 규약에서 정한 요건을 충족하지 못하여 무효이고, 따라서 乙 종중과 甲 사이의 이 사건 매매계약 역시 무효이므로, 甲은 X부동산에 관한 소유권을 취득하지 못하였다는 주장을 하였다.
이에 대하여 항소심법원은, 甲이 X부동산의 소유권을 취득하였음을 전제로 乙 종중에 대하여 乙 종중이 관리하는 분묘의 굴이 및 해당 토지 부분의 인도를 구하는 청구를 하였고, 제1심법원이 이를 인용하였으며, 이와 같은 제1심법원의 판결은 乙 종중이 항소하지 아니하여 확정되었으므로, 기판력의 법리에 따라 甲은 X부동산의 소유권을 적법하게 취득하였다고 할 것이므로 丙의 주장은 더 나아가 살펴볼 필요 없이 이유 없다고 하여 배척하였다.
이와 같은 항소심법원의 판단에 대하여 논하시오. [30점]

2. (위 기본적 사실관계에 추가하여) 甲은 乙 종중이 Y부동산에 관한 소유권이전등기를 이전하여 주지 아니하자, 법원에 소유권이전등기 청구의 소를 제기하였다. 청구취지는 乙 종중이 甲에게 Y부동산에 관하여 매매를 원인으로 하는 소유권이전등기절차를 이행하라는 것이다.

Y부동산은 소송 계속 중 Y-1부동산과 Y-2부동산으로 분할되었다. 그런데 甲은 청구취지 기재를 변경하거나 법원에 새로운 토지대장을 제출하지 않았다. 이에 따라 법원은 甲의 청구취지 그대로 甲의 청구를 인용하는 판결(이하 '경정대상판결')을 선고하였고, 위 판결은 그 무렵 그대로 확정되었다.

甲은 이후 법원에 경정대상판결 주문 중 부동산 표시를 분할된 토지로 경정하여 달라는 경정신청을 하면서, 분할된 내용이 기재된 토지대장을 제출하였다. 그런데 법원은 위 경정신청을 기각하였다. 이 경우 甲이 판결경정신청을 기각한 위 결정에 대하여 민사소송법 제449조 제1항에 의한 특별항고를 할 수 있는지에 관하여 논하시오. [20점]

문제 2

[기본적 사실관계]

甲은 2016.5.30. 乙을 상대로 손해배상청구 소송을 제기하였고, 2016.11.4. 승소 판결을 선고받았다. 乙은 2016.12.14. 위 판결에 대하여 항소하였고, 2017.7.13. 항소심 제1차 변론기일이 지정되었다. 제1차 변론기일에 甲의 소송대리인은 출석하였으나, 乙 및 乙의 소송대리인은 출석하지 아니하였다. 이에 甲의 소송대리인은 변론을 하지 않았다. 이후 2017.8.10.에 열린 제2차 변론기일에서도 마찬가지로 甲의 소송대리인은 출석하였으나 乙 및 乙의 소송대리인은 출석하지 아니하였고, 甲의 소송대리인은 변론을 하지 않았다. 乙의 소송대리인은 2017.9.7. 항소심 재판부에 기일지정신청서를 제출하였는데, 다음 날인 2017.9.8. 소송대리인 사임서를 제출하였다. 그리고 위 기일지정신청에 따라 2017.9.28.로 지정된 제3차 변론기일에는 甲과 甲의 소송대리인, 乙이 모두 불출석하였다. 그러자 항소심법원은 사건을 종결 처리하였다.

(아래 각 설문은 상호 독립적이고, 견해의 대립이 있으면 대법원 판례에 따름)

1. 항소심법원이 사건을 종결 처리한 것이 타당한지 여부 및 그 이유 내지 근거에 대하여 설명하시오. [10점]

2. 乙은 항소심법원으로부터 제3차 변론기일통지서를 적법하게 송달받지 못하였다고 주장하고 있다. 乙이 어떠한 법적 방식으로 자신의 주장을 펼칠 수 있는지에 대하여 논하시오. [10점]

민사소송법 | 2021년 제27회 기출문제해설

● 문제 1-1

[기본적 사실관계]

甲은 乙 종중과 사이에 부동산 위에 존재하는 분묘들의 파묘를 조건으로 X부동산과 Y부동산을 매수하기로 하는 내용의 매매계약(이하 '이 사건 매매계약')을 체결하고, 그 무렵 X부동산에 관하여는 소유권이전등기를 마쳤다. 그런데 X부동산 지상에는 乙 종중이 관리하는 분묘들 외에, 乙 종중의 종중원 丙이 별도로 설치하여 관리하는 분묘들도 설치되어 있었다.
(아래 각 설문은 상호 독립적이고, 견해의 대립이 있으면 대법원 판례에 따름)

1. (위 기본적 사실관계에 추가하여) 甲은 X부동산 지상의 분묘들이 그대로 존재하자 乙 종중과 丙을 공동피고로 하여 각 분묘 굴이 및 각 해당 토지 부분의 인도를 구하는 소송을 제기하였고, 제1심법원은 원고인 甲의 전부 승소 판결을 선고하였다. 丙은 위 판결에 대하여 항소하였으나, 乙 종중은 항소하지 아니하였다.

   丙은 항소심 재판 과정에서, 乙 종중이 甲에게 X부동산을 매도하기로 한 종중총회는 일부 종중원에 대한 소집통지가 누락되었고, 그 밖에 종중 규약에서 정한 요건을 충족하지 못하여 무효이고, 따라서 乙 종중과 甲 사이의 이 사건 매매계약 역시 무효이므로, 甲은 X부동산에 관한 소유권을 취득하지 못하였다는 주장을 하였다.

   이에 대하여 항소심법원은, 甲이 X부동산의 소유권을 취득하였음을 전제로 乙 종중에 대하여 乙 종중이 관리하는 분묘의 굴이 및 해당 토지 부분의 인도를 구하는 청구를 하였고, 제1심법원이 이를 인용하였으며, 이와 같은 제1심법원의 판결은 乙 종중이 항소하지 아니하여 확정되었으므로, 기판력의 법리에 따라 甲은 X부동산의 소유권을 적법하게 취득하였다고 할 것이므로 丙의 주장은 더 나아가 살펴볼 필요 없이 이유 없다고 하여 배척하였다.

   이와 같은 항소심법원의 판단에 대하여 논하시오. [30점]

✅ 해설 1-1

I 결론
항소심법원의 판단은 타당하지 않다.

II 이유

1. 甲이 乙 종중과 丙을 공동피고로 하여 제기한 공동소송의 형태

(1) 통상 공동소송

甲은 乙 종중과 丙을 공동피고로 하여 각 분묘굴이 및 각 해당 토지 부분의 인도를 구하는 소송을 제기하였는바, 이 소송은 ① 실체법상 관리처분권이 공동귀속되는 경우가 아니어서 고유필수적 공동소송이 아니고, ② 공동소송인들 사이에 판결의 효력이 미치는 관계도 아니어서 유사필수적 공동소송도 아니다. ③ 따라서 甲이 乙 종중과 丙을 공동피고로 하여 제기한 소송은 통상 공동소송으로 볼 수 있다.

(2) 통상 공동소송의 심판방법

① 통상 공동소송의 경우, 공동소송인 가운데 1인의 소송행위 또는 이에 대한 상대방의 소송행위와 공동소송인 가운데 1인에 관한 사항은 다른 공동소송인에게 영향을 미치지 않는데(민사소송법 제66조), 이를 공동소송인 독립의 원칙이라 한다.

② 통상 공동소송의 경우 소송자료와 소송진행이 각 다른 공동소송인에게 영향이 없어 서로 독립적이고, 판결의 통일이 요구되지 아니하므로 공동소송인 간 승패를 달리하여도 위법한 판결이 되지 않는다. 또한 공동소송인 중 1인만 상소한 경우 상소하지 않은 다른 공동소송인의 판결은 확정된다.

③ 사안의 경우, 제1심판결에 항소한 丙을 피고로 한 소송만 항소심에 이심되고, 항소하지 않은 乙 종중을 피고로 한 판결은 확정된다.

2. 기판력의 객관적 범위

① 확정판결의 기판력은 그 판결의 주문에 포함된 것, 즉 소송물로 주장된 법률관계의 존부에 관한 판단의 결론 그 자체에만 생기는 것이고, 판결이유에 설시된 그 전제가 되는 법률관계의 존부에까지 미치는 것은 아니다(민사소송법 제216조 제1항).

② 건물철거 및 토지인도청구권을 소송물로 하는 소송은 소유권 자체의 확정이 아니라 건물철거청구권 및 토지인도청구권의 존부만을 목적으로 할 따름이므로 그 소송에서 부동산의 권리귀속에 관한 판단이 있었다고 하더라도 그 기판력은 판결주문에 표시된 건물철거청구권 및 토지인도청구권에 국한되고 판결이유 중의 부동산 권리귀속에 관한 판단 부분에까지 미치지는 아니한다(대판 2010.12.23. 2010다58889).

3. 기판력의 주관적 범위

① 기판력이 미치는 주관적 범위는 신분관계소송이나 회사관계소송 등에서 제3자에게도 그 효력이 미치는 것으로 규정되어 있는 경우를 제외하고는 원칙적으로 당사자, 변론을 종결한 뒤의 승계인 또는 그를 위하여 청구의 목적물을 소지한 사람과 다른 사람을 위하여 원고나 피고가 된 사람이 확정판결을 받은 경우의 그 다른 사람에 국한되고, 그 외의 제3자나 변론을 종결하기 전의 승계인에게는 미치지 않는 것이다(민사소송법 제218조 제1항, 제3항).

② 한편 민사소송법 제52조에 의하여 대표자가 있는 법인 아닌 사단이 소송의 당사자가 되는 경우에도 그 법인 아닌 사단은 대표자나 구성원과는 별개의 주체이므로, 그 대표자나 구성원을 당사자로 한 판결의 기판력이 법인 아닌 사단에 미치지 아니함은 물론 그 법인 아닌 사단을 당사자로 한 판결의 기판력 또한 그 대표자나 구성원에게 미치지 아니하는 것이 당연하다(대판 2010.12.23. 2010다58889).

4. 사안의 경우

甲이 乙 종중을 상대로 부동산의 소유권에 기하여 제기한 분묘굴이 및 토지인도 등 청구가 인용되고 그 판결이 그대로 확정되었다고 하더라도, 그 기판력은 소송물인 분묘굴이 및 토지인도 등 청구권에 한하여 생기고 판결이유 중에서 판단되었을 뿐인 소유권에 관하여 생기는 것은 아니다. 나아가 그 기판력 또한 甲과 乙 종중 사이에만 미칠 뿐 乙 종중의 종중원으로서 단순한 공동소송인의 관계에 있을 뿐인 丙에게는 미치지 아니하므로, 甲의 乙 종중에 대한 제1심판결이 확정되었다는 이유만으로 甲이 부동산의 소유권을 적법하게 취득하였음을 丙에게도 주장할 수 있다고 한 원심판단에는 기판력의 범위에 관한 법리를 오해한 위법이 있다.

● 문제 1-2

[기본적 사실관계]

甲은 乙 종중과 사이에 부동산 위에 존재하는 분묘들의 파묘를 조건으로 X부동산과 Y부동산을 매수하기로 하는 내용의 매매계약(이하 '이 사건 매매계약')을 체결하고, 그 무렵 X부동산에 관하여는 소유권이전등기를 마쳤다. 그런데 X부동산 지상에는 乙 종중이 관리하는 분묘들 외에, 乙 종중의 종중원 丙이 별도로 설치하여 관리하는 분묘들도 설치되어 있었다.

(아래 각 설문은 상호 독립적이고, 견해의 대립이 있으면 대법원 판례에 따름)

2. (위 기본적 사실관계에 추가하여) 甲은 乙 종중이 Y부동산에 관한 소유권이전등기를 이전하여 주지 아니하자, 법원에 소유권이전등기 청구의 소를 제기하였다. 청구취지는 乙 종중이 甲에게 Y부동산에 관하여 매매를 원인으로 하는 소유권이전등기절차를 이행하라는 것이다.

Y부동산은 소송 계속 중 Y-1부동산과 Y-2부동산으로 분할되었다. 그런데 甲은 청구취지 기재를 변경하거나 법원에 새로운 토지대장을 제출하지 않았다. 이에 따라 법원은 甲의 청구취지 그대로 甲의 청구를 인용하는 판결(이하 '경정대상판결')을 선고하였고, 위 판결은 그 무렵 그대로 확정되었다.

甲은 이후 법원에 경정대상판결 주문 중 부동산 표시를 분할된 토지로 경정하여 달라는 경정신청을 하면서, 분할된 내용이 기재된 토지대장을 제출하였다. 그런데 법원은 위 경정신청을 기각하였다. 이 경우 甲이 판결경정신청을 기각한 위 결정에 대하여 민사소송법 제449조 제1항에 의한 특별항고를 할 수 있는지에 관하여 논하시오. [20점]

✅ 해설 1-2

I. 결론

甲은 판결경정신청을 기각한 법원의 결정에 대하여 민사소송법 제449조 제1항에 의한 특별항고를 할 수 있다.

II. 이 유

1. 토지분할이 변론에 드러나지 않은 채 소유권이전등기청구가 인용된 경우, 분할된 토지에 관한 표시로 판결의 경정신청이 가능한지 여부

① 판결에 잘못된 계산이나 기재 그 밖에 이와 비슷한 잘못이 있는 것이 명백한 때 하는 경정결정은, 일단 선고된 판결에 대하여 그 내용을 실질적으로 변경하지 않는 범위에서 표현상의 기재 잘못이나 계산의 착오 또는 이와 유사한 잘못을 법원 스스로 결정으로써 정정 또는 보충하여 강제집행이나 등기의 기재 등 이른바 광의의 집행에 지장이 없도록 하자는 데 그 취지가 있다(대결 2020.3.16. 2020그507).

② 경정이 가능한 잘못에는 그것이 법원의 과실로 생긴 경우뿐만 아니라 당사자의 청구에 잘못이 있어 생긴 경우도 포함된다. 경정결정을 할 때에는 소송의 모든 과정에 나타난 자료는 물론 경정대상인 판결 이후에 제출된 자료도 다른 당사자에게 아무런 불이익이 없는 경우나 이를 다툴 수 있는 기회가 있었던 경우에는 소송경제상 이를 참작하여 그 잘못이 명백한지 여부를 판단할 수 있다(대결 2020.3.16. 2020그507).

③ 토지에 관한 소유권이전등기절차의 이행을 구하는 소송 중 사실심 변론종결 전에 토지가 분할되었는데도 그 내용이 변론에 드러나지 않은 채 토지에 관한 원고 청구가 인용된 경우에 판결에 표시된 토지에 관한 표시를 분할된 토지에 관한 표시로 경정해 달라는 신청은 특별한 사정이 없는 한 받아들여야 한다(대결 2020.3.16. 2020그507).

2. 경정신청 기각결정에 대한 특별항고 가부

① 민사소송법 제449조 제1항은 불복할 수 없는 결정이나 명령에 대하여는 재판에 영향을 미친 헌법 위반이 있거나, 재판의 전제가 된 명령·규칙·처분의 헌법 또는 법률의 위반 여부에 대한 판단이 부당하다는 것을 이유로 하는 때에만 대법원에 특별항고를 할 수 있도록 하고 있다. 여기서 결정이나 명령에 대하여 재판에 영향을 미친 헌법 위반이 있다고 함은 결정이나 명령의 절차에서 헌법 제27조 등이 정하고 있는 적법한 절차에 따라 공정한 재판을 받을 권리가 침해된 경우를 포함한다(대결 2020.3.16. 2020그507).

② 판결경정신청을 기각한 결정에 이러한 헌법 위반이 있다고 하려면 신청인이 그 재판에 필요한 자료를 제출할 기회를 전혀 부여받지 못한 상태에서 그러한 결정이 있었다든지, 판결과 그 소송의 모든 과정에 나타난 자료와 판결 선고 후에 제출된 자료에 의하여 판결에 잘못이 있음이 분명하여 판결을 경정해야 하는 사안임이 명백한데도 법원이 이를 간과함으로써 기각결정을 하였다는 등의 사정이 있어야 한다(대결 2020.3.16. 2020그507).

3. 사안의 경우

경정대상판결 주문에 분할 전 Y부동산으로 표시된 것은 甲의 잘못된 청구로 유발된 오기 또는 이와 유사한 잘못에 해당하고, 경정대상판결 법원에 제출된 Y-1부동산과 Y-2부동산으로 분할된 내용이 기재된 토지대장 등을 종합하면 그 잘못을 명백히 인정할 수 있고, 잘못을 경정하더라도 판결의 내용을 실질적으로 변경한다고 볼 수 없다. 이 사건은 경정대상판결의 주문을 경정해야 하는 사안인데도 법원은 이 사건 경정신청을 기각하였으므로 법원의 기각결정에는 판결경정에 관한 법리를 오해하여 재판에 영향을 미친 헌법 위반의 특별항고사유가 있다. 따라서 甲은 판결경정신청을 기각한 법원의 결정에 대하여 민사소송법 제449조 제1항에 의한 특별항고를 할 수 있다.

◆ 문제 2

[기본적 사실관계]

甲은 2016.5.30. 乙을 상대로 손해배상청구 소송을 제기하였고, 2016.11.4. 승소 판결을 선고받았다. 乙은 2016.12.14. 위 판결에 대하여 항소하였고, 2017.7.13. 항소심 제1차 변론기일이 지정되었다. 제1차 변론기일에 甲의 소송대리인은 출석하였으나, 乙 및 乙의 소송대리인은 출석하지 아니하였다. 이에 甲의 소송대리인은 변론을 하지 않았다. 이후 2017.8.10.에 열린 제2차 변론기일에서도 마찬가지로 甲의 소송대리인은 출석하였으나 乙 및 乙의 소송대리인은 출석하지 아니하였고, 甲의 소송대리인은 변론을 하지 않았다. 乙의 소송대리인은 2017.9.7. 항소심 재판부에 기일지정신청서를 제출하였는데, 다음 날인 2017.9.8. 소송대리인 사임서를 제출하였다. 그리고 위 기일지정신청에 따라 2017.9.28.로 지정된 제3차 변론기일에는 甲과 甲의 소송대리인, 乙이 모두 불출석하였다. 그러자 항소심법원은 사건을 종결 처리하였다.
(아래 각 설문은 상호 독립적이고, 견해의 대립이 있으면 대법원 판례에 따름)

1. 항소심법원이 사건을 종결 처리한 것이 타당한지 여부 및 그 이유 내지 근거에 대하여 설명하시오. [10점]

2. 乙은 항소심법원으로부터 제3차 변론기일통지서를 적법하게 송달받지 못하였다고 주장하고 있다. 乙이 어떠한 법적 방식으로 자신의 주장을 펼칠 수 있는지에 대하여 논하시오. [10점]

✅ 해설 2

Ⅰ. 설문 1.의 해결

1. 결론

항소심법원이 사건을 종결 처리한 것은 타당하다.

2. 이유

① 항소심에서 양쪽 당사자가 변론기일에 2회 불출석하거나 출석하였다 하더라도 변론하지 아니한 경우에는 그 두 번째 불출석한 변론기일로부터 1개월 이내에 기일지정 신청이 없으면, 항소가 취하된 것으로 간주되어 제1심판결은 그대로 확정된다(민사소송법 제408조, 제268조 제4항, 제2항). 그리고 기일지정신청에 따라 정한 변론기일 또는 그 뒤의 변론기일에 양쪽 당사자가 출석하지 아니하거나 출석하더라도 변론하지 아니한 때에도 항소가 취하된 것으로 간주된다(민사소송법 제408조, 제268조 제4항, 제3항).

② 이러한 항소취하 간주는 위와 같은 요건의 성취로 법률상 당연히 발생하는 효과로서, 법원이나 당사자의 의사로서 좌우할 수 없는 것이고, 설령 당사자에게 소송수행 의사가 있어도 위와 같은 효과를 부인할 수 없으며, 법원의 재량이나 소송사건의 내용 및 진행상황에 따라 임의로 처리할 수 없다(대판 1982.10.12. 81다94 참조).

③ 사안의 경우, 乙이 항소를 제기한 후 항소심 제1차 변론기일(2017.7.13.) 및 제2차 변론기일(2017.8.10.)에 당사자 쌍방이 각 불출석(또는 출석 무변론)하였고, 그 후 1개월 이내(2017.9.7.)에 적법하게 기일지정신청에 따라 지정된 제3차 변론기일에 당사자 쌍방이 불출석함으로서 민사소송법 제408조, 제268조 제4항, 제3항의 요건을 충족한다. 따라서 항소심법원이 사건을 항소취하 간주된 것으로 보고 종결 처리한 것은 타당하다.

Ⅱ. 설문 2.의 해결

1. 결론

乙은 기일지정신청을 하여 항소취하 간주의 효력을 다투어야 한다.

2. 이유

① 민사소송법 제268조 제4항에서 정한 항소취하 간주는 그 규정상 요건의 성취로 법률에 의하여 당연히 발생하는 효과이고 법원의 재판이 아니므로 상고의 대상이 되는 종국판결에 해당하지 아니한다(대판 2019.8.30. 2018다259541).

② 항소취하 간주의 효력을 다투려면 민사소송규칙 제67조, 제68조에서 정한 절차에 따라 항소심법원에 기일지정신청을 할 수는 있으나 상고를 제기할 수는 없다(대판 2019.8.30. 2018다259541).

③ 사안의 경우, 항소심법원이 乙에게 변론기일통지서를 적법하게 송달하지 아니한 채 제3차 변론기일을 진행하여 항소취하 간주 처리를 하였다고 주장하므로, 乙은 이를 이유로 기일지정신청을 하여 항소취하 간주의 효력을 다투어야 한다.

민사소송법
2020년 제26회 기출문제

◉ 문제 1

[기본적 사실관계]

甲이 乙을 피고로 하여 1억원의 대여금지급청구의 소를 제기하여 원고(甲)의 청구를 전부 인용하는 가집행선고부 제1심판결이 있었고, 乙은 위 가집행선고부 제1심판결에 대하여 항소를 하면서 위 가집행선고부 제1심판결에 기한 판결인용금액 1억원을 피공탁자를 甲으로 하여 변제공탁하였다. 그 후 항소심법원은 乙의 항소가 일부 이유가 있다고 판단하여 위 가집행선고부 제1심판결 중 4,000만원 부분에 대해서는 제1심판결을 취소하고 甲의 청구를 기각하는 내용의 판결을 선고하였다.

(아래의 각 추가된 사실관계는 상호 무관하고, 견해의 대립이 있으면 대법원 판례에 따름)

1. (추가된 사실관계) 乙은 항소심 계속 중 항소심법원이 甲의 청구를 인용하는 금액을 초과하는 부분을 지급하라는 가지급물반환신청을 하였고, 현재까지 甲은 위 변제공탁금을 수령하지 않은 상태이다. 항소심법원이 甲의 청구를 인용하는 금액을 초과하는 부분(= 甲의 청구를 기각한 부분 = 4,000만원)에 관한 위 가지급물반환신청이 인용될 수 있는지에 관한 결론과 그 이유를 기재하시오. [10점]

2. (추가된 사실관계) 乙은 위 항소심판결에 대하여 상고를 제기하였으나 상고심법원은 상고기각판결을 선고하였다. 그 후 乙은 위 항소심판결의 사실인정자료가 된 차용증이 위조되었음을 이유로 상고기각판결을 재심대상판결로 기재하여 대법원에 재심의 소를 제기하였다. 이 경우 재심관할법원이 적법한지에 관한 결론과 그 이유를 기재하시오. [10점]

✓ 문제 2

> **[기본적 사실관계]**
> 甲은 乙에 대하여 2020.1.1. 변제기가 도래한 2억원의 대여금 채권(이하 '이 사건 대여금 채권')을 가지고 있다. 채무 초과 상태에 있던 乙은 2020.4.1. 그 소유의 유일한 재산인 A토지를 丙에게 1억원에 매도하는 내용의 매매계약(이하 '이 사건 매매계약')을 체결하였다. 한편, 丁은 乙에 대하여 2020.2.1. 변제기가 도래한 3억원의 약정금 채권(이하 '이 사건 약정금 채권')을 가지고 있다.
> (각 설문은 상호 독립적이고, 견해의 대립이 있으면 대법원 판례에 따름)

1. **(위 기본적 사실관계에 추가하여)** 이 사건 매매계약에 기하여 2020.5.1. A토지에 관하여 乙로부터 丙 앞으로 소유권이전등기가 마쳐졌다. 이에 甲은 2020.8.1. 이 사건 대여금 채권을 보전하기 위하여 丙을 상대로 이 사건 매매계약이 사해행위에 해당한다는 이유로 사해행위취소 및 원상회복청구 소송(이하 '이 사건 소송')을 제기하였다.

   (1) 甲이 乙에 대하여 이 사건 대여금 채권과는 별개의 구상금 채권을 가지고 있다고 주장하면서 해당 구상금 채권을 보전하기 위하여 2020.9.1. 丙을 상대로 이 사건 매매계약이 사해행위에 해당한다는 이유로 새로운 사해행위취소 및 원상회복청구 소송을 제기하였다면 이는 중복제소에 해당하는지 밝히고 그 근거를 설명하시오. [15점]

   (2) 丁이 2020.6.1. 이 사건 약정금 채권을 보전하기 위하여 丙을 상대로 이 사건 매매계약이 사해행위에 해당한다는 이유로 사해행위취소 및 원상회복청구 소송(이하 '이 사건 선행소송')을 제기하여 진행 중인 사실이 이 사건 소송 계속 중 밝혀졌다면 이 사건 소송이 중복제소에 해당하는지 밝히고 그 근거를 설명하시오. [8점]
   만약 이 사건 선행소송에서 丁이 승소판결을 받아 확정되고 그에 따라 A토지에 관한 丙 명의의 소유권이전등기가 말소된 후에 甲이 이 사건 소송을 제기한 것이라면 법원은 어떠한 판결(각하, 인용, 기각)을 선고해야 하는지 밝히고 그 근거를 설명하시오. [7점]

2. **(위 기본적 사실관계에 추가하여)** 이 사건 매매계약 체결 이후 乙이 丙에게 A토지의 소유권을 이전하지 않자 丙은 乙을 상대로 이 사건 매매계약에 기하여 A토지에 관한 소유권이전등기절차의 이행을 구하는 소를 제기하였다. 이에 甲이 丙을 상대로 하여 이 사건 매매계약이 사해행위에 해당한다는 이유로 사해행위취소를 구하는 취지의 독립당사자참가신청을 하였다면 이는 적법한지 밝히고 그 근거를 설명하시오. [20점]

민사소송법 | 2020년 제26회 기출문제해설

문제 1-1

[기본적 사실관계]

甲이 乙을 피고로 하여 1억원의 대여금지급청구의 소를 제기하여 원고(甲)의 청구를 전부 인용하는 가집행선고부 제1심판결이 있었고, 乙은 위 가집행선고부 제1심판결에 대하여 항소를 하면서 위 가집행선고부 제1심판결에 기한 판결인용금액 1억원을 피공탁자를 甲으로 하여 변제공탁하였다. 그 후 항소심법원은 乙의 항소가 일부 이유가 있다고 판단하여 위 가집행선고부 제1심판결 중 4,000만원 부분에 대해서는 제1심판결을 취소하고 甲의 청구를 기각하는 내용의 판결을 선고하였다.

(아래의 각 추가된 사실관계는 상호 무관하고, 견해의 대립이 있으면 대법원 판례에 따름)

1. (추가된 사실관계) 乙은 항소심 계속 중 항소심법원이 甲의 청구를 인용하는 금액을 초과하는 부분을 지급하라는 가지급물반환신청을 하였고, 현재까지 甲은 위 변제공탁금을 수령하지 않은 상태이다. 항소심법원이 甲의 청구를 인용하는 금액을 초과하는 부분(= 甲의 청구를 기각한 부분 = 4,000만원)에 관한 위 가지급물반환신청이 인용될 수 있는지에 관한 결론과 그 이유를 기재하시오. [10점]

해설 1-1

I 결론

'甲의 청구를 인용하는 금액을 초과하는 부분'(= 4,000만원)에 관한 乙의 가지급물반환신청은 인용될 수 없다.

II 이유

① 민사소송법 제215조 제2항은 가집행선고 있는 본안판결을 변경하는 경우에는 법원은 피고의 신청에 의하여 그 판결에서 가집행선고로 인한 지급물의 반환을 원고에게 명하도록 규정하고 있는데, 여기에서 반환의 대상이 되는 가집행선고로 인한 지급물은 가집행의 결과 피고가 원고에게 이행한 물건 또는 그와 동일시할 수 있는 것을 의미하는 것으로 볼 수 있다(대판 2011.9.29. 2011다17847).

② 그런데 가집행선고부 판결에 기한 공탁은 채무를 확정적으로 소멸시키는 원래의 변제공탁이 아니고 상소심에서 가집행선고 또는 본안판결이 취소되는 것을 해제조건으로 하는 것이므로 가집행선고부 판결이 선고된 후 피고가 판결인용금액을 변제공탁하였다 하더라도 원고가 이를 수령하지 아니한 이상, 그와 같이 공탁된 돈 자체를 가집행선고로 인한 지급물이라고 할 수 없다(대판 2011.9.29. 2011다17847).

③ 사안의 경우, 피고 乙이 가집행선고부 제1심판결에 기한 판결인용금액(1억원)을 변제공탁한 후 항소심에서 제1심판결의 채무액이 일부(4,000만원) 취소되었다 하더라도 현재까지 원고 甲이 위 변제공탁금을 수령하지 않은 이상, 그 차액(4,000만원)이 가집행선고의 실효에 따른 반환대상이 되는 가지급물이라고 할 수 없다. 따라서 '甲의 청구를 인용하는 금액을 초과하는 부분'(= 항소심법원이 甲의 청구를 기각한 부분 = 4,000만원)에 관한 乙의 가지급물반환신청은 인용될 수 없다.[13]

---

[13] 다만 그 차액에 대해서는 공탁원인이 소멸된 것이므로 공탁자인 乙로서는 공탁원인의 소멸을 이유로 그에 해당하는 공탁금을 회수할 수 있다.

✅ 문제 1-2

> **[기본적 사실관계]**
> 甲이 乙을 피고로 하여 1억원의 대여금지급청구의 소를 제기하여 원고(甲)의 청구를 전부 인용하는 가집행선고부 제1심판결이 있었고, 乙은 위 가집행선고부 제1심판결에 대하여 항소를 하면서 위 가집행선고부 제1심판결에 기한 판결인용금액 1억원을 피공탁자를 甲으로 하여 변제공탁하였다. 그 후 항소심법원은 乙의 항소가 일부 이유가 있다고 판단하여 위 가집행선고부 제1심판결 중 4,000만원 부분에 대해서는 제1심판결을 취소하고 甲의 청구를 기각하는 내용의 판결을 선고하였다.
> (아래의 각 추가된 사실관계는 상호 무관하고, 견해의 대립이 있으면 대법원 판례에 따름)

2. (추가된 사실관계) 乙은 위 항소심판결에 대하여 상고를 제기하였으나 상고심법원은 상고기각판결을 선고하였다. 그 후 乙은 위 항소심판결의 사실인정자료가 된 차용증이 위조되었음을 이유로 상고기각판결을 재심대상판결로 기재하여 대법원에 재심의 소를 제기하였다. 이 경우 재심관할법원이 적법한지에 관한 결론과 그 이유를 기재하시오. [10점]

✅ 해설 1-2

I 결론

상고기각판결을 재심대상판결로 기재하여 대법원에 제기한 재심의 소는 부적법하다.

II 이유

① 상고심의 판결에 대하여 재심의 소를 제기하려면, 상고심의 소송절차 또는 판결에 민사소송법 제451조 소정의 사유가 있는 경우에 한하는 것인바, 상고심에는 직권조사 사항이 아닌 이상 사실인정의 직책은 없고 다만, 사실심인 제2심법원이 한 증거의 판단과 사실인정의 적법 여부를 판단할 뿐이고, 사실심에서 적법하게 확정한 사실은 상고심을 기속하는 바이므로, 재심사유 가운데 사실인정 자체에 관한 것, 예컨대 민사소송법 제451조 제1항 제6호의 서증의 위조·변조에 관한 것이나 제7호의 허위진술에 관한 것 등에 대하여는 사실심의 판결에 대한 재심사유는 될지언정 상고심 판결에 대하여서는 재심사유로는 삼을 수 없다(대판 2000.4.11. 99재다746).

② 사안의 경우, 乙의 차용증이 위조되었음을 이유로 하는 재심사유는 민사소송법 제451조 제1항 제6호에 관한 것으로 사실심의 판결에 대한 재심사유는 될 수 있으나 상고심 판결인 상고기각판결에 대해서는 재심사유로 삼을 수 없다. 乙은 항소심판결을 대상으로 하여 항소심법원에 재심의 소를 제기하여야 하며, 이는 전속관할이다(민사소송법 제453조 제1항). 따라서 상고기각판결을 재심대상판결로 기재하여 대법원에 제기한 재심의 소는 부적법하다.[14]

문제 2-1-(1)

[기본적 사실관계]

甲은 乙에 대하여 2020.1.1. 변제기가 도래한 2억원의 대여금 채권(이하 '이 사건 대여금 채권')을 가지고 있다. 채무 초과 상태에 있던 乙은 2020.4.1. 그 소유의 유일한 재산인 A토지를 丙에게 1억원에 매도하는 내용의 매매계약(이하 '이 사건 매매계약')을 체결하였다. 한편, 丁은 乙에 대하여 2020.2.1. 변제기가 도래한 3억원의 약정금 채권(이하 '이 사건 약정금 채권')을 가지고 있다.
(각 설문은 상호 독립적이고, 견해의 대립이 있으면 대법원 판례에 따름)

1. (위 기본적 사실관계에 추가하여) 이 사건 매매계약에 기하여 2020.5.1. A토지에 관하여 乙로부터 丙 앞으로 소유권이전등기가 마쳐졌다. 이에 甲은 2020.8.1. 이 사건 대여금 채권을 보전하기 위하여 丙을 상대로 이 사건 매매계약이 사해행위에 해당한다는 이유로 사해행위취소 및 원상회복청구 소송(이하 '이 사건 소송')을 제기하였다.

    (1) 甲이 乙에 대하여 이 사건 대여금 채권과는 별개의 구상금 채권을 가지고 있다고 주장하면서 해당 구상금 채권을 보전하기 위하여 2020.9.1. 丙을 상대로 이 사건 매매계약이 사해행위에 해당한다는 이유로 새로운 사해행위취소 및 원상회복청구 소송을 제기하였다면 이는 중복제소에 해당하는지 밝히고 그 근거를 설명하시오. [15점]

---

[14] 대법원은 재심관할법원인 항소심법원으로 이송결정을 해야 하고(대판 1984.4.16. 84사4), 각하판결을 하면 안 된다.

✅ 해설 2-1-(1)

I. 결론

甲이 제기한 후소는 중복제소에 해당하여 부적법하다.

II. 이유

① 법원에 계속되어 있는 사건에 대하여 당사자는 다시 소를 제기하지 못한다(민사소송법 제259조). 따라서 당사자와 소송물이 동일한 소송이 시간을 달리하여 제기된 경우 전소가 후소의 변론종결 시까지 취하·각하 등에 의하여 소송계속이 소멸되지 않으면 후소는 중복제소금지에 위반하여 제기된 소송으로서 부적법하다(대판 2017.11.14. 2017다23066).

② 채권자가 사해행위취소 및 원상회복청구를 하면서 보전하고자 하는 채권을 추가하거나 교환하는 것은 사해행위취소권과 원상회복청구권을 이유 있게 하는 공격방법에 관한 주장을 변경하는 것일 뿐이지 소송물 또는 청구 자체를 변경하는 것이 아니므로, 채권자가 보전하고자 하는 채권을 달리하여 동일한 법률행위의 취소 및 원상회복을 구하는 채권자취소의 소를 이중으로 제기하는 경우 전소와 후소는 소송물이 동일하다고 보아야 한다(대판 2012.7.5. 2010다80503).

③ 사안의 경우, 甲이 구상금 채권을 보전하기 위하여 2020.9.1. 제기한 새로운 사해행위 취소 및 원상회복 청구 소송(후소)은, ㉠ 甲의 이 사건 소송(전소) 계속 중 제기되었으며, ㉡ 전소와 후소는 당사자(원고와 피고)가 동일하다. 그리고 ㉢ 채권자가 보전하고자 하는 채권을 달리하여 동일한 법률행위(이 사건 매매계약)의 취소 및 원상회복을 구하는 채권자취소의 소를 이중으로 제기하는 경우에는 전소와 후소는 소송물이 동일하다고 보아야 한다. 따라서 甲이 제기한 후소는 중복제소에 해당하여 부적법하다.

문제 2-1-(2)

[기본적 사실관계]

甲은 乙에 대하여 2020.1.1. 변제기가 도래한 2억원의 대여금 채권(이하 '이 사건 대여금 채권')을 가지고 있다. 채무 초과 상태에 있던 乙은 2020.4.1. 그 소유의 유일한 재산인 A토지를 丙에게 1억원에 매도하는 내용의 매매계약(이하 '이 사건 매매계약')을 체결하였다. 한편, 丁은 乙에 대하여 2020.2.1. 변제기가 도래한 3억원의 약정금 채권(이하 '이 사건 약정금 채권')을 가지고 있다.

(각 설문은 상호 독립적이고, 견해의 대립이 있으면 대법원 판례에 따름)

1. (위 기본적 사실관계에 추가하여) 이 사건 매매계약에 기하여 2020.5.1. A토지에 관하여 乙로부터 丙 앞으로 소유권이전등기가 마쳐졌다. 이에 甲은 2020.8.1. 이 사건 대여금 채권을 보전하기 위하여 丙을 상대로 이 사건 매매계약이 사해행위에 해당한다는 이유로 사해행위취소 및 원상회복청구 소송(이하 '이 사건 소송')을 제기하였다.

    (2) 丁이 2020.6.1. 이 사건 약정금 채권을 보전하기 위하여 丙을 상대로 이 사건 매매계약이 사해행위에 해당한다는 이유로 사해행위취소 및 원상회복청구 소송(이하 '이 사건 선행소송')을 제기하여 진행 중인 사실이 이 사건 소송 계속 중 밝혀졌다면 이 사건 소송이 중복제소에 해당하는지 밝히고 그 근거를 설명하시오. [8점]

    만약 이 사건 선행소송에서 丁이 승소판결을 받아 확정되고 그에 따라 A토지에 관한 丙 명의의 소유권이전등기가 말소된 후에 甲이 이 사건 소송을 제기한 것이라면 법원은 어떠한 판결(각하, 인용, 기각)을 선고해야 하는지 밝히고 그 근거를 설명하시오. [7점]

✓ 해설 2-1-(2)

I 결론

① 이 사건 소송은 중복제소에 해당하지 않는다.
② 법원은 이 사건 소송에 대하여 권리보호의 이익 흠결을 이유로 각하판결을 선고해야 한다.

II 이유

1. 이 사건 소송이 중복제소에 해당하는지 여부

① 채권자취소권의 요건을 갖춘 각 채권자는 고유의 권리로서 채무자의 재산처분 행위를 취소하고 그 원상회복을 구할 수 있는 것이므로 여러 명의 채권자가 동시에 또는 시기를 달리하여 사해행위취소 및 원상회복청구의 소를 제기한 경우 이들 소가 중복제소에 해당하지 아니한다(대판 2005.11.25. 2005다51457).

② 사안의 경우, 사해행위 취소 및 원상회복청구권은 채권자취소권은 각 채권자의 고유의 권리이므로, 甲이 2020.8.1. 제기한 이 사건 소송과 丁이 2020.6.1. 제기한 이 사건 선행소송은 소송물도 동일하지 않고, 당사자도 동일하지 않으므로 중복제소에 해당하지 않는다.

2. 이 사건 소송에 대한 법원의 판결

① 어느 한 채권자가 동일한 사해행위에 관하여 사해행위취소 및 원상회복청구를 하여 승소판결을 받아 그 판결이 확정되었다는 것만으로는 그 후에 제기된 다른 채권자의 동일한 청구가 권리보호의 이익이 없게 되는 것은 아니지만, 그에 기하여 재산이나 가액의 회복을 마친 경우에 비로소 다른 채권자의 사해행위취소 및 원상회복청구는 그와 중첩되는 범위 내에서 권리보호의 이익이 없게 된다(대판 2005.11.25. 2005다51457).

② 사안의 경우, 이 사건 선행소송에서 丁이 승소판결을 받아 확정되고 그에 따라 A토지에 관한 丙 명의의 소유권이전등기가 말소된 후에 甲이 이 사건 소송을 제기한 것이라면, 법원은 권리보호의 이익 흠결을 이유로 각하판결을 선고해야 한다.

문제 2-2

[기본적 사실관계]

甲은 乙에 대하여 2020.1.1. 변제기가 도래한 2억원의 대여금 채권(이하 '이 사건 대여금 채권')을 가지고 있다. 채무 초과 상태에 있던 乙은 2020.4.1. 그 소유의 유일한 재산인 A토지를 丙에게 1억원에 매도하는 내용의 매매계약(이하 '이 사건 매매계약')을 체결하였다. 한편, 丁은 乙에 대하여 2020.2.1. 변제기가 도래한 3억원의 약정금 채권(이하 '이 사건 약정금 채권')을 가지고 있다.

(각 설문은 상호 독립적이고, 견해의 대립이 있으면 대법원 판례에 따름)

2. (위 기본적 사실관계에 추가하여) 이 사건 매매계약 체결 이후 乙이 丙에게 A토지의 소유권을 이전하지 않자 丙은 乙을 상대로 이 사건 매매계약에 기하여 A토지에 관한 소유권이전등기절차의 이행을 구하는 소를 제기하였다. 이에 甲이 丙을 상대로 하여 이 사건 매매계약이 사해행위에 해당한다는 이유로 사해행위 취소를 구하는 취지의 독립당사자참가신청을 하였다면 이는 적법한지 밝히고 그 근거를 설명하시오.

[20점]

✅ 해설 2-2

I. 결론

甲의 독립당사자참가 신청은 부적법하다.

II. 이유

1. 독립당사자참가의 취지 및 요건

(1) 독립당사자참가의 취지

민사소송법 제79조 제1항에 규정된 독립당사자참가는 소송대상의 전부나 일부가 자기의 권리임을 주장(권리주장참가)하거나, 소송의 결과에 의하여 권리침해를 받을 것을 주장(사해방지참가)하는 제3자가 당사자로서 소송에 참가하여 세 당사자 사이에 서로 대립하는 권리 또는 법률관계를 하나의 판결로써 서로 모순 없이 일시에 해결하려는 것이다.

(2) 권리주장참가의 요건

독립당사자참가 중 권리주장참가는 참가하려는 소송상 청구가 독립당사자참가인의 주장과 양립하지 않는 관계에 있으면 그 본소청구에 대한 참가가 허용된다고 할 것이고, 양립할 수 없는 본소청구에 관하여 본안에 들어가 심리한 결과 이유가 없는 것으로 판단된다고 하더라도 참가신청이 부적법하게 되는 것은 아니다(대판 2007.6.15. 2006다80322 참조).

(3) 사해방지참가의 요건

그리고 독립당사자참가 중 민사소송법 제79조 제1항 후단의 사해방지참가는 본소의 원고와 피고가 당해 소송을 통하여 참가인을 해할 의사를 가지고 있다고 객관적으로 인정되고 그 소송의 결과 참가인의 권리 또는 법률상 지위가 침해될 우려가 있다고 인정되는 경우에 그 제3자가 사해소송의 결과로 선고·확정될 사해판결을 방지하기 위하여 그 사해소송에 참가하는 것이다(대판 2014.6.12. 2012다47548).

2. 원고의 피고에 대한 청구의 원인행위가 사해행위라는 이유로 원고에 대하여 사해행위취소를 청구하면서 독립당사자참가신청을 한 경우

채권자가 사해행위의 취소와 함께 수익자 또는 전득자로부터 책임재산의 회복을 명하는 사해행위취소의 판결을 받은 경우 그 취소의 효과는 채권자와 수익자 또는 전득자 사이에만 미치므로, 수익자 또는 전득자가 채권자에 대하여 사해행위의 취소로 인한 원상회복 의무를 부담하게 될 뿐, 채권자와 채무자 사이에서 그 취소로 인한 법률관계가 형성되거나 취소의 효력이 소급하여 채무자의 책임재산으로 복구되는 것은 아니다. 이러한 사해행위취소의 상대적 효력에 의하면, 원고의 피고에 대한 청구의 원인행위가 사해행위라는 이유로 원고에 대하여 사해행위취소를 청구하면서 독립당사자참가신청을 하는 경우, 독립당사자참가인의 청구가 그대로 받아들여진다 하더라도 원고와 피고 사이의 법률관계에는 아무런 영향이 없고, 따라서 그러한 참가신청은 사해방지참가의 목적을 달성할 수 없으므로 부적법하다고 할 것이다(대판 2014.6.12. 2012다47548).

3. 사안의 경우

① 甲이 丙을 상대로 하여 이 사건 매매계약이 사해행위에 해당한다는 이유로 사해행위취소를 구하는 취지의 독립당사자참가신청은 丙의 乙을 상대로 한 본소청구와 양립이 가능하므로 권리주장참가의 요건을 갖추지 못했다.

② 사해방지참가의 경우 본소청구와 양립 가능하더라도 참가가 허용되지만, 본소의 결과에 의하여 권리의 침해를 받을 것을 요건으로 한다. 乙과 丙의 사해의사가 객관적으로 인정되고, 수익자 丙이 승소하는 경우 채권자 甲의 권리가 침해될 염려가 있으므로 사해방지참가로서의 참가이유는 있다고 보이나, 사해방지참가의 목적을 달성할 수 없어 (소의 이익 흠결로) 부적법하다.

인생은 자전거를 타는 것과 같다.
균형을 잡으려면 움직여야 한다.

– 알버트 아인슈타인 –

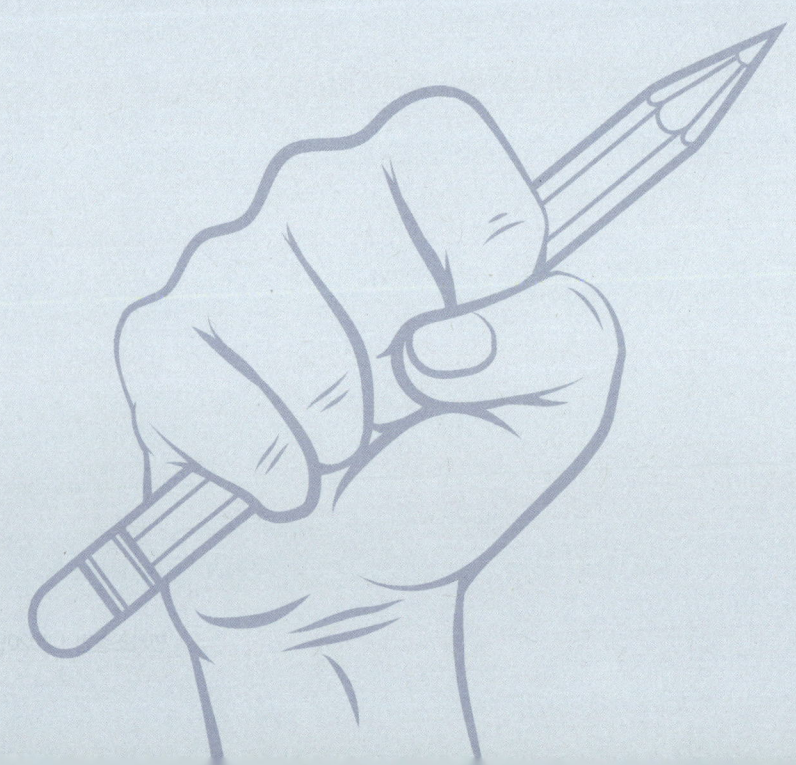

제5과목 민사사건관련서류의 작성

01 2024년 제30회 기출문제
02 2023년 제29회 기출문제
03 2022년 제28회 기출문제
04 2021년 제27회 기출문제
05 2020년 제26회 기출문제

민사사건관련서류의 작성
2024년 제30회 기출문제

문제 1

김민수[주민등록번호 : 750707-1000234, 주소 : 서울 종로구 가회로7길 200, 전화번호 : 010-1234-5566, 전자우편 : kms@web.com]는 2024.10.26. 법무사의 사무실에 찾아와 다음과 같은 내용을 설명하고 자신이 가져온 서류를 제시하면서 소장 작성을 의뢰하였다. 이에 적합한 소장을 작성하시오. [30점]

- 다 음 -

○ 저는 창고가 필요해서, 2022.10.5. 박민성[주민등록번호 : 770623-1000784, 주소 : 서울 종로구 가회로5길 23, 전화번호 : 010-2345-7777, 전자우편 : pms@web.com]으로부터 박민성 소유의 서울 종로구 가회로7길 345, 101호를 임대차보증금 50,000,000원, 월 차임 2,000,000원(매월 20일 지급), 기간 2022.10.5.부터 2023.10.4.까지로 정하여 임차하기로 약정하고 같은 날 위 보증금 50,000,000원을 박민성에게 지급하고 박민성으로부터 101호를 인도받았습니다.

○ 임대차계약 당시 최기동[주민등록번호 : 770809-1000365, 주소 : 서울 종로구 이화로 375, 전화번호 : 010-1010-5678, 전자우편 : kkd@web.com]은 임대차계약에 따른 박민성의 저에 대한 임대차보증금반환채무를 연대보증하였습니다.

○ 임대차계약에는 임대차계약기간에 관한 자동연장특약이 있었고 이에 따라 임대차계약은 2024.10.4.까지로 연장되었습니다. 2024.7.5. 저는 더 이상 임대차계약을 연장할 의사가 없다는 뜻을 박민성에게 내용증명우편으로 보냈고 2024.7.6. 내용증명우편이 박민성에게 배달되었으므로 2024.10.4. 이후에는 더 이상 자동연장되지 않게 되었습니다.

○ 임대차계약의 만기(2024.10.4.)가 되었으나 박민성으로부터 보증금을 돌려받지 못해서 저는 그날부터 101호를 비운 채 출입문은 열쇠로 잠가두었습니다. 그러다 2024.10.21. 박민성의 동의 아래 새로 101호를 임차했다는 이진수에게 101호의 열쇠와 함께 101호를 인도해주었습니다.

○ 제가 101호를 인도해줬음에도 박민성이 보증금은 돌려주지 않아 내용증명도 보내고 문자도 했는데 박민성은 101호를 자신에게 직접 인도하는 것과 상환해서 돈을 줄 것이라고 했습니다. 또한 제가 만기 이후 101호를 공실로 두기는 했지만 출입문을 열쇠로 잠가 점유하여 부당이득을 하였다는 이유로 1개월분 차임 상당 금액과 제가 2023.5.경 박민성의 허락을 받고 5,000,000원을 들여 101호에 대한 증축공사를 했던 부분의 원상회복에 필요한 비용 5,000,000원도 보증금에서 공제하겠다고 했습니다.

○ 박민성이 보증금을 주지 않을 것 같아 연대보증인 최기동에게도 임대차계약이 종료되었음을 알리고 돈을 달라고 내용증명을 보냈는데 최기동은 자신의 연대보증채무는 자동연장되기 전의 임대차기간 만기인 2023.10.4.이 경과하면서 소멸하였다고 주장하고 있습니다. 그리고 제가 임대차 기간 중 연체하고 있던 차임 합계 6,000,000원과 제가 박민성에게 대해 가지고 있던 별도의 채권을 저와 박민성이 합의해서 상계처리를 한 적이 있었는데, 이 부분을 지적하면서 만일 자신의 연대보증채무가 소멸되지 않았다고 하더라도 상계합의로 소멸시킨 연체차임 합계액 6,000,000원은 반환해야 할 보증금에서 공제해야 한다고 합니다.

○ 현 상황에서 소송이 아니면 보증금도 제대로 받기 어려워 보이고 박민성과 최기동의 주장이 맞는 것인지 저는 판단할 능력이 없습니다. 법무사께서 잘 판단을 하셔서 소장을 작성해주시기 바랍니다. 다만, 제가 알기 쉽게 박민성에 대해서는 임대차계약에 기한 책임을 묻는 것으로, 최기동에게 돈을 받을 수 있다면 최기동에게는 연대보증에 따른 책임을 묻는 것으로 해주시기 바랍니다. 그리고 제 친구의 말에 의하면 제가 증축비용으로 부담했던 5,000,000원도 부속물매수청구나 유익비상환청구를 해서 받을 수 있다고도 하던데 만약 가능하다면 이 부분도 진행해주시면 감사하겠습니다.

[소장 작성 시 유의사항]

1. 김민수의 위 진술내용은 모두 진실한 것으로 보고 그가 원하는 범위 내에서 김민수에게 가장 유리하고 적법하면서도 대법원 판례를 따를 때 전부 승소할 수 있는 내용으로 서울중앙지방법원에 접수할 소장을 작성하십시오(소장 작성일은 2024년 11월 2일로 하고, 작성일자가 공휴일인지는 고려할 필요가 없음).

2. 김민수가 언급한 사항과 별첨 서류에 나타난 사항 이외에 다른 쟁점은 없는 것으로 보고 소장을 작성하십시오. 배척하는 주장에 대한 판단도 간략하게 기재하십시오.

3. 여러 명에 대하여 소를 제기할 필요가 있는 경우, 병합요건을 고려하지 말고 하나의 소장으로 작성하십시오.

4. 소장에는 당사자, 청구취지, 청구원인을 갖추어 기재하되, 청구원인은 요건사실 위주로 기재하고, 입증방법과 첨부서류도 함께 적시하십시오. 불필요한 사실관계는 장황하게 기재하지 않도록 하십시오.

5. 소장의 오른쪽 윗부분에 '소가'와 납부할 '인지액'을 그 계산내역과 함께 기재하십시오(다만 전자소송이 아닌 종이소송으로 접수하는 경우를 전제로 계산할 것).

6. 사례에 등장하는 내용들은 모두 가공의 것이고, 임대차계약서, 내용증명우편물 등은 시험용으로 만든 것이므로 실제와 다를 수 있습니다(날인이 필요한 부분은 모두 진정한 날인이 된 것으로 봄).

[참고조문] 소송촉진 등에 관한 특례법 제3조 제1항 본문의 법정이율에 관한 규정

「소송촉진 등에 관한 특례법」 제3조 제1항 본문에서 "대통령령으로 정하는 이율"이란 연 100분의 12를 말한다.

[별첨 서류 1] 임대차계약서

임 대 차 계 약 서

부동산의 표시 : 서울특별시 종로구 가회로7길 345, 101호

제1조   위 부동산을 임대차함에 있어 임대인과 임차인은 쌍방 합의하에 아래 각 조항과 같은 조건으로 계약한다.
보증금 : 오천만 원(50,000,000원)
월세금액 : 이백만 원(2,000,000원) (매월 20일 지급)
위 보증금 50,000,000원은 2022년 10월 5일 지불하기로 함
위 금액을 임대인 박민성이 전액 수령하였음을 확인함. 2022.10.5. 임대인 박민성 (인)

제2조   부동산은 2022년 10월 5일 인도하기로 한다.

제3조   임대차기간은 2022년 10월 5일부터 2023년 10월 4일까지로 한다.
[특약사항]
1. 임대차기간에 관하여 임대인 또는 임차인이 임대차 만기 2개월 전까지 상대방에게 임대차계약의 계속 또는 내용변경의 의사를 서면으로 통지하지 아니할 경우 계약기간이 1년간 연장되는 것으로 한다.
2. 1개월 미만 15일 이상의 기간에 대한 차임은 1개월분으로 계산한다.
3. 임차인이 임차건물을 증, 개축하였을 때에는 임대인의 승낙 유무를 불문하고 그 부분이 무조건 임대인의 소유로 귀속된다.

제4조   연대보증인은 본 임대차계약과 관련하여 임대인이 부담하는 임차인에 대한 임대차보증금반환채에 대하여 금 60,000,000원의 한도로 임대인과 연대하여 지급할 것을 보증한다.

[임대차계약기간 자동연장특약에 관하여 이의나 유보가 없습니다. 최기동 (인)]

위 계약조건을 틀림없이 지키기 위하여 본 계약서를 3부 작성하여 각자 1부씩 보관한다.

2022년 10월 5일

임대인	주 소	서울 종로구 가회로5길 23		
	성 명	박민성 (인)	주민등록번호	770623-1000784
임차인	주 소	서울 종로구 가회로7길 200		
	성 명	김민수 (인)	주민등록번호	750707-1000234
연대보증인	주 소	서울 종로구 이화로 375		
	성 명	최기동 (인)	주민등록번호	770809-1000365

[별첨 서류 2] 통지서

통 지 서

수 신 인   박민성(770623-1000784)
          서울 종로구 가회로5길 23

발 신 인   김민수(750707-1000234)
          서울 종로구 가회로7길 200

1. 안녕하십니까. 본인은 귀하에게서 2022.10.5. 서울 종로구 가회로7길 345, 101호에 대한 임대차계약을 체결한 임차인 김민수입니다.
2. 저는 2024.10.4. 임대차기간 만기 이후에는 더 이상 임대차계약을 유지할 의사가 없습니다. 2024.10.4.에 만기가 되는 것으로 알고 101호는 깨끗하게 비워두겠습니다. 귀하께서도 저에게 돌려줄 보증금을 준비해두시기 바랍니다.
3. 감사합니다.

2024년 7월 5일

발신인 김민수 (인)

이 우편물은 2024년 7월 5일 제8725호에 의하여 내용증명우편물로 발송하였음을 증명함.

서울광화문우체국장 (인)

[별첨 서류 3] 우편배달증명서(2024.7.6.)

우 편 배 달 증 명 서

수취인의 주거 및 성명
서울 종로구 가회로5길 23 박민성

접수국명	서울광화문우체국	접수연월일	2024년 7월 5일
접수번호	제8725호	배달연월일	2024년 7월 6일
적 요 　본인수령 　　　　　박민성		2024.7.6. 서울광화문우체국	

[별첨 서류 4] 임대차목적물 인도관련 문자내역

2024년 10월 21일

> 안녕하세요. 박민성씨.
> 새로 101호에 대한 임대차계약을 체결했다는 이진수라는 분에게 101호를 인도해줘도 되는 것인가요?
> MMS 오후 2:00

> 김민수씨
> 이진수씨는 저와 새로 101호에 대한 임대차계약을 체결한 사람입니다. 그분에게 101호를 인도해주는 것에 동의합니다.
> MMS 오후 2:05

[별첨 서류 5] 인도확인증

인 도 확 인 증

2024년 10월 21일에 김민수로부터 서울 종로구 가회로7길 345, 101호를 인도받았음을 확인합니다.

2024년 10월 21일

확인자 : 이진수 (인)
주민등록번호 790504-1002458
주소 서울 서초구 서초대로 511

[별첨 서류 6] 이행최고서

이 행 최 고 서

수 신 인   박민성(770623-1000784)
          서울 종로구 가회로5길 23

발 신 인   김민수(750707-1000234)
          서울 종로구 가회로7길 200

1. 안녕하십니까. 본인은 귀하와 임대차목적물인 서울 종로구 가회로7길 345, 101호를 임차했던 김민수입니다.
2. 임대차계약은 2024.10.4. 종료되었지만 저는 아직까지 귀하로부터 임대차보증금을 돌려받지 못했습니다. 그럼에도 저는 귀하를 배려하여 2024.10.21. 귀하의 동의 아래 귀하와 새로 임대차계약을 체결했다는 이진수에게 위 임대차목적물을 인도해주었습니다.
3. 최대한 빠른 시일 내에 임대차보증금과 반환지연에 따른 지연이자를 돌려주시기 바랍니다.
4. 저는 소송에 이르지 않고 귀하와 원만하게 이 문제가 해결되기를 바랍니다.

2024년 10월 22일

발신인 김민수 (인)

이 우편물은 2024년 10월 22일 제7759호에 의하여
내용증명우편물로 발송하였음을 증명함.

서울광화문우체국장 (인)

[별첨 서류 7] 우편배달증명서(2024.10.23.)

우 편 배 달 증 명 서

수취인의 주거 및 성명
서울 종로구 가회로5길 23 박민성

접수국명	서울광화문우체국	접수연월일	2024년 10월 22일
접수번호	제7759호	배달연월일	2024년 10월 23일

적 요
  본인수령
 	
       박민성
		2024. 10. 23.
		서울광화문우체국	

[별첨 서류 8] 문자 내역(박민성)

2024년 10월 21일

안녕하세요. 박민성씨 제가 내용증명에서 말한 것처럼 빨리 돈을 돌려주세요. 제발 부탁드립니다.

MMS 오후 5:15

김민수씨
보내주신 내용증명은 잘 받아보았습니다. 일단 제가 보증금을 돌려드리지 못하고 있는 점에 대해서 미안하게 생각합니다. 어떻게든 돈을 구해보려고 하는데 돈을 구하기 어렵고 새로 온 임차인에게 받은 보증금을 귀하에게 드리려고 했는데 피치 못할 사정으로 그 돈을 다른 곳에 급하게 쓸 수밖에 없었습니다. 아무튼 돈은 구하고 있으니 걱정 마시고 다만, 귀하가 101호를 직접 저에게 인도해준 것은 아니라서 저는 101호 인도와 상환으로 보증금을 지급할 생각이며, 또한 귀하가 만기 이후 101호를 공실로 둔 것은 제가 확인했지만 출입문을 열쇠로 잠가 점유하고 있었기 때문에 그 부분에 대해서는 부당이득을 한 것으로 생각되어, 차임 1개월분과 귀하가 증축공사를 했던 부분을 원상회복하는데 드는 비용 5,000,000원은 보증금에서 공제하고 드리겠습니다. 이 부분 양해를 부탁드립니다.

MMS 오후 5:20

[별첨 서류 9] 최고서

최 고 서

수 신 인   최기동(770809-1000365)
           서울 종로구 이화로 375

발 신 인   김민수(750707-1000234)
           서울 종로구 가회로7길 200

1. 안녕하십니까. 본인은 박민성으로부터 서울 종로구 가회로7길 345, 101호를 임차했던 김민수입니다.
2. 2024.10.4.로 임대차기간이 만료되었는데 저는 아직까지 임대차보증금을 돌려받지 못했습니다.
3. 귀하는 박민성의 저에 대한 임대차보증금반환채무를 연대보증하셨습니다. 그러니 귀하께서 저에게 임대차보증금과 지연이자를 지급해 줄 것을 촉구합니다.
4. 감사합니다.

2024년 10월 24일

발신인 김민수 (인)

이 우편물은 2024년 10월 24일 제7760호에 의하여
내용증명우편물로 발송하였음을 증명함.

서울광화문우체국장 (인)

[별첨 서류 10] 우편배달증명서(2024.10.25.)

우 편 배 달 증 명 서

수취인의 주거 및 성명
서울 종로구 이화로 375 최기동

접수국명	서울광화문우체국	접수연월일	2024년 10월 24일
접수번호	제7760호	배달연월일	2024년 10월 25일
적 요 　본인수령 　　　　　　최기동		2024. 10. 25. 서울광화문우체국	

[별첨 서류 11] 문자내역(최기동)

2024년 10월 25일

안녕하세요. 최기동씨 제가 보내드린 내용증명우편을 받으신 것으로 나옵니다. 최기동씨, 제가 지금 돈이 정말 급하게 필요한 상황입니다. 보증채무를 이행해주시기를 간곡히 부탁드립니다.

MMS 오후 6:00

김민수씨
내용증명우편은 받아보았습니다. 제가 지인에게 물어보니, 제가 했던 연대보증채무는 민법 제639조 제2항이 적용되어 계약서에 명시되었던 만기인 2023. 10. 4.이 경과하면서 소멸되었다고 합니다. 그리고 들리는 소문에 귀하와 박민성이 합의해서 연체차임 600만원을 귀하가 박민성에게 받아야 할 별도의 채권과 상계처리를 했다고 하는데, 연체차임은 보증금에서 공제해야지 왜 당사자들이 그렇게 처리하나요? 아무튼 저는 연대보증채무가 소멸하지 않았다고 해도 보증금에서 600만원은 공제하고 돈을 줄 것이니 그리 아세요.

MMS 오후 8:30

민사사건관련서류의 작성 | 2024년 제30회 기출문제해설

✅ 해설 1

소　장

소송목적의 값[15] ：　50,000,000원

인　지[16] ：　　　230,000원

(계산내역 ： 50,000,000원 × 45/10,000 + 5,000원)

원　고　　김민수(750707-1000234)
　　　　　서울 종로구 가회로7길 200
　　　　　전화번호 ： 010-1234-5566
　　　　　전자우편 ： kms@web.com

피　고　　1. 박민성(770623-1000784)
　　　　　　서울 종로구 가회로5길 23
　　　　　　전화번호 ： 010-2345-7777
　　　　　　전자우편 ： pms@web.com
　　　　　2. 최기동(770809-1000365)
　　　　　　서울 종로구 이회로 375
　　　　　　전화번호 ： 010-1010-5678
　　　　　　전자우편 ： kkd@web.com

임대차보증금반환 청구의 소

---

15) 민사소송 등 인지규칙 제20조 참조
16) 민사소송 등 인지법 제2조 제1항 제2호 참조

청 구 취 지

1. 원고에게 피고 박민성은 50,000,000원, 피고 최기동은 피고 박민성과 연대하여 위 돈 중 44,000,000원 및 이에 대한 각 2024.10.24.부터 이 사건 소장 부본 송달일까지는 연 5%의, 그 다음 날부터 다 갚는 날까지는 연 12%의 비율로 계산한 돈을 각 지급하라.[17]
2. 소송비용은 피고들이 부담한다.
3. 제1항은 가집행할 수 있다.
라는 판결을 구합니다.

청 구 원 인

1. 피고 박민성에 대한 청구

   가. 원고의 피고 박민성에 대한 임대차보증금반환 청구

   (1) 임대차계약의 체결 및 임대차보증금의 지급 사실

   원고는 2022.10.5. 피고 박민성과 서울 종로구 가회로7길 345, 101호에 대하여 임대차보증금 50,000,000원, 월 차임 2,000,0000원(매월 20일 지급), 임대차기간 2022.10.5.부터 2023.10.4.까지로 정하여 임대차계약을 체결하고 같은 날 임대차보증금 50,000,000원을 지급하였습니다(갑 제1호증 임대차계약서).

   (2) 임대차계약의 종료 사실

   임대차계약에는 임대차계약기간에 관한 자동연장특약이 있었고 이에 따라 임대차계약은 2024.10.4.가지 연장되었으나 2024.7.5. 원고는 더 이상 임대차계약을 연장할 의사가 없다는 뜻을 피고 박민성에게 내용증명우편으로 보냈고 2024.7.6. 내용증명우편이 피고 박민성에게 도달하였으므로 2024.10.4. 임대차계약은 기간만료로 종료하였습니다(갑 제2호증의 1 통지서, 갑 제2호증의 2 우편배달증명서(2024.7.6.)].

   (3) 소 결

   따라서 피고 박민성은 원고에게 임대차보증금반환의무가 있다고 할 것입니다.

   나. 피고 박민성의 주장(항변)과 이에 대한 반박(재항변)

   (1) 임대차목적물 인도와 동시이행의 항변

   피고 박민성은 임대차목적물인 101호의 인도와 상환으로 보증금을 지급할 예정이라고 주장하고 있습니다(갑 제6호증 문자내역(박민성)). 그러나 <u>임대차관계가 종료된 후 원고는 2024.10.21. 피고 박민성의 동의 아래 새로 101호를 임차한 이진수에게 101호의 열쇠와 함께 101호를 직접 인도함으로써 피고 박민성에 대한 목적물반환의무를 제대로 이행하였습니다</u>(갑 제3호증 임대차목적물 인도관련 문자내역, 갑 제4호증 인도확인증).

---

[17] "원고에게, 피고들은 연대하여 44,000,000원, 피고 박민성은 6,000,000원 및 이에 대하여 2024.10.24.부터 이 사건 소장 부본 송달일까지는 연 5%의 그 다음 날부터 다 갚는 날까지는 연 12%의 각 비율로 계산한 돈을 각 지급하라."고 표현할 수도 있다.   〈출처〉 사법연수원, 「민사판결서 작성론 – 주문편」 p.71-72

그리고 이러한 임차목적물 인도를 피고 박민성에게 이행최고서를 통하여 통지하였고, 그 이행최고서는 2024.10.23. 피고 박민성에게 도달하였습니다[갑 제5호증의 1 이행최고서, 갑 제5호증의 2 우편배달증명서(2024.10.23.)]. 따라서 피고 박민성은 2024.10.24. 보증금 50,000,000원을 즉시 반환하여야 하고, 원고로부터 101호의 인도를 받는 것과의 상환이행을 주장할 수 없습니다.[18]

(2) 공제 항변
1) 임대차 종료 후의 부당이득
피고 박민성은 원고가 임대차계약의 만기(2024.10.4.) 이후 101호를 공실로 두기는 했지만 출입문을 열쇠로 잠가 점유하여 부당이득을 하였다는 이유로 1개월분 차임 상당액(2,000,000원)을 임대차보증금에서 공제한다고 주장하고 있습니다[갑 제6호증 문자내역(박민성)].
그러나 원고는 임대차계약종료 후 동시이행항변권을 가지고 이를 행사하기 위한 방편으로 임차목적물을 2024.10.21.까지 점유하고 있었을 뿐, 본래의 임대차계약상의 목적에 따라 사용·수익을 하지 아니하여 실질적인 이익을 얻은 바 없습니다. 따라서 그로 인하여 피고 박민성에게 1개월분 차임 상당액(2,000,000원)의 손해가 발생하였다 하더라도 원고의 부당이득반환의무는 성립되지 아니한다고 할 것이고, 그 결과 피고 박민성의 공제 주장은 이유가 없습니다.

2) 원상회복에 따른 복구비용
피고 박민성은 원고가 2023.5.경 피고 박민성의 허락을 받고 101호에 대한 증축공사를 했던 부분의 원상회복에 필요한 비용 5,000,0000원을 임대차보증금에서 공제한다고 주장하고 있습니다[갑 제6호증 문자내역(박민성)].
그러나 이 사건 임대차계약에서 원고와 피고 박민성은 '임차인이 임차건물을 증·개축하였을 때에는 임대인의 승낙 유무를 불문하고 그 부분은 무조건 임대인의 소유로 귀속된다.'라는 특약을 하였는바[갑 제1호증 임대차계약서], 이는 임차인인 원고의 원상회복의무를 면하는 대신 투입비용의 변상이나 권리주장을 포기한다는 의미로 볼 수 있고, 이러한 약정은 유효하다고 할 것입니다.[19] 따라서 피고 박민성의 원상회복에 따른 복구비용의 공제 주장은 이유가 없습니다.

2. 피고 최기동에 대한 청구
가. 연대보증계약에 기한 연대보증채무의 이행청구
(1) 주채무의 발생사실
원고는 2022.10.5. 피고 박민성과 피고 박민성 소유의 서울 종로구 가회로7길 345, 101호에 대하여 임대차계약을 체결하고 같은 날 임대차보증금 50,000,000원을 지급하였습니다. 임대차계약이 기간만료로 종료된 후 원고는 2024.10.21. 피고 박민성에 대한 임차목적물 반환의무를 이행하고 그 사실을 피고 박민성에게 통지(2024.10.23. 피고 박민성에게 도달)하였으므로, 2024.10.24. 피고 박민성의 원고에 대한 임대차보증금 50,000,000원의 반환채무가 발생하였습니다.

---

18) 대법원 2009.6.25. 선고 2008다55634 판결 참조
19) 대판 1983.2.22. 80다589 참조

(2) 연대보증계약의 체결 사실
2022.10.5. 임대차계약 당시 피고 최기동은 임대차계약에 따른 피고 박민성의 원고에 대한 임대차보증금반환채무를 연대보증하는 계약을 체결하였습니다(갑 제1호증 임대차계약서).
(3) 소 결
따라서 피고 최기동은 원고에게 연대보증계약에 따른 연대보증채무를 이행할 의무가 있습니다.

나. 피고 최기동의 주장(항변)과 이에 대한 반박(재항변)
(1) 연대보증채무의 소멸
피고 최기동은 임대차에 대하여 제3자가 제공한 담보는 기간의 만료로 인하여 소멸한다고 규정한 민법 제639조 제2항에 따라 임대차계약서에 명시되었던 만기인 2023.10.4.이 경과하면서 연대보증채무는 소멸되었다고 주장하고 있습니다[갑 제8호증 문자내역(최기동)]. 그러나 피고 최기동은 임대차계약서 제4조에서 '임대차계약기간 자동연장특약에 관하여 이의나 유보가 없습니다.'라고 기재하여 임대차계약기간 자동연장특약에 동의(합의)하였습니다(갑 제1호증 임대차계약서). 따라서 민법 제639조 제2항은 피고 2.에게 적용되지 않고, 피고 최기동은 여전히 원고에게 연대보증채무를 이행할 의무가 있다고 할 것입니다.20)
(2) 임대차 존속 중의 연체차임의 공제
피고 최기동은 원고와 피고 박민성이 연체차임 6,000,000원을 원고의 피고 박민성에 대한 별도의 채권과 상계 처리한 것이 피고 최기동에게 불리한 것으로 피고 최기동에 대하여는 그 효력을 주장할 수 없다고 하면서, 연체차임 6,000,000원을 임대차보증금에서 공제하여야 한다고 주장하고 있습니다. 대법원 판례에 따르면 이러한 피고 최기동의 주장은 타당합니다.21)
(3) 소 결
따라서 피고 최기동은 임대차보증금 50,000,000원에서 연체차임 6,000,000원을 공제한 나머지 44,000,000원을 원고에게 지급할 의무가 있다고 할 것입니다.

3. 결 론
그렇다면 피고 박민성은 원고에게 임대차보증금 50,000,000원과 이에 대하여 2024.10.24.부터 이 사건 소장 부본 송달일까지는 연 5%의, 그 다음 날부터 다 갚는 날까지는 연 12%의 비율로 계산한 돈을 지급할 의무가 있고, 피고 최기동은 피고 박민성과 연대하여 임대차보증금 중 44,000,000원 및 이에 대하여 2024.10.24.부터 이 사건 소장 부본 송달일까지는 연 5%의, 그 다음 날부터 다 갚는 날까지는 연 12%의 비율로 계산한 돈을 지급할 의무가 있다고 할 것입니다.

---

20) 대판 2005.4.14. 2004다63293 참조.
21) 보증인이 임대인의 임대차보증금반환채무를 보증한 후에 임대인과 임차인 간에 임대차계약과 관계없는 다른 채권으로써 연체차임을 상계하기로 약정하는 것은 보증인에게 불리한 것으로 보증인에 대하여는 그 효력을 주장할 수 없다(대판 1999.3.26. 98다22918).

입 증 방 법

1. 갑 제1호증 - 임대차계약서
1. 갑 제2호증의 1 - 통지서
1. 갑 제2호증의 2 - 우편배달증명서(2024.7.6.)
1. 갑 제3호증 - 임대차목적물 인도관련 문자내역
1. 갑 제4호증 - 인도확인증
1. 갑 제5호증의 1 - 이행최고서
1. 갑 제5호증의 2 - 우편배달증명서(2024.10.23.)
1. 갑 제6호증 - 문자내역(박민성)
1. 갑 제7호증의 1 - 최고서
1. 갑 제7호증의 2 - 우편배달증명서(2024.10.25.)
1. 갑 제8호증 - 문자내역(최기동)

첨 부 서 류

1. 위 각 입증방법   각 3통
1. 소장 부본   2통
1. 송달료납부서   1통
1. 영수필확인서   1통
1. 서류작성 및 제출위임장   1통

2024. 11. 2.
위 원고 김민수 (서명 또는 날인)

서울중앙지방법원 귀중

민사사건관련서류의 작성
2023년 제29회 기출문제

✓ 문제 1

김갑동[주민등록번호 : 820202-1234567, 주소 : 서울 서초구 서초중앙로 100, 전화번호 : 010-2345-4873, 전자우편 : kkdong@web.com]은 2023.10.18. 법무사의 사무실에 찾아와 다음과 같은 내용을 설명하고 자신이 가져온 서류들을 제시하면서 소장 작성을 의뢰하였다. 이에 적합한 소장을 작성하시오. [30점]

- 다 음 -

○ 저는 2022.5.5. 이종사촌 관계인 최을서[주민등록번호 : 790906-1897655, 주소 : 서울 강남구 테헤란로 21길 17, 전화번호 : 010-3333-3040, 전자우편 : chulseo@ted.com]에게 컴퓨터 45대를 대금 1억원에 매도하면서 위 컴퓨터를 2022.6.30. 인도하고, 위 대금 중 6천만원은 2022.6.30.에 나머지 4천만원은 2022.8.30.에 각 지급받기로 하였습니다.

○ 2022.6.30. 저는 컴퓨터 45대를 모두 인도하였고, 최을서는 그 자리에서 6천만원을 지급하였습니다. 그런데 나머지 4천만원을 지급받기로 한 날 최을서에게서 며칠만 여유를 달라는 전화가 와서 저는 10일 여유를 주기로 하고, 2022.9.10.까지 기다렸습니다. 그러나 최을서는 가타부타 연락이 없었고, 제 전화를 피했습니다. 시간이 계속 흘러 안 되겠다 싶은 생각이 들어 제가 내용증명을 보내자 그제서야 최을서는 현재 수중에 돈이 없어 도저히 변제할 수 없는 상황이나 마침 곧 한병남[주민등록번호 : 841212-1313165, 주소 : 서울 강남구 삼성로 46길 20, 전화번호 : 010-2348-8484, 전자우편 : bnamhan@ted.com]에게 받을 돈이 있으니 제발 그 채권을 대신 받아달라고 하였습니다. 최을서와 평소에도 가깝게 지냈고, 변제자력이 없는 것이 분명하므로, 저는 이렇게라도 받아야겠다는 생각에 어쩔 수 없이 채무변제에 갈음하여 2022.11.11. 그 채권을 양수하였고, 최을서를 믿을 수 없어 직접 한병남에게 채권양도통지를 하기로 하였습니다(별첨 서류 1, 2). 한병남은 채권양도통지서를 2022.11.13. 수령하였습니다.

○ 저는 양수금을 받기 위해 2022.11.25. 한병남에게 전화를 하였으나 황당한 소식을 듣게 되었습니다. 최을서의 채권을 이미 최을서의 다른 채권자인 정정북[주민등록번호 : 760509-1468257, 주소 : 서울 강남구 테헤란로 36길 15, 전화번호 : 010-4444-9999, 전자우편 : book999@ted.com]이 가압류했다는 것입니다(별첨 서류 3). 그래서 한병남은 저에게 변제할 수 없다는 소리를 되풀이 했습니다. 또한 자기는 이미 최을서에게 1천만원은 갚았고, 최을서에게 받을 매매대금이 있어 나머지 채권을 상계할 생각이라고 했습니다.

○ 2022.12.5. 정정북에게 전화하여 사정을 물어보니 가압류를 11월에 하였고, 채권액이 2천만원이라고 하여 저는 어떻게 해야 할지 몰라 고민만 하고 있었습니다. 이후 최을서에게 가압류에 관해 강하게 항의하였고, 그러던 중 최을서에게서 정말 미안하다며 본인이 가압류를 풀기 위해 노력하겠다는 대답을 들었습니다. 그런데 그 후 최을서가 어떻게 했는지 2023.5.15. 가압류가 전부 취소되었다는 얘기를 들었습니다(별첨 서류4). 그래서 제가 돈을 받기 위해 한병남에게 다시 독촉하였더니 항고심에서 가압류취소결정을 취소하여 다시 가압류결정이 인가되었다고 하며 저에게 돈을 줄 수 없다는 문자를 하였습니다(별첨 서류 5).

○ 며칠 전 친구인 무해한을 만나 그동안의 속사정을 털어놓고 속상해 하던 차에 그래도 포기하지 말고 전문가에게 상담받아 보라는 말을 듣고 힘을 얻어 한병남에게 이행을 독촉하는 전화를 했는데, 자신은 지불할 채무가 남아있지 않다면서 지난번에 말한 일부변제와 상계에 대한 서류인 은행거래내역 및 매매계약서 사본을 보냈습니다(별첨 서류6, 7).

○ 저는 가압류결정이 있더라도 제가 받을 수 있는 금액이 있다고 생각하며, 일부변제와 상계는 채권이 양도된 이후에 주장하는 것이므로 인정할 수 없다고 생각합니다. 문자만 보내고 있으면 안 될 것 같아 이제 소송을 통해 마무리를 하고 싶습니다. 최을서는 지금 가진 돈도 없고, 친척들도 연락이 잘 되지 않는다니 굳이 최을서에게까지 소송을 하고 싶지는 않습니다. 법무사님이 잘 살펴보시고 한병남에게 받을 수 있는 최대한의 금액을 청구하는 소를 제기하도록 도와주십시오.

[소장 작성 시 유의사항]

1. 김갑동의 위 진술내용은 모두 진실한 것으로 보고 그가 원하는 범위 내에서 김갑동에게 가장 유리하고 적법하면서도 대법원 판례에 따를 때 전부 승소할 수 있는 내용으로 서울중앙지방법원에 접수할 소장을 작성하십시오(소장 작성일은 2023년 10월 20일로 하고, 작성일자가 공휴일인지는 고려할 필요가 없음).

2. 김갑동이 언급한 사항과 별첨 서류에 나타난 사항 이외에 다른 쟁점은 없는 것으로 보고 소장을 작성하십시오. 배척하는 주장에 대한 판단도 간략하게 기재하십시오.

3. 소장에는 당사자, 청구취지, 청구원인을 갖추어 기재하되, 청구원인은 요건사실 위주로 기재하고, 입증방법과 첨부서류도 함께 적시하십시오. 불필요한 사실관계는 장황하게 기재하지 않도록 하십시오.

4. 소장의 오른쪽 윗부분에 '소가'와 납부할 '인지액'을 그 계산내역과 함께 기재하십시오(다만 전자소송이 아닌 종이소송으로 접수하는 경우를 전제로 계산할 것).

5. 사례에 등장하는 내용들은 모두 가공의 것이고, 채권양도계약서, 영수증 등은 시험용으로 만든 것이므로 실제와 다를 수 있습니다(날인이 필요한 부분은 모두 진정한 날인이 된 것으로 봄).

[참고조문] 소송촉진 등에 관한 특례법 제3조 제1항 본문의 법정이율에 관한 규정

「소송촉진 등에 관한 특례법」 제3조 제1항 본문에서 "대통령령으로 정하는 이율"이란 연 100분의 12를 말한다.

[별첨 서류 1] 채권양도양수계약서 및 차용증

채 권 양 도 양 수 계 약 서

1. 당사자
   양도인 : 최을서[주소 : 서울 강남구 테헤란로 21길 17]
   양수인 : 김갑동[주소 : 서울 서초구 서초중앙로 100]

2. 양도대상물
   최을서가 한병남에게 가지는 대여금채권 4천만원(첨부)

3. 양도목적
   양도인은 2022.8.30. 양수인에게 지급하여야 할 매매대금 4천만원을 변제하지 못한 바, 그에 대한 변제에 갈음하여 위 대여금채권을 전부 양수인에게 양도함.

4. 책임면제
   양수인이 양도인으로부터 양도받은 4천만원의 채권 범위 내에서는 더 이상 양도인에게 민·형사상 책임을 묻지 않기로 함.

5. 양도통지권 위임
   양도인은 본 양도양수계약 내용에 대하여 채무자에게 통지할 권한을 양수인에게 위임함.

2022. 11. 11.

양도인 최을서 (인)
양수인 김갑동 (인)

※ 첨부 : 차용증

차 용 증

금 사천만 원(₩40,000,000) 정

채무자는 금일 귀하로부터 위 돈을 아래와 같은 조건으로 정히 차용하고 약정대로 변제하겠습니다.

변제기 : 2022.11.11.
이자 : 無

2021.11.10.

채무자 : 한병남 (인) 　　　서울 강남구 삼성로 46길 20 　　　전화번호 010-2348-8484 **최을서(790906-1897655) 귀하**

[별첨 서류 2] 채권양도 통지서 및 우편배달증명서

채 권 양 도 통 지 서

수 신 인　한병남
　　　　　서울 강남구 삼성로 46길 20

발 신 인　김갑동
　　　　　서울 서초구 서초중앙로 100

1. 귀하의 안녕을 기원합니다.
2. 최을서는 2022.8.30. 양수인에게 지급하여야 할 매매대금 4천만원을 변제하지 못한 바, 본인은 그에 대한 변제에 갈음하여 최을서가 귀하에 대하여 가지는 대여금채권 4천만원을 전부 양도받았습니다.
3. 본인은 첨부된 채권양도양수계약서 제5항에 따라 귀하에게 이와 같은 채권양도양수를 통지하는 바입니다.
4. 그러니 귀하께서는 즉시 위 대여금채권에 따른 변제금을 본인에게 변제하여 주시길 바랍니다.

2022. 11. 11.

통지인 김갑동

※ 첨부 : 채권양도양수계약서

이 우편물은 2022년 11월 11일 등기 제1234호에 의하여 내용증명 우편물로 발송하였음을 증명함

서울서초우체국장 (인)

채 권 양 도 양 수 계 약 서

1. 당사자
   양도인 : 최을서[주소 : 서울 강남구 테헤란로 21길 17]
   양수인 : 김갑동[주소 : 서울 서초구 서초중앙로 100]

2. 양도대상물
   최을서가 한병남에게 가지는 대여금채권 4천만원(첨부)

3. 양도목적
   양도인은 2022. 8. 30. 양수인에게 지급하여야 할 매매대금 4천만원을 변제하지 못한 바, 그에 대한 변제에 갈음하여 위 대여금채권을 전부 양수인에게 양도함.

4. 책임면제
   양수인이 양도인으로부터 양도받은 4천만원의 채권 범위 내에서는 더 이상 양도인에게 민·형사상 책임을 묻지 않기로 함.

5. 양도통지권 위임
   양도인은 본 양도양수계약 내용에 대하여 채무자에게 통지할 권한을 양수인에게 위임함.

2022. 11. 11.

양도인 최을서 (인)
양수인 김갑동 (인)

※ 첨부 : 차용증

우 편 배 달 증 명 서

수취인의 주거 및 성명
서울 강남구 삼성로 46길 20 한병남

접수국명	서울서초	접수연월일	2022년 11월 11일
접수번호	제1234호	배달연월일	2022년 11월 13일
적요 　본인수령 　　　　　한병남 (인)		2022. 11. 13. 서울서초우체국	

[별첨 서류 3] 가압류 결정문 및 송달증명원

서 울 중 앙 지 방 법 원

결 정

사　　　건　　2022카단1652 채권가압류
채 권 자　　정정북
　　　　　　　서울 강남구 테헤란로 36길 15
채 무 자　　최을서
　　　　　　　서울 강남구 테헤란로 21길 17
제3채무자　　한병남
　　　　　　　서울 강남구 삼성로 46길 20

주 문

채무자의 제3채무자에 대한 별지 기재 채권을 가압류한다.
제3채무자는 채무자에게 위 채권에 관한 지급을 하여서는 아니 된다.
채무자는 다음 청구금액을 공탁하고 집행정지 또는 집행취소를 신청할 수 있다.

청구채권의 내용 : 2021.5.1.자 대여금
청구금액 : 금 20,000,000원

이 유

이 사건 채권가압류신청은 이유 있으므로 담보로 공탁보증보험증권(빛나 보험회사 증권번호 제30호)을 제출받고 주문과 같이 결정한다.

2022. 11. 9.

판 사　　고법률 (인)

※ 1. 이 가압류결정은 채권자가 제출한 소명자료를 기초로 판단한 것입니다.
　 2. 채무자는 이 결정에 불복이 있을 경우 가압류이의나 취소신청을 이 법원에 제기할 수 있습니다.

[별지]

가압류할 채권의 표시

가압류 청구금액 20,000,000원
채무자가 2021.11.10. 제3채무자에게 대여한 40,000,000원의 반환채권

송 달 증 명 원

사　　　건　　2022카단1652 채권가압류
채 권 자　　정정북
채 무 자　　최을서
제3채무자　　한병남
증명신청인　　한병남

위 사건에 관하여 아래와 같이 송달되었음을 증명합니다.

채무자 최을서 : 2022.11.12. 채권가압류결정정본 송달
제3채무자 한병남 : 2022.11.12. 채권가압류결정정본 송달. 끝.

2022. 11. 25.

서울중앙지방법원
법원주사 정길동 (인)

[별첨 서류 4] 가압류취소 결정문

서 울 중 앙 지 방 법 원

결 정

사　　　건　　2023카단1384 가압류취소
신 청 인　　최을서
　　　　　　　서울 강남구 테헤란로 21길 17
피신청인　　정정북
　　　　　　　서울 강남구 테헤란로 36길 15

주 문

1. 위 당사자 사이의 이 법원 2022카단1652 채권가압류 신청사건에 관하여 이 법원이 2022.11.9.에 한 가압류 결정을 취소한다.
2. 신청비용은 피신청인이 부담한다.

신 청 취 지

주문과 같다.

이 유

기록에 의하면, 피신청인이 2023.4.15. 이 법원 2023카소23 제소명령을 송달받은 사실이 소명되고, 피신청인이 그 제소기간 안에 본안의 소를 제기하여 이를 증명하는 서류를 제출하거나 이미 소를 제기하였으면 소송계속사실을 증명하는 서류를 제출하여야 함에도 이를 이행하지 아니한 사실은 이 법원에 현저하다.
따라서 신청인의 이 사건 취소신청은 이유 있어 민사집행법 제287조 제3항, 제1항에 따라 주문 제1항 기재 가압류 결정을 취소하기로 하여, 주문과 같이 결정한다.

2023.5.15.

판　사　　최민법 (인)

[별첨 서류 5] 문자내역

2023년 7월 30일

안녕하세요, 한병남씨.
제가 양수한 최을서씨의 대여금채권 4천만원을 언제 지급하여 주실지 알고 싶어 연락드립니다.
MMS 오후 3:30

김갑동씨.
지난번 취소되었던 가압류결정이 다시 인가되었다고 6월 5일에 통지가 왔어요. 그렇다면 김갑동씨는 이 채권을 받을 수 없는 것 아닌가요?
또 지난번에 말씀드렸듯이 사실 제가 최을서씨에게 이미 1천만원은 변제했고, 나머지 1천만원은 제가 받을 돈과 상계할 생각이에요. 저는 매매하기로 한 차량을 이미 최을서씨에게 인도하고 차량등록까지 마쳤는데, 최을서씨가 작년 12월에 주기로 한 1천만원을 아직 못 받았으니 돈을 받는 일만 남았어요. 그러니 저는 김갑동씨에게 돈을 줄 의무가 없죠.
MMS 오후 4:03

[별첨 서류 6] 무통장 입금증

무 통 장 입 금 증

거래일자 : 2022.11.11. 거래시간 15:35
거래은행명 : ○○은행 테헤란로 지점

취급자 : 한행원
02-533-3698

계좌번호	110297563434	입금내역	금 액
받으시는 분	최을서	현 금	₩10,000,000
보내시는 분	한병남		
적 요			
송금 수수료	₩0	합 계	₩10,000,000

*고객께서 의뢰하신 대로 위와 같이 입금되었으며, 계좌번호와 금액을 확인하시기 바랍니다.
*타행계좌로 입금하시는 분은 반드시 뒷면의 약관을 확인하여 주십시오.
EEND : 20-26-1163

○○은행 제정

[별첨 서류 7] 매매계약서

매 매 계 약 서

1. 매도인은 매수인에게 매도인 소유인 222다5555 흰색 그랜져 차량을 매매대금 1천 5백만(15,000,000)원에 매도한다.
2. 매도인은 2022.11.22. 그랜져 차량을 인도하고, 차량등록에 협조한다.
3. 매수인은 차량매매대금 중 2022.11.22. 인도와 동시에 5백만(5,000,000)원, 2022.12.22. 1천만(10,000,000)원을 각 지급한다.

2022. 11. 22.

매도인 : 한병남(841212-1313165) (인)
　　　　서울 강남구 삼성로 46길 20

매수인 : 최을서(790906-1897655) (인)
　　　　서울 강남구 테헤란로 21길 17

민사사건관련서류의 작성 | 2023년 제29회 기출문제해설

● 해설 1

소 장

소송목적의 값[22] : 30,000,000원
인 지[23] : 140,000원
(계산내역 : 30,000,000원 × 45/10,000 + 5,000원)

원 고 김갑동(820202-1234567)
　　　 서울 서초구 서초중앙로 100
　　　 전화번호 : 010-2345-4873
　　　 전자우편 : kkdong@web.com

피 고 한병남(841212-1313165)
　　　 서울 강남구 삼성로 46길 20
　　　 전화번호 : 010-2348-8484
　　　 전자우편 : bnamhan@ted.com

양수금 청구의 소

청 구 취 지

1. 피고는 원고에게 30,000,000원 및 이에 대한 2022.11.14.부터 이 사건 소장 부본 송달일까지는 연 5%의, 그 다음 날부터 다 갚는 날까지는 연 12%의 각 비율로 계산한 돈을 지급하라.
2. 소송비용은 피고가 부담한다.
3. 제1항은 가집행할 수 있다.
라는 판결을 구합니다.

---

[22] 민사소송 등 인지규칙 제20조 참조
[23] 소송목적의 값이 1천만원 이상 1억원 미만인 경우에는 그 값에 1만분의 45를 곱한 금액에 5천원을 더한 금액(민사소송 등 인지법 제2조 제1항 제2호 참조)

청 구 원 인

1. 피고에 대한 양수금 청구
   가. 소외 최을서(양도인)의 피고(채무자)에 대한 채권이 존재한 사실

   소외 최을서는 피고 한병남에 대하여 원금 40,000,000원, 변제기 2022.11.11., 무이자의 대여금 채권(이하 '이 사건 대여금 채권'이라 합니다)을 가지고 있습니다(갑 제1호증의 1 채권양도양수계약서 참조 및 갑 제1호증의 2 차용증 참조).

   나. 소외 최을서(양도인)와 원고(양수인) 사이의 채권양도계약 체결 사실

   그리고 원고는 2022.11.11. 소외 최을서로부터 이 사건 대여금 채권을 양수하는 계약을 체결하였습니다(갑 제1호증의 1 채권양도양수계약서 참조).

   다. 채권양도의 대항요건의 구비 사실
   (1) 민법 제450조에 의한 채권양도의 통지는 양도인이 직접 하지 아니하고 사자를 통하거나 대리인으로 하여금 하여도 무방하고, 채권의 양수인도 양도인으로부터 채권양도통지 권한을 위임받아 대리인으로 그 통지를 할 수 있습니다.[24]
   (2) 원고(채권 양수인)는 소외 최을서(채권 양도인)로부터 채권양도통지의 대리권을 수여받아 피고(채무자)에게 채권양도의 통지를 하였고(갑 제1호증의 1 채권양도양수계약서 참조), 통지서는 2022.11.13. 내용증명우편으로 피고에게 도달하였으므로 원고는 채권양도의 대항요건을 구비하였습니다(갑 제2호증의 1 채권양도 통지서, 갑 제2호증의 2 우편배달증명서 참조).

   라. 소 결

   따라서 피고는 원고에게 양수금(원금 40,000,000원)을 지급할 의무가 있다고 할 것입니다.

2. 피고의 주장(항변)과 이에 대한 반박(재항변)
   가. 소외 정정북의 채권 가압류 주장
   (1) 피고는 '위 대여금 채권과 관련하여 이미 소외 최을서의 채권자 소외 정정북이 신청한 가압류 결정이 있음을 이유로 위 가압류결정의 청구금액인 20,000,000원은 지급할 수 없다'고 주장하고 있습니다(갑 제3호증의 1 가압류 결정문, 갑 제3호증의 2 송달증명원 참조).
   (2) 그러나 채권가압류취소결정의 집행으로서 집행법원이 피고(제3채무자)에게 가압류집행취소통지서를 송달한 경우 그 효력은 확정적이므로, 채권가압류결정이 피고(제3채무자)에게 송달된 상태에서 그 채권을 양수하여 확정일자 있는 통지 등에 의한 대항요건을 갖춘 원고(채권 양수인)는 위와 같이 가압류집행취소통지서가 피고(제3채무자)에게 송달된 이후에는 더 이상 처분금지효의 제한을 받지 않고 아무런 부담이 없는 채권 취득의 효력을 소외 정정북(가압류채권자)에게 대항할 수 있게 됩니다.[25]

---

[24] 대법원 2004.2.13. 선고 2003다43490 판결 참조
[25] 대법원 2017.10.19. 자 2015마1383 결정 참조

그리고 위와 같이 가압류취소결정의 집행이 완료된 이상 그 이후 항고심에서 가압류취소결정을 취소하여 가압류결정을 인가하였다고 하더라도, 이미 취소된 가압류집행이 소급하여 부활하는 것은 아니므로, 원고(채권 양수인)가 아무런 부담이 없는 채권 취득의 효력을 압류채권자에게 대항할 수 있음은 마찬가지입니다.[26]

(3) 따라서 소외 정정북이 신청한 가압류 결정이 채권양도통지일 전인 2022.11.12. 피고에게 송달되었다고 하더라도 위 가압류결정은 2023.5.15. 취소되었으므로 원고는 더 이상 가압류결정의 처분금지효의 제한을 받지 않는다고 할 것입니다. 추후 항고심에서 가압류취소결정을 취소하여 가압류결정을 인가하였더라도 이미 취소된 가압류집행이 소급하여 부활하는 것은 아니므로, 피고는 위 가압류 결정을 가지고 원고에게 대항할 수 없다고 할 것입니다 (갑 제3호증의 1 가압류 결정문, 갑 제3호증의 2 송달증명원, 갑 제4호증 가압류취소 결정문, 갑 제5호증 문자 내역 참조).

나. 피고의 상계 및 변제 항변

(1) 채권양도 통지의 효력

채권양도에 의하여 채권은 그 동일성을 유지하면서 양수인에게 이전되고, 채무자는 양도통지를 받은 때까지 양도인에 대하여 생긴 사유로써 양수인에게 대항할 수 있지만 양도통지 이후에 발생한 사유로 양수인에게 대항할 수 없습니다(민법 제451조 제2항).

(2) 피고의 변제 주장(항변)

피고는 대여금 채권의 양도통지를 받기 전인 2022.11.11. 소외 최을서(양도인)에게 위 대여금의 일부인 10,000,000원을 변제하였습니다(갑 제6호증 무통장 입금증 참조). 이는 민법 제451조 제2항에 따라 원고(양수인)에게 대항할 수 있는 사유에 해당하므로, 피고의 주장은 타당합니다.

(3) 피고의 상계 주장(항변)

피고는 '자신이 소외 최을서에게 가지고 있는 매매대금채권 10,000,000원과 위 대여금 채권을 상계할 생각이라며 원고에게 돈을 줄 의무가 없다'고 주장하고 있습니다(갑 제7호증 매매계약서 참조). 그러나 피고가 주장하는 매매대금 채권은 2022.11.22. 체결한 매매계약을 원인으로 하여 발생한 채권으로서, 피고가 채권의 양도통지를 받은 날인 2022.11.13. 이후에 체결된 매매계약을 원인으로 발생된 채권이므로 원고(양수인)에게 상계로서 대항할 수 없다 할 것입니다.

3. 결 론

결국 피고는 원고에게 위 대여금 40,000,000원에서 피고가 소외 최을서(양도인)에게 변제한 10,000,000원을 공제한 나머지 금액인 30,000,000원 및 이에 대한 채권양도통지를 받은 다음 날인 2022.11.14.부터 이 사건 소장 부본 송달일까지는 연 5%의, 그 다음 날부터 다 갚는 날까지는 연 12%의 각 비율로 계산한 지연손해금을 지급할 의무가 있다고 할 것입니다.

---

[26] 대법원 2022.1.27. 선고 2017다256378 판결 참조

입 증 방 법

1. 갑 제1호증의 1 - 채권양도양수계약서
1. 갑 제1호증의 2 - 차용증
1. 갑 제2호증의 1 - 채권양도통지서
1. 갑 제2호증의 2 - 우편배달증명서
1. 갑 제3호증의 1 - 가압류결정문
1. 갑 제3호증의 2 - 송달증명원
1. 갑 제4호증 - 가압류취소결정문
1. 갑 제5호증 - 문자내역
1. 갑 제6호증 - 무통장 입금증
1. 갑 제7호증 - 매매계약서

첨 부 서 류

1. 위 각 입증방법   각 2통
1. 소장 부본   1통
1. 송달료납부서   1통
1. 영수필확인서   1통
1. 서류작성 및 제출위임장   1통

2023. 10. 20.
위 원고 김갑동 (서명 또는 날인)

서울중앙지방법원 귀중

민사사건관련서류의 작성
2022년 제28회 기출문제

문제 1

고갑동(주민등록번호 : 700101-1234567, 주소 : 서울 서초구 서초중앙로 123, 전화번호 : 010-1234-1111, 전자우편 : kkdong@blue.com)은 법무사 사무실에 찾아와 다음과 같은 내용을 설명하고, 자신이 가져온 서류들을 제시하면서 소장 작성을 의뢰하였다. 이에 의뢰인을 위한 본안의 소를 제기하기 위한 소장을 작성하시오. [30점]

- 다 음 -

○ 저는 의약품 및 의약외품 도소매업 등을 사업목적으로 하는 회사인 주식회사 블루헬스케어(서울 서초구 양재대로 234)의 이사입니다(별첨서류 1).

○ 2020.3.경 코로나 전염병으로 인하여 시장에서 마스크를 구하기 어려워지자 사업차 알고 지내던 여을동에게 마스크 공급처를 소개해 줄 수 있냐고 물었습니다. 여을동은 2020.4.경 마스크를 공급할 수 있는 자가 있다고 하면서 저에게 정병동의 연락처를 전달해 주었습니다.

○ 저는 2020.4.26. 정병동에게 전화하였고, 다음 날인 4.27. 서울 서초구 양재동 소재 카페에서 정병동을 만났는데, 정병동은 본인이 직접 마스크를 생산하는 것은 아니지만 경기도 안산시 소재의 마스크 생산 공장에서 마스크 10만 장을 구해올 수 있다고 장담하였고, 정병동이 제시하는 단가가 매우 저렴하기에 이 사건 마스크 공급 계약을 체결하게 되었습니다(별첨서류 2).

○ 계약 체결 당일인 2020.4.27. 정병동 명의의 통장으로 계약금 3,000만원을 이체하였는데(별첨서류 3), 물품을 공급받기로 한 2020.5.7.에 마스크를 전혀 공급받지 못하였고, 정병동의 요청에 따라 인도기일을 1주일 뒤인 2020.5.14.로 연기하여 주었는데, 그날에도 마스크를 공급받지 못했습니다.

○ 이를 따지기 위하여 즉시 정병동에게 전화하였는데 전화를 받지 않자, 카카오톡 메시지로 계약 해제의 취지를 밝히고 계약금을 반환해 달라고 요청하였습니다. 그러나 정병동은 2020.5.18. '알겠다'고 짧게 답장을 보내온 후 오늘까지도 전혀 계약금을 반환하지 않았으며 이제는 연락조차 받지 않고 있습니다.

○ 저는 2020.4.28. 정병동으로부터 공급받는 마스크를 '해오름 약국'에 판매하기로 마음 먹고 '해오름 약국'과 마스크 공급 계약을 체결하였는데, 정병동의 계약 불이행으로 인하여 '해오름 약국'과의 계약을 해지당하였고 위약금 1,000만원을 배상하였으며 이로 인해 '해오름 약국'으로부터 받은 독촉과 모멸감은 말로 표현 못할 정도로 극심하였습니다. 이 사건 계약의 불이행으로 초래된 정신적·금전적 손해를 모두 보상받고 싶습니다.

[소장 작성 시 유의사항]

1. 고갑동의 위 진술 내용은 모두 진실한 것으로 보고, 승소 가능한 범위에서 고갑동에게 가장 유리한 내용으로 서울중앙지방법원에 접수할 소장을 작성할 것. 다만, 지연손해금에 대한 지연손해금은 구할 필요 없음
2. 소장 작성일은 2022.11.10.로 하여 당사자, 청구취지, 청구원인을 갖추어 기재하고, 청구원인의 경우 요건사실 위주로 기재하되 필요한 범위 내에서 별첨 서류를 제시하도록 하고, 입증방법과 첨부서류도 함께 적시할 것
3. 소장의 오른쪽 윗부분에 '소가'와 납부할 '인지액'을 그 각 계산내역과 함께 기재할 것. 다만, 전자소송이 아닌 종이소송임을 가정함
4. 기록상의 날짜가 공휴일인지 여부, 별첨 서류가 진정하게 성립된 것인지 여부, 별첨 서류의 서식이 실제와 부합하는지 여부는 고려할 필요 없음

[별첨 서류 1] 등기사항전부증명서

등 기 사 항 전 부 증 명 서(현재 유효사항)

등기번호	123456	
등록번호	110111-5123456	
상 호	주식회사 블루헬스케어	2013.12.30. 변경
		2013.12.31. 등기
본 점	서울특별시 서초구 양재대로 234	2014.11.17. 변경
		2014.11.24. 등기
공고방법	서울특별시내에서 발행하는 일간 매일경제신문에 게재한다.	. .
1주의 금액	금 5,000원	. .
발행할 주식의 총주	40,000주	. .

발행주식의 총수와 그 종류 및 각각의 수	자본금의 액	변경연월일
		등기연월일
발행주식의 총수 20,000주 보통주식 20,000주	금 100,000,000원	2013.12.31. 변경
		2013.12.31. 등기

목 적
1. 의약품 및 의약외품 도소매업, 무역업
1. 공산품 도소매업, 무역업
1. 위 각 호에 관련된 부대사업 일체

임원에 관한 사항
사내이사 고갑동 700101-1234567 서울 서초구 서초중앙로 123 2015년 12월 4일 취임 2015년 12월 8일 등기 2018년 12월 4일 중임 2018년 12월 7일 등기 2021년 12월 4일 중임 2021년 12월 6일 등기

회사성립연월일	2013년 3월 11일

등기기록의 개설사유 및 연월일	
설 립	
	2013년 3월 11일 등기

수료 1,000원 영수함   ---- 이 하 여 백 ----

관할등기소 서울중앙지방법원 등기국 / 발행등기소 : 법원행정처 등기정보중앙관리소

이 증명서는 등기기록의 내용과 틀림없음을 증명합니다.

법원행정처 등기정보중앙관리소

전산운영책임관

[별첨 서류 2] 물품공급계약서

물 품 공 급 계 약 서

매도인 제이컴퍼니(이하 "갑"이라 한다)와 매수인 (주)블루헬스케어(이하 "을"이라 한다)는 갑의 물품공급을 위해 아래와 같이 거래계약을 체결한다.

제1조(물품)

품 목	규 격	공급단가	수 량	금 액	비 고
KF94 MASK	해당 제품의 표준 규격에 따름	900원	일십만장	90,000,000원	부가세별도 세금계산서발행

제2조(매매대금)
매매대금은 총액 구천만 원(90,000,000원)으로 하고, 을은 갑에게 다음과 같이 지급하도록 한다.
1) 계약 당일 계약금으로 삼천만 원(30,000,000원)을 지급하기로 한다.
2) 2020.5.7.(이하 '인도일'이라 함)까지 위 매매 목적물을 을이 지정하는 곳에 인도함과 동시에 육천만 원(60,000,000원)을 지급하기로 한다.
3) 갑과 을의 협의 하에 을이 위 매매 목적물을 분할하여 인도받을 경우 을은 인도된 수량에 대한 매매 대금을 지체없이 지급하기로 한다.

제3조(인도기일)
1) 물품의 인도는 2020.5.7.까지 완료하기로 한다.
2) 갑과 을은 상호 협의 하에 인도 일정을 변동할 수 있다.

제4조(계약의 해지)
1) 갑 또는 을 양 당사자 중 어느 일방이 계약을 위반하여 상대방으로부터 시정요구를 받고도 3일 이내에 이를 시정하지 않는 경우 상대방은 이 계약의 전부 또는 일부를 해제 또는 해지할 수 있다.
2) 전항에 의한 계약의 해지는 기 발생한 권리 의무 및 손해배상의 청구에 영향을 미치지 아니한다.

제5조(위약금)
양 당사자는 제2조, 제3조를 위반 시 상대방에게 금 삼천만 원(30,000,000원)을 현금으로 배상한다.

제6조(분쟁의 해결)
이 계약과 관련하여 분쟁이 발생하여 원만히 해결되지 않는 경우 서울중앙지방법원을 합의 관할로 하여 소송으로 해결하기로 한다.

이상의 사항을 증명하기 위하여 이 계약서 2통을 작성하여 갑과 을 상호 기명날인한 후 각각 1통씩 보관한다.

"갑" 상호 : 제이컴퍼니
     등록번호 : 123-45-67890
     주소 : 충북 청주시 오송로 1
     대표 : 정병동(671230-1234567) (인)
     ※ 첨부 : 사업자등록증

"을" 상호 : (주)블루헬스케어
     등록번호 : 110111-5123456
     주소 : 서울 서초구 양재대로 234
     대표 : 고갑동(700101-1234567) (인)

사업자등록증
(일반과세자)
등록번호 : 234-56-12345

상　　　　호 : 제이컴퍼니
성　　　　명 : 정병동
생 년 월 일 : 1967년 12월 30일
개 업 연 월 일 : 2003년 1월 28일
사 업 장 소 재 지 : 충청북도 청주시 오송로 1
사 업 의 　종 류 : [업태] 유통　　[종목] 공산품, 의약외품
사업자 단위 과세 적용사업자 여부 : 여( ) 부(∨)
전자세금계산서 전용 전자우편주소 :

2020년 2월 22일

청주세무서장

[별첨 서류 3] 거래내역

거 래 내 역

조회기간	2020.4.27.~2020.4.27.						
계좌번호	088202-01-123456						
예금종류	저축예금						
거래일시	출금금액	입금금액	보낸분/받는분	잔 액	거래내용	기록사항	거래점
2020/04/27 15:12:10	30,000,000원		정병동 (제이컴퍼니)	16,234,640원	인터넷 당행	계약금	농협 000560
합 계	30,000,000원						

민사사건관련서류의 작성 | 2022년 제28회 기출문제해설

✔ 해설 1

<h1 style="text-align:center;">소 장</h1>

소송목적의 값[27] : 60,000,000원
(계산내역 : 계약금 30,000,000원 + 위약금 30,000,000원
인 지[28] : 275,000원
(계산내역 : 60,000,000원 × 45/10,000 + 5,000원)

원   고   주식회사 블루헬스케어(110111-5123456)
　　　　　서울 서초구 양재대로 234
　　　　　대표자 사내이사 고갑동
　　　　　전화번호 : 010-1234-1111
　　　　　전자우편 : kkdong@blue.com

피   고   정병동(671230-1234567)
　　　　　청주시 오송로 1

계약금반환 등 청구의 소

<h2 style="text-align:center;">청 구 취 지</h2>

1. 피고는 원고에게 60,000,000원 및 그중 30,000,000원에 대하여는 2020.4.27.부터 이 사건 소장 부본 송달일까지는 연 6%의, 그 다음 날부터 다 갚는 날까지는 연 12%의 각 비율로 계산한 돈을, 나머지 30,000,000원에 대하여는 이 사건 소장 부본 송달일 다음 날부터 다 갚는 날까지 연 12%의 비율로 계산한 돈을 지급하라.
2. 소송비용은 피고가 부담한다.
3. 제1항은 가집행할 수 있다.
라는 판결을 구합니다.

---

[27] 민사소송 등 인지규칙 제20조 참조
[28] 소송목적의 값이 1천만원 이상 1억원 미만인 경우에는 그 값에 1만분의 45를 곱한 금액에 5천원을 더한 금액(민사소송등인지법 제2조 제1항 제2호 참조)

청 구 원 인

1. 피고에 대한 계약금의 반환청구
   가. 물품공급계약을 체결한 사실
   　　원고는 의약품 및 의약외품 도소매업 등을 사업목적으로 하는 회사로서, 2020.4.27. 피고로부터 2020.5.7.까지 KF94 마스크 10만 장을 대금 90,000,000원에 공급받기로 하는 물품공급계약을 체결하였습니다(갑 제1호증 등기사항전부증명서, 갑 제2호증 사업자등록증, 갑 제3호증 물품공급계약서 참조).

   나. 계약금을 지급한 사실
   　　원고는 계약체결 당일인 2020.5.7. 피고에게 계약금 30,000,000원을 지급하였습니다(갑 제4호증 거래내역 참조).

   다. 물품공급계약이 해제된 사실
   　　그런데 피고는 인도일 2020.5.7.에 KF94 마스크 10만 장을 인도하지 아니하였고 피고의 요청에 따라 인도기일을 1주일 뒤인 2020.5.14.로 연기하여 주었는데, 그날에도 마스크를 공급하지 못했습니다. 그래서 원고는 피고에게 카카오톡 메시지로 계약 해제의 취지를 밝히고 계약금을 반환해달라고 요청하였으나 피고는 2020.5.18. '알겠다'고 답장을 보내온 후 지금까지 전혀 계약금을 반환하지 않고 있습니다.

   라. 소 결
   　(1) 물품공급계약이 해제된 경우 각 당사자는 원상회복의무를 지며, 원상회복의무로서 반환할 금전에는 그 받은 날부터 이자를 가산하여 지급하여야 합니다(민법 제548조 제2항). 본 사건의 경우 계약의 당사자는 모두 상인에 해당하고(갑 제1호증 등기사항전부증명서, 갑 제2호증 사업자등록증 참조), 상인이 영업을 위한 행위는 상행위로 간주하므로(상법 제47조 제1항), 물품공급계약의 해제로 인한 계약금 반환채무 역시 상사채무로 볼 수 있습니다. 따라서 법정이율은 상사법정이율인 6%가 적용됩니다(상법 제54조).
   　(2) 또한 소송촉진 등에 관한 특례법에 따라 소장 부본 송달일을 기준으로 그 다음 날부터는 연 12%의 지연손해금을 청구할 수 있습니다.
   　(3) 따라서 피고는 원고에게 계약금 30,000,000만원 및 이에 대한 2020.4.27.부터 이 사건 소장 부본 송달일까지는 연 6%의, 그 다음 날부터 다 갚는 날까지는 연 12%의 각 비율로 계산한 돈을 지급할 의무가 있습니다.

2. 피고에 대한 위약금 청구
   가. 위약금을 약정할 사실
      (1) 위 물품공급계약을 체결하면서 이를 이행하지 못할 경우 피고는 원고에게 30,000,000원을 배상하기로 위약금 약정을 한 사실이 있습니다(갑 제3호증 물품공급계약서 참조). 이러한 위약금의 약정은 손해배상액의 예정으로 추정되며(민법 제398조 제4항), 손해배상액의 예정은 이행의 청구나 계약의 해제에 영향을 미치지 아니하므로(민법 제398조 제3항), 원고는 계약해제에 따른 계약금 반환청구와 함께 위약금을 청구할 수 있다고 할 것입니다.
      (2) 채무불이행으로 인한 손해배상액의 예정이 있는 경우에는 채권자는 채무불이행 사실만 증명하면 손해의 발생 및 그 액을 증명하지 아니하고 예정배상액을 청구할 수 있습니다.[29]

      > [참고]
      > 손해배상액을 예정한 경우 실제 발생한 손해가 예정액을 초과하는 경우라도 초과부분을 청구할 수는 없으며, 계약 당시 손해배상액을 예정한 경우에는 다른 특약이 없는 한 채무불이행으로 인하여 입은 통상손해는 물론 특별손해까지도 예정액에 포함되는 것이기 때문에,[30] 원고가 해오름약국에 지급한 위약금 10,000,000원 및 정신적 고통에 대한 위자료는 별도로 청구할 수 없다.

   나. 채무불이행의 사실
      피고는 인도일 2020. 5. 7.에 KF94 마스크 10만 장을 인도하지 아니하였고 피고의 요청에 따라 인도기일을 1주일 뒤인 2020. 5. 14.로 연기하여 주었는데, 그날에도 마스크를 공급하지 못함으로써 채무를 불이행한 사실이 있습니다.

   다. 위약금에 대한 지연손해금
      채무불이행으로 인한 손해배상채무는 이행기의 정함이 없는 채무이므로, 민법 제387조 제2항에 따라 채무자는 채권자로부터 이행청구를 받은 때부터 지체책임을 지게 됩니다.

   라. 소 결
      따라서 피고는 위약금 30,000,000원 및 이에 대한 이 사건 소장 부본 송달일 다음 날부터 다 갚는 날까지 소송촉진 등에 관한 특례법 소정의 연 12%의 비율로 계산한 지연손해금을 지급할 의무가 있습니다.

3. 결 론
   이상과 같은 이유로 청구취지 기재와 같은 판결을 구하기 위하여 본 소를 제기하기에 이른 것입니다.

---

[29] 대법원 1975. 3. 25. 선고 74다296 판결 참조
[30] 대법원 1993. 4. 23. 92다41719 판결 참조

입 증 방 법

1. 갑 제1호증 - 등기사항전부증명서
1. 갑 제2호증 - 사업자등록증
1. 갑 제3호증 - 물품공급계약서
1. 갑 제4호증 - 거래내역

첨 부 서 류

1. 위 각 입증방법   각 2통
1. 소장 부본   1통
1. 송달료납부서   1통
1. 영수필확인서   1통
1. 서류작성 및 제출위임장   1통

2023. 11. 10.
위 원고 주식회사 블루헬스케어
대표자 사내이사 고갑동 (서명 또는 날인)

서울중앙지방법원 귀중

민사사건관련서류의 작성
2021년 제27회 기출문제

문제 1

김갑동[주민등록번호 : 870101-1234567, 주소 : 서울 서초구 서초중앙로 143, 전화번호 : 010-1234-1111, 전자우편 : kkdong@web.com]은 2021.9.9. 법무사의 사무실에 찾아와 다음과 같은 내용을 설명하고 자신이 가져온 서류들을 제시하면서 소장 작성을 의뢰하였다. 이에 적합한 소장을 작성하시오. [30점]

- 다 음 -

○ 저는 어릴 적부터 몸이 좋지 않아 간병인의 도움으로 집에서 생활하고 있습니다. 그런데 간병인이 갑자기 그만 두면서 간병에 경험이 많다는 최을서[주민등록번호 : 790906-2897655, 주소 : 서울 강남구 삼성로 91길11, 전화번호 : 010-1234-2222, 전자우편 : chulseo@ted.com]를 저에게 소개시켜 주었습니다.

○ 최을서와 간병계약을 체결하고 간병을 받아 오고 있었는데, 2011.4.1. 사고가 났습니다. 그날 최을서가 침대시트를 교체하여 준다면서 저에게 일어나라고 하였고, 거동이 불편한 제가 침대에서 다 내려오기도 전에 최을서가 시트를 빼버리는 바람에 저는 바닥에 넘어졌습니다(이하 'A사고'라 함). 긴급히 병원으로 이송되어 진찰을 받은 결과 저는 고관절 골절상을 입었다는 진단을 받았습니다(별첨 서류1). 최을서는 본인이 실수했다고 미안하다고 하였으나, 최을서에게 간병을 받기 싫어진 저는 그날까지의 간병비를 모두 지급하고 최을서를 해고하였습니다.

○ 저는 A사고로 1천만원의 치료비를 지출하였고(별첨 서류2), 치료비 전액을 받고자 최을서에게 전화를 하였으나 받지 않았습니다. 답답하던 차에 가압류만 하여도 채무자가 돈을 갚는다는 법무사의 말을 듣고 2011.5.1. 최을서를 채무자로, 훈훈은행을 제3채무자로 하는 가압류결정(별첨 서류3)을 받았습니다.

○ 예금을 찾으러 은행을 방문한 최을서는 예금이 가압류된 사실을 알고 저에게 전화를 걸어왔지만, 저는 최을서에게 압박감을 주려고 전화를 받지 않았습니다. 그 후 법원으로부터 제소명령이 기재된 서류를 받기는 하였으나 가만히 있으면 되는 줄 알고 있다가 2011.9.15. 가압류가 전부 취소되었고, 그에 대해 이의를 하지 않았습니다(별첨 서류4).

○ 올 초 결혼을 한 저는 부인에게 그 동안 살아온 얘기를 하다가 A사고와 그 뒷일에 대해 말하였습니다. 이번에는 제대로 해보라는 부인의 말에 힘을 얻어 2021.3.1. 최을서에게 이행을 독촉하는 문자를 보냈고, 저에게 돈을 줄 수 없다는 취지의 답문자를 최을서로부터 받았습니다(별첨 서류5).

○ 저는 간병계약 상 주의의무를 다 하지 않은 최을서에 대해 여전히 채무불이행에 의한 손해배상청구권을 가지고 있다고 생각합니다만, 가압류나 문자만 보내고 있으면 안될 것 같아 이제 소송을 통해 마무리를 하고 싶습니다. 사고가 발생한지 10년이 지났고, 최을서는 간병료도 1년이 지나면 못 받는다고 하지만, 제가 입은 손해는 간병료 채권과는 성격이 다르지 않습니까? 가압류나 문자를 보냈던 것이 저에게 유리하게 작용할지도 모르기도 하니 법무사님이 잘 살펴보시고 최을서에게 받을 수 있는 최대한의 금액을 청구하는 소를 제기하도록 도와주십시오. 단, 오랫동안 망설이다가 소를 제기하는 것이 미안하므로 지연이자는 청구할 생각이 없습니다.

[소장 작성 시 유의사항]

1. 김갑동의 위 진술내용은 모두 진실한 것으로 보고 그가 원하는 범위 내에서 김갑동에게 가장 유리하고 적법하면서도 대법원 판례에 따를 때 전부 승소할 수 있는 내용으로 서울중앙지방법원에 접수할 소장을 작성하십시오(소장 작성일 및 접수일은 2021년 9월 12일로 하고, 작성 및 접수일이 공휴일인지는 고려할 필요가 없습니다).
2. 진료비 영수증의 세부항목은 고려하지 말고, 김갑동의 기왕증은 고관절 골절상이나 그 치료비에 영향을 주지 않은 것으로 전제합니다.
3. 김갑동이 언급한 사항과 별첨 서류에 나타난 사항 이외에 다른 쟁점은 없는 것으로 보고 소장을 작성하십시오.
4. 소장에는 당사자, 청구취지, 청구원인을 갖추어 기재하되, 청구원인은 요건사실 위주로 기재하고 불필요한 사실관계를 장황하게 기재하지 않도록 하십시오.
5. 소장의 오른쪽 윗부분에 '소가'와 납부할 '인지액'을 그 계산내역과 함께 기재하십시오(다만 전자소송이 아닌 종이소송으로 접수하는 경우를 전제로 계산할 것).
6. 사례에 등장하는 내용들은 모두 가공의 것이고, 진단서, 진료비 영수증 등은 시험용으로 만든 것이므로 실제와 다를 수 있습니다(날인이 필요한 부분은 모두 진정한 날인이 된 것으로 봄).

[별첨 서류 1] 진단서

진 단 서

등록번호	0192						
연번호	2011						
환자의 성명	김갑동	성 별	남	생년월일	1987-1-1	연 령	만 24
환자의 주소	서울 서초구 서초중앙로 143			전 화	010-1234-1111		
병 명					한국질병분류번호		
임상적 추정 ( )	고관절 골절상				3450		
최종진단(*)							
발행일	2011.4.1.			진단일	2011.4.1.		
경과 및 향후 치료의견	상기 환자 상기 병력으로 입원하여 2011.4.1. 수술을 시행하였고, 추후 지속적으로 경과관찰 필요합니다.						
입원일	2011.4.1.			퇴원일	2011.4.1.		
비 고				용 도	법원제출용		

위와 같이 진단함

발행일	2011년 4월 1일		
의료기관	갑을메디컬센터		
주 소	(306-230) 서울 서초구 서초대로 20		
전화 및 FAX	TEL : (02)2222-7777, FAX : (02)2222-6666		
진료과	정형외과		
면허번호	제239호	의사 성명	장준형 (인)

[의료법] 제17조 및 같은 법 시행령 시행규칙 제9조에 따라 위와 같이 진단합니다.

□ 갑을메디컬센터

2011-4-1

[별첨 서류 2] 진료비 영수증

진 료 비 영 수 증

등록번호	0192						단위 : 원
진료기간	2011-4-1~2011-4-1			환자의 성명		김갑동	
야간(공휴일) 진료				[ ] 야간, [ ] 공휴일			
진료과목	병 실			환자구분		영수증번호 [연월-일련번호]	
정형외과	301호			건강보험		2011-4-134	
항 목	급 여			비급여	금액산정내용		
	일부본인부담		전액 본인부담		진료비총액		30,000,000
	본인부담금	공단부담금			환자 부담총액		10,000,000
- 중 략 -				-	납부할 금액		10,000,000
합 계	5,000,000	20,000,000	5,000,000		납부한 금액		10,000,000

사업자 등록번호	34-253-999		
상 호	갑을메디컬센터	전 화	(02)2222-7777
사업장 소재지	서울 서초구 서초대로 20	대표자	정해자

발 급	2011년 4월 1일	담당자	김대리 (인)

[별첨 서류 3] 가압류 결정문

서 울 중 앙 지 방 법 원

결 정

사　　　건　　2011카단1452 채권가압류

채 권 자　　김갑동(870101-1234567)
　　　　　　서울 서초구 서초중앙로 143

채 무 자　　최을서(790906-2897655)
　　　　　　서울 강남구 삼성로 91길11

제3채무자　　주식회사 훈훈은행(102030-2299999)
　　　　　　서울 영등포구 여의대로 23

주 문

채무자의 제3채무자에 대한 별지 기재 채권을 가압류한다.
제3채무자는 채무자에게 위 채권에 관한 지급을 하여서는 아니 된다.
채무자는 다음 청구금액을 공탁하고 집행정지 또는 집행취소를 신청할 수 있다.

청구채권의 내용 : 2011.4.1.에 발생한 간병사고와 관련된 채무불이행에 의한 손해배상청구권
청구금액 : 금 4,000,000원

이 유

이 사건 채권가압류신청은 이유 있으므로 담보로 공탁보증보험증권(새빛보험회사 증권번호 제30호)을 제출받고 주문과 같이 결정한다.

2011. 5. 1.

판 사　　성법률 (인)

※ 1. 이 가압류결정은 채권자가 제출한 소명자료를 기초로 판단한 것입니다.
　 2. 채무자는 이 결정에 불복이 있을 경우 가압류이의나 취소신청을 이 법원에 제기할 수 있습니다.

[별지]
청구금액 : 4,000,000원
제3채무자 청구금액 특정
주식회사 훈훈은행(102030-2299999) 가압류할 금액 4,000,000원

채무자 최을서(790906-2897655)가 제3채무자에 대하여 가지는 아래 예금채권(장래 입금되는 예금을 포함) 중 아래 기재한 순서에 따라 위 청구금액에 이를 때까지의 금액
1. 압류되지 않은 예금과 압류된 예금이 있을 때에는 다음 순서에 의하여 가압류한다.
    가. 선행 압류, 가압류가 되지 않은 예금
    나. 선행 압류, 가압류가 된 예금
2. 여러 종류의 예금이 있을 때에는 다음 순서에 의하여 가압류한다.
    가. 보통예금
    나. 당좌예금
    다. 정기예금
    라. 정기적금
    마. 저축예금
    바. 자유저축예금
    사. 기타 모든 예금
3. 같은 종류의 예금이 여러 계좌가 있는 때에는 가. 예금금액이 많은 것, 나. 만기가 빠른 것, 다. 계좌번호가 빠른 것의 순서에 의하여 가압류한다.
4. 제3채무자 송달일 기준으로 위 청구금액에 이르지 못하는 경우 장래 입금될 예금(입금되는 순서에 따름)을 가압류한다.

단, 민사집행법 제246조 제1항 제7호, 제8호 및 동법 시행령에 의하여 압류가 금지되는 보험금 및 예금을 제외한다. 끝.

[별첨 서류 4] 가압류취소 결정문

서 울 중 앙 지 방 법 원

결 정

사 건 2011카단3290 가압류취소
신 청 인 최을서(790906-2897655)
　　　　　서울 강남구 삼성로 91길11
피신청인 김갑동(870101-1234567)
　　　　　서울 서초구 서초중앙로 143

주 문

1. 위 당사자 사이의 이 법원 2011카단1452 채권가압류 신청사건에 관하여 이 법원이 2011.5.1.에 한 가압류 결정을 취소한다.
2. 신청비용은 피신청인이 부담한다.

신 청 취 지

주문과 같다.

이 유

기록에 의하면, 피신청인이 2011.8.15. 이 법원 2011카소23 제소명령을 송달받은 사실이 소명되고, 피신청인이 그 제소기간 안에 본안의 소를 제기하여 이를 증명하는 서류를 제출하거나 이미 소를 제기하였으면 소송계속사실을 증명하는 서류를 제출하여야 함에도 이를 이행하지 아니한 사실은 이 법원에 현저하다. 따라서 신청인의 이 사건 취소신청은 이유 있어 민사집행법 제287조 제3항, 제1항에 따라 주문 제1항 기재 가압류 결정을 취소하기로 하여, 주문과 같이 결정한다.

2011. 9. 15.

판 사 최민법 (인)

[별첨 서류 5] 문자내역

2021년 3월 1일

안녕하세요, 최을서씨.
2011.4.1.에 발생하였던 사고로 인해 제가 지출한 치료비 금 1천만원을 언제 지급하여 주실지 알고 싶어 연락드립니다.
MMS 오후 1:30

김갑동씨.
저는 간병료도 1년 지나면 못 받아요.
10년이나 지난 사건을 가지고 이제 와서 돈을 달라는 건 너무 하지 않나요?
제소명령 받고서 소송도 안 걸었잖아요!
암튼 저는 그쪽에게 돈을 줄 의무 없습니다.
MMS 오후 4:05

해설 1

<h2 style="text-align:center;">소 장</h2>

소송목적의 값 :   4,000,000원
인 지[31] :   20,000원
(계산내역 : 4,000,000원×50/10,000)

원　고　　김갑동(870101-1234567)
　　　　　서울 서초구 서초중앙로 143
　　　　　전화번호 : 010-1234-1111
　　　　　전자우편 : kkdong@web.com

피　고　　최을서(790906-2897655)
　　　　　서울 강남구 삼성로 91길 11
　　　　　전화번호 : 010-1234-2222
　　　　　전자우편 : chulseo@ted.com

손해배상 청구의 소

<h3 style="text-align:center;">청 구 취 지</h3>

1. 피고는 원고에게 4,000,000원을 지급하라.
2. 소송비용은 피고가 부담한다.
3. 제1항은 가집행할 수 있다.
라는 판결을 구합니다.

---

[31] 소송목적의 값이 1천만원 미만인 경우에는 그 값에 1만분의 50을 곱한 금액(민사소송 등 인지법 제2조 제1항 제1호)

청 구 원 인

1. 피고에 대한 채무불이행으로 인한 손해배상청구
   가. 피고의 과실에 의한 채무불이행 사실

   피고는 원고와 간병인계약을 체결한 자로서 침대 시트를 교체하는 경우 거동이 불편한 원고가 넘어지지 아니하도록 주의하여야 할 계약상의 이행의무가 있음에도 불구하고 이를 해태하여 원고에게 A사고가 발생하였으므로, 피고는 원고가 입은 손해를 배상할 의무가 있습니다(민법 제390조).

   나. 원고에게 손해의 발생 사실

   A사고로 인하여 원고에게는 치료비 10,000,000원의 손해가 발생하였습니다(갑 제1호증 진단서, 갑 제2호증 진료비 영수증 참조).

   다. 소 결

   따라서 피고는 원고에게 치료비 10,000,000원의 손해배상 채무가 있습니다. 다만, 아래에서 보는 바와 같이 그중 가압류 결정(및 그 가압류 취소결정)으로 인하여 소멸시효가 만료되지 아니한 4,000,000원에 대하여 피고는 원고에게 손해배상채무를 지급할 의무가 있다고 할 것입니다(갑 제3호증 가압류 결정문, 갑 제4호증 가압류 취소결정문 참조).

2. 피고의 주장(항변)과 이에 대한 반박(재항변)
   가. 단기의 소멸시효기간의 주장

   (1) 피고는 피고의 간병료 채권은 노역인의 임금채권에 해당하여 민법 제164조 제3호에 따라 1년의 단기소멸시효가 적용되므로 원고의 피고에 대한 간병서비스 이행청구권 역시 그 소멸시효가 1년이고 채무불이행으로 인한 손해배상청구권은 본래 채권의 확장 또는 내용의 변경이므로 원고가 주장하는 채무불이행으로 인한 손해배상청구권의 시효도 1년이라고 취지로 주장하고 있습니다(갑 제5호증 문자내역).

   (2) 그러나 일정한 채권의 소멸시효기간에 관하여 이를 특별히 1년의 단기로 정하는 민법 제164조는 그 각 호에서 개별적으로 정하여진 채권의 채권자가 그 채권의 발생 원인이 된 계약에 기하여 상대방에 대하여 부담하는 반대채무에 대하여는 적용되지 아니합니다. 따라서 그 채권의 상대방이 그 계약에 기하여 가지는 반대채권은 원칙으로 돌아가, 다른 특별한 사정이 없는 한 민법 제162조 제1항에서 정하는 10년의 일반소멸시효기간의 적용을 받는다고 할 것이므로 피고의 주장은 이유 없습니다.[32]

---

32) 대법원 2013.11.14. 선고 2013다65178 판결 참조

나. 소멸시효 완성의 주장

(1) 민법 제175조는 가압류가 '권리자의 청구에 의하여 또는 법률의 규정에 따르지 아니함으로 인하여 취소된 때에는 소멸시효 중단의 효력이 없다'고 규정하고 있고, 이는 그러한 사유가 가압류 채권자에게 권리행사의 의사가 없음을 객관적으로 표명하는 행위이거나 또는 처음부터 적법한 권리행사가 있었다고 볼 수 없는 사유에 해당한다고 보기 때문이므로, 법률의 규정에 따른 적법한 가압류가 있었으나 제소기간의 도과로 인하여 가압류가 취소된 경우에는 위 법조가 정한 소멸시효 중단의 효력이 없는 경우에 해당한다고 볼 수 없습니다.[33]

(2) 그리고 가압류를 시효중단사유로 규정하고 있는 것은 가압류에 의하여 권리자가 권리를 행사하였기 때문인데 가압류에 의한 집행보전의 효력이 존속하는 동안은 가압류채권자에 의한 권리행사가 계속되고 있다고 보아야 할 것이므로, 가압류에 의한 시효중단의 효력은 가압류의 집행보전의 효력이 존속하는 동안 계속된다고 할 것입니다.[34]

(3) 또한 채권자가 가분채권의 일부분을 피보전채권으로 주장하여 채무자 소유의 재산에 대하여 가압류를 한 경우 그 피보전채권에 한하여 시효중단의 효력이 있습니다.[35]

(4) 그렇다면 원고는 2011.5.1. 피고를 채무자로, 소외 훈훈은행을 제3채무자로 하고 피보전채권을 4,000,000원으로 하는 가압류결정을 받았으므로, 비록 2011.9.15. 본안의 제소명령 불이행으로 이유로 가압류취소결정을 받은 사실이 있다고 하더라도, 4,000,000원의 손해배상채권의 소멸시효는 2011.5.1. 중단되었다가 2011.9.15.부터 10년의 소멸시효가 다시 진행한다고 할 것입니다(갑 제3호증 가압류 결정문, 갑 제4호증 가압류 취소결정문 참조).

다. 소 결

결국 이 사건 소는 2011.9.15.부터 10년이 경과하기 전인 2021.9.12.에 제기하였으므로 손해배상채권 4,000,000원에 대한 피고의 소멸시효 완성의 주장은 이유가 없다고 할 것입니다.

3. 결 론

따라서 피고는 원고에게 채무불이행으로 인한 손해배상으로 4,000,000원을 지급할 의무가 있다고 할 것입니다.

---

[33] 대법원 2011.1.13. 선고 2010다88019 판결 참조
[34] 대법원 2011.1.13. 선고 2010다88019 판결 참조
[35] 대법원 1976.2.24. 선고 75다1240 판결 참조

입 증 방 법

1. 갑 제1호증 - 진단서
1. 갑 제2호증 - 진료비 영수증
1. 갑 제3호증 - 가압류 결정문
1. 갑 제4호증 - 가압류 취소 결정문
1. 갑 제5호증 - 문자내역

첨 부 서 류

1. 위 각 입증방법   각 2통
1. 소장 부본   1통
1. 송달료납부서   1통
1. 영수필확인서   1통
1. 서류작성 및 제출위임장   1통

2021. 9. 12.
위 원고 김갑동 (서명 또는 날인)

서울중앙지방법원 귀중

민사사건관련서류의 작성
2020년 제26회 기출문제

문제 1

김갑동[주민등록번호 : 750401-1111111, 주소 : 서울 서초구 서초중앙로 101, 101동 101호(서초동, 서초아파트), 전화번호 : 010-1234-1111, 전자우편 : kkd@kmail.com]은 2020.9.10. 법무사 사무실에 찾아와 다음과 같은 내용을 설명하고 자신이 가져온 별첨 서류를 제시하면서 소장 작성을 의뢰하였다. 이에 적합한 소장을 작성하시오. [30점]

― 다 음 ―

○ 저는 전자부품을 대기업에 납품하는 사업을 운영하고 있는데, 최근 경기 불황으로 사업자금이 부족하였습니다. 그래서 고향 동생이면서 같은 업종에 종사하는 친한 동생인 이을남[주민등록번호 : 790326-2222222, 주소 : 서울 서초구 서초중앙로 202, 202동 202호(방배동, 방배아파트), 전화번호 : 010-1234-2222, 전자우편 : len@kmail.com]에게 2019.1.1.에 원금 5천만원, 이자 월 1%(매달 말일 지급), 변제기를 2019.6.30.로 하여 돈을 빌렸습니다(1차 채무). 이후 경기 불황이 장기화 되면서 사업 운영이 점차 어려워져서 2019.1.1.에 빌린 돈의 이자도 지급할 수 없는 상황이 되었고, 사업 운영 자금이 더 필요하게 되었습니다. 그래서 친구에게 명목이 없었지만, 이을남으로부터 2019.2.1.에 원금 3천만원, 이자 월 1%(매달 말일 지급), 변제기를 2019.7.31.로 하여 돈을 더 빌렸습니다(2차 채무). 이때 이을남은 전에 빌려준 돈의 이자도 받지 못한 상태에서 또 다시 큰 돈을 빌려주는 것이 불안하다며 담보를 요구하여, 차용증을 작성함과 동시에 이을남에게 별지기재 부동산(이하 '이 사건 부동산')에 대하여 채권최고액을 1억원으로 하는 근저당권설정계약을 맺고, 같은 날인 2019.2.1. 이을남에게 근저당권설정등기를 마쳐 주었습니다.

○ 2019.2.1.에 작성한 근저당권설정계약서에는 채권자 겸 근저당권자 : 이을남, 채무자 겸 근저당권설정자 : 김갑동, 채권최고액 : 1억원이며, 피담보채무의 범위에 관하여 "근저당권설정자겸 채무자는 채권최고액 범위 안에서 채권자에 대하여 기왕 현재 부담하고 있거나 장래 부담하게 될 단독 혹은 연대채무나 보증인으로서 기명날인한 차용증서상의 모든 채무"라고 기재되어 있습니다.

○ 1차 채무의 변제기인 2019.6.30.이 지나고 2차 채무의 변제기인 2019.7.31.이 지났지만, 저는 1차 채무의 원금, 이자, 지연이자와 2차 채무의 원금, 이자, 지연이자 중 어느 것도 변제하지 못했습니다. 이에 이을남은 저에게 몇 차례 채무독촉을 한 이후 2019.9.1. 근저당권에 기한 임의경매를 신청하였습니다.

○ 이에 깜짝 놀란 저는 이 사건 부동산이 경매로 다른 사람에게 넘어가는 것을 방지하기 위해 부인의 친구로부터 돈을 빌려, 1차 채무의 원금 5천만원, 이자 3백만원과 그때까지의 지연이자를 모두 변제하고 경매 취하를 부탁하였습니다. 이에 이을남은 저의 부탁을 받고 2019.10.1. 경매신청을 취하해 주었습니다.

○ 이후 저와 이을남은 다시 사이가 좋아졌지만, 저의 사업운영은 더욱 어려워져 이을남으로부터 2019.11.1.에 원금 1천만원, 이자 월 1%(매달 말일 지급), 변제기 2019.12.31.로 돈을 더 빌렸습니다(3차 채무).

○ 이후 이 사건 부동산에 대해 좋은 가격에 매수의사를 보이는 사람이 있어 저는 부동산을 팔려고 하였으나 매수인측이 매매 협상 시 근저당권이 설정되어 있는 사실을 알고 부동산의 근저당권을 말소시켜주는 것을 매매의 조건으로 삼았습니다. 이에 저는 2020.1.10.에 채무를 변제하려고 이을남을 찾아갔으나 이을남은 2차 채무의 원금, 이자, 지연이자와 3차 채무의 원금, 이자, 지연이자를 모두 돌려받지 못하면 근저당권을 말소시켜 줄 수 없다고 하였습니다. 이와 같은 사실은 이을남이 저에게 2020.1.20.에 보낸 내용증명서에서도 동일한 주장을 하고 있습니다.

○ 저는 부동산을 하루라도 빨리 매매하여 어려운 사업 운영자금으로 사용하고 싶어, 이을남이 주장하는 내용이 정확한지 아는 지인에게 물어보니 2차 채무액만 변제하면 근저당권을 말소할 수 있다는 답변을 들었습니다. 하지만 지인도 법률적 지식이 정확한 것은 아니니 법률전문가에게 상담을 해보라고 하였습니다. 이후 근저당권을 말소하는 소송을 제기하려고 준비 중에 부동산 등기사항증명서를 확인해보니 이을남의 근저당권이 2020.2.1.자 채권압류 및 전부명령을 원인으로 2020.2.10.자에 박병호[주민등록번호 : 780626-1333333, 주소 : 서울 서초구 서초중앙로 303, 301동 301호(반포동, 반포아파트), 전화번호 : 010-1234-3333, 전자우편 : pph@kmail.com]에게 근저당권이전의 부기등기가 된 것을 알았습니다. 이후 박병호와 어렵게 전화통화가 되어 전후 사정을 이야기하니 박병호도 이을남과 동일하게 2차 채무의 원금, 이자, 지연이자와 3차 채무의 원금, 이자, 지연이자를 모두 돌려받지 못하면 근저당권 말소절차에 협력하지 않겠다고 하였습니다. 이에 저는 누구를 상대로 얼마를 변제하여야 하는지 잘 몰라서 혼자서는 소송을 진행할 수가 없었습니다.

○ 저는 하루라도 빨리 근저당권을 말소하여 별지기재 부동산을 매매하고 싶어 정당한 채무 금액이라면 이를 지급하는 것을 조건으로라도 위 근저당권을 말소 받고 싶습니다.

[소장 작성 시 유의사항]

1. 김갑동의 위 진술 내용은 모두 진실한 것으로 보고 의사를 존중하여 2020.9.19.자로 김갑동에게 가장 유리하고 적법하며 승소가능성이 있는 내용으로 서울중앙지방법원에 접수할 소장을 작성하시기 바랍니다(작성일자가 공휴일인지 여부는 고려할 필요가 없습니다).

2. 여러 명에 대하여 소를 제기할 필요가 있는 경우, 병합 요건을 고려하지 말고 하나의 소장으로 작성하십시오.

3. 소장에는 당사자, 청구취지, 청구원인을 갖추어 기재하되, 청구원인을 요건사실 위주로 기재하고 별첨 서류들을 참조하여 입증방법과 첨부서류도 소장에 함께 적시하시기 바랍니다.

4. 소장의 오른쪽 윗부분에 소가와 납부할 인지액을 그 각 계산내역과 함께 기재하십시오(별지기재 부동산인 토지의 2020년도 개별공시지가는 $1m^2$ 800,000원인 것으로 가정함).

5. 위 사례에 등장하는 사람 이름, 주민등록번호, 주소 지번, 전화번호, 부동산 등기사항증명서 등은 모두 가공의 것이고, 별첨 서류들은 모두 시험용으로 만든 것이므로 실제와 다를 수 있습니다.

[별지 기재]
서울시 서초구 서초동 180 대 $100m^2$. 끝.

[별첨 서류 1] 차용증

차 용 증

1차 채무 차용증	이을남(790326-2222222) 귀하
금 액	금 5천만원(50,000,000원)
이 자	월 1%(매달 말일 지급)
변제기	2019. 6. 30.

위 금원을 정히 차용함

2019. 1. 1.

차용인 : 김갑동(750401-1111111)

2차 채무 차용증	이을남(790326-2222222) 귀하
금 액	금 3천만원(30,000,000원)
이 자	월 1%(매달 말일 지급)
변제기	2019. 7. 31.

위 금원을 정히 차용함

2019. 2. 1.

차용인 : 김갑동(750401-1111111)

3차 채무 차용증	이을남(790326-2222222) 귀하
금 액	금 1천만원(10,000,000원)
이 자	월 1%(매달 말일 지급)
변제기	2019. 12. 31.

위 금원을 정히 차용함

2019. 11. 1.

차용인 : 김갑동(750401-1111111)

[별첨 서류 2] 근저당권설정계약서

근 저 당 권 설 정 계 약 서

채권자겸 근저당권자 : 이을남
채무자겸 근저당권설정자 : 김갑동
채권최고액 : 금 1억원(100,000,000원)

위 당사자 간에 다음과 같이 근저당권설정계약을 체결한다.

근저당권설정자 겸 채무자는 채권최고액 범위 안에서 채권자에 대하여 기왕 현재 부담하고 있거나 장래 부담하게 될 단독 혹은 연대채무나 보증인으로서 기명날인 한 차용증서상의 모든 채무에 대하여 아래에 기재된 부동산에 대하여 순위 1번의 근저당권을 설정한다.

부동산의 표시 : 서울시 서초구 서초동 180 대 $100m^2$.

위 계약을 확실히 하기 위하여 이 계약서를 작성하고 다음과 같이 기명날인한다.

2019. 2. 1.

채권자겸 근저당권자	이을남(790326-2222222) 서울 서초구 서초중앙로 202, 202동 202호(방배동, 방배아파트)	(이을남인)
채무자겸 근저당권설정자	김갑동(750401-1111111) 서울 서초구 서초중앙로 101, 101동 101호(서초동, 서초아파트)	(김갑동인)

[별첨 서류 3] 내용증명서

내 용 증 명 서

김갑동 귀하

1. 귀하와 저는 서로 신뢰관계를 맺고 2019.1.1.에 1차로 돈을 빌려주었고, 이후 2019.2.1.에 2차로 돈을 빌려주었습니다. 그리고 2차로 돈을 빌려줄 당시 서울시 서초구 서초동 180 대 100m^2에 채권최고액 금 1억원으로 근저당권을 설정한 바 있습니다. 귀하가 1차 및 2차 채무의 변제기가 경과 하였음에도 불구하고 변제를 이행하지 않아 어쩔 수 없이 경매신청을 하였고, 그러자 귀하는 1차 채무의 원금, 이자, 지연이자만 변제하였습니다. 저는 경매신청을 취하하였고, 이후 귀하에게 3차로 돈을 빌려주었습니다.

2. 근저당권 설정 시 채권최고액(금 1억원) 범위 내에서 채무자가 채권자에 대하여 현재 부담하거나 장래 부담하게 될 단독 혹은 연대채무나 보증인으로서 기명날인 한 차용증서상의 모든 채무에 대하여 근저당권을 설정한다고 하였으니, 귀하는 2차 채무뿐만 아니라 3차 채무에 대해서도 변제할 책임이 있다 할 것입니다.

3. 따라서 저는 귀하가 부담하고 있는 2차 채무의 원금, 이자, 지연이자와 3차 채무의 원금, 이자, 지연이자를 채권최고액(금 1억원) 범위 내에서 변제하지 않으면 근저당권말소를 이행할 의무가 없다는 사실을 알려드립니다.

2020. 1. 20.

이을남

[별첨 서류 4] 부동산 등기사항 증명서

등기사항전부증명서(말소사항 포함) - 토지

[토지] 서울시 서초구 서초동 180 대 100m²　　　　　고유번호 1102-3654-914567

【 표 제 부 】		(토지의 표시)			
표시번호	접 수	소재지번	지 목	면 적	등기원인 및 기타사항
1 (전2)	1997년 6월 26일	서울시 서초구 서초동 180	대	100m²	부동산등기법 제177조의6 제1항 규정에 의하여 1999년 12월 21일 전산이기

【 갑 구 】			(소유권에 관한 사항)		
순위번호	등기목적	접 수	등기원인	권리자 및 기타사항	
1 (전3)	소유권 이전	1997년 7월 1일 제3539호	1997년 6월 1일 매매	소유자 김갑동 750401-1111111 서울특별시 서초구 서초중앙로 101, 101동 101호 (서초동, 서초아파트)	
				부동산등기법 제177조의6 제1항 규정에 의하여 1999년 12월 21일 전산이기	
2	임의경매개시결정	~~2019년 9월 1일 제4099호~~	~~2019년 9월 1일 서울중앙지법의 임의경매개시결정 (2019타경121212)~~	채권자 이을남 ~~790326-2222222~~ ~~서울특별시 서초구 서초중앙로 202, 202동 202호 (방배동, 방배아파트)~~	
3	2번임의경매 개시결정등기말소	2019년10월1일 제5073호	2019년10월1일 취하		

문서 하단의 바코드를 스캐너로 확인하거나, 인터넷등기소(http://www.iros.go.kr)의 발급확인 메뉴에서 발급확인번호를 입력하여 위·변조 여부를 확인할 수 있습니다. 발급확인번호를 통한 확인은 발행일부터 3개월까지 5회에 한하여 가능합니다.

발행번호 19120119101206041010120071DEV0000721011104128Y1112　　발급확인번호 ATIL-IXTA-0047　　발행일 0000/00/00

【 을 구 】			(소유권 이외의 권리에 관한 사항)	
순위번호	등기목적	접 수	등기원인	권리자 및 기타사항
1	근저당권설정	2019년 2월 1일 제1355호	2019년 2월 1일 설정계약	채권최고액 금 100,000,000원 채무자 김갑동 서울특별시 서초구 서초중앙로 101, 101동 101호 (서초동, 서초아파트) 근저당권자 이을남 ~~790326-2222222~~ ~~서울특별시 서초구 서초중앙로~~ ~~202, 202동 202호~~ ~~(방배동, 방배아파트)~~
1-1	1번근저당권이전	2020년 2월 10일 제1015호	2020년 2월 1일 채권압류 및 전부명령	근저당권자 박병호 780626-1333333 서울특별시 서초구 서초중앙로 303, 301동 301호 (반포동, 반포아파트)

수수료 금 1,200원 영수함

관할등기소 서울중앙지방법원 등기국

이 증명서는 등기기록의 내용과 틀림없음을 증명합니다.
서기 0000년 0월 0일

법원행정처 등기정보중앙관리소   전산운영책임관

*실선으로 그어진 부분은 말소사항을 표시함.
*증명서는 컬러 또는 흑백으로 출력 가능함.
*기록사항 없는 갑구, 을구는 '기록사항 없음'으로 표시함.

[인터넷 발급] 문서 하단의 바코드를 스캐너로 확인하거나, 인터넷등기소(http://www.iros.go.kr)의 발급확인 메뉴에서 발급확인번호를 입력하여 위·변조 여부를 확인할 수 있습니다. 발급확인번호를 통한 확인은 발행일부터 3개월까지 5회에 한하여 가능합니다.

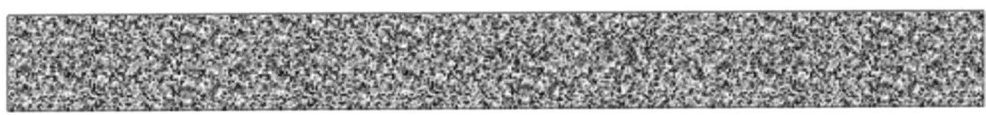

발행번호 19120119101206041010120071DEV0000721011104128Y1112   발급확인번호 ATIL-IXTA-0047   발행일 0000/00/00

민사사건관련서류의 작성 | 2020년 제26회 기출문제해설

❖ 해설 1

소 장

소송목적의 값[36] : 100,000,000원

인 지[37] : 455,000원

(계산내역 : 100,000,000원 × 40/10,000 + 55,000원)

원 고   김갑동(750401-1111111)
　　　　서울 서초구 서초중앙로 101, 101동 101호(서초동, 서초아파트)
　　　　전화번호 : 010-1234-1111
　　　　전자우편 : kkdong@kmail.com

피 고   박병호(780626-1333333)
　　　　서울 강남구 서초중앙로 303, 301동 301호(반포동, 반포아파트)
　　　　전화번호 : 010-1234-3333
　　　　전자우편 : pph@kmail.com

근저당권설정등기말소 청구의 소

청 구 취 지

1. 피고는 원고에게 32,100,000원 및 그중 30,000,000원에 대한 2019.9.2.부터 다 갚는 날까지 연 12%의 비율로 계산한 돈을 지급받은 다음[38] 서울 서초구 서초동 180 대 100㎡에 관하여 서울중앙지방법원 등기국 2019.2.1. 접수 제1355호로 마친 근저당권설정등기의 말소등기절차를 이행하라.
2. 소송비용은 피고가 부담한다.
라는 판결을 구합니다.[39]

---

[36] 저당권설정등기의 말소등기절차의 이행을 구하는 경우 목적물건가액을 한도로 한 피담보채권액(근저당권의 경우에는 채권최고액)을 소가로 한다(민사소송 등 인지규칙 제13조 제1항 제4호 가목, 제2항 나목).

[37] 민사소송 등 인지법 제2조 제1항 제3호 참조

[38] 근저당권 말소등기청구에서 피담보채무는 선이행의무이므로 장래이행청구를 해야 한다. 장래이행청구의 청구취지 기재례를 반드시 암기해야 한다.

[39] 재산권의 청구에 관한 판결이라도 의사의 진술을 명하는 판결(예 등기절차이행을 명하는 판결)은 확정되어야만 집행력이 생기기 때문에(민사집행법 제263조), 가집행선고를 붙일 수 없다는 것이 통설이다. 따라서 가집행선고에 관한 내용은 청구취지에 기재하지 않는다.

청 구 원 인

1. 근저당권설정등기의 말소등기청구
   가. 근저당권 설정계약의 체결 사실 및 근저당권 설정등기 경료 사실
      (1) 피담보채무의 발생
         원고는 소외 이을남에게 2019.1.1. 원금 50,000,0000원, 이자 월 1%, 변제기 2019.6.30.로 하여 돈을 빌렸으며(이하 '1차 채무'라 합니다), 이후 2019.2.1. 원금 30,000,000원, 이자 월 1%, 변제기2019.7.31.로 하여 돈을 더 빌렸습니다(이하 '2차 채무'라 합니다)(갑 제1호증 1차 채무 차용증, 갑 제2호증 2차 채무 차용증 참조).
      (2) 근저당권 설정계약의 체결 사실 및 근저당권 설정등기의 경료 사실
         원고는 2차 채무를 차용할 당시 소외 이을남의 요구에 따라 2019.2.1. 원고 소유의 서울 서초구 서초동 180 대 100m²(이하 '이 사건 부동산'이라 합니다)에 대하여 채권최고액을 100,000,000원으로 하는 근저당권설정계약을 체결하고, 같은 날 소외 이을남에게 근저당권 설정등기를 마쳐주었습니다(갑 제3호증 근저당권설정계약서, 갑 제4호증 부동산등기사항증명서 참조).

   나. 피고 명의로 근저당권 이전의 부기등기 경료 사실
      (1) 피고 명의의 근저당권 이전의 부기등기
         피고는 2020.2.1. 채권압류 및 전부명령을 원인으로 하여 2020.2.10. 소외 이을남으로부터 피고 명의로 근저당권 이전의 부기등기를 경료하였습니다(갑 제4호증 부동산등기사항증명서 참조).
      (2) 말소등기의 대상과 말소등기의 상대방
         1) 판례에 따르면 근저당권 이전의 부기등기는 기존의 주등기인 근저당권설정등기에 종속되어 주등기와 일체를 이루는 것이어서, <u>주등기인 근저당권설정등기의 말소만 구하면 되고 그 부기등기는 별도로 말소를 구하지 않더라도 주등기의 말소에 따라 직권으로 말소되는 것입니다.</u>[40]
         2) 이 경우 <u>근저당권설정등기의 말소등기청구는 양수인인 피고만을 상대로 하면 족하고 양도인인 소외 이을남은 피고적격이 없으며, 이는 근저당권의 이전이 전부명령의 확정에 따라 이루어졌다고 하더라도 마찬가지입니다.</u>[41]

   다. 근저당권의 소멸
      (1) 근저당권의 피담보채권의 확정
         1) 원고가 1차 채무와 2차 채무의 원금 및 이자, 지연손해금을 변제하지 못하던 중 소외 이을남은 이 사건 부동산에 대하여 2019.9.1. 근저당권에 기한 임의경매를 신청하였습니다. 이에 원고는 소외 이을남에게 1차 채무의 원금 50,000,000원 및 이자 3,000,000원과 그때까지의 지연손해금을 모두 변제하고 경매 취하를 요청하였고, 소외 이을남은 2019.10.1. 경매신청을 취하해 주었습니다. 이후 원고는 소외 이을남에게 2019.11.1. 원금 10,000,000원, 이자 월 1%, 변제기 2019.12.31.로 하여 돈을 더 빌렸습니다(이하 '3차 채무'라 합니다)(갑 제5호증 3차 채무 차용증 참조).

---

[40] 대법원 1995.5.26. 선고 95다7550 판결 참조
[41] 대법원 2000.4.11. 선고 2000다5640 판결 참조

2) 소외 이을남이 이 사건 부동산에 관하여 임의경매를 신청한 2019.9.1. 위 근저당권의 피담보채권이 확정되었고, 그 후 소외 이을남이 2019.10.1. 경매신청을 취하하였더라도 경매개시 후에는 피담보채권 확정의 효과에는 영향이 없습니다.[42] 따라서 근저당권의 피담보채권이 확정된 2019.9.1. 이후부터 근저당권은 부종성을 가지고 보통의 저당권과 같은 취급을 받게 되고, 2019.11.1. 발생한 3차 채무의 원금 및 이자, 지연손해금은 근저당권에 의하여 담보되는 채권이 아니라고 할 것입니다.

3) 2020.2.1.에 채권압류 및 전부명령을 통하여 2020.2.10. 근저당권 이전의 부기등기를 경료한 피고는 위와 같이 2019.9.1. 확정된 채권 32,100,000원(2차 채무의 원금 30,000,000원 + 2019.2.1.부터 2019.7.31.까지의 이자 1,800,000원, 2019.8.1.부터 2019.9.1.까지의 지연손해금 300,000원)을 피담보채권으로 하는 근저당권을 취득한 것입니다(갑 제4호증 부동산등기사항증명서 참조).

4) 따라서 3차 채무의 원금과 이자 및 지연손해금까지 변제하지 않으면 근저당권설정등기 말소등기 절차에 협력하지 않겠다는 소외 이을남과 피고의 주장은 타당하지 않습니다(갑 제6호증 내용증명서).

(2) 원고의 피담보채무의 변제

다만, 2019.9.1. 임의경매 신청 이후에 생긴 지연손해금의 경우에도 그 원금이 경매신청 전에 발생한 것이라면 근저당권에 의해 담보되는 것이므로,[43] 원고는 2019.9.1. 확정된 채권 32,100,000원뿐만 아니라 2차 채무의 원금 30,000,000원에 대하여 2019.9.2.부터 다 갚는 날까지 연 12%의 비율로 계산한 지연손해금까지 변제를 선이행하여야 근저당설정등기의 말소등기절차의 이행을 구할 수 있습니다.

2. 장래이행청구의 적법

채무자인 원고는 확정된 채권 32,100,000원 및 이에 대한 지연손해금을 변제할 가능성이 크므로 청구인적격이 인정되고, 소외 이을남 및 피고가 피담보채무의 액수를 다투고 있으므로 미리 청구할 필요가 인정된다고 할 것입니다.

3. 결론

그렇다면 피고는 원고로부터 확정된 피담보채무 32,100,000원 및 그중 30,000,000원에 대한 2019.9.2.부터 다 갚는 날까지 연 12%의 비율로 계산한 돈을 지급받은 다음 서울 서초구 서초동 180 대 100m²에 관하여 서울중앙지방법원 등기국 2019.2.1. 접수 제1355호로 마친 근저당권설정등기의 말소등기절차를 이행할 의무가 있다고 할 것입니다.

---

42) 대법원 2002.11.26. 선고 2001다73022 판결 참조
43) 대법원 2007.4.26. 선고 2005다38300 판결 참조

입 증 방 법

1. 갑 제1호증 - 1차 채무 차용증
1. 갑 제2호증 - 2차 채무 차용증
1. 갑 제3호증 - 근저당권설정계약서
1. 갑 제4호증 - 부동산등기사항증명서
1. 갑 제5호증 - 3차 채무 차용증
1. 갑 제6호증 - 내용증명서

첨 부 서 류

1. 위 각 입증방법   각 2통
1. 소장 부본   1통
1. 송달료납부서   1통
1. 영수필확인서   1통
1. 서류적성 및 제출위임장   1통

2020. 9. 19.
위 원고 김갑동 (서명 또는 날인)

서울중앙지방법원   귀중

스스로의 힘으로
실천하지 않는 것은
자포자기와 같다.

- 퇴계 이황 -

제6과목 부동산등기법

01 2024년 제30회 기출문제
02 2023년 제29회 기출문제
03 2022년 제28회 기출문제
04 2021년 제27회 기출문제
05 2020년 제26회 기출문제

부동산등기법
2024년 제30회 기출문제

● 문제 1

대지권의 목적인 아래의 Y토지와 W토지의 등기기록례를 참조하여 각 설문에 답하시오.

[Y토지 기록례]

【 갑 구 】		(소유권에 관한 사항)		
순위번호	등기목적	접 수	등기원인	권리자 및 기타사항
2	소유권이전	2023년 3월 25일 제4567호	(생 략)	소유자 갑
3	소유권대지권			건물의 표시 경기도 OO시 OO동 OOO아파트 101동 2024년 3월 5일 등기

[W토지 기록례]

【 을 구 】		(소유권 이외의 권리에 관한 사항)		
순위번호	등기목적	접 수	등기원인	권리자 및 기타사항
4	지상권설정	2022년 6월 12일 제5678호	(생 략)	지상권자 을
5	지상권대지권			건물의 표시 서울특별시 OO구 OO동 OOO아파트 301동 2023년 1월 23일 등기

1. 대지권 및 대지권등기에 대하여 간략히 설명하시오. [6점]

2. 각 토지에 다음과 같은 등기신청이 접수된 경우 각 등기가 가능한지 여부와 그 이유를 설명하시오.

   (1) Y토지에 대한 저당권설정등기와 임차권설정등기 [7점]

   (2) W토지에 대한 소유권이전등기와 지상권이전등기 [7점]

문제 2

甲이 사망하였다. 甲의 상속인으로는 자녀인 乙과 丙이 있고(모두 성년임), 상속부동산으로는 A등기소의 관할에 속한 X부동산과 B등기소의 관할에 속한 Y부동산이 있다(각 설문은 상호 관련성 없음).

1. 乙과 丙의 상속등기의무 및 등기신청의 관할에 관하여 설명하시오. [10점]

2. 미국에 거주하는 乙과 한국에 거주하는 丙은 상속 부동산 전부에 대하여 丙이 단독으로 상속하기로 약속하였다. 乙은 丙 앞으로 상속등기를 마치기 위하여 필요한 서류를 한국으로 송부할 예정이다. 상속등기 신청 시 등기소에 제공하여야 하는 첨부정보에 관하여 乙이 미국 시민권자인 경우와 한국인인 경우를 구분하여 설명하시오. [20점]

3. 甲은 사망 전에 丁에게 X부동산을 매도하는 계약을 체결하였다. 이 계약에 따른 소유권이전등기신청의 신청인 및 첨부정보에 관하여 설명하시오. [20점]

부동산등기법 | 2024년 제30회 기출문제해설

문제 1

대지권의 목적인 아래의 Y토지와 W토지의 등기기록례를 참조하여 각 설문에 답하시오.

[Y토지 기록례]

【 갑 구 】		(소유권에 관한 사항)		
순위번호	등기목적	접 수	등기원인	권리자 및 기타사항
2	소유권이전	2023년 3월 25일 제4567호	(생 략)	소유자 갑
3	소유권대지권			건물의 표시 경기도 ○○시 ○○동 ○○아파트 101동 2024년 3월 5일 등기

[W토지 기록례]

【 을 구 】		(소유권 이외의 권리에 관한 사항)		
순위번호	등기목적	접 수	등기원인	권리자 및 기타사항
4	지상권설정	2022년 6월 12일 제5678호	(생 략)	지상권자 을
5	지상권대지권			건물의 표시 서울특별시 ○○구 ○○동 ○○아파트 301동 2023년 1월 23일 등기

1. 대지권 및 대지권등기에 대하여 간략히 설명하시오. [6점]

✅ 해설 1

I. 대지권

1. 대지사용권의 개념

대지사용권이란 "구분소유자가 전유부분을 소유하기 위하여 건물의 대지에 대하여 가지는 권리"를 말한다(집합건물의 소유 및 관리에 관한 법률 제2조 제6호). 소유권은 물론이고 소유권 외의 용익권 즉 지상권, 전세권, 임차권도 대지사용권의 목적으로 될 수 있다(부동산등기법 제40조 제4항, 제61조 제5항).

2. 대지권의 개념

대지권은 "대지사용권으로서 건물과 분리하여 처분할 수 없는 것"을 말한다(부동산등기법 제40조 제3항). 구분소유자는 규약(또는 공정증서)으로써 분리처분할 수 있음을 정한 경우 외에는 그가 가지는 전유부분과 분리하여 대지사용권을 처분할 수 없다(집합건물의 소유 및 관리에 관한 법률 제20조 제2항, 부동산등기규칙 제46조 제2항 제3호). 대지사용권이 실체법상 개념인 반면, 대지권은 대지사용권이 전유부분과 분리하여 처분할 수 없다는 것을 공시하기 위한 절차법상의 개념이다.

II. 대지권등기

① 구분건물에 대지권이 있는 경우에는 등기관은 1동 건물의 등기기록의 표제부에 대지권의 목적인 토지의 표시에 관한 사항을 기록하고 전유부분의 등기기록의 표제부에는 대지권의 표시에 관한 사항을 기록하여야 한다(부동산등기법 제40조 제3항). 즉 대지권등기는 일체로서 처분되어야 할 구분건물의 전유부분과 대지사용권에 관한 권리관계의 공시를 건물 등기기록으로 일원화시키는 등기를 말한다. 이는 물권변동을 공시하는 등기가 아니고 구분건물의 표시에 관한 등기로서 성질을 가진다.

② 한편, 등기관이 대지권등기를 하였을 때에는 직권으로 대지권의 목적인 토지의 등기기록에 소유권, 지상권, 전세권 또는 임차권이 대지권이라는 뜻을 기록하여야 한다(부동산등기법 제40조 제4항).

문제 1

대지권의 목적인 아래의 Y토지와 W토지의 등기기록례를 참조하여 각 설문에 답하시오.

[Y토지 기록례]

【 갑　구 】		(소유권에 관한 사항)		
순위번호	등기목적	접 수	등기원인	권리자 및 기타사항
2	소유권이전	2023년 3월 25일 제4567호	(생 략)	소유자 갑
3	소유권대지권			건물의 표시 경기도 OO시 OO동 OOO아파트 101동 2024년 3월 5일 등기

[W토지 기록례]

【 을　구 】		(소유권 이외의 권리에 관한 사항)		
순위번호	등기목적	접 수	등기원인	권리자 및 기타사항
4	지상권설정	2022년 6월 12일 제5678호	(생 략)	지상권자 을
5	지상권대지권			건물의 표시 서울특별시 OO구 OO동 OOO아파트 301동 2023년 1월 23일 등기

2. 각 토지에 다음과 같은 등기신청이 접수된 경우 각 등기가 가능한지 여부와 그 이유를 설명하시오.

   (1) Y토지에 대한 저당권설정등기와 임차권설정등기　　　　　　　　　　　　　　[7점]

   (2) W토지에 대한 소유권이전등기와 지상권이전등기　　　　　　　　　　　　　[7점]

✅ 해설 1

Ⅰ 논점의 정리

구분소유자는 규약(또는 공정증서)으로써 분리 처분할 수 있음을 정한 경우 외에는 그가 가지는 전유부분과 분리하여 대지사용권을 처분할 수 없다(집합건물의 소유 및 관리에 관한 법률 제20조 제2항, 부동산등기규칙 제46조 제2항 제3호). 구분건물의 전유부분과 대지사용권의 분리처분 금지에 위반한 등기를 신청한 경우, "사건이 등기할 것이 아닌 경우"에 해당하므로 등기관은 결정으로 신청을 각하하여야 한다(부동산등기법 제29조 제2호, 규칙 제52조 제3호). 사안의 경우, 대지권의 목적이 (1) 토지소유권인 경우와 (2) 지상권인 경우에 "토지등기기록"에 분리처분이 금지되는 등기의 적용 범위가 어떻게 달라지는지가 문제된다.

Ⅱ 설문 (1)의 해결

1. Y토지 대지권

Y토지의 등기기록례를 보면, 토지의 소유권이 대지권인 경우에 해당한다.

2. 저당권설정등기의 가능 여부

토지의 소유권이 대지권인 경우에 대지권이라는 뜻의 등기가 되어 있는 "토지의 등기기록"에는 소유권이전등기, 저당권설정등기, 그 밖에 이와 관련이 있는 등기(예 소유권이전청구권가등기, 가압류등기, 압류등기 등)를 할 수 없다(부동산등기법 제61조 제4항).

사안의 경우, Y토지의 대지권만을 목적으로 하는 저당권설정등기는 저당권이 실행되는 경우 구분건물의 전유부분과 분리처분될 가능성이 있으므로 Y토지의 등기기록에 저당권 설정등기를 할 수 없다.

3. 임차권설정등기의 가능 여부

Y토지의 소유권이 대지권인 경우, Y토지만을 목적으로 하는 임차권 설정등기를 하더라도 구분건물의 전유부분과 대지권(소유권)이 분리처분될 가능성이 없으므로 Y토지의 등기기록에 임차권 설정등기를 할 수 있다(등기선례 제7-280호).

Ⅲ. 설문 (2)의 해결

1. W토지 대지권

W토지의 등기기록례를 보면, 토지의 지상권이 대지권인 경우에 해당한다.

2. 소유권이전등기의 가능 여부

토지의 지상권이 대지권인 경우에 대지권이라는 뜻의 등기가 되어 있는 "토지의 등기기록"에는 지상권이전등기, 지상권 목적의 저당권 설정등기, 그 밖에 이와 관련이 있는 등기(예 지상권이전가등기, 지상권가압류등기 등)를 할 수 없다(부동산등기법 제61조 제5항). 사안의 경우, W토지의 등기기록에 소유권이전등기는 할 수 있다. 토지의 소유권이 이전되더라도 토지의 지상권은 물권으로서 토지소유권을 취득한 제3자에 대항할 수 있으므로 구분건물의 전유부분과 대지권(지상권)의 분리처분 금지에 위반되지 않기 때문이다.

3. 지상권이전등기의 가능 여부

W토지와 같이 토지의 지상권이 대지권인 경우, 지상권이전등기는 구분건물의 전유부분과 대지권의 분리처분금지에 위반되므로 지상권이전등기는 할 수 없다.

◆ 문제 2

> 甲이 사망하였다. 甲의 상속인으로는 자녀인 乙과 丙이 있고(모두 성년임), 상속부동산으로는 A등기소의 관할에 속한 X부동산과 B등기소의 관할에 속한 Y부동산이 있다(각 설문은 상호 관련성 없음).

1. 乙과 丙의 상속등기의무 및 등기신청의 관할에 관하여 설명하시오. [10점]

> **해설 2**

I 乙과 丙의 상속등기의무

① 부동산의 소유권 이전을 내용으로 하는 계약을 체결한 자는 법에서 정한 사유 발생일로부터 60일 이내에 소유권이전등기를 신청해야 한다(부동산등기 특별조치법 제2조 제1항). 그러나 '상속'은 '계약'(법률행위)이 아니고 피상속인의 사망으로 인하여 피상속인의 재산에 관한 권리·의무가 상속인에게 포괄승계(당연승계)되는 효과가 발생하는 '사건'에 해당한다(민법 제1005조 본문). 그리고 상속에 의한 부동산에 관한 소유권의 취득은 등기를 요하지 아니하고(민법 제187조 본문), 달리 상속등기의무를 규정하고 있는 법률도 없다.

② 따라서 甲의 사망으로 X부동산과 Y부동산을 상속한 乙과 丙에게 원칙적으로 상속등기의무는 없다. 다만, 상속등기를 하지 아니하면 이를 처분하지 못하므로(민법 제187조 단서), 乙과 丙이 X부동산과 Y부동산을 처분하려면 먼저 상속등기를 해야 한다.

II 상속등기신청의 관할

1. 관할 등기소

등기사무는 부동산의 소재지를 관할하는 지방법원, 그 지원(支院) 또는 등기소(이하 "등기소"라 한다)에서 담당한다(부동산등기법 제7조 제1항).

2. 상속·유증 사건의 관할에 관한 특례

다만, 부동산등기법 제7조에도 불구하고 상속 또는 유증으로 인한 등기신청의 경우에는 부동산의 관할 등기소가 아닌 등기소도 그 신청에 따른 등기사무를 담당할 수 있다(부동산등기법 제7조의3 제1항).

3. 사안의 경우

① 등기사무는 원칙적으로 부동산의 소재지를 관할하는 등기소에서 담당하므로 X부동산은 A등기소에서 관할하고, Y부동산은 B등기소에서 관할하는 것이 원칙이다.
② 다만, 2024.9.20. 개정법(2025.1.31. 시행)에 따라 상속 사건의 경우 관할의 특례가 인정되므로 A등기소나 B등기소에서 X, Y부동산 모두 등기신청을 할 수 있고 A, B등기소 이외의 다른 등기소에서도 등기신청이 가능하다.

✅ 문제 2

> 甲이 사망하였다. 甲의 상속인으로는 자녀인 乙과 丙이 있고(모두 성년임), 상속부동산으로는 A등기소의 관할에 속한 X부동산과 B등기소의 관할에 속한 Y부동산이 있다(각 설문은 상호 관련성 없음).

2. 미국에 거주하는 乙과 한국에 거주하는 丙은 상속 부동산 전부에 대하여 丙이 단독으로 상속하기로 약속하였다. 乙은 丙 앞으로 상속등기를 마치기 위하여 필요한 서류를 한국으로 송부할 예정이다. 상속등기 신청 시 등기소에 제공하여야 하는 첨부정보에 관하여 乙이 미국 시민권자인 경우와 한국인인 경우를 구분하여 설명하시오. [20점]

✅ 해설 2

I. 협의분할에 의한 상속등기신청 시 제공하여야 하는 첨부정보

1. 상속재산분할협의서

협의분할에 의한 상속등기를 신청하는 경우, '등기원인을 증명하는 정보'로서 상속재산분할협의서를 첨부정보로 등기소에 제공하여야 한다(부동산등기규칙 제46조 제1항 제1호).

2. 상속인 전원의 인감증명

상속재산분할협의서에는 상속인 전원이 기명날인하고 상속인 전원의 인감증명을 첨부정보로서 등기소에 제공하여야 한다(부동산등기규칙 제60조 제1항 제6호). 이 인감을 날인한 상속재산분할협의서와 인감증명서를 제공하는 대신 공증인의 공증을 받은 상속재산분할협의서를 첨부정보로 제공할 수 있다(등기선례 제202001-1호).

3. 상속을 증명하는 정보

'등기원인을 증명하는 정보'(부동산등기규칙 제46조 제1항 제1호)에 해당하는 '상속을 증명하는 정보'로서 피상속인의 기본증명서(상세)를, 상속인의 범위를 명확히 확정하기 위해서 피상속인의 가족관계증명서(상세), 친양자입양관계증명서(상세), 제적등본을 제공해야 한다.

4. 주소증명정보

(1) 피상속인의 주소증명정보

피상속인의 주소증명정보는 법령에서 요구되는 첨부정보는 아니다. 다만, 기본증명서(상세)와 제적등본만으로 등기기록에 기록된 등기명의인과 피상속인이 동일인임이 인정된다고 볼 수 없는 경우에는 그 동일성 확인을 위하여 피상속인의 주소를 증명하는 정보(말소된 주민등록표초본 등)를 제공할 필요성이 있으며, 실무상 피상속인의 주소증명정보를 첨부정보로서 등기소에 제공하고 있다.

(2) 상속인의 주소증명정보

상속을 원인으로 소유권이전등기를 하고자 할 때에는 상속인의 주소증명정보를 등기소에 제공하여야 한다. 다만 법정상속등기와는 달리 협의분할에 의한 상속등기를 신청하는 경우에는 재산상속을 받지 않는 나머지 상속인들의 주소를 증명하는 정보는 제공할 필요가 없다(등기선례 제7-76호).

Ⅱ 乙이 미국 시민권자(외국인)인 경우

① 乙이 미국 시민권자인 경우, 미국은 인감증명제도가 없는 나라이고 乙은 丙 앞으로 상속등기를 마치기 위하여 필요한 서류를 한국으로 송부할 예정이므로 국내에 귀국하여 외국인등록을 하거나 국내거소신고를 하는 것은 고려할 수 없다. 따라서 乙은 상속재산분할협의서에 본인이 서명하였다는 것을 본국(미국) 관공서의 증명이나 본국(미국) 공증인의 인증 또는 대한민국 공증인의 인증(재외공관 공증법 제3조에 따른 인증을 포함)을 받음으로써 인감증명의 제출에 갈음할 수 있다(부동산등기규칙 제61조 제4항).

② 외국인 乙이 상속재산분할협의서에 본인이 직접 서명을 하고 미국 관공서의 증명을 받거나 미국 공증인의 공증을 받은 경우, 「재외공관 공증법」 제30조 제1항에 따라 공증담당영사로부터 문서의 확인을 받거나 「외국 공문서에 대한 인증의 요구를 폐지하는 협약」에 따른 미국관공서가 발행한 아포스티유(Apostille)를 상속재산분할협의서에 붙여야 한다(부동산등기규칙 제46조 제9항). 이 경우 첨부문서가 영문이므로 번역문을 붙여야 하는데(부동산등기규칙 제46조 제8항), 번역문을 인증받아 제공하지 않는 한 번역인의 신분증 사본도 함께 제공하여야 한다.

③ (실무상) 상속을 증명하는 서면상의 乙의 성명과 등기신청 당시의 성명이 다른 경우 동일인임을 증명할 수 있는 서면을 제공하되, 미국 관공서의 증명이나 미국 공증인의 공증을 받아서 제출하여야 한다.

Ⅲ 乙이 한국인(재외국민)인 경우

乙이 재외국민인 경우, 상속재산분할협의서나 그 위임장에 인감을 날인한 경우, 인감증명법상의 인감증명서를 제공하여야 한다. 다만, 재외국민인 乙은 위임장이나 첨부서면에 본인이 서명 또는 날인하였다는 뜻의 「재외공관 공증법」에 따른 인증을 받음으로써 인감증명의 제출을 갈음할 수 있다(부동산등기규칙 제61조 제3항).

문제 2

> 甲이 사망하였다. 甲의 상속인으로는 자녀인 乙과 丙이 있고(모두 성년임), 상속부동산으로는 A등기소의 관할에 속한 X부동산과 B등기소의 관할에 속한 Y부동산이 있다(각 설문은 상호 관련성 없음).

3. 甲은 사망 전에 丁에게 X부동산을 매도하는 계약을 체결하였다. 이 계약에 따른 소유권이전등기신청의 신청인 및 첨부정보에 관하여 설명하시오. [20점]

해설 2

I 논점의 정리

등기신청은 등기기록상 등기될 사항에 의하여 직접적으로 권리를 얻거나 의무를 면하게 되는 사람을 등기권리자로 하고, 등기가 됨으로써 권리의 상실 그 밖에 불이익을 받는 사람을 등기기의무자로 하여 공동신청을 해야 한다(부동산등기법 제22조, 제23조 제1항). 그런데 사안의 경우, 등기원인(매매계약)이 발생한 후에 등기권리자 또는 등기의무자가 사망한 경우에는 등기원인행위의 당사자가 존재하지 않게 되므로 이 경우 누가 등기신청인이 되는지 및 첨부정보가 문제된다.

II 소유권이전등기신청의 신청인

1. 포괄승계인(상속인)에 의한 등기신청

등기원인이 발생한 후에 등기권리자 또는 등기의무자에 대하여 상속이나 그 밖의 포괄승계가 있는 경우에는 상속인이나 그 밖의 포괄승계인이 그 등기를 신청할 수 있다(부동산등기법 제27조). 신청정보의 등기의무자의 표시가 등기기록과 일치하지 아니한 경우, 원칙적으로 등기관은 이유를 적은 결정으로 신청을 각하(却下)하여야 하지만, 부동산등기법 제27조에 따라 포괄승계인이 등기신청을 하는 경우에는 각하대상에서 제외된다(부동산등기법 제29조 제7호).

2. 사안의 경우

X부동산에 대하여 甲은 매도인으로서 매수인 丁과 매매계약(등기원인)을 체결한 후에 사망하였으므로, 부동산등기법 제27조에 따라 甲의 상속인 乙, 丙이 등기의무자로서, 丁은 등기권리자로서 공동신청인이 되어 등기신청을 할 수 있다.

Ⅲ. 상속인에 의한 등기신청에 따른 첨부정보

1. 상속이 있었다는 사실을 증명하는 정보

부동산등기법 제27조에 따라 상속인 그 밖의 포괄승계인이 등기를 신청하는 경우에는 가족관계등록에 관한 정보 또는 법인등기사항에 관한 정보 등 상속 그 밖의 포괄승계가 있었다는 사실을 증명하는 정보를 첨부정보로서 등기소에 제공하여야 한다(부동산등기규칙 제49조). 사안의 경우, 甲의 사망사실과 상속인의 범위를 증명하기 위하여 甲의 기본증명서·가족관계증명서·친양자입양관계증명서·제적등본을 첨부정보로 제공한다. 상속인임을 증명하기 위하여 乙, 丙의 기본증명서·가족관계증명서 등을 제공한다.

2. 등기원인을 증명하는 정보

등기의무자로서 등기신청인은 甲의 상속인 乙, 丙이지만, 등기원인은 피상속인 甲과 丁이 체결한 매매계약이다. 따라서 등기원인을 증명하는 정보는 甲이 살아있을 때 계약당사자로서 丁과 작성한 매매계약서를 제공하면 되고, 상속인 乙, 丙이 丁과 새로운 매매계약서를 작성할 필요는 없다(부동산등기규칙 제46조 제1항 제1호).

3. 등기의무자의 인감증명

방문신청을 하는 경우, 등기의무자의 인감증명은 피상속인 甲의 인감증명을 제공하는 것이 아니라 등기신청인이 된 상속인 乙과 丙 전원의 인감증명을 첨부정보로서 등기소에 제공하여야 한다(부동산등기규칙 제60조 제1항 제1호).

4. 등기의무자의 권리에 관한 등기필증

원래의 등기의무자인 매도인 甲이 사망한 경우에는 그 甲이 소지하고 있던 등기필증을 첨부정보로서 등기소에 제공하여야 한다(부동산등기법 부칙 제2조).

5. 등기원인에 대하여 제3자의 허가, 동의 또는 승낙이 필요한 경우에는 이를 증명하는 정보

등기원인에 대하여 제3자의 허가, 동의 또는 승낙이 필요한 경우에는 이를 증명하는 정보를 첨부정보로서 등기소에 제공하여야 한다(부동산등기규칙 제46조 제1항 제2호). X부동산이 농지라면 丁 명의의 농지취득자격증명을 첨부해야 하고, X부동산이 토지거래 허가구역 내의 부동산이라면 토지거래허가를 받아야 하는데 피상속인 甲 명의의 토지거래허가증을 교부받은 경우에도 계약 내용에 변경이 없다면 甲 명의의 토지거래허가증을 첨부하면 된다.

6. 기타 첨부정보

위임장 등 기타 첨부정보는 부동산등기규칙 제46조에 의한다.

2023년 제29회 기출문제

부동산등기법

✅ 문제 1

전세금반환채권의 일부양도에 따른 전세권일부이전등기절차에 대하여 설명하시오. [20점]

✅ 문제 2

> 甲은 X토지와 Y토지 및 W건물(각 부동산의 등기소 관할은 동일함)의 소유명의인이다.
> 위와 같은 사실관계를 전제로 아래 각 문항에 답하시오(각 설문은 상호관련성이 없음).

1. 배우자와 사별한 고령의 甲은 성년인 자녀 A, B, C, D, E를 두고 있다. 甲은 자필증서에 의한 방식으로 유언집행자를 지정하지 아니하고 다음과 같은 유언을 남기고 사망하였다(민법 제1066조에 따른 유언의 형식은 갖춤).

   > - 다 음 -
   >
   > "나의 재산 중에서 W건물은 乙(사회복지법인)에게 이전(유증)한다."

   乙이 자격자대리인을 통하지 않고 직접 W건물에 대한 소유권이전등기를 받고자 할 때 신청인, 신청정보 및 첨부정보 등 등기신청절차에 대하여 설명하시오(단, 등기필정보는 멸실 등의 사유로 제공할 수 없음).
   [35점]

2. X토지와 Y토지에는 등기원인 및 그 연월일과 접수번호가 동일한 丙명의의 근저당권등기가 경료되어 있다. 아래 각 설문에서 X토지와 Y토지에 대한 합필등기가 허용되는지 여부와 그 이유를 설명하시오.

   가. 丙의 근저당권등기의 목적이 X토지 전부와 Y토지 1/2지분인 경우 [7점]

   나. 丙의 근저당권등기의 목적이 X토지와 Y토지 전부이고, X토지에 대한 요역지지역권등기가 경료된 경우 [8점]

부동산등기법 | 2023년 제29회 기출문제해설

● 문제 1

전세금반환채권의 일부양도에 따른 전세권일부이전등기절차에 대하여 설명하시오. [20점]

● 해설 1

Ⅰ 서 설

① 전세권설정등기를 마친 민법상의 전세권은 그 성질상 용익물권적 성격과 담보물권적 성격을 겸비한 것으로서, 전세권의 존속기간이 만료되면 전세권의 용익물권적 권능은 전세권설정등기의 말소 없이도 당연히 소멸하고 단지 전세금반환채권을 담보하는 담보물권적 권능의 범위 내에서 전세금의 반환시까지 그 전세권설정등기의 효력이 존속하고 있다. 이와 같이 존속기간의 경과로서 본래의 용익물권적 권능이 소멸하고 담보물권적 권능만 남은 전세권에 대해서도 그 피담보채권인 전세금반환채권과 함께 제3자에게 이를 양도할 수 있다(대판 2005.3.25. 2003다35659).

② 개정법은 이와 같이 전세금반환채권의 일부양도가 가능하다는 판례의 태도를 반영하여 전세금반환채권의 일부양도에 따른 전세권 일부이전등기를 허용하는 규정을 신설하였다(부동산등기법 제73조, 부동산등기규칙 제129조).

Ⅱ 전세권 일부이전등기의 제한

전세권 일부이전등기의 신청은 전세권의 존속기간의 만료 전에는 할 수 없다. 다만, 존속기간 만료 전이라도 해당 전세권이 소멸하였음을 증명하여 신청하는 경우에는 그러하지 아니하다(부동산등기법 제73조 제2항).

Ⅲ 신청 절차

1. 등기신청인

전세권 일부이전등기는 전세권의 양도인이 등기의무자가 되고 양수인이 등기권리자가 되어 공동으로 신청하여야 한다(등기예규 제1406호 제2조, 부동산등기법 제23조 제1항).

2. 신청정보

① 전세권 일부이전등기를 신청할 때에는 부동산등기규칙 제43조에서 정한 일반적인 신청정보 외에 이전할 전세권의 접수연월일과 접수번호, 양도액을 신청정보의 내용으로 등기소에 제공하여야 한다(부동산등기규칙 제129조 제1항, 등기예규 제1406호 제3조 제1항).
② 등기의 목적으로는 "전세권 일부이전", 등기원인은 "전세금반환채권 일부양도"로 표시한다(등기예규 제1406호 제3조 제2항).

3. 첨부정보

① 전세권 일부이전등기를 신청할 때에는 부동산등기규칙 제46조에서 정한 일반적인 첨부정보 외에 부동산법 제73조 제2항 단서에 따라 전세권의 존속기간 만료 전에 등기를 신청하는 경우에는 전세권이 소멸하였음을 증명하는 정보(전세권의 소멸청구나 소멸통고 등)를 첨부정보로서 등기소에 제공하여야 한다(부동산등기규칙 제129조 제2항, 등기예규 제1406호 제4조 제1항).
② 건물전세권의 존속기간이 만료되어 등기를 신청하는 경우에는 민법 제312조 제4항에 따라 전세권이 소멸하였음을 증명하는 정보(갱신거절의 통지 등)를 첨부정보로서 등기소에 제공하여야 한다(등기예규 제1406호 제4조 제2항).

Ⅳ 등기실행절차

① 소유권 이외의 권리의 이전등기는 부기등기에 의하므로(부동산등기법 제52조), 전세금반환채권의 일부양도에 따른 전세권 일부이전등기는 부기등기로 한다(등기예규 제1406호 제5조 제1항).
② 등기관이 전세금반환채권의 일부양도를 등기원인으로 하여 전세권 일부이전등기를 할 때에는 양도액을 기록하여야 한다(부동산등기법 제73조 제1항, 등기예규 제1406호 제5조 제1항).
③ 등기관이 전세금반환채권의 일부양도를 원인으로 하여 전세권 일부이전등기를 할 때에는 종전 전세권자의 표시에 관한 사항을 말소하는 표시를 하지 아니한다(부동산등기규칙 제112조 제3항 단서).

Ⅴ 등기완료 후의 절차

① 등기관이 등기를 마쳤을 때에는 대법원규칙으로 정하는 바에 따라 신청인 등에게 그 사실을 알려야 한다(부동산등기법 제30조).
② 등기관이 새로운 권리에 관한 등기를 마쳤을 때에는 등기필정보를 작성하여 등기권리자에게 통지하여야 한다(부동산등기법 제50조 제1항).

문제 2

甲은 X토지와 Y토지 및 W건물(각 부동산의 등기소 관할은 동일함)의 소유명의인이다.

위와 같은 사실관계를 전제로 아래 각 문항에 답하시오(각 설문은 상호관련성이 없음).

1. 배우자와 사별한 고령의 甲은 성년인 자녀 A, B, C, D, E를 두고 있다. 甲은 자필증서에 의한 방식으로 유언집행자를 지정하지 아니하고 다음과 같은 유언을 남기고 사망하였다(민법 제1066조에 따른 유언의 형식은 갖춤).

   – 다 음 –

   "나의 재산 중에서 W건물은 乙(사회복지법인)에게 이전(유증)한다."

   乙이 자격자대리인을 통하지 않고 직접 W건물에 대한 소유권이전등기를 받고자 할 때 신청인, 신청정보 및 첨부정보 등 등기신청절차에 대하여 설명하시오(단, 등기필정보는 멸실 등의 사유로 제공할 수 없음).

   [35점]

✅ 해설 2

I 등기신청인

1. 공동신청주의

유증을 등기원인으로 하는 소유권이전등기는 수증자를 등기권리자, 유언집행자를 등기의무자로 하여 공동으로 신청하여야 한다(부동산등기법 제25조 제1항). 유언집행자는 유증의 목적인 재산의 관리 기타 유언의 집행에 필요한 행위를 할 권리의무가 있으므로(민법 제1101조), 유언집행자가 유증의 목적인 재산의 이전등기에 관하여 등기의무자가 된다.

2. 지정된 유언집행자가 없는 경우

지정된 유언집행자가 없는 때에는 상속인이 유언집행자가 된다(민법 제1095조). 유언집행자가 지정되어 있지 않아 수인의 상속인이 유언집행자가 된 경우에는 민법 제1102조 공동 유언집행자에 관한 규정에 의하여 과반수 이상의 상속인들이 소유권이전등기절차에 협력한다면, 수증자 앞으로의 소유권이전등기를 신청할 수 있다(등기선례 제5-331호).

3. 사안의 경우

상속인 A, B, C, D, E가 유언집행자로서 등기의무자가 되고, 수증자 乙이 등기권리자가 되어 공동으로 유증으로 인한 소유권이전등기를 신청한다. 유언집행자가 수인인 경우에 해당하므로 상속인 A, B, C, D, E 중 3인 이상이 수증자 명의의 소유권이전등기절차에 협력한다면, 수증자 乙 앞으로 소유권이전등기를 신청할 수 있다.

II 관할 및 등기신청 방법

1. 관 할

포괄유증 또는 특정유증으로 인한 소유권이전등기를 신청하는 경우에는 부동산의 관할 등기소가 아닌 등기소에도 그 신청을 할 수 있다(부동산등기법 제7조의3 제1항, 부동산등기규칙 제164조, 등기예규 제1795호 제2조 제3항 본문).

2. 등기신청 방법

유증을 원인으로 한 소유권이전등기는 포괄유증이든 특정유증이든 모두 상속등기를 거치지 않고 유증자로부터 직접 수증자 명의로 등기를 신청하여야 한다. 다만, 유증을 원인으로 한 소유권이전등기 전에 상속등기가 이미 마쳐진 경우에는 상속등기를 말소하지 않고 상속인으로부터 수증자에게로 유증을 원인으로 한 소유권이전등기를 신청할 수 있다(등기예규 제1795호 제2조 제3항 제1호, 제2호).

Ⅲ 신청정보의 제공

1. 서 설

등기소에 제공하여야 하는 신청정보는 부동산등기규칙 제43조와 제44조에 규정되어 있다. 여기서는 유증으로 인한 소유권이전등기에서 문제되는 신청정보에 대해서 살펴보기로 한다.

2. 등기원인과 그 연월일

등기원인은 "○년 ○월 ○일 유증"으로 기재하되, 그 연월일은 유증자 甲이 사망한 날을 기재한다.

3. 등기의무자의 표시

(1) W건물이 유증자 甲 명의로 등기되어 있는 경우

상속인 5인 중 과반수 이상(예 A, B, C)이 수증자 乙 명의의 소유권이전등기절차에 동의하는 경우에는 등기신청서의 등기의무자란에는 "유증자 망 甲의 유언집행자 A, B, C"를 표시해야 한다.

(2) W건물에 대하여 상속인 명의로 상속등기가 된 경우

상속인 A, B, C, D, E를 등기명의인으로 하는 상속으로 인한 소유권이전등기가 마쳐진 경우에도 상속등기를 말소하지 않고 상속인으로부터 수증자에게 유증을 원인으로 한 소유권이전등기를 신청할 수 있다. 만일 과반수 이상(예 A, B, C)이 수증자 乙 명의의 소유권이전등기절차에 동의하는 경우에는 등기신청서의 등기의무자란에는 "A, B, C, D, E. 유증자 망 甲의 유언집행자 A, B, C"를 표시해야 한다(부동산등기선례 제202203-1호 참조).

3. 등기의무자의 등기필정보

① 유증을 등기원인으로 하여 소유권이전등기를 신청하는 경우, 유증자의 등기필정보를 신청정보의 내용으로 등기소에 제공하여야 한다(부동산등기법 제50조 제2항, 등기예규 제1512호 4. 나.).

② 멸실 등의 사유로 등기의무자의 등기필정보가 없을 때에는 등기의무자 또는 그 법정대리인(이하 "등기의무자등"이라 한다)이 등기소에 출석하여 등기관으로부터 등기의무자등임을 확인받아야 한다. 다만, 등기신청인의 자격자 대리인(변호사나 법무사만을 말한다)이 등기의무자등으로부터 위임받았음을 확인한 경우 또는 신청서(위임에 의한 대리인이 신청하는 경우에는 그 권한을 증명하는 서면을 말한다) 중 등기의무자등의 작성부분에 관하여 공증(公證)을 받은 경우에는 그러하지 아니하다(부동산등기법 제50조 제2항).

4. 기 타

유증을 원인으로 한 소유권이전등기를 신청하는 경우, 등기신청서란 상단에 부동산등기법 제7조의3에 관한 등기신청임을 신청정보의 내용으로 등기소에 제공하여야 한다(등기예규 제1795호 제3조 제1항).

5. 사안의 경우

자격자 대리인에게 등기신청을 위임한 경우가 아니므로 확인서면을 제출할 수는 없고, 유언집행자 전원 중 과반수인 3인 이상(예 A, B, C)이 등기소에 출석하고 등기관이 그 3인에 대한 확인조서를 작성하거나, 등기신청서 중 등기의무자의 작성부분에 공증을 받아 이를 등기소에 제공하여야 한다(부동산등기법 제51조, 부동산등기규칙 제111조). 유언집행자 전원(A, B, C, D, E) 중 과반수인 3인(A, B, C)이 소유권이전등기를 신청하는 경우 신청서에 첨부된 확인정보는 유언집행자의 과반수 이상(A, B, C)의 것이면 충분하고 반드시 유언집행자 전원(A, B, C, D, E)의 것이 첨부될 필요는 없다(부동산등기선례 제202202-3호).

Ⅳ 첨부정보

1. 서 설

유증을 원인으로 한 소유권이전등기를 신청하는 경우에는 부동산등기규칙 제46조에 규정된 사항을 첨부정보로 등기소에 제공하되, 다음의 첨부정보를 등기소에 제공한다(등기예규 제1512호 5. 나.).

2. 유언집행자의 자격을 증명하는 서면

① 유언집행자의 자격을 증명하는 서면으로, 유언집행자가 유언으로 지정된 경우에는 유언증서, 유언에 의해 유언집행자의 지정을 제3자에게 위탁한 경우에는 유언증서 및 제3자의 지정서(그 제3자의 인감증명 첨부), 가정법원에 의해 선임된 경우에는 유언증서 및 심판서를 각 제출하여야 한다.

② 유언자의 상속인이 유언집행자인 경우에는 상속인임을 증명하는 서면을 첨부하여야 한다(부동산등기규칙 제46조 제1항 제5호). 상속인임을 증명하는 서면으로는 가족관계등록사항별증명서를 제공하면 된다.

3. 유언증서 및 검인조서 등

① 유증을 원인으로 하는 소유권이전등기를 신청하는 경우에는 유증의 사실을 증명하는 "유언증서"를 "등기원인을 증명하는 정보"로서 등기소에 제공하여야 한다(부동산등기규칙 제46조 제1항 제1호).

② 유언증서가 자필증서, 녹음, 비밀증서에 의한 경우에는 유언검인조서등본을, 구수증서에 의한 경우에는 검인신청에 대한 심판서등본을, 유증에 정지조건 등이 붙은 경우에는 그 조건성취를 증명하는 서면을 각 첨부하여야 한다(등기예규 제1512호).

③ 유언증서에 가정법원의 검인이 되어 있는 경우에도 등기관은 그 유언증서가 적법한 요건을 갖추지 아니한 경우에는 그 등기신청을 수리하여서는 아니 된다(등기예규 제1512호).

④ 검인기일에 출석한 상속인들이 "유언자의 자필이 아니고 날인도 유언자의 사용인이 아니라고 생각한다"는 등의 다툼 있는 사실이 기재되어 있는 검인조서를 첨부한 경우에는 <u>유언 내용에 따른 등기신청에 이의가 없다는 위 상속인들의 진술서(인감증명서 첨부) 또는 위 상속인들을 상대로 한 유언유효확인의 소나 수증자 지위 확인의 소의 승소 확정판결문을 첨부하여야 한다</u>(등기예규 제1512호).

⑤ 사안의 경우, 유언증서가 적법한 요건을 갖춘 경우에 해당하고, 유언증서가 <u>자필증서에 의한 경우</u>이므로 <u>유언검인조서등본을 첨부하여야 한다</u>. 그리고 유언증서의 효력에 관하여 다툼이 있는 경우에는 해당하지 아니하므로 유언 내용에 따른 등기신청에 이의가 없다는 위 상속인들의 진술서(인감증명서 첨부) 등은 첨부할 필요가 없다.

3. 유증자의 사망을 증명하는 정보

유증의 효력은 유언자가 사망한 때에 발생하는 것이므로(민법 제1073조 제1항), 유증자의 사망을 증명하는 정보를 <u>"등기원인을 증명하는 정보"</u>로서 등기소에 제공하여야 한다(부동산등기규칙 제46조 제1항 제1호). 유증자의 사망을 증명하는 정보는 <u>유증자의 기본증명서(상세), 제적등본</u> 등을 첨부정보로 제공하면 된다.

4. 유언집행자의 인감증명서

방문신청을 하는 경우, 소유권의 등기명의인이 등기의무자로서 등기를 신청하는 경우 등기의무자의 인감증명을 제출하여야 한다. 이 경우 해당 신청서(위임에 의한 대리인이 신청하는 경우에는 위임장을 말한다)나 첨부서면에는 그 인감을 날인하여야 한다(부동산등기규칙규칙 제60조 제1항 제1호). 유증을 원인으로 소유권이전등기를 신청하는 경우에는 <u>유언집행자가 등기의무자이므로 유언집행자의 인감증명을 첨부정보로 제공하여야 한다</u>.

5. 신청인이 법인인 경우 그 대표자의 자격을 증명하는 정보

등기권리자인 수증자 乙이 법인이므로 그 대표자의 자격을 증명하는 정보를 첨부정보로 제공하여야 한다(부동산등기규칙 제46조 제1항 제4호). 대표자의 자격을 증명하는 정보로는 법인등기사항증명서를 제출하면 된다. 다만, 법인등기사항증명서의 해당 법인의 본점(또는 주사무소) 또는 지점(또는 분사무소) 소재지와 부동산 소재지가 동일한 경우에는 그 제공을 생략할 수 있다(부동산등기규칙 제46조 제5항).

◎ 문제 2-2

甲은 X토지와 Y토지 및 W건물(각 부동산의 등기소 관할은 동일함)의 소유명의인이다.
위와 같은 사실관계를 전제로 아래 각 문항에 답하시오(각 설문은 상호관련성이 없음).

2. X토지와 Y토지에는 등기원인 및 그 연월일과 접수번호가 동일한 丙명의의 근저당권등기가 경료되어 있다. 아래 각 설문에서 X토지와 Y토지에 대한 합필등기가 허용되는지 여부와 그 이유를 설명하시오.

   가. 丙의 근저당권등기의 목적이 X토지 전부와 Y토지 1/2지분인 경우 [7점]

   나. 丙의 근저당권등기의 목적이 X토지와 Y토지 전부이고, X토지에 대한 요역지지역권등기가 경료된 경우 [8점]

◎ 해설 2-2

I 합필등기의 의의

지적공부에 등록된 2필지 이상의 토지를 1필지로 합하여 등록하는 것을 합병이라고 한다(공간정보의 구축 및 관리 등에 관한 법률 제80조). 합필등기는 대장상 합병된 토지에 대하여 등기기록에도 1필지의 토지로 기록하는 토지의 표시변경등기이다.

II 합필등기의 제한

토지 등기기록에 소유권·지상권·전세권·임차권 및 승역지(편익제공지)에 하는 지역권의 등기 외에 다른 권리에 관한 등기가 있는 경우에는 합필의 등기를 할 수 없으며, 다만 그 다른 권리에 관한 등기가 저당권에 관한 등기로서 등기원인 및 그 연월일과 접수번호가 동일하고 모든 토지의 등기기록에 있는 경우, 모든 토지에 대하여 신탁원부의 내용이 동일한 신탁등기가 있는 경우에는 예외적으로 합필의 등기를 할 수 있다(부동산등기법 제37조 제1항).

Ⅲ 합필등기의 특례

「공간정보의 구축 및 관리 등에 관한 법률」에 따른 토지합병절차를 마친 후 합필등기를 하기 전에 합병된 토지 중 어느 토지에 관하여 제37조 제1항에서 정한 합필등기의 제한 사유에 해당하는 권리에 관한 등기가 된 경우라 하더라도 이해관계인의 승낙이 있으면 해당 토지의 소유권의 등기명의인은 그 권리의 목적물을 합필 후의 토지에 관한 지분으로 하는 합필등기를 신청할 수 있다. 다만, 요역지(要役地 : 편익필요지)에 하는 지역권의 등기가 있는 경우에는 합필 후의 토지 전체를 위한 지역권으로 하는 합필등기를 신청하여야 한다(부동산등기법 제38조 제2항).

Ⅳ 설문 가.의 해결

1. 합필등기의 제한

합필하려는 모든 토지에 있는 등기원인 및 그 연월일과 접수번호가 동일한 저당권에 관한 등기가 있는 경우에는 합필등기를 할 수 있다(부동산등기법 제37조 제1항 제2호). 여기서 "등기원인 및 그 연월일과 접수번호가 동일한 저당권"이란 처음부터 합병 대상 토지에 대하여 창설적 공동저당을 설정한 경우만을 의미한다. 또한 합필하려는 토지에 존재하는 저당권이 등기원인 및 그 연월일과 접수번호가 동일하더라도 저당권등기의 목적이 토지의 지분 토지마다 다른 경우에는 합필등기를 할 수 없다. 이 경우 저당권의 목적 지분을 바꾸는 변경등기를 하여야 하는데 결과적으로 부동산표시변경등기가 권리변경등기의 효과를 가져오기 때문이다.

2. 사안의 경우

(1) 원칙적으로 불허용

甲소유의 X토지와 Y토지에 등기원인 및 그 연월일과 접수번호가 동일한 丙명의의 근저당권등기가 경료되어 있으나, X토지의 근저당권은 토지소유권 전부를 목적으로 하고 Y토지의 근저당권 토지소유권의 일부 지분(1/2)만을 목적으로 하고 있으므로 X토지와 Y토지를 합병하는 합필등기를 신청할 수 없다(등기선례 제201904-1호).

(2) 예외적으로 허용되는 경우

다만, X토지와 Y토지가 토지합병절차를 마친 후 합필등기를 하기 전에 X토지와 Y토지에 관하여 근저당권등기가 된 경우라면 이해관계인에 해당하는 근저당권 丙의 승낙을 얻어 합필등기를 신청할 수 있다(부동산등기법 제38조 제2항 본문).

V 설문 나.의 해결

① 근저당권 등기가 등기원인 및 그 연월일과 접수번호가 동일하고, X토지와 Y토지 모든 토지의 등기기록에 있는 경우에는 예외적으로 합필의 등기를 할 수 있다.

② 그러나 X토지 등기기록에 "승역지에 하는 지역권 등기"가 아니라 "요역지(要役地 : 편익필요지)에 하는 지역권의 등기"가 경료되어 있다면 그 토지에 대한 합필의 등기를 신청할 수 없다. 합필등기를 하게 되면 결과적으로 요역지의 일부에 지역권이 존재하는 결과가 되어 요역지 토지 전부의 편익을 위해서만 지역권등기를 할 수 있다는 원칙에 반하기 때문이다. 설령 요역지 지역권의 등기가 모든 토지(X토지와 Y토지)의 등기기록에 있고, 그 등기사항이 모두 동일하다고 합필등기를 할 수 없는데(등기선례 제201907-4호), 이는 이를 허용하는 명문의 규정이 없기 때문이다.

③ 다만, X토지와 Y토지가 토지합병절차를 마친 후 합필등기를 하기 전에 X토지에 관하여 "요역지에 하는 지역권의 등기가 된 경우"라면 이해관계인(승역지 소유자)의 승낙을 얻어 합필등기를 신청할 수 있다. 이 경우 합필 후의 토지 전체를 위한 지역권으로 하는 합필등기를 신청하여야 한다(부동산등기법 제38조 제2항 단서).

부동산등기법
2022년 제28회 기출문제

◆ 문제 1

> 甲은 X토지, Y건물 및 W건물(각 부동산의 등기소 관할은 동일함)의 소유명의인이다. 한편 甲은 자녀 乙과 성년자인 손자(孫子) A, B를 두고 있다.
> 위와 같은 사실관계를 전제로 아래 각 문항에 답하시오(각 설문은 상호관련성이 없음).

1. 甲은 C와 X토지 전부에 대해 지상권설정계약(특별약정 없음)을 체결하였다(해당 토지 을구에는 이미 존속기간이 만료된 제3자 명의의 토지 전부에 대한 지상권설정등기만 마쳐짐). 기간이 만료된 지상권설정등기는 효력이 없다고 생각한 甲과 C가 관할등기소에 지상권설정등기신청을 한 경우 등기의 효력과 관련하여 이러한 등기신청이 가능한지 여부 및 그 이유와 등기관의 조치에 대해 간략히 설명하시오. [10점]

2. 甲(위탁자)은 乙과 자신의 손자인 A, B를 위해서 乙을 수탁자로 하여 다음과 같이 신탁계약을 체결하고 이를 1개의 문서로 작성하였다(신탁계약은 유효함을 전제).

   > 가. Y건물을 신탁재산으로 하고 Y건물의 임대료에 대한 수익은 A에게 귀속한다. 신탁기간은 A의 대학졸업 시 만료된다.
   > 나. W건물을 신탁재산으로 하고 W건물의 임대료 및 기타 수익은 B에게 귀속한다. 신탁기간은 B의 취업 시 만료된다.

   甲과 乙은 위 신탁계약에 따라 Y, W부동산을 1건의 신청정보로 하여 소유권이전등기 및 신탁등기를 관할등기소에 신청하였다. 신청정보의 제공방법에 관하여 약술하고 해당 등기신청의 적법여부와 그 이유를 설명하시오. [20점]

3. 乙에 대한 대여금 채권을 가지고 있던 丙은 어느 날 우연히 Y건물이 乙명의로 소유권이전등기 및 신탁등기가 된 사실을 발견하였다. 한편 W건물에 대한 2순위 근저당권자인 丁은 1순위 근저당권설정등기가 자신의 채권을 해한다고 생각하고 있다.

丙과 丁은 위 건물들을 관할하는 등기소에 출석하여 丙은 Y건물(乙명의 소유권이전등기 및 신탁등기)에 대하여, 丁은 W건물(1순위 근저당권설정등기)에 대한 등기신청정보 및 첨부정보에 대한 열람을 하고자 한다. 등기신청정보 및 첨부정보 열람에 관하여 약술하고 丙과 丁의 열람신청 가부에 대해 설명하시오.

[20점]

● 문제 2

허무인 명의 등기의 말소 절차에 대하여 설명하시오. [20점]

부동산등기법 | 2022년 제28회 기출문제해설

✅ 문제 1-1

甲은 X토지, Y건물 및 W건물(각 부동산의 등기소 관할은 동일함)의 소유명의인이다. 한편 甲은 자녀 乙과 성년자인 손자(孫子) A, B를 두고 있다.

위와 같은 사실관계를 전제로 아래 각 문항에 답하시오(각 설문은 상호관련성이 없음).

1. 甲은 C와 X토지 전부에 대해 지상권설정계약(특별약정 없음)을 체결하였다(해당 토지 을구에는 이미 존속기간이 만료된 제3자 명의의 토지 전부에 대한 지상권설정등기만 마쳐짐). 기간이 만료된 지상권설정등기는 효력이 없다고 생각한 甲과 C가 관할등기소에 지상권설정등기신청을 한 경우 등기의 효력과 관련하여 이러한 등기신청이 가능한지 여부 및 그 이유와 등기관의 조치에 대해 간략히 설명하시오.

[10점]

✅ 해설 1-1

I 등기의 효력으로서의 후등기저지력

어떤 등기가 존재하고 있는 이상 비록 실체법상의 효력이 없는 등기라 하더라도 일정한 형식상의 효력을 가진다. 즉 법정의 요건과 절차에 따라 그 등기를 말소하지 않고서는 그것과 양립할 수 없는 등기는 할 수 없는데, 이를 후등기저지력이라 한다.

II X토지 전부에 대한 지상권설정등기 신청의 가능 여부

① 지상권은 타인의 토지를 배타적으로 사용하는 용익물권이므로 동일한 토지 전부에 대한 이중의 지상권설정등기는 허용되지 않는다. 다만 이미 지상권설정등기가 경료되어 있는 상태에서 기존 지상권설정등기의 말소를 조건으로 하는 정지조건부 지상권설정등기청구권을 보존하기 위한 조건부지상권설정청구권가등기는 신청할 수 있다. 그러나 위 가등기에 기한 지상권설정의 본등기는 기존의 지상권설정등기가 말소되기 전에는 신청할 수 없다(등기선례 제6-439호).

② 토지 전부에 대하여 설정된 지상권의 존속기간이 만료됨에 따라 실체법상 효력이 없는 지상권등기라 하더라도 지상권등기의 후등기저지력으로 인하여 그 지상권설정등기를 말소하지 않는 한 동일한 토지의 전부에 대한 이중의 지상권설정등기를 신청할 수 없다.

③ 사안의 경우, 이미 X토지 전부에 대하여 지상권설정등기가 경료되어 있으므로, 비록 지상권의 존속기간이 만료됨에 따라 실체법상의 효력이 없는 지상권등기라 하더라도 기존의 지상권등기가 말소되지 않은 이상, 甲은 C와 X토지 전부에 대해 지상권설정등기신청을 할 수 없다.

III 등기관의 조치

甲과 C가 X토지 전부에 대해 지상권설정등기신청을 한 경우, 등기관은 '사건이 등기할 것이 아닌 경우'에 해당함을 이유로 신청을 각하하여야 한다(부동산등기법 제29조 제2호, 부동산등기규칙 제52조).

문제 1-2

甲은 X토지, Y건물 및 W건물(각 부동산의 등기소 관할은 동일함)의 소유명의인이다. 한편 甲은 자녀 乙과 성년자인 손자(孫子) A, B를 두고 있다.

위와 같은 사실관계를 전제로 아래 각 문항에 답하시오(각 설문은 상호관련성이 없음).

2. 甲(위탁자)은 乙과 자신의 손자인 A, B를 위해서 乙을 수탁자로 하여 다음과 같이 신탁계약을 체결하고 이를 1개의 문서로 작성하였다(신탁계약은 유효함을 전제).

   가. Y건물을 신탁재산으로 하고 Y건물의 임대료에 대한 수익은 A에게 귀속한다. 신탁기간은 A의 대학졸업 시 만료된다.

   나. W건물을 신탁재산으로 하고 W건물의 임대료 및 기타 수익은 B에게 귀속한다. 신탁기간은 B의 취업 시 만료된다.

甲과 乙은 위 신탁계약에 따라 Y, W부동산을 1건의 신청정보로 하여 소유권이전등기 및 신탁등기를 관할등기소에 신청하였다. 신청정보의 제공방법에 관하여 약술하고 해당 등기신청의 적법여부와 그 이유를 설명하시오. [20점]

✅ 해설 1-2

I 신청정보의 제공방법

1. 1건 1신청주의 원칙

등기의 신청은 1건당 1개의 부동산에 관한 신청정보를 제공하는 방법으로 하여야 한다(부동산등기법 제25조 본문). 따라서 여러 개의 부동산에 대한 등기의 신청은 각 부동산별로 등기에 관한 신청서를 작성하는 것이 원칙이다.

2. 1건 1신청주의의 예외(일괄신청)

(1) 의 의

등기목적과 등기원인이 동일하거나 그 밖에 대법원규칙으로 정하는 경우에는 여러 개의 부동산에 관한 신청정보를 일괄하여 제공하는 방법으로 할 수 있다(부동산등기법 제25조 단서). 여기서 '그 밖에 대법원규칙으로 정하는 경우'란 같은 ① 채권의 담보를 위하여 소유자가 다른 여러 개의 부동산에 대한 저당권설정등기를 신청하는 경우, ② 공매처분으로 인한 등기를 촉탁하는 경우, ③ 매각대금 지급 뒤에 민사집행법 제144조 제1항 각 호의 등기를 촉탁하는 경우를 말한다(부동산등기규칙 제47조 제1항).

(2) 일괄신청의 인정취지

여러 개의 부동산에 관한 등기를 일괄신청할 수 있도록 한 취지는 신청정보의 내용 중 부동산표시 외의 사항이 동일하므로 신청착오 및 등기실행상의 등기관의 잘못이 발생할 가능성이 적고, 또 여러 개의 부동산에 대하여 하나의 거래행위를 원인으로 등기신청을 할 경우 그 등기도 일괄하여 하는 것이 거래관념에 부합하기 때문이다.

(3) 일괄신청의 요건

① **등기목적의 동일** : 등기목적이 동일하다는 것은 등기할 사항이 동일한 것을 말한다. 즉 신청하려는 등기의 내용 또는 종류(예 소유권이전등기, 근저당권설정등기, 신탁등기 등)가 동일한 것을 말한다. 예를 들면 여러 개의 부동산에 대하여 모두 소유권이전등기 및 신탁등기를 하는 경우라면 등기목적이 동일한 경우라고 할 수 있다.

② **등기원인의 동일** : 등기원인이 동일하다는 것은 법률행위 또는 법률사실의 내용과 성립일자, 당사자가 동일함을 의미한다. 예를 들면 소유자가 동일한 여러 개의 부동산을 매매를 원인으로 동시에 매수한 경우에는 등기원인이 동일하므로 소유권이전등기신청을 할 때 여러 개의 부동산에 관한 신청정보를 일괄하여 제공할 수 있다.

③ **등기소 관할의 동일은 요건이 아님** : 2024.9.20. 부동산등기법 개정에 따라 '여러 개의 부동산이 같은 등기소의 관할 내에 있어야 하는 것'은 일괄신청의 요건이 아니다(부동산등기법 제25조 참조).

(4) 법령상 일괄신청이 요구되는 경우

등기목적이나 등기원인이 다르더라도 일정한 목적을 위하여 법령에서 일괄신청을 요구하는 경우가 있다(예 부동산등기법 제82조 제1항).

Ⅱ 신탁등기시 신청정보의 제공방법

1. 일괄신청

① 신탁등기의 신청은 해당 부동산에 관한 권리의 설정등기, 보존등기, 이전등기 또는 변경등기의 신청과 동시에 하여야 한다. 다만 수탁자나 위탁자가 수익자를 대위하여 신탁등기를 신청하는 경우에는 그러하지 아니하다(부동산등기법 제82조 제1항 및 제2항).

② 그리고 신탁등기의 신청은 해당 신탁으로 인한 권리의 이전 또는 보존이나 설정등기의 신청과 함께 1건의 신청정보로 일괄하여 하여야 한다(부동산등기규칙 제139조 제1항).

2. 일괄신청 위반시 등기관의 조치

만약 소유권이전등기와 신탁등기를 동일한 서면으로 신청하지 아니하고, 신탁등기만을 신청하거나 소유권이전등기만을 신청한 경우 '신청정보의 제공이 대법원규칙으로 정한 방식에 맞지 아니한 경우'에 해당하므로 등기관은 신청을 각하해야 한다(부동산등기법 제29조 제5호).

Ⅲ 사안의 등기신청의 적법 여부

1. 소유권이전등기와 신탁등기의 일괄신청

사안의 경우, Y건물에 대한 신탁등기의 신청은 신탁으로 인한 소유권이전등기의 신청과 함께 1건의 신청정보로 일괄하여 하여야 하고, W건물에 대한 신탁등기의 신청 또한 신탁으로 인한 소유권이전등기의 신청과 함께 1건의 신청정보로 일괄하여 하여야 한다.

2. Y건물에 대한 신탁등기와 W건물에 대한 신탁등기의 일괄신청 가부

Y건물과 W건물에 대한 신탁계약은 그 수익자(A, B)는 다르지만 계약 당사자인 위탁자(甲)와 수탁자(乙)가 동일하고, 1개의 문서로 신탁계약을 체결함으로서 등기원인이 동일하다. 그리고 위 Y건물과 W건물 대하여 모두 신탁으로 인한 소유권이전등기 및 신탁등기를 신청하는 것으로서 등기목적도 동일하므로 부동산등기법 제25조 단서에 따라 여러 개의 부동산에 관한 신청정보를 일괄하여 제공하는 방법으로 할 수 있다.

3. 소 결

따라서 Y건물과 W건물을 1건의 신청정보로 하여 소유권이전등기 및 신탁등기를 관할등기소에 신청하는 것은 적법하다.

문제 1-3

甲은 X토지, Y건물 및 W건물(각 부동산의 등기소 관할은 동일함)의 소유명의인이다. 한편 甲은 자녀 乙과 성년자인 손자(孫子) A, B를 두고 있다.

위와 같은 사실관계를 전제로 아래 각 문항에 답하시오(각 설문은 상호관련성이 없음).

3. 乙에 대한 대여금 채권을 가지고 있던 丙은 어느 날 우연히 Y건물이 乙명의로 소유권이전등기 및 신탁등기가 된 사실을 발견하였다. 한편 W건물에 대한 2순위 근저당권자인 丁은 1순위 근저당권설정등기가 자신의 채권을 해한다고 생각하고 있다.

丙과 丁은 위 건물들을 관할하는 등기소에 출석하여 丙은 Y건물(乙명의 소유권이전등기 및 신탁등기)에 대하여, 丁은 W건물(1순위 근저당권설정등기)에 대한 등기신청정보 및 첨부정보에 대한 열람을 하고자 한다. 등기신청정보 및 첨부정보 열람에 관하여 약술하고 丙과 丁의 열람신청 가부에 대해 설명하시오.

[20점]

해설 1-3

I. 서 설

① 누구든지 수수료를 내고 대법원규칙으로 정하는 바에 따라 등기기록에 기록되어 있는 사항의 전부 또는 일부의 열람(閱覽)과 이를 증명하는 등기사항증명서의 발급을 청구할 수 있다. 다만, 등기기록의 부속서류에 대하여는 이해관계 있는 부분만 열람을 청구할 수 있다(부동산등기법 제19조 제1항).

② 등기기록의 부속서류라 함은 등기신청서(등기신청정보)와 첨부서면(첨부정보)을 말한다. 등기기록의 일부인 공동담보목록, 신탁원부 등은 부속서류에 해당하지 않는다.

③ 부동산등기법 제19조의 규정에 의하면 등기부의 부속서류에 대하여는 이해관계 있는 부분에 한하여 열람을 청구할 수 있으므로, 위 서류는 「공공기관의 정보공개에 관한 법률」 제9조 제1항 제1호의 '다른 법률에 의하여 비공개사항으로 규정된 정보'에 해당하여 위 법률에 의한 정보공개의 대상이 아니다(등기선례 제200410-2호).

Ⅳ 실체가 없는 법인 아닌 사단·재단명의 등기의 말소방법

1. 소각하판결이 확정된 경우의 처리

소유권이전등기 등의 말소소송에서 등기명의인인 법인 아닌 사단·재단이 그 실체가 인정되지 아니하여 당사자능력이 없음을 이유로 소각하판결이 확정되고, 위 각하판결정본 등이 등기관에게 제출된 경우 등기관은 부동산등기법 제58조에 따라 당사자능력이 없는 위 종중 등 명의의 등기를 직권으로 말소할 수 없으며, 이해관계인도 위 판결정본 등을 첨부하여 등기관의 처분에 대한 이의의 방법으로 위 종중 등 명의 등기의 말소를 구할 수 없다(등기예규 제1380호 제4조 제1항).

2. 말소판결이 확정된 경우의 처리

실체가 없는 종중 등 법인 아닌 사단·재단 명의의 소유권이전등기 등에 대하여 실제 등기행위자(대표자나 그 구성원 등)를 상대로 한 말소소송에서 위 종중등 명의의 등기가 원인무효의 등기임을 이유로 실제 등기행위자에게 말소절차를 명한 판결이 확정된 경우에는 위 판결에 의하여 말소등기를 신청할 수 있다(등기예규 제1380호 제4조 제2항).

Ⅴ 말소등기의 실행방법

판결에 의하여 허무인 명의의 등기의 말소를 신청하는 경우 허무인명의표시의 경정등기를 경유할 필요는 없으며, 말소등기의 등기원인은 "확정판결"로, 그 연월일은 "판결선고일"을 각 기재한다(등기예규 제1380호 제5조).

부동산등기법
2021년 제27회 기출문제

문제 1

> 판결에 의한 등기절차에 대하여 다음 물음에 답하시오.

1. 가처분 채권자(피보전권리 : 소유권이전등기청구권)가 본안소송을 제기하고 다음(주문)과 같은 판결을 받았다. 위 가처분 채권자가 위 확정판결의 정본을 첨부하여 등기를 신청할 때 신청인, 신청방식, 신청정보 및 첨부정보 등 등기신청 절차에 관하여 설명하시오. [30점]

   - 다 음 -
   "피고는 원고로부터 금 1억원을 지급받음과 동시에 원고에게 별지 기재 부동산에 관하여 소유권이전등기절차를 이행하라."

2. 가압류(丙), 피보전권리를 소유권이전등기 말소청구권으로 하는 처분금지 가처분(甲), 丙 명의의 가압류에 의한 강제경매개시결정 등기가 순차로 이루어진 乙 소유 명의의 부동산에 관하여 가처분 채권자(甲)가 본안소송에서 승소하여 그 확정판결의 정본을 첨부하여 소유권이전등기말소등기를 신청하는 경우 등기절차를 설명하시오. [10점]

3. 판결에 의한 등기 신청에 따른 등기관의 심사범위를 설명하시오. [10점]

문제 2

부기등기에 대하여 설명하시오. [20점]

부동산등기법 | 2021년 제27회 기출문제해설

◆ 문제 1-1

판결에 의한 등기절차에 대하여 다음 물음에 답하시오.

1. 가처분 채권자(피보전권리 : 소유권이전등기청구권)가 본안소송을 제기하고 다음(주문)과 같은 판결을 받았다. 위 가처분 채권자가 위 확정판결의 정본을 첨부하여 등기를 신청할 때 신청인, 신청방식, 신청정보 및 첨부정보 등 등기신청 절차에 관하여 설명하시오. [30점]

    − 다 음 −
    "피고는 원고로부터 금 1억원을 지급받음과 동시에 원고에게 별지 기재 부동산에 관하여 소유권이전등기절차를 이행하라."

✅ 해설 1-1

I. 서설

현행 부동산등기법은 원칙적으로 공동신청주의에 따라 등기의무자와 등기권리자의 공동신청을 요구하지만(부동산등기법 제23조 제1항), 등기의무자가 등기신청에 협력하지 않는 경우 등기권리자가 등기의무자를 상대로 등기절차의 이행을 명하는 소송을 제기하여 확정판결을 받아 단독으로 등기신청을 할 수 있도록 하였다(민사집행법 제263조, 부동산등기법 제23조 제4항).

II. 신청인

1. 승소한 등기권리자 또는 승소한 등기의무자

승소한 등기권리자 또는 승소한 등기의무자는 단독으로 판결에 의한 등기신청을 할 수 있다(부동산등기법 제23조 제4항). 그러나 패소한 등기의무자는 그 판결에 기하여 직접 등기권리자 명의의 등기신청을 하거나 승소한 등기권리자를 대위하여 등기신청을 할 수 없다. 승소한 등기권리자에는 적극적 당사자인 원고뿐만 아니라 피고나 당사자참가인도 포함된다.

2. 승소한 등기권리자의 상속인

승소한 등기권리자가 승소판결의 변론종결 후 사망하였다면, 상속인이 상속을 증명하는 서면을 첨부하여 직접 자기 명의로 등기를 신청할 수 있다.

3. 사안의 경우

가처분채권자는 원고로서 승소한 등기권리자에 해당하므로 단독으로 판결에 의한 등기를 신청할 수 있다.

III. 신청방식

1. 판결에 의한 등기의 단독신청

판결에 의한 소유권이전등기의 신청은 승소한 권리자가 단독으로 신청할 수 있다(부동산등기법 제23조 제4항).

2. 가처분 이후의 말소등기의 단독신청

소유권이전등기청구권을 보전하기 위한 가처분등기가 마쳐진 후 그 가처분채권자가 가처분채무자를 등기의무자로 하여 소유권이전등기를 신청하는 경우에는, 부동산등기법 제94조 제1항에 따라 가처분등기 이후에 마쳐진 제3자 명의의 등기의 말소를 단독으로 신청할 수 있다(부동산등기규칙 제152조 제1항 본문).

3. 동시신청

부동산의 처분금지가처분채권자가 본안사건에서 승소하여 그 확정판결의 정본을 첨부하여 소유권이전등기를 신청하는 경우, 그 가처분등기 이후에 제3자 명의의 소유권이전등기가 경료되어 있을 때에는 반드시 위 소유권이전등기신청과 함께 단독으로 그 가처분등기 이후에 경료된 제3자 명의의 소유권이전등기의 말소신청도 동시에 하여 그 가처분등기 이후의 소유권이전등기를 말소하고 가처분채권자의 소유권이전등기를 하여야 한다(등기예규 제1690호).

Ⅳ 신청정보

1. 서 설

부동산등기규칙 제43조에 규정된 일반적인 사항을 신청정보의 내용으로 제공하되, 다른 등기와 다른 특별한 신청정보를 설명하면 다음과 같다.

2. 판결에 의한 소유권이전등기(등기예규 제1786호 5.)

(1) 원 칙

등기절차의 이행을 명하는 판결에 의하여 등기를 신청하는 경우에는 그 판결주문에 명시된 등기원인과 그 연월일을 등기신청서에 기재한다(부동산등기규칙 제43조 제1항 제5호).

(2) 예 외

등기절차의 이행을 명하는 판결주문에 등기원인과 그 연월일이 명시되어 있지 아니한 경우 등기신청서에는 등기원인은 "확정판결"로, 그 연월일은 "판결선고일"을 기재한다.

3. 가처분 이후의 말소등기

가처분등기 이후의 등기의 말소를 신청하는 경우에는 등기원인을 "가처분에 의한 실효"라고 하여야 한다. 이 경우 부동산등기규칙 제43조 제1항 제5호에도 불구하고 그 연월일은 신청정보의 내용으로 등기소에 제공할 필요가 없다(부동산등기규칙 제154조).

Ⅴ. 첨부정보(등기예규 제1786호 5.)

1. 판결에 의한 소유권이전등기

(1) 판결정본 및 확정증명서와 송달증명서
판결에 의한 등기를 신청함에 있어 등기원인증서로서 판결정본과 그 판결이 확정되었음을 증명하는 확정증명서를 첨부하여야 한다. 다만, 송달증명서의 첨부는 요하지 않는다.

(2) 집행문
① 판결에 의한 등기를 신청하는 경우 원칙적으로 집행문의 첨부를 요하지 않는다.
② 등기절차의 이행을 명하는 판결이 선이행판결, 상환이행판결, 조건부이행판결인 경우에는 집행문을 첨부하여야 한다(민사집행법 제263조 제2항). 다만 등기절차의 이행과 반대급부의 이행이 각각 독립적으로 기재되어 있다면 그러하지 아니하다.
③ 사안의 경우, 등기절차의 이행을 명하는 판결이 상환이행판결인 경우에 해당하므로 집행문을 첨부하여야 한다.

(3) 등기권리자의 주소를 증명하는 서면 및 주민등록번호를 증명하는 서면
① 판결에 의하여 등기권리자가 단독으로 소유권이전등기를 신청할 때는 등기권리자의 주소를 증명하는 서면만을 제출하면 된다.
② 판결문상의 피고의 주소가 등기기록상의 등기의무자의 주소와 다른 경우(등기기록상 주소가 판결에 병기된 경우 포함)에는 동일인임을 증명할 수 있는 자료로서 등기의무자의 주소에 관한 서면을 제출하여야 한다(부동산등기규칙 제46조 제1항 제6호 단서).
③ 한편 등기권리자의 주민등록번호를 증명하는 정보를 첨부정보로 제공하여야 한다(부동산등기규칙 제46조 제1항 제6호 본문).

(4) 제3자의 허가서
① 신청대상인 등기에 제3자의 허가서 등이 필요한 경우에도 그러한 서면의 제출은 요하지 않는다(부동산등기규칙 제46조 제3항 참조).
② 다만, 등기원인에 대하여 행정관청의 허가, 동의 또는 승낙 등을 받을 것이 요구되는 때에는 해당 허가서 등의 현존사실이 그 판결서에 기재되어 있는 경우에 한하여 허가서 등의 제출의무가 면제된다. 그러나 소유권이전등기를 신청할 때에는 해당 허가서 등의 현존사실이 판결서 등에 기재되어 있다 하더라도 행정관청의 허가 등을 증명하는 서면을 반드시 제출하여야 한다(부동산등기특별조치법 제5조 제1항 참조).

(5) 등기필정보
승소한 등기권리자가 단독으로 판결에 의하여 등기를 신청하는 경우에는 등기의무자의 권리에 관한 등기필정보를 제공할 필요가 없다. 다만 승소한 등기의무자가 단독으로 등기를 신청할 때에는 그의 권리에 관한 등기필정보를 제공하여야 한다(부동산등기법 제50조 제2항).

(6) 토지대장등본

토지에 대한 소유권이전등기를 신청하는 경우이므로 토지의 표시를 증명하는 정보로서 토지대장등본을 첨부정보로 제공한다(부동산등기규칙 제46조 제1항 제7호).

(7) 취득세영수필확인서(지방세법시행령 제36조, 부동산등기법 제29조 제10호, 부동산등기규칙 제44조 등)

매매를 등기원인으로 소유권이전등기를 신청하는 경우 시가표준액을 기초로 산정한 취득세 등을 신고·납부하여야 하고 납부하지 아니한 경우 각하사유에 해당하므로(부동산등기법 제29조 제10호), 이를 납부하고 취득세영수필확인서를 첨부정보로 제공한다.

(8) 등기신청수수료영수필확인서(부동산등기법 제22조 제3항, 제29조 제10호, 부동산등기규칙 제44조 등)

등기를 신청하는 경우 대법원규칙으로 정하는 바에 따라 수수료를 납부하여야 하고(부동산등기법 제22조 제3항) 납부하지 아니한 경우 각하사유에 해당하므로(부동산등기법 제29조 제10호), 이를 납부하고 등기신청수수료영수필확인서를 첨부정보로 제공한다.

2. 가처분 이후의 말소등기

별도의 첨부정보의 제공을 요하지 아니한다.

◆ 문제 1-2

> 판결에 의한 등기절차에 대하여 다음 물음에 답하시오.

2. 가압류(丙), 피보전권리를 소유권이전등기 말소청구권으로 하는 처분금지 가처분(甲), 丙 명의의 가압류에 의한 강제경매개시결정 등기가 순차로 이루어진 乙 소유 명의의 부동산에 관하여 가처분 채권자(甲)가 본안소송에서 승소하여 그 확정판결의 정본을 첨부하여 소유권이전등기말소등기를 신청하는 경우 등기절차를 설명하시오. [10점]

해설 1-2

I. 판결에 의한 소유권이전등기말소등기의 신청

판결에 의한 소유권이전등기의 신청은 승소한 권리자가 단독으로 신청할 수 있다(부동산등기법 제23조 제4항). 사안의 경우, 본안소송에서 승소한 가처분채권자 甲은 그 확정판결의 정본을 첨부하여 소유권이전등기말소등기를 단독으로 신청할 수 있다.

II. 가처분등기 이후에 마쳐진 제3자 명의의 등기말소 신청(부동산등기법 제94조 제1항)

1. 원 칙

소유권이전등기 말소등기청구권을 보전하기 위한 가처분등기가 마쳐진 후 그 가처분채권자가 가처분채무자를 등기의무자로 하여 소유권말소등기를 신청하는 경우에는, 부동산등기법 제94조 제1항에 따라 가처분등기 이후에 마쳐진 제3자 명의의 등기의 말소를 단독으로 신청할 수 있다(부동산등기규칙 제152조 제1항 본문).

2. 예 외

다만, 가처분등기 이후에 마쳐진 제3자 명의의 등기라고 하더라도 ① 가처분등기 전에 마쳐진 가압류에 의한 강제경매개시결정등기, ② 가처분등기 전에 마쳐진 담보가등기, 전세권 및 저당권에 의한 임의경매개시결정등기, ③ 가처분채권자에게 대항할 수 있는 주택임차권등기 등은 가처분채권자가 단독으로 말소신청을 할 수 없다(부동산등기규칙 제152조 제1항 단서).

III. 등기실행절차

1. 원 칙

가처분채권자가 본안사건에서 승소하여 그 확정판결의 정본을 첨부하여 소유권이전등기를 신청하는 경우, 그 가처분등기 이후에 제3자 명의의 소유권이전등기를 제외한 가등기, 소유권 이외의 권리에 관한 등기, 가압류등기, 국세체납에 의한 압류등기, 경매개시결정등기 및 처분금지가처분등기 등이 경료되어 있을 때에는 위 소유권이전등기신청과 함께 단독으로 그 가처분등기 이후에 경료된 제3자 명의의 등기말소신청도 동시에 하여 그 가처분등기 이후의 등기를 말소하고 가처분채권자의 소유권이전등기를 하여야 한다.

2. 예외

다만, 가처분등기 전에 마쳐진 가압류에 의한 강제경매개시결정등기와 가처분등기 전에 마쳐진 담보가등기, 전세권 및 저당권에 의한 임의경매개시결정등기 및 가처분채권자에 대항할 수 있는 임차인 명의의 주택임차권등기, 주택임차권설정등기, 상가건물임차권등기 및 상가건물임차권설정등기 등이 있는 경우에는 이를 말소하지 아니하고 가처분채권자의 소유권이전등기를 하여야 한다.

3. 가처분등기의 직권말소

등기관이 신청에 따라 가처분등기 이후의 등기를 말소할 때에는 직권으로 그 가처분등기도 말소하여야 한다(부동산등기법 제94조 제2항).

Ⅳ 가처분등기 전에 마쳐진 가압류에 의한 강제경매개시결정등기의 말소 방법

1. 가압류에 의한 강제경매개시결정등기의 권리자(丙)의 승낙 등의 정보 제공

가처분채권자가 가처분채무자를 등기의무자로 하여 소유권이전등기말소등기를 신청하기 위하여는 가처분등기 전에 마쳐진 가압류에 의한 강제경매개시결정등기의 권리자(丙)의 승낙이나 이에 대항할 수 있는 재판이 있음을 증명하는 정보를 첨부정보로서 등기소에 제공하여야 한다(부동산등기규칙 제152조 제2항).

2. 가처분채권자(甲)의 승낙 등의 정보 제공

가처분의 피보전권리가 말소등기청구권인 경우 가처분채권자가 본안의 승소판결 등에 의하여 말소등기를 하는 때에는, 가처분권자는 그 등기의 말소에 관하여 등기상 이해관계인이지만 동시에 그 말소등기에 관한 등기권리자이므로 당연히 등기말소에 대한 승낙이 있는 것으로 보아, 등기공무원이 직권으로 그 가처분등기를 말소할 수 있으며, 다만 그 뜻을 가처분법원에 통지하여야 한다(등기선례 제3-769호). 따라서 가처분채권자 甲의 등기말소에 대한 승낙서는 제공할 필요가 없다.

문제 1-3

> 판결에 의한 등기절차에 대하여 다음 물음에 답하시오.

3. 판결에 의한 등기 신청에 따른 등기관의 심사범위를 설명하시오. [10점]

해설 1-3

I 원칙

판결에 의한 등기를 하는 경우 등기관은 원칙적으로 판결 주문에 나타난 등기권리자와 등기의무자 및 이행의 대상인 등기의 내용이 등기신청서와 부합하는지를 심사하는 것으로 족하다(등기예규 제1786호 6.).

II 예외

다만, 다음 각 호의 경우 등에는 예외적으로 등기관이 판결 이유를 고려하여 신청에 대한 심사를 하여야 한다(등기예규 제1786호 6.).
① 소유권이전등기가 가등기에 기한 본등기인지를 가리기 위하여 판결이유를 보는 경우
② 명의신탁해지를 원인으로 소유권이전등기절차를 명한 판결의 경우 그 명의신탁이 「부동산 실권리자명의 등기에 관한 법률」에서 예외적으로 유효하다고 보는 상호명의신탁, 배우자 또는 종중에 의한 명의신탁인지 여부를 가리기 위한 경우

📌 문제 2

부기등기에 대하여 설명하시오. [20점]

📌 해설 2

I 서 설

1. 의 의

부기등기(附記登記)란 독립한 순위번호를 갖지 않는 등기로서 등기관이 부기등기를 할 때에는 그 부기등기가 어느 등기에 기초한 것인지 알 수 있도록 주등기(主登記) 또는 부기등기의 순위번호에 가지번호를 붙여서 하는 것을 말한다.

2. 취 지

부기등기는 주등기에 종속되어 주등기와 일체성을 이루는 등기로서 주등기와 별개의 등기는 아니다. 부기등기는 ① 어떤 등기로 하여금 기존등기(주등기)의 순위나 효력을 그대로 보유시킬 필요가 있는 경우(예 권리의 변경·경정등기), ② 기존등기(주등기)와 동일성을 가진 등기임을 표시하기 위한 경우(예 등기명의인표시변경·경정절차), ③ 특별법에서 처분제한등기를 부기등기로 할 것을 요구하는 경우(예 주택법에 따른 금지사항 부기등기 등)에 하게 된다.

Ⅱ 요건

1. 법령에 근거규정이 있을 것

부기등기는 법령에 근거규정이 있는 경우에만 허용된다. 부동산등기법 제52조, 주택법 등의 법률에 따라 부기등기를 하는 경우가 많다.

2. 갑구 또는 을구에 관한 것일 것

부기등기의 취지에 비추어 볼 때 권리의 순위와 관계없는 표제부에는 성질상 부기등기를 할 수 없고, 등기의 순위가 문제되는 갑구 또는 을구에 대하여만 허용된다.

3. 권리의 변경·경정등기신청 시 등기상 이해관계인의 승낙을 받을 것

어떠한 등기의 권리의 변경·경정등기로 인하여 등기기록의 형식상 손해를 받을 염려가 있는 후순위 권리자가 있는 경우 그 등기상 이해관계 있는 제3자의 승낙을 받아 부기등기로 할 수 있다(부동산등기법 제52조 제5항).

Ⅲ 범위

등기관이 다음 각 호의 등기를 할 때에는 부기등기로 하여야 한다. 다만, 제5호의 등기는 등기상 이해관계 있는 제3자의 승낙이 없는 경우에는 그러하지 아니하다(부동산등기법 제52조).
① 등기명의인표시의 변경이나 경정의 등기
② 소유권 외의 권리의 이전등기
③ 소유권 외의 권리를 목적으로 하는 권리에 관한 등기
④ 소유권 외의 권리에 대한 처분제한 등기
⑤ 권리의 변경이나 경정의 등기
⑥ 제53조의 환매특약등기
⑦ 제54조의 권리소멸약정등기
⑧ 제67조 제1항 후단의 공유물 분할금지의 약정등기
⑨ 그 밖에 대법원규칙으로 정하는 등기

Ⅳ 효과

1. 부기등기의 순위

부기등기의 순위는 주등기의 순위에 따른다(부동산등기법 제5조 본문). 이 규정은 부기등기가 그 순위번호뿐만 아니라 접수번호에 있어서도 그 기초가 되는 주등기에 따른 다는 뜻으로 새겨야 한다.

2. 부기등기 상호 간의 순위

다만, 같은 주등기에 관한 부기등기 상호 간의 순위는 그 등기 순서에 따른다(부동산등기법 제5조 단서).

Ⅴ 부기등기의 말소

1. 원칙

① 부기등기는 주등기에 종속되어 주등기와 일체성을 이루는 등기로서 주등기를 말소하면 부기등기는 직권말소 또는 직권주말한다.
② 예를 들면, 근저당권이전의 부기등기가 경료된 경우 주등기인 근저당권설정등기의 말소신청이 있으면 부기등기인 근저당권이전등기는 직권으로 주말하며, 이때에 말소할 사항의 대상을 주등기인 근저당권설정등기를 기재하며, 등기의무자를 근저당권의 양수인으로 표시하고, 등기필정보는 근저당권이전 등기필정보를 제공한다.

2. 예외(부기등기만의 말소신청)

① 다만, 예외적으로 부기등기의 원인만이 무효·취소·해제된 경우에는 부기등기만의 말소신청도 가능하다.
② 예를 들면, 근저당권의 주등기 자체는 유효한데 근저당권이전의 부기등기에 한하여 무효사유가 있다는 이유로 부기등기만의 효력을 다투는 경우에는 그 부기등기의 말소를 소구할 필요가 있고, 이에 따른 등기도 가능하다. 이 경우 등기관은 근저당권 이전에 따른 부기등기만을 말소하고 동시에 종전 근저당권자를 직권으로 회복하여야 한다.

부동산등기법

2020년 제26회 기출문제

✅ 문제 1

> X토지의 소유명의인인 甲이 B의 채무를 담보하기 위해 채권자 丙과 X토지에 대하여 근저당권설정계약을 체결한 후 근저당권설정등기신청을 법무사 A에게 위임하였고 법무사 A는 관할 등기소에 방문하여 위임에 따른 등기를 신청하였다.
> 위와 같은 사실관계를 전제로 아래 각 문항에 답하시오(각 설문은 상호관련성 없음).

1. 등기관이 신청서류를 심사하는 과정에서 신청서에 X토지에 관한 등기필정보의 기재가 누락되었음을 이유로 이를 기재하라는 내용의 보정명령을 하였다. 법무사 A가 甲에게 확인한 결과 甲이 X토지에 대한 등기필정보통지서를 분실하여 등기필정보를 기재하는 방법으로 보정할 수 없게 되었음을 알게 되었다. 보정명령의 이행을 위해 법무사 A가 취할 수 있는 방법에 대해 설명하시오. [10점]

2. 위 신청에 따라 X토지에 근저당권설정등기가 마쳐진 후 동일한 채권을 담보하기 위해 甲소유의 Y토지에 대하여 추가로 근저당권설정등기를 신청하고자 한다. 이 경우 신청정보의 내용으로 등기소에 제공하여야 할 사항과 등기관의 등기실행방법에 관하여 설명하시오. [10점]

3. 채무자 B가 사망하였다. 상속인으로 C와 D가 존재하고 이들 상속인의 합의로 C가 단독으로 채무자가 되려는 경우 채무자를 변경하기 위한 등기절차에 대해 설명하시오. [15점]

4. 甲이 자신 소유의 X토지에 대해 乙에게 소유권을 이전하였으나 乙명의의 소유권이전등기가 부적법하게 말소된 이후 위 신청에 따라 丙명의의 근저당권설정등기가 마쳐졌다.

    가. 말소회복등기의 요건에 대해 간략히 약술하고(20줄 이내), [10점]

    나. 乙명의의 소유권이전등기의 말소회복등기가 적법하게 신청된 경우 등기관의 등기실행방법에 대해 설명하시오. [5점]

문제 2

가압류등기와 관련하여 아래의 질문에 답하시오.

1. 가압류등기의 효력에 대하여 약술하시오. [10점]

2. 가압류채권자 甲은 A부동산에 대하여 채무자를 丙으로 하여 가압류결정을 받았다. 그런데 A부동산의 등기기록상 소유자는 丙의 피상속인인 乙명의로 되어 있다(아직 乙의 상속인인 丙앞으로 상속등기가 경료되지 않음). 이때 가압류등기를 하기 위한 절차에 대하여 설명하시오. [10점]

부동산등기법 | 2020년 제26회 기출문제해설

◉ 문제 1-1

X토지의 소유명의인인 甲이 B의 채무를 담보하기 위해 채권자 丙과 X토지에 대하여 근저당권설정계약을 체결한 후 근저당권설정등기신청을 법무사 A에게 위임하였고 법무사 A는 관할 등기소에 방문하여 위임에 따른 등기를 신청하였다.

위와 같은 사실관계를 전제로 아래 각 문항에 답하시오(각 설문은 상호관련성 없음).

1. 등기관이 신청서류를 심사하는 과정에서 신청서에 X토지에 관한 등기필정보의 기재가 누락되었음을 이유로 이를 기재하라는 내용의 보정명령을 하였다. 법무사 A가 甲에게 확인한 결과 甲이 X토지에 대한 등기필정보통지서를 분실하여 등기필정보를 기재하는 방법으로 보정할 수 없게 되었음을 알게 되었다. 보정명령의 이행을 위해 법무사 A가 취할 수 있는 방법에 대해 설명하시오. [10점]

✅ 해설 1-1

Ⅰ 논점의 정리

① 등기권리자와 등기의무자가 공동으로 권리에 관한 등기를 신청하는 경우, 신청인은 그 신청정보와 함께 등기의무자의 등기필정보를 등기소에 제공하여야 한다(부동산등기법 제50조 제2항, 부동산등기규칙 제43조 제1항 제7호).

② 등기의무자의 등기필정보가 없을 때에는 등기의무자 또는 그 법정대리인(이하 "등기의무자등"이라 한다)이 등기소에 출석하여 등기관으로부터 등기의무자등임을 확인받아야 한다(부동산등기법 제51조 본문). 등기관은 주민등록증, 외국인등록증, 국내거소신고증, 여권 또는 운전면허증(이하 "주민등록증등"이라 한다)에 의하여 본인 여부를 확인하고 조서를 작성하여 이에 기명날인하여야 한다. 이 경우 주민등록증등의 사본을 조서에 첨부하여야 한다(부동산등기규칙 제111조 제1항).

③ 사안의 경우, 위와 같은 방법 외에 법무사 A가 취할 수 있는 방법은 어떠한 것이 있는지 문제된다.

Ⅱ 보정명령의 이행을 위해 법무사 A가 취할 수 있는 방법

1. 확인서면을 작성하여 제출하는 방법

① 부동산등기법 제51조 단서에 따라 자격자대리인이 등기의무자 또는 그 법정대리인으로부터 위임받았음을 확인한 경우에는 그 확인한 사실을 증명하는 서면(이하 "확인서면"이라 한다)을 첨부서면으로서 등기소에 제공하여야 한다(부동산등기규칙 제111조 제2항).

② 자격자대리인이 확인서면을 등기소에 제공하는 경우, 등기관은 주민등록증, 외국인등록증, 국내거소신고증, 여권 또는 운전면허증(이하 "주민등록증등"이라 한다)에 의하여 본인 여부를 확인하고 조서를 작성하여 이에 기명날인하여야 한다. 이 경우 주민등록증등의 사본을 조서에 첨부하여야 한다(부동산등기규칙 제111조 제3항).

③ 자격자대리인은 직접 위임인을 면담하여 위임인이 등기의무자등 본인임을 확인하고 확인서면을 작성하여야 한다(등기예규 제1842호 3.).

2. 신청서나 위임장 중 등기의무자 작성부분에 공증을 받아 이를 제출하는 방법

(1) 서 설

신청서(위임에 의한 대리인이 신청하는 경우에는 그 권한을 증명하는 서면을 말한다) 중 "등기의무자등의 작성부분"에 관하여 공증(公證)을 받아 이를 제출하는 방식으로 등기의무자의 등기필정보의 제공에 갈음할 수 있다(부동산등기규칙 제111조 제2항).

(2) 법 제51조 단서의 '공증'의 의미(등기예규 제1842호 4. 가)

법 제51조 단서의 '공증'은 서면에 기재된 내용 중 등기의무자등의 작성부분(기명날인 등)에 대해 <u>공증인이 등기의무자등의 의사에 의해 작성된 것임을 확인하고 그 증명을 하여 주는 사서증서의 인증</u>을 의미한다.

(3) 공증을 받아야 하는 서면(등기예규 제1842호 4. 나)
① 등기의무자등이 등기소에 출석하여 직접 등기를 신청하는 경우에는 등기신청서
② 등기의무자등이 직접 처분행위를 하고 등기신청을 대리인에게 위임한 경우에는 등기신청위임장
③ 등기의무자등이 다른 사람에게 권리의 처분권한을 수여한 경우에는 그 처분권한 일체를 수여하는 내용의 처분위임장. 이 경우 처분위임장에는 "등기필정보가 없다"는 뜻을 기재하여야 한다.

(4) 등기관의 심사(등기예규 제1842호 4. 다)
① 이 공증은 등기소 출석의무를 갈음하는 것이므로 위 서면을 작성한 등기의무자등 본인이 공증인 앞에 직접 출석하여 공증을 받은 것이어야 한다.
② 등기관은 위 서면에 첨부된 인증문을 확인하여 등기의무자등의 위임을 받은 대리인이 출석하여 공증을 받은 경우에는 해당 등기신청을 수리하여서는 아니 된다.

3. 보정의 시기와 방식

보정명령을 내린 날의 다음 날까지 보정을 하여야 한다(부동산등기법 제29조). 방문신청한 경우이므로 보정도 등기소를 방문하여 등기관의 면전에서 하여야 한다.

✅ 문제 1-2

> X토지의 소유명의인인 甲이 B의 채무를 담보하기 위해 채권자 丙과 X토지에 대하여 근저당권설정계약을 체결한 후 근저당권설정등기신청을 법무사 A에게 위임하였고 법무사 A는 관할 등기소에 방문하여 위임에 따른 등기를 신청하였다.
>
> 위와 같은 사실관계를 전제로 아래 각 문항에 답하시오(각 설문은 상호관련성 없음).

2. 위 신청에 따라 X토지에 근저당권설정등기가 마쳐진 후 동일한 채권을 담보하기 위해 甲소유의 Y토지에 대하여 추가로 근저당권설정등기를 신청하고자 한다. 이 경우 신청정보의 내용으로 등기소에 제공하여야 할 사항과 등기관의 등기실행방법에 관하여 설명하시오. [10점]

✅ **해설 1-2**

Ⅰ. 등기소에 제공하여야 하는 신청정보의 내용

1. 종전의 등기를 표시하는 사항

① 1개 또는 여러 개의 부동산에 관한 권리를 목적으로 하는 저당권설정의 등기를 한 후 같은 채권에 대하여 다른 1개 또는 여러 개의 부동산에 관한 권리를 목적으로 하는 저당권설정의 등기를 신청하는 경우에는 종전의 등기를 표시하는 사항으로서 공동담보목록의 번호 또는 부동산의 소재지번(건물에 번호가 있는 경우에는 그 번호도 포함한다)을 신청정보의 내용으로 등기소에 제공하여야 한다(부동산등기규칙 제134조).

② 추가(근)저당권설정등기를 신청하는 경우 "종전의 등기를 표시하는 사항"으로서 종전등기의 순위번호와 접수년월일 및 접수번호를 신청정보로 제공하여야 한다(등기예규 제1429호).

2. 등기의 목적, 등기원인과 그 연월일 (부동산등기법 제48조 제1항)

등기목적은 근저당권설정을, 등기원인과 그 연월일은 ○년 ○월 ○일 추가근저당권설정계약을 신청정보의 내용으로 등기소에 제공하면 된다.

3. 채권최고액, 채무자의 성명 또는 명칭과 주소 또는 사무소 소재지 (부동산등기법 제75조 제2항)

Y토지에 대하여 추가로 설정하는 근저당권설정등기는 X토지에 근저당권설정등기와 동일한 채권을 담보하기 위한 것이므로 X토지에 설정된 근저당권설정등기와 동일한 채권최고액, 채무자의 성명 또는 명칭과 주소 또는 사무소 소재지를 신청정보로 제공하면 된다.

4. 등기의무자의 등기필정보 (부동산등기법 제50조 제2항)

등기권리자와 등기의무자가 공동으로 권리에 관한 등기를 신청하는 경우에 신청인은 그 신청정보와 함께 등기의무자의 등기필정보를 등기소에 제공하여야 한다.

5. 국민주택채권발행번호

등기형식은 근저당권설정등기이지만 그 실질은 채권최고액은 동일하고 근저당목적물만 추가되는 근저당권변경등기로 보아 국민주택채권발행번호를 신청정보의 내용으로 등기소에 제공하지 아니한다.

6. 기타 신청정보의 내용

부동산표시 등 일반적인 신청정보의 내용은 부동산등기규칙 제43조에 의한다.

II. 등기관의 등기실행방법

1. 공정저당의 등기

등기관이 1개 또는 여러 개의 부동산에 관한 권리를 목적으로 하는 저당권설정의 등기를 한 후 동일한 채권에 대하여 다른 1개 또는 여러 개의 부동산에 관한 권리를 목적으로 하는 저당권설정의 등기를 할 때에는 그 등기와 종전의 등기에 각 부동산에 관한 권리가 함께 저당권의 목적으로 제공된 뜻을 기록하여야 한다(부동산등기법 제78조 제4항).

2. 공동담보라는 뜻의 기록

공동담보 목적으로 새로 추가되는 부동산의 등기기록에는 그 등기의 끝부분에 공동담보라는 뜻을 기록하고 종전에 등기한 부동산의 등기기록에는 해당 등기에 부기등기로 그 뜻을 기록하여야 한다(부동산등기규칙 제135조 제3항).

◈ 문제 1-3

> X토지의 소유명의인인 甲이 B의 채무를 담보하기 위해 채권자 丙과 X토지에 대하여 근저당권설정계약을 체결한 후 근저당권설정등기신청을 법무사 A에게 위임하였고 법무사 A는 관할 등기소에 방문하여 위임에 따른 등기를 신청하였다.
>
> 위와 같은 사실관계를 전제로 아래 각 문항에 답하시오(각 설문은 상호관련성 없음).

3. 채무자 B가 사망하였다. 상속인으로 C와 D가 존재하고 이들 상속인의 합의로 C가 단독으로 채무자가 되려는 경우 채무자를 변경하기 위한 등기절차에 대해 설명하시오. [15점]

✓ 해설 1-3

Ⅰ 논점의 정리

① 근저당권의 채무자가 사망하고 그 공동상속인 중 1인만이 채무자가 되려는 경우, 종래 실무는 근저당권자 및 상속인이 상속재산분할협의서를 첨부하여 "협의분할에 의한 상속"을 등기원인으로 한 채무자변경의 근저당권변경등기를 공동으로 신청하였다.
② 그러나 금전채무와 같이 급부의 내용이 가분인 채무가 공동상속된 경우, 이는 상속 개시와 동시에 당연히 법정상속분에 따라 공동상속인들에게 분할되어 귀속되는 것이므로 원칙적으로 상속재산 분할의 대상이 될 여지가 없다는 판결(대결 2016.5.1. 2014스122)의 내용을 반영하여 예규가 개정되었다.

Ⅱ 등기사항

현행 실무에 의하면, 부동산등기법 제48조의 일반적인 등기사항 외에 등기원인으로 "계약인수" 또는 "확정채무의 면책적 인수"로 기록하고, 이 근저당권변경등기는 항상 부기등기로 실행하고 종전 채무자에 말소하는 표시를 한다(부동산등기규칙 제112조).

Ⅲ 등기신청절차

1. 신청인

근저당권의 확정 전후를 불문하고 계약인수 또는 면책적 채무인수를 원인으로 한 근저당권변경등기는 근저당권자가 등기권리자가 되고 근저당권설정자 또는 물상보증인이 등기의무자가 되어 공동으로 신청하여야 한다(부동산등기법 제23조 제1항). 채무자는 등기신청권이 없고 채무자의 동의를 얻어야 하는 것도 아니다. 사안의 경우, 채무자 B를 채무자 C로 변경하는 근저당권변경등기는 근저당권자 丙이 등기권리자가 되고 물상보증인 甲이 등기의무자가 되어 공동으로 신청하여야 한다.

2. 신청정보의 내용

(1) 등기원인

근저당권의 채무자가 사망하고 그 공동상속인 중 1인만이 채무자가 되려는 경우에 근저당권자와 근저당권설정자 또는 소유자(담보목적물의 상속인, 제3취득자 등)는 근저당권변경계약정보를 첨부정보로서 제공하여 "계약인수" 또는 "확정채무의 면책적 인수"를 등기원인으로 하는 채무자 변경의 근저당권변경등기를 공동으로 신청할 수 있다(등기예규 제1816호 제5조).

(2) 등기목적 및 변경할 사항

등기의 목적은 "근저당권변경"을, 변경할 사항으로 "○년 ○월 ○일 접수된 제○○○호로 등기된 순위 ○번 근저당권설정등기사항 중 구채무자 B를 신채무자 C로 변경"한다는 뜻을 신청정보의 내용으로 등기소에 제공하여야 한다.

(3) 기타 신청정보의 내용

부동산의 표시에 관한 사항 등 기타 신청정보의 내용은 부동산등기규칙 제43조에 의한다.

3. 첨부정보

(1) 등기원인을 증명하는 정보

① 근저당권 확정 전의 채무자 변경으로 인한 근저당권변경등기의 등기원인을 증명하는 정보는 이론상 계약인수계약서(부동산과 근저당권의 표시가 있어야 함)가 되어야 하지만, 실무에서는 통상 근저당권변경계약서를 첨부하고 있다.

② 근저당권 확정 후의 채무자변경의 경우 근저당권변경계약서에 근저당권이 확정된 사실과 그 채권액, 그 채무에 대하여 면책적 채무인수가 있다는 사실이 기재되어 있어야 한다.

(2) 인감증명과 등기필정보

등기의무자(근저당권설정자)가 소유자인 경우 그의 인감증명과 등기필정보를 제공하여야 하므로, X토지의 소유자 甲은 인감증명과 등기필정보를 제공하여야 한다.

(3) 기타 첨부정보

등기신청위임장 등 기타 첨부정보는 부동산등기규칙 제46조에 의한다.

Ⅳ 등기의 실행절차

채무자가 변경되더라도 후순위 저당권자 등은 등기상 이해관계인이 아니므로 그의 승낙서 등은 필요없고, 근저당권변경등기는 항상 부기등기로 실행한다.

문제 1-4

> X토지의 소유명의인인 甲이 B의 채무를 담보하기 위해 채권자 丙과 X토지에 대하여 근저당권설정계약을 체결한 후 근저당권설정등기신청을 법무사 A에게 위임하였고 법무사 A는 관할 등기소에 방문하여 위임에 따른 등기를 신청하였다.
>
> 위와 같은 사실관계를 전제로 아래 각 문항에 답하시오(각 설문은 상호관련성 없음).

4. 甲이 자신 소유의 X토지에 대해 乙에게 소유권을 이전하였으나 乙명의의 소유권이전등기가 부적법하게 말소된 이후 위 신청에 따라 丙명의의 근저당권설정등기가 마쳐졌다.

   가. 말소회복등기의 요건에 대해 간략히 약술하고(20줄 이내), [10점]

   나. 乙명의의 소유권이전등기의 말소회복등기가 적법하게 신청된 경우 등기관의 등기실행방법에 대해 설명하시오. [5점]

해설 1-4

I 말소회복등기의 의의

말소회복등기는 어떤 등기의 전부 또는 일부가 부적법하게 말소된 경우에 그 말소된 등기를 회복함으로써 말소 당시에 소급하여 말소가 되지 않았던 것과 같은 효과를 생기게 하는 등기를 말한다.

II 말소회복등기의 요건

1. 등기가 부적법하게 말소되었을 것

① 말소회복등기는 부적법하게 말소된 등기의 회복을 목적으로 한다. 여기서 "부적법 말소"란 실체적 이유에 기한 것이건 절차적 하자에 기한 것이건 불문하고 말소등기가 무효인 경우를 말한다(대판 1993.3.9. 92다39877).

② 어떤 이유이건 당사자가 자발적으로 말소등기를 한 경우에는 말소회복등기를 할 수 없다(대판 1990.6.26. 89다카5673).

2. 말소된 등기 그 자체를 회복하려는 것일 것

말소회복등기는 "말소된 등기"를 그대로 재현하여 그 효력을 회복시키는 것이다. 말소된 등기의 회복 방법으로는 말소회복등기를 하여야지 말소등기의 말소등기는 할 수 없다.

3. 회복등기로 인하여 제3자에게 예상하지 못한 손해를 줄 염려가 없을 것

① 등기상 이해관계 있는 제3자가 있는 경우에는 그 승낙을 증명하는 정보 또는 이에 대항할 수 있는 재판이 있음을 증명하는 정보를 제공하지 아니하면 말소회복등기를 할 수 없다(법 제59조, 규칙 제46조 제1항 제3호).
② 여기서 "등기상 이해관계 있는 제3자"는 말소회복등기가 될 경우 손해를 입을 우려가 있다는 것이 기존의 등기기록에 의하여 형식적으로 인정되는 경우를 의미한다.

III 등기관의 등기실행방법

1. 문제점

등기관이 乙 명의의 소유권이전등기의 말소회복등기를 실행함에 있어서 근저당권자 丙이 등기상 이해관계 있는 제3자에 해당하는지가 문제된다.

2. 근저당권자가 등기상 이해관계 있는 제3자에 해당하는지 여부

甲 소유 부동산에 관하여 乙 명의로 소유권이전등기가 경료되었으나 乙 명의의 소유권이전등기가 부적법하게 말소되고 丙 명의의 근저당권등기가 경료된 경우, 변경 전 선례에 의하면 근저당권자 丙은 등기상 이해관계 있는 제3자가 아니었다.
그러나 변경된 선례에 따르면, 근저당권자 丙은 등기상 이해관계 있는 제3자에 해당하므로 그 승낙을 증명하는 정보 또는 이에 대항할 수 있는 재판이 있음을 증명하는 정보를 제공하지 아니하면 말소회복등기를 할 수 없다(부동산등기선례 201911-1호, 4. 참조).

3. 말소된 소유권이전등기 전부의 회복

어떤 등기의 전부가 말소된 경우 그 등기 전부를 회복하는 때에는 통상의 절차에 따라서 회복등기를 하고 이어서 말소된 등기와 같은 등기를 주등기로 한다(부동산등기규칙 제118조 본문).

4. 근저당권등기의 말소방법

변경된 선례에 따르면, 근저당권자 丙의 승낙을 증명하는 정보가 제공되어 乙 명의의 소유권이전등기의 회복등기를 할 때 등기관은 丙 명의의 근저당권등기를 직권으로 말소하여야 한다(부동산등기선례 201911-1호, 4. 참조).

문제 2-1

가압류등기와 관련하여 아래의 질문에 답하시오.

1. 가압류등기의 효력에 대하여 약술하시오. [10점]

해설 2-1

I 가압류 및 가압류등기의 의의

1. 가압류

가압류는 매매대금·대여금 등의 금전채권이나 금전으로 환산할 수 있는 채권에 관하여 장래에 실시할 강제집행을 보전하기 위하여 채무자의 재산을 잠정적으로 압류함으로써 그 처분권을 제한하는 보전처분이다. 가압류는 금전채권의 보전수단이라는 점에서 다툼의 대상 자체에 대한 청구권보전을 위한 가처분과 구별된다.

2. 가압류등기

가압류등기는 부동산 소유권에 대한 가압류의 집행방법으로서 가압류재판에 관한 사항을 기록하는 등기를 말한다(민사집행법 제293조 제1항). 부동산 소유권에 대한 가압류 집행의 효력은 가압류등기를 마침으로써 발생하고, 가압류등기 후에는 해당 부동산에 대한 채무자의 매매 등 처분행위를 금지하는 효력을 가지게 된다.

Ⅱ 가압류등기의 효력

1. 처분금지의 효력

가압류의 집행으로 그 등기가 이루어지면 해당 부동산에 대하여 채무자가 매매·증여·근저당권설정, 그 밖에 일체의 처분을 금지하는 효력이 생긴다.

2. 가압류의 상대적 효력

채무자가 가압류등기 후에 처분행위를 하였더라도 그 처분행위가 절대적으로 무효가 되는 것은 아니다. 처분행위의 당사자, 즉 채무자와 제3취득자(소유권 또는 담보권 등을 취득한 자) 사이에서는 그들 사이의 거래행위가 여전히 유효하고, 단지 그것을 가압류채권자에 대하여 집행보전의 목적을 달성하는 데 필요한 범위 안에서 주장할 수 없음에 그친다(대결 1994.11.29. 94마417). 가압류의 목적이 장차 목적물을 현금화하여 그로부터 금전적 만족을 얻자는 데 있는 것이므로, 그러한 목적달성에 필요한 범위를 넘어서까지 채무자의 처분행위를 막을 필요는 없기 때문이다.

3. 가압류의 상대적 효력의 구체적 사례

① 가압류등기가 근저당권설정등기보다 먼저 마쳐진 경우, 가압류권자는 경매절차에서 근저당권자와 동순위로 배당을 받을 수 있다.
② 가압류등기 후 목적물이 제3자에게 양도되고 그 후에 경매절차가 진행되어 부동산이 매각된 경우, 가압류채권자는 매각대금에서 제3취득자에 우선하여 배당을 받게 되고 잉여가 있으면 제3취득자에게 교부된다(대판 1992.2.11. 91누5228).
③ 가등기 전에 이루어진 가압류등기와 그 가압류에 의한 강제경매개시결정등기는 가등기에 의한 본등기 시 직권말소의 대상이 아니다.

✅ 문제 2-2

> 가압류등기와 관련하여 아래의 질문에 답하시오.

2. 가압류채권자 甲은 A부동산에 대하여 채무자를 丙으로 하여 가압류결정을 받았다. 그런데 A부동산의 등기기록상 소유자는 丙의 피상속인인 乙명의로 되어 있다(아직 乙의 상속인인 丙앞으로 상속등기가 경료되지 않음). 이때 가압류등기를 하기 위한 절차에 대하여 설명하시오. [10점]

✅ 해설 2-2

Ⅰ 서 설

상속등기를 하지 아니한 부동산에 대하여 상속인을 상대로 한 가압류결정이 있을 때에는 가압류채권자는 그 등기촉탁 전에 먼저 대위에 의한 상속등기를 함으로써 등기의무자의 표시를 등기기록과 일치시켜야 한다.

Ⅱ 대위에 의한 상속등기절차

1. **신청절차**

(1) **신청인**

가압류 채권자(甲)는 A부동산의 등기기록상 소유자(乙)로부터 그의 상속인(丙) 앞으로 상속등기를 대위신청할 수 있다.

(2) **신청정보**(부동산등기규칙 제50조)

① 부동산등기규칙 제43조에 규정되어 있는 일반적인 신청정보 외에 대위원인을 신청정보로 제공한다. 대위원인은 "○년 ○월 ○일 ○○지방법원의 가압류 결정"이라고 기재한다.
② 피대위자 丙의 성명(또는 명칭), 주소(또는 사무소 소재지) 및 주민등록번호(또는 부동산등기용등록번호), 신청인(甲)이 대위자라는 뜻, 대위자(乙)의 성명(또는 명칭)과 주소(또는 사무소 소재지)를 신청정보로 제공한다.

(3) 첨부정보

부동산등기규칙 제46조에 규정되어 있는 일반적인 첨부정보 외에 <u>대위원인증서로 "가압류결정의 정본 또는 등본"</u>을 첨부한다(부동산등기규칙 제50조).

2. 등기실행절차

대위등기를 함에 있어서는 대위자의 성명 또는 명칭, 주소 또는 사무소 소재지 및 대위원인을 기록하여야 하고(부동산등기법 제28조 제2항), 대위자 및 피대위자에게 등기완료사실을 통지하여야 한다(부동산등기법 제30조, 부동산등기규칙 제53조).

II 가압류등기절차

1. 촉탁절차

(1) 촉탁인

가압류등기는 <u>가압류 집행법원의 법원사무관 등이 촉탁한다</u>(민사집행법 제293조 제3항).

(2) 촉탁정보(부동산등기규칙 제43조)

촉탁서에는 부동산의 표시, 사건번호와 사건명, 청구금액, 채권자의 성명(명칭)·주소(사무소 소재지)·주민등록번호(부동산등기용등록번호), 채무자의 성명(명칭)·주소(사무소 소재지), 등기원인 및 그 일자로 <u>가압류결정 및 그 연월일을 기재하여야 한다.</u>

부동산의 표시를 할 때 구분건물인 경우에는 1동 건물의 표시와 전유부분 건물의 표시, 대지권이 있는 때에는 대지권의 표시도 하여야 한다.

(3) 첨부정보(부동산등기규칙 제46조)

① 촉탁서에는 등기원인을 증명하는 서면으로 <u>가압류결정 정본</u>을 첨부하여야 한다.
② 미등기 부동산의 가압류등기를 촉탁하는 경우에는 <u>채무자의 소유임을 증명하는 서면</u>과 <u>부동산의 표시를 증명하는 서면</u>을 첨부하여야 한다.

3. 가압류 등기의 실행절차

① 소유권에 대한 가압류는 <u>주등기</u>로, 소유권 외의 권리 및 가등기에 대한 가압류는 <u>부기등기</u>로 한다.
② 가압류의 등기를 하는 경우에는 <u>사건번호와 청구금액을 기록하여야 하고</u>, 청구금액과 관련한 이자 또는 다른 조건 등은 촉탁서에 기재되어 있더라도 등기하지 아니한다.

③ 등기관은 촉탁에 의하여 가압류등기를 하는 경우 다수의 채권자 전부를 등기기록에 채권자로 기록하여야 하며, 채권자 ○○○외 ○○인과 같이 채권자 일부만을 기록하여서는 아니 된다(등기예규 제1358호 2. 가.).

④ 채권자가 선정당사자인 경우에도 선정자 목록에 의하여 채권자 전부를 등기기록에 채권자로 기록하여야 한다(등기예규 제1358호 2. 나.).

4. 가압류등기 후 등기명의인표시 변경등기

법원의 촉탁에 의하여 가압류등기가 이루어진 후 등기명의인의 주소, 성명 및 주민등록번호의 변경으로 인한 등기명의인표시 변경등기는 촉탁이 아닌 등기명의인이 직접 신청할 수 있다(등기예규 제1064호).

모든 일에 있어서, 시간이 부족하지 않을까를 걱정하지 말고,
다만 내가 마음을 바쳐 최선을 다할 수 있을지, 그것을 걱정하라.

– 정조 –

제7과목 등기신청서류의 작성

01 2024년 제30회 기출문제

02 2023년 제29회 기출문제

03 2022년 제28회 기출문제

04 2021년 제27회 기출문제

05 2020년 제26회 기출문제

등기신청서류의 작성
2024년 제30회 기출문제

◆ 문제 1

아래와 같이 등기신청을 위임받은 법무사로서 주어진 사실관계에 따른 등기신청서를 작성하고, 등기신청서와 함께 등기소에 제출하여야 하는 첨부서면에 관하여 설명하시오. [30점]

1. **사실관계**

   서울특별시 서초구 반포동에 소재하는 아파트와 상가건물을 소유하고 있던 김갑동의 사망으로 그의 배우자 이을순과 자녀 김일녀 및 김이남은 2024.2.3. 아파트 및 상가건물에 대하여 법정상속지분에 따른 상속등기를 마쳤다.

   이후 2024.10.31. 아파트는 배우자 이을순이 단독으로 상속하고, 상가건물은 자녀 2인이 공동(각 공유지분 2분의 1)으로 상속하는 것으로 상속재산분할협의가 이루어지고 이에 따른 상속재산분할협의서가 작성되었다.

   위의 상속재산분할협의에 따른 등기신청의 당사자들은 인근에 소재하고 있는 홍길동 법무사 사무소[소재지 : 서울특별시 서초구 법원로 23(서초동), 전화번호 : 02)567-1234]를 찾아가서 그 등기신청을 위임하였다.

   등기신청을 위임받은 홍길동 법무사는 대리인으로서 해당 등기신청에 필요한 등기신청수수료 납부 등 의무사항을 이행하고 필요한 첨부서면을 준비하여 2024.11.1. 이 부동산의 관할 등기소인 서울중앙지방법원 등기국을 방문하여 서면으로 등기신청을 하려고 한다.

   [참고]
   - 김일녀는 재외국민으로서 미국에 거주하고 있으며, 김이남은 미성년자로서 이을순과 함께 거주하고 있음
   - 이을순, 김일녀 및 김이남의 주소는 법정상속등기 당시부터 현재까지 변동사항 없음
   - 김일녀는 외국에 거주하고 있는 관계로 상속재산분할협의와 이에 따른 등기신청에 관한 권한 일체를 어머니 이을순에게 위임함

2. 답안작성 유의사항

   가. 등기신청서의 작성

   1) 등기신청서는 주어진 양식으로 작성하되, <u>아파트에 대하여는 그 작성을 생략하고 상가건물에 대하여만 작성하시기 바랍니다</u>(상가건물의 등기사항증명서는 아래와 같음).

   2) 첨부서면란에는 첨부서면의 명칭과 통수를 기재하시기 바랍니다.

   3) 날인이 필요한 곳은 (인)으로 표시하시기 바랍니다.

   4) 신청서 양식 중 등록면허세 등 세액란, 등기신청수수료란과 등기의무자의 등기필정보란은 그 기재를 생략하시기 바랍니다.

   나. 답안지에는 등기신청서 첨부서면란에 기재한 첨부서면에 관하여 그 제출이유와 근거를 설명하시기 바랍니다.

   다. 위임장의 작성은 생략하되 그 내용을 답안지에 설명하시기 바랍니다.

   라. 주어진 사항은 모두 가상이며, 주어진 사항 외에는 고려할 필요가 없습니다.

상가건물의 등기사항증명서

【표 제 부】		(1동의 건물의 표시)		
표시번호	접 수	소재지번, 건물명칭 및 번호	건물내역	등기원인 및 기타사항
1	2009년 4월 3일	서울특별시 서초구 반포동 151, 151-1 장미아파트상가1동 [도로명주소] 서울특별시 서초구 반포로 61	철근콘크리트구조 슬래브지붕 4층 제1종근린생활시설 지하층 200m^2 1층 280m^2 2층 280m^2 3층 280m^2 4층 200m^2	

(대지권의 목적인 토지의 표시)				
표시번호	소 재 지 번	지 목	면 적	등기원인 및 기타사항
1	1. 서울특별시 서초구 반포동 151 2. 서울특별시 서초구 반포동 151-1	대 대	1,320m^2 680m^2	2009년 4월 3일 등기

【표 제 부】		(전유부분의 건물의 표시)		
표시번호	접 수	건물번호	건물내역	등기원인 및 기타사항
1	2009년 4월 3일	제1층 제103호	철근콘크리트조 32m²	
		(대지권의 표시)		
표시번호	대지권 종류	대지권 비율		등기원인 및 기타사항
1	1, 2 소유권대지권	2000분의 18		2009년 3월 5일 대지권 2009년 4월 3일 등기

【 갑 구 】		(소유권에 관한 사항)		
순위번호	등기목적	접 수	등기원인	권리자 및 기타사항
		〈 생 략 〉		
3	소유권이전	2012년 4월 3일 제24345호	2012년 2월 1일 매매	소유자 김갑동 600208-1234567 서울특별시 서초구 반포로 60, 102동 801호 (반포동, 장미아파트) 거래가액 금 800,000,000원
4	소유권이전	2024년 2월 3일 제16500호	2024년 1월 3일 상속	공유자 지분 7분의 3 이을순 650313-2033012 서울특별시 서초구 반포로 60, 102동 801호 (반포동, 장미아파트) 지분 7분의 2 김일녀 950317-2077012 미국 캘리포니아 로스앤젤레스 노스힐스 하스켈 애비뉴 9560 지분 7분의 2 김이남 061221-3035332 서울특별시 서초구 반포로 60, 102동 801호 (반포동, 장미아파트)

【 을 구 】		(소유권 이외의 권리에 관한 사항)		
순위번호	등기목적	접 수	등기원인	권리자 및 기타사항
1	갑구4번이을순지분 전부근저당권설정	2024년 7월 5일 제57691호	2024년 7월 5일 설정계약	채권최고액 금 60,000,000원 채무자 이을순 서울특별시 서초구 반포로 60, 102동 801호 (반포동, 장미아파트) 근저당권자 주식회사무지개 은행 110123-0098765 서울특별시 중구 남대문로 3 (소공동) (반포지점)

[별첨]

집합건물의 소유 및 관리에 관한 법률(일부발췌) [법률 제19282호, 시행 2023.9.29.]
제1장 건물의 구분소유
제1절 총 칙
제1조(건물의 구분소유)
1동의 건물 중 구조상 구분된 여러 개의 부분이 독립한 건물로서 사용될 수 있을 때에는 그 각 부분은 이 법에서 정하는 바에 따라 각각 소유권의 목적으로 할 수 있다.

제1조의2(상가건물의 구분소유)
① 1동의 건물이 다음 각 호에 해당하는 방식으로 여러 개의 건물부분으로 이용상 구분된 경우에 그 건물부분(이하 "구분점포"라 한다)은 이 법에서 정하는 바에 따라 각각 소유권의 목적으로 할 수 있다.
  1. 구분점포의 용도가 「건축법」 제2조 제2항 제7호의 판매시설 및 같은 항 제8호의 운수시설일 것
  2. 삭제 〈2020.2.4.〉
  3. 경계를 명확하게 알아볼 수 있는 표지를 바닥에 견고하게 설치할 것
  4. 구분점포별로 부여된 건물번호표지를 견고하게 붙일 것
② 제1항에 따른 경계표지 및 건물번호표지에 관하여 필요한 사항은 대통령령으로 정한다.

제2조(정의)
이 법에서 사용하는 용어의 뜻은 다음과 같다.
  1. "구분소유권"이란 제1조 또는 제1조의2에 규정된 건물부분[제3조 제2항 및 제3항에 따라 공용부분(공용부분)으로 된 것은 제외한다]을 목적으로 하는 소유권을 말한다.
  2. "구분소유자"란 구분소유권을 가지는 자를 말한다.

3. "전유부분"이란 구분소유권의 목적인 건물부분을 말한다.
4. "공용부분"이란 전유부분 외의 건물부분, 전유부분에 속하지 아니하는 건물의 부속물 및 제3조 제2항 및 제3항에 따라 공용부분으로 된 부속의 건물을 말한다.
5. "건물의 대지"란 전유부분이 속하는 1동의 건물이 있는 토지 및 제4조에 따라 건물의 대지로 된 토지를 말한다.
6. "대지사용권"이란 구분소유자가 전유부분을 소유하기 위하여 건물의 대지에 대하여 가지는 권리를 말한다.

제2조의2(다른 법률과의 관계)
집합주택의 관리 방법과 기준, 하자담보책임에 관한 「주택법」 및 「공동주택관리법」의 특별한 규정은 이 법에 저촉되어 구분소유자의 기본적인 권리를 해치지 아니하는 범위에서 효력이 있다.

제3조(공용부분)
① 여러 개의 전유부분으로 통하는 복도, 계단, 그 밖에 구조상 구분소유자 전원 또는 일부의 공용에 제공되는 건물부분은 구분소유권의 목적으로 할 수 없다.
② 제1조 또는 제1조의2에 규정된 건물부분과 부속의 건물은 규약으로써 공용부분으로 정할 수 있다.
③ 제1조 또는 제1조의2에 규정된 건물부분의 전부 또는 부속건물을 소유하는 자는 공정증서로써 제2항의 규약에 상응하는 것을 정할 수 있다.
④ 제2항과 제3항의 경우에는 공용부분이라는 취지를 등기하여야 한다.

제4조(규약에 따른 건물의 대지)
① 통로, 주차장, 정원, 부속건물의 대지, 그 밖에 전유부분이 속하는 1동의 건물 및 그 건물이 있는 토지와 하나로 관리되거나 사용되는 토지는 규약으로써 건물의 대지로 할 수 있다.
② 제1항의 경우에는 제3조 제3항을 준용한다.
③ 건물이 있는 토지가 건물이 일부 멸실함에 따라 건물이 있는 토지가 아닌 토지로 된 경우에는 그 토지는 제1항에 따라 규약으로써 건물의 대지로 정한 것으로 본다. 건물이 있는 토지의 일부가 분할로 인하여 건물이 있는 토지가 아닌 토지로 된 경우에도 같다.

제5조(구분소유자의 권리ㆍ의무 등)
① 구분소유자는 건물의 보존에 해로운 행위나 그 밖에 건물의 관리 및 사용에 관하여 구분소유자 공동의 이익에 어긋나는 행위를 하여서는 아니 된다.
② 전유부분이 주거의 용도로 분양된 것인 경우에는 구분소유자는 정당한 사유 없이 그 부분을 주거 외의 용도로 사용하거나 그 내부 벽을 철거하거나 파손하여 증축ㆍ개축하는 행위를 하여서는 아니 된다.
③ 구분소유자는 그 전유부분이나 공용부분을 보존하거나 개량하기 위하여 필요한 범위에서 다른 구분소유자의 전유부분 또는 자기의 공유에 속하지 아니하는 공용부분의 사용을 청구할 수 있다. 이 경우 다른 구분소유자가 손해를 입었을 때에는 보상하여야 한다.
④ 전유부분을 점유하는 자로서 구분소유자가 아닌 자(이하 "점유자"라 한다)에 대하여는 제1항부터 제3항까지의 규정을 준용한다.

제6조(건물의 설치ㆍ보존상의 흠 추정)
전유부분이 속하는 1동의 건물의 설치 또는 보존의 흠으로 인하여 다른 자에게 손해를 입힌 경우에는 그 흠은 공용부분에 존재하는 것으로 추정한다.

제7조(구분소유권 매도청구권)
대지사용권을 가지지 아니한 구분소유자가 있을 때에는 그 전유부분의 철거를 청구할 권리를 가진 자는 그 구분소유자에 대하여 구분소유권을 시가(時價)로 매도할 것을 청구할 수 있다.

제8조(대지공유자의 분할청구 금지)
대지 위에 구분소유권의 목적인 건물이 속하는 1동의 건물이 있을 때에는 그 대지의 공유자는 그 건물 사용에 필요한 범위의 대지에 대하여는 분할을 청구하지 못한다.

제3절 대지사용권

제20조(전유부분과 대지사용권의 일체성)
① 구분소유자의 대지사용권은 그가 가지는 전유부분의 처분에 따른다.
② 구분소유자는 그가 가지는 전유부분과 분리하여 대지사용권을 처분할 수 없다. 다만, 규약으로써 달리 정한 경우에는 그러하지 아니하다.
③ 제2항 본문의 분리처분금지는 그 취지를 등기하지 아니하면 선의로 물권을 취득한 제3자에게 대항하지 못한다.
④ 제2항 단서의 경우에는 제3조 제3항을 준용한다.

제21조(전유부분의 처분에 따르는 대지사용권의 비율)
① 구분소유자가 둘 이상의 전유부분을 소유한 경우에는 각 전유부분의 처분에 따르는 대지사용권은 제12조에 규정된 비율에 따른다. 다만, 규약으로써 달리 정할 수 있다.
② 제1항 단서의 경우에는 제3조 제3항을 준용한다.

제22조(「민법」 제267조의 적용 배제)
제20조 제2항 본문의 경우 대지사용권에 대하여는 「민법」 제267조(같은 법 제278조에서 준용하는 경우를 포함한다)를 적용하지 아니한다.

제5절 규약 및 집회

제28조(규약)
① 건물과 대지 또는 부속시설의 관리 또는 사용에 관한 구분소유자들 사이의 사항 중 이 법에서 규정하지 아니한 사항은 규약으로써 정할 수 있다.
② 일부공용부분에 관한 사항으로서 구분소유자 전원에게 이해관계가 있지 아니한 사항은 구분소유자 전원의 규약에 따로 정하지 아니하면 일부공용부분을 공용하는 구분소유자의 규약으로써 정할 수 있다.
③ 제1항과 제2항의 경우에 구분소유자 외의 자의 권리를 침해하지 못한다.
④ 법무부장관은 이 법을 적용받는 건물과 대지 및 부속시설의 효율적이고 공정한 관리를 위하여 표준규약을 마련하여야 한다.
⑤ 시·도지사는 제4항에 따른 표준규약을 참고하여 대통령령으로 정하는 바에 따라 지역별 표준규약을 마련하여 보급하여야 한다.

제29조(규약의 설정·변경·폐지)
① 규약의 설정·변경 및 폐지는 관리단집회에서 구분소유자의 4분의 3 이상 및 의결권의 4분의 3 이상의 찬성을 얻어서 한다. 이 경우 규약의 설정·변경 및 폐지가 일부 구분소유자의 권리에 특별한 영향을 미칠 때에는 그 구분소유자의 승낙을 받아야 한다.
② 제28조 제2항에 규정한 사항에 관한 구분소유자 전원의 규약의 설정·변경 또는 폐지는 그 일부공용부분을 공용하는 구분소유자의 4분의 1을 초과하는 자 또는 의결권의 4분의 1을 초과하는 의결권을 가진 자가 반대할 때에는 할 수 없다.

제30조(규약의 보관 및 열람)
① 규약은 관리인 또는 구분소유자나 그 대리인으로서 건물을 사용하고 있는 자 중 1인이 보관하여야 한다.
② 제1항에 따라 규약을 보관할 구분소유자나 그 대리인은 규약에 다른 규정이 없으면 관리단집회의 결의로써 정한다.
③ 이해관계인은 제1항에 따라 규약을 보관하는 자에게 규약의 열람을 청구하거나 자기 비용으로 등본의 발급을 청구할 수 있다.

[별첨]

재외공관 공증법 [법률 제19228호, 시행 2023.6.5.]

제1장 총 칙

제1조(적용)
대한민국 영토 밖에서의 공증에 관한 사무는 이 법에서 정하는 바에 따른다.

제2조(공증사무의 담당)
① 제1조에 따른 공증에 관한 사무(이하 "공증사무"라 한다)는 대한민국 재외공관(이하 "공관"이라 한다)에서 근무하는 총영사, 영사 및 부영사 중에서 외교부장관이 임명하는 사람(이하 "공증담당영사"라 한다)이 담당한다.
② 외교부장관은 공증담당영사를 임명하였을 때에는 그 성명을 법무부장관에게 통보하여야 한다. 공증담당영사의 이동이 있을 때에도 또한 같다.
③ 공증담당영사는 대통령령으로 정하는 바에 따라 공증사무에 관한 교육을 받아야 한다.

제3조(공증담당영사의 권한과 직무수행)
① 공증담당영사는 소속 공관의 관할구역에서 당사자나 그 밖의 관계인의 촉탁을 받아 다음 각 호에 관한 사무를 처리한다.
  1. 법률행위나 그 밖에 사권에 관한 사실에 대한 공정증서의 작성
  2. 사서증서의 인증
  3. 공증에 관계되는 문서의 확인
② 공증담당영사는 공관에서 공증사무를 처리하여야 한다. 다만, 공증사무의 성질상 공관에서 처리하기에 적절하지 아니한 경우 등 대통령령으로 정하는 사유가 있는 경우에는 그러하지 아니하다.

제4조(문서의 공증력의 요건)
공증담당영사가 제3조에 따라 작성한 공증문서는 이 법에서 정하는 요건을 갖추지 아니하면 공증의 효력이 없다.

제5조(사건 내용의 누설금지)
공증담당영사는 법률에 특별한 규정이 있는 경우를 제외하고는 촉탁받은 사건의 내용을 누설하여서는 아니 된다. 다만, 촉탁인의 동의를 받은 경우에는 그러하지 아니하다.

제6조(수수료)
① 공증담당영사는 공증사무에 관하여 촉탁인으로부터 수수료를 징수할 수 있다. 다만, 공관의 장이 필요하다고 인정하는 경우에는 대통령령으로 정하는 바에 따라 수수료를 면제하거나 줄여 줄 수 있다.
② 제1항의 수수료에 관한 사항은 대통령령으로 정한다.
③ 수수료는 현금으로 내거나 현금 납입을 증명하는 증표로 낸다.

제2장 직무집행에 관한 통칙

제7조(인감·서명의 신고)
① 공증담당영사는 소속, 직위 및 성명을 자필로 적은 신고서에 공증사무를 위하여 사용할 도장을 찍거나 서명을 하여 재외동포청장에게 신고하여야 한다.
② 재외동포청장은 제1항에 따른 신고서를 접수하였으면 지체 없이 법무부장관에게 통보하여야 한다.

제8조(직무를 집행할 수 없는 경우)
공증담당영사는 다음 각 호의 어느 하나에 해당하면 그 직무를 수행할 수 없다.
  1. 촉탁받은 사항과 관련하여 이해관계가 있는 경우
  2. 촉탁인이나 그 대리인 또는 촉탁받은 사항과 관련된 이해관계가 있는 사람의 친족이거나 친족이었던 경우
  3. 촉탁받은 사항의 대리인이거나 보조인인 경우 또는 대리인이었거나 보조인이었던 경우
  4. 촉탁인 또는 그 대리인의 법정대리인인 경우

제9조(촉탁 인수 의무)
① 공증담당영사는 다음 각 호의 어느 하나에 해당하는 경우를 제외하고는 촉탁을 거절할 수 없다.
  1. 촉탁받은 공증사무가 대한민국의 법령에 위배되거나 대한민국의 법령에서 금지된 것인 경우
  2. 촉탁받은 공증사무가 조약이나 공관이 주재하는 국가(이하 "주재국"이라 한다)의 법령에 위배되거나 조약이나 주재국의 법령에서 금지된 것인 경우
  3. 문서가 명백하게 불법의 목적을 위하여 사용되거나 대한민국의 이익을 해치는 목적에 사용된다고 인정되는 경우
  4. 촉탁인이 제13조(제17조 제2항, 제22조 제3항, 제27조 및 제32조에서 준용하는 경우를 포함한다)에 따른 신원 확인에 필요한 요구에 따르지 아니하거나 촉탁인의 신원을 확인할 수 없는 경우
  5. 제30조 제2항 및 제30조의2 제2항에 따른 확인이 불가능한 경우
  6. 그 밖에 공증사무 관련 서류의 허위작성 사실의 발견 등 촉탁을 거절할 만한 정당한 사유가 있다고 인정되는 경우
② 공증담당영사는 제1항 각 호의 어느 하나에 해당하는 사유로 촉탁을 거절할 때에는 소속 공관의 장의 승인을 받아야 하며, 그 사실을 지체 없이 재외동포청장에게 통보하여야 한다.
③ 공증담당영사는 제1항 각 호의 어느 하나에 해당하는 사유로 촉탁을 거절할 때에는 촉탁인이나 그 대리인에게 거절의 이유를 알려야 한다.

제9조의2(이의신청)
① 촉탁인이나 이해관계인은 공증담당영사의 촉탁 거절에 대하여 제9조 제3항에 따라 거절 사실을 통보받은 날부터 1개월 이내에 재외동포청장에게 이의를 신청할 수 있다.
② 제1항에 따른 이의신청의 절차 및 방법 등에 필요한 사항은 대통령령으로 정한다.

제10조(명의 사용)
공증담당영사가 공증사무에 관하여 문서를 작성할 때에는 지정된 대외직명(대외직명)을 사용하여야 한다.

제11조(서명 시의 기재사항)
공증담당영사가 공증사무와 관련하여 서명을 할 때에는 반드시 그 대외직명과 소속을 적어야 한다.

제3장 공정증서의 작성

제12조(사용 언어)
공정증서는 국어로 작성한다. 다만, 필요한 경우에는 영어나 주재국어로 된 번역문을 첨부할 수 있다.

제13조(촉탁인의 확인)
① 공증담당영사가 공정증서를 작성할 때에는 여권이나 그 밖에 대한민국 행정기관이 발행한 사진이 첨부된 증명서를 제출하게 하는 방법으로 촉탁인의 신원을 확인하여야 한다.
② 공증담당영사는 제1항에 따라 촉탁인의 신원을 확인할 수 없는 경우에는 다음 각 호의 어느 하나에 해당하는 방법으로 신원을 확인하여야 한다.
  1. 신원이 확실한 증인 2명으로 하여금 그 촉탁인이 맞다는 것을 증명하게 하는 방법
  2. 주재국의 신분증 등을 제출하게 하는 방법
  3. 그 밖에 제1호 또는 제2호에 준하는 확실한 방법
③ 삭제 〈2016.12.20.〉

제14조(공정증서의 내용)
① 공증담당영사가 공정증서를 작성할 때에는 그가 들은 진술, 목격한 사실, 그 밖에 경험한 사실과 그 경험한 방법을 적어야 한다.
② 공정증서의 서식 및 기재사항은 대통령령으로 정한다.

제15조(통역인)
공증담당영사는 촉탁인이 국어를 알지 못하는 경우 또는 청각장애인, 언어장애인, 그 밖에 말을 하지 못하고 글자도 읽지 못하는 사람인 경우에는 공정증서를 작성하기 위하여 통역인을 사용할 수 있다.

제16조(참여인)
공증담당영사는 촉탁인이 시각장애인이거나 글자를 읽지 못하는 경우에는 공정증서를 작성할 때 참여인을 참여하게 하여야 한다. 촉탁인이 참여인의 참여를 청구한 경우에도 또한 같다.

제17조(대리 촉탁)
① 공증담당영사는 대리인의 촉탁으로 공정증서를 작성할 때에는 대통령령으로 정하는 대리권을 증명할 증서를 제출하게 하여야 한다.
② 대리 촉탁에서 대리인의 신원 확인, 통역인의 사용 및 참여인의 참여에 관하여는 제13조, 제15조 및 제16조를 준용한다.

제18조(허락·동의가 필요한 법률행위의 공증)
공증담당영사는 제3자의 허락이나 동의가 필요한 법률행위에 관하여 공정증서를 작성할 때에는 그 허락이나 동의가 있었음을 증명하는 증서를 제출하게 하여야 한다.

제19조(통역인과 참여인의 선정 및 자격)
① 통역인과 참여인은 촉탁인이나 그 대리인이 선정하여야 한다.
② 참여인은 통역인을 겸할 수 있다.
③ 공증담당영사는 촉탁인의 통역인이 될 수 없다.
④ 다음 각 호의 어느 하나에 해당하는 사람은 참여인이 될 수 없다. 다만, 제16조 후단에 따라 촉탁인이 참여인으로 참여할 것을 청구한 경우에는 그러하지 아니하다.
   1. 미성년자
   2. 서명할 수 없는 사람
   3. 촉탁사항과 관련하여 이해관계가 있는 사람
   4. 촉탁사항의 대리인 또는 보조인이거나 대리인 또는 보조인이었던 사람
   5. 공증담당영사의 친족, 법정대리인, 피고용인 또는 동거인
   6. 시각장애인이거나 글자를 읽지 못하는 사람

제20조 삭제 〈1993.12.27.〉

제21조(공정증서의 원부)
공증담당영사는 공정증서의 원부를 작성하여야 한다.

제22조(공정증서 정본의 발급)
① 촉탁인 또는 그 승계인은 공정증서 정본의 발급을 청구할 수 있다.
② 공증담당영사는 공정증서의 정본에 다음 각 호의 사항을 적고 서명날인하여야 한다.
   1. 공정증서의 전문
   2. 정본이라는 사실
   3. 발급을 신청한 사람의 성명
   4. 작성 연월일과 장소
③ 공증담당영사가 정본을 작성하는 경우에는 제13조와 제17조를 준용한다.

제23조(정본 발급 사실의 기재)
공증담당영사는 공정증서의 정본을 발급할 때에는 그 공정증서의 끝 부분에 촉탁인 또는 그 승계인에게 정본을 발급하였다는 사실과 발급 연월일을 적고 서명날인하여야 한다.

제24조(등본의 발급)
① 촉탁인 또는 공정증서의 내용과 관련하여 법률상 이해관계가 있음을 증명한 사람은 공정증서 또는 부속 서류의 등본 발급을 청구할 수 있다.
② 공증담당영사는 공정증서의 등본에 다음 각 호의 사항을 적고 서명날인하여야 한다.
  1. 공정증서의 전문
  2. 등본이라는 사실
  3. 작성 연월일과 장소

제4장 사서증서의 인증
제25조(인증방법)
① 사서증서의 인증은 공증담당영사가 촉탁인 또는 그 대리인으로 하여금 공증담당영사 앞에서 다음 각 호의 어느 하나를 하게 한 후 그 사실을 인증문에 적는 방법으로 하여야 한다.
  1. 사서증서에 촉탁인의 직접 서명 또는 날인
  2. 사서증서의 서명 또는 날인에 대한 촉탁인 또는 그 대리인의 확인
② 사서증서의 등본에 대한 인증은 공증담당영사가 사서증서의 원본과 대조하여 그와 일치함을 인정한 후 그 사실을 인증문에 적는 방법으로 한다.
③ 법인의사록의 인증은 공증담당영사가 해당 의결을 한 자 중 그 의결에 필요한 정족수 이상의 자 또는 그 대리인의 촉탁을 받아 의사록의 내용이 진실에 부합하는지에 관하여 진술을 듣고, 촉탁인 또는 그 대리인으로 하여금 공증담당영사 앞에서 의사록의 서명 또는 기명날인을 확인하게 한 후 그 사실을 인증문에 적는 방법으로 하여야 한다.
④ 정관의 인증은 공증담당영사가 촉탁인 또는 그 대리인으로 하여금 공증담당영사 앞에서 제출된 각 정관에 발기인이 서명 또는 기명날인하였음을 확인하게 한 후 그 사실을 인증문에 적는 방법으로 하여야 한다.
⑤ 번역문의 인증은 공증담당영사가 촉탁인 또는 그 대리인으로 하여금 공증담당영사 앞에서 번역문이 원문과 서로 다르지 아니함을 서약하게 하고, 이에 서명 또는 날인하게 한 후 그 사실을 인증문에 적는 방법으로 하여야 한다.
⑥ 사서증서에 글자의 삽입·삭제·변경이 있거나, 칸 밖에 적힌 글자 또는 정정된 부분이 있는 때 또는 파손이나 그 밖에 겉보기에 현저하게 의심할 만한 사유가 있을 때에는 그 상황을 인증문에 적어야 한다.

제26조(인증서의 발행 등)
① 공증담당영사는 제25조에 따른 인증을 하는 경우 인증 대상 문서에 여백이 있으면 그 여백에 하고, 여백이 없으면 별도의 인증서를 작성하여 인증 대상 문서와 함께 묶어 발행하여야 한다.
② 제1항에서 규정한 사항 외에 인증서 발행 등에 관한 세부사항은 대통령령으로 정한다.

제27조(사서증서 인증 시 사용 언어 등)
사서증서에 인증을 부여하는 경우에는 제12조, 제13조 및 제15조부터 제19조까지의 규정을 준용한다.

제28조(인증부의 작성)
공증담당영사는 인증부를 작성하여야 한다.

제29조(사서증서 내용의 이해 확인)
① 공증담당영사는 촉탁인이 작성한 사서증서의 내용을 촉탁인이 이해하고 있다는 사실을 확인한 후에 인증을 하여야 한다.
② 공증담당영사는 촉탁인이 글자를 읽을 수 없거나 사서증서의 내용과 법률상의 효과에 관하여 오해하고 있을 때에는 이를 충분히 설명하고 촉탁인의 동의를 받은 후에 인증을 하여야 한다.

제5장 문서의 확인
제30조(주재국 공문서 등의 확인)
① 공증담당영사는 주재국 공무원이 발행하였거나 주재국 공증인이 공증한 문서에 찍힌 도장 또는 서명의 진위 여부와 그 공무원이나 공증인의 직위를 확인할 수 있다. 다만, 주재국이 「외국공문서에 대한 인증의 요구를 폐지하는 협약」(이하 "아포스티유 협약"이라 한다)의 가입국인 경우에는 아포스티유 협약에서 정하는 바에 따른다.
② 제1항 본문에 따른 확인은 공증담당영사가 해당 공무원 또는 공증인의 도장이나 서명 및 직위를 대통령령으로 정하는 서명부와 대조하는 방법으로 하여야 한다. 다만, 다음 각 호의 어느 하나에 해당하는 경우에는 주재국 관계 기관에 직접 조회하는 방법으로 하여야 한다.
  1. 해당 공무원의 도장이나 서명 및 직위가 서명부에 없는 경우
  2. 해당 공증인의 도장이나 서명 및 직위가 서명부에 없는 경우
  3. 대한민국 국가기관이 주재국 관계 기관에 직접 조회하여 줄 것을 요청하는 경우

제30조의2(행정기관 제출용 문서의 확인)
① 공증담당영사는 대한민국 행정기관에 제출하기 위한 문서로서 대통령령으로 정하는 문서에 대해서는 다음 각 호의 어느 하나의 사실을 확인할 수 있다.
  1. 해당 문서가 공증담당영사의 관할지역에서 발행되었다는 사실
  2. 해당 문서가 관련 법령에 따라 공관을 거쳤다는 사실
② 제1항에 따른 확인은 촉탁인에게 관련 증빙자료를 제출하게 하거나 주재국 관계 기관에 직접 조회하는 등의 방법으로 하여야 한다.

제31조(확인서의 발행 등)
① 공증담당영사는 제30조 및 제30조의2에 따라 확인을 하는 경우 확인 대상 문서에 여백이 있으면 그 여백에 하고, 여백이 없으면 별도의 확인서를 작성하여 확인 대상 문서와 함께 묶어 발행하여야 한다.
② 제1항에 따라 여백에 확인하는 방식과 확인서 서식은 대통령령으로 정한다.

제32조(문서의 확인 시 사용 언어 등)
제30조 및 제30조의2에 따라 확인하는 경우의 사용 언어 및 촉탁인의 확인에 관하여는 제12조 및 제13조를 준용한다.

제32조의2(확인부의 작성)
공증담당영사는 대통령령으로 정하는 확인부를 작성하여야 한다.

제33조(「공증인법」과의 관계)
공증사무에 관하여 이 법에 규정되지 아니한 것은 「공증인법」에 따른다.

제34조 삭제 〈2009.12.30.〉

등기신청서류의 작성 | 2024년 제30회 기출문제해설

✓ 해설 1

<h1 style="text-align:center">소유권경정등기신청(협의분할)</h1>

접 수	년 월 일	처리인	등기관 확인	각종 통지
	제 호			

부동산의 표시

1동의 건물의 표시
   서울특별시 서초구 반포동 151, 151-1
   장미아파트상가1동
   [도로명주소] 서울특별시 서초구 반포로 61

전유부분의 건물의 표시
   건물의 번호 : 1-1-103
   구 조 : 철근콘크리트구조
   면 적 : 제1층 제103호 32m²

대지권의 표시
   대지권의 목적인 토지의 표시
      1. 서울특별시 서초구 반포동 151 대 1,320m²
      2. 서울특별시 서초구 서초동 151-1 대 680m²
   대지권의 종류 : 1.2 소유권대지권
   대지권의 비율 : 2000분의 18

- 이 상 -

등기원인과 그 연월일	2004년 10월 31일 협의분할
등기의 목적	4번 소유권경정
경정할 사항	2024년 2월 3일 접수 제16500호로 등기된 순위 4번 소유권이전등기사항 중 등기원인 "상속"을 "협의분할에 의한 상속"으로, 권리자 및 기타사항란 "공유자 지분 7분의 3 이을순 650313-2033012 서울특별시 서초구 반포로 60, 102동 801호(반포동, 장미아파트), 지분 7분의 2 김일녀 950317-2077012 미국 캘리포니아 로스앤젤레스 노스힐스 하스켈 애비뉴 9560, 지분 7분의 2 김이남 061221-3035332 서울특별시 서초구 반포로 60, 102동 801호(반포동, 장미아파트)"를 "공유자 지분 2분의 1 김일녀 950317-2077012 미국 캘리포니아 로스앤젤레스 노스힐스 하스켈 애비뉴 9560, 지분 2분의 1 김이남 061221-3035332 서울특별시 서초구 반포로 60, 102동 801호(반포동, 장미아파트)"로 각 경정함.

구 분	성 명 (상호·명칭)	주민등록번호 (등기용등록번호)	주 소 (소재지)	지 분 (개인별)
등기 의무자	이을순	650313-2033012	서울특별시 서초구 반포로 60, 102동 801호(반포동, 장미아파트)	
등기 권리자	김일녀	950317-2077012	미국 캘리포니아 로스앤젤레스 노스힐스 하스켈 애비뉴 9560	
	김이남 위 김이남은 미성년자이므로 법정대리인 모 이을순	061221-3035332	서울특별시 서초구 반포로 60, 102동 801호(반포동, 장미아파트)	

취득세(등록면허세)	금	원
지방교육세	금	원
세액합계	금	원
등기신청수수료	금	원
	납부번호 :	
	일괄납부 : 건	원

등기의무자의 등기필정보		
부동산고유번호		
성 명(명칭)	일련번호	비밀번호

첨부서면	간 인

1. 취득세영수필확인서 1통	1. 특별대리인선임심판서(김이남의 특별대리인) 1통
1. 등기신청수수료 영수필확인서 1통	1. 주민등록표초본(김일녀, 김이남) 2통
1. 등기신청 위임장 1통	1. 승낙서(주식회사무지개은행 인감날인) 1통
1. 자격자대리인의 등기의무자 확인 및 자필서명 정보 1통	1. 등기필정보(이을순) 1통
1. 상속재산분할협의서 1통	1. 주식회사 무지개은행의 승낙서 1통
1. 인감증명서(이을순, 김이남의 특별대리인) 2통	1. 주식회사 무지개은행의 인감증명 1통
1. 기본증명서(상세) 4통 (망 김갑동, 이을순, 김일녀, 김이남)	1. 주식회사 무지개은행의 법인등기사항(전부) 증명서 1통
1. 가족관계증명서(상세) 4통 (망 김갑동, 이을순, 김일녀, 김이남)	
1. 친양자입양관계증명서(상세)(망 김갑동) 1통	
1. 제적등본(망 김갑동) 1통	
1. 상속재산분할협의 위임장(김일녀) 1통	

2024년 11월 1일

위 신청인
위 대리인 법무사 홍길동 (인) (전화 : (02)567-1234)
　　　　　서울특별시 서초구 법원로 23(서초동)

서울중앙지방법원 등기국 **귀중**

| 알림서비스 (선택) | 등기접수 및 처리결과에 대한 문자 수신에 동의합니다. (□ 동의 □ 미동의) (성 명 :　　　　　　　휴대전화번호 :　　　　　　　) |

― 신청서 작성요령 ―

* 1. 부동산표시란에 2개 이상의 부동산을 기재하는 경우에는 그 부동산의 일련번호를 기재하여야 합니다.
  2. 신청인란 등 해당란에 기재할 여백이 없을 경우에는 별지를 이용합니다.
  3. 알림서비스 동의 시 「개인정보보호법」 제15조 제1항 제4호에 따라 알림서비스 제공을 위해 신청인의 휴대폰번호를 수집·이용합니다.

⊃ 첨부서면의 제공이유와 근거

1. 상속을 증명하는 정보(규칙 제46조 제1항 제1호 등)

① 피상속인의 사망사실과 사망일자 및 상속인의 범위를 증명하기 위하여, 피상속인 망 김갑동 기준의 기본증명서(상세), 가족관계증명서(상세), 친양자입양관계증명서(상세), 제적등본을 첨부정보로 제공한다.

② 상속인들이 피상속인의 서면에 기재된 상속인이라는 것을 증명하기 위하여 상속인 이을순, 김일녀, 김이남 기준의 기본증명서(상세), 가족관계증명서(상세)를 첨부정보로 제공한다.

③ 상속재산분할협의는 상속인 전원이 참여하여야 하므로 법정상속등기가 경료된 후 인지청구의 소 등에 의하여 상속인의 범위가 달라질 수 있으며, 법정상속등기가 경료된 후 공동상속인 중 1인이 사망하였다면 상속재산분할협의에 의한 소유권경정등기는 할 수 없으므로(등기선례 제8-197호), 상속등기업무를 처리하는 등기관으로써는 상속인의 범위 및 공동상속인 중 사망한 자가 있는지 여부 등을 확인할 필요가 있으므로 위와 같은 상속을 증명하는 정보를 제공하는 것이 바람직하다.

2. 상속재산분할협의를 증명하는 정보(규칙 제46조 제1항 제1호, 제62조 등)

(1) 일반론
① 상속재산분할협의는 상속인 본인이 직접 참여할 수도 있고, 상속인이 미성년자가 아닌 이상 다른 공동상속인 1인에게 상속재산분할협의를 위임할 수 있다(등기선례 제4-26호).
② 사안의 경우, 김일녀가 상속재산분할협의에 관한 권한을 이을순에게 위임하였다.

(2) 상속재산분할협의 위임장(김일녀, 대한민국 영사관의 인증)
① 재외국민인 김일녀는 입국하지 않고 상속재산분할협의를 이을순에게 위임하였으므로, 상속재산분할협의 위임장을 첨부정보로 제공하여야 한다. 해당 위임장에는 분할대상 부동산의 표시, 대리인의 인적사항 등이 기재되어 있어야 한다.
② 상속재산분할협의 위임장에는 위임인의 진정한 의사를 확인하기 위하여 원칙적으로 위임인의 인감을 날인하여야 하지만(규칙 제60조 제1항 제6호), 재외국민의 경우 재외공관 공증법에 따라 체류국 소재 대한민국 영사관의 인증으로 갈음할 수 있다(규칙 제61조 제3항).
③ 재외국민의 상속재산분할협의 위임장에는 아포스티유를 붙일 필요가 없다.

(3) 상속재산분할협의서(이을순, 임이남의 특별대리인의 인감 날인)
① 등기원인을 증명하기 위하여 상속재산분할협의서를 첨부정보로 제공하여야 한다. 상속재산분할협의서에는 피상속인과 분할협의 대상인 부동산, 협의연월일, 상속인의 인적사항 등이 기재되어 있어야 한다.
② 상속재산분할협의서에는 상속인 이을순과 김이남의 특별대리인의 인감을 날인한다. 이때 이을순은 상속인으로서의 지위와 김일녀의 대리인으로서의 지위에서 인감을 날인한다.
③ 공동상속인 중 미성년자와 친권자가 상속재산분할협의를 하는 경우, 친권자가 권리를 전혀 취득하지 않더라도 원칙적으로 이해상반행위에 해당한다(등기예규 제1088호). 따라서 미성년자인 김이남에 대하여 특별대리인을 선임하여 그 자가 미성년자를 대리하여 협의분할을 하고, 분할협의서에는 특별대리인의 인감을 날인하여야 한다.

3. 인감증명 등(규칙 제60조 제1항 제1호, 제6호 등)

① 상속재산분할협의서에 날인한 인영이 진정한 것임을 증명하기 위하여 그 인감증명을 첨부정보로 제공한다.
② 이을순은 상속인의 지위에서 인감증명을 제공하여야 하고(규칙 제60조 제1항 제1호, 제6호), 동시에 김일녀의 대리인의 지위에서 인감증명을 제공하여야 한다(규칙 제60조 제2항).
③ 김이남의 특별대리인은 김이남의 법정대리인으로서의 지위에서 인감증명을 첨부정보로 제공한다(규칙 제61조 제2항).
④ 인감날인 및 인감증명에 갈음하여 서명 및 본인서명사실확인서(또는 전자본인서명확인서 발급증)을 제공할 수 있으며, 공증으로도 갈음할 수 있다(규칙 제60조 제4항).

4. **특별대리인선임심판서**(규칙 제46조 제1항 제1호)

   미성년자인 김이남에 대하여 특별대리인을 선임하여 상속재산분할협의를 하였다는 것을 증명하기 위하여, 특별대리인선임심판서를 첨부정보로 제공한다.

5. **등기필정보**(법 제50조 제2항)

   ① 권리에 관한 등기를 공동으로 신청하는 경우 등기의무자의 등기필정보를 제공하여야 하므로, 이을순의 등기필정보를 신청정보 을지에 기재하여야 한다.
   ② 답안작성 유의사항에 따라 신청서의 기재는 생략하지만 첨부정보로 제공한다는 점은 언급하여야 한다.

6. **주민등록표초본(또는 등본) 등**(규칙 제46조 제1항 제6호 유추적용)

   소유권경정등기의 실행시 등기기록상 기존의 등기 명의인 이을순, 김일녀, 김이남의 인적사항을 주말하고 새로이 김일녀, 기미남의 인적사항을 기록하므로 이를 규칙 제46조 제1항 제6호에서 규정하고 있는 "새로이 등기명의인이 되는 자"로 보아, 김일녀, 김이남의 인적사항을 확인하기 위한 주민등록표초본(또는 등본)을 첨부정보로 제공하는 것이 바람직하다.

7. **취득세영수필확인서**(지방세법 시행령 제36조, 제49조, 법 제29조 제10호, 규칙 제44조)

   ① 소유권경정등기를 신청하는 경우 취득세 또는 등록면허세 등을 신고·납부하여야 하므로, 이를 납부한 영수필확인서를 첨부정보로 제공한다.
   ② 상속재산에 대하여 법정상속분에 따라 등기가 마쳐진 후 공동상속인이 협의하여 재산분할한 결과 특정 상속인이 당초 상속분을 초과하여 취득하게 되는 재산가액은 그 재산분할에 의하여 상속분이 감소한 상속인으로부터 증여받아 취득한 것으로 보아 취득세를 납부하여야 한다(지방세법 제7조 제13항 본문).
   ③ 그러나 상속재시일이 속하는 달의 말일부터 6개월 이내에 재분할에 의하여 취득과 등기를 모두 마치는 등 지방세법 제7조 제13항 단서규정에 해당하는 경우에는 등록면허세를 납부하면 족하다(지방세법 제7조 제13항 단서).
   ④ 사안의 경우, 김갑동이 사망한 날은 2012년으로 등기신청서 작성일인 2024.11.1.을 기준으로 볼 때 상속개시일이 속하는 달의 말일부터 6개월을 초과한 것은 역수상 명백하고 다른 사유에도 해당하지 아니하므로 등록면허세가 아닌 취득세를 신고한 후 이를 납부한 영수필확인서를 첨부정보로 제공한다.

8. **등기신청수수료영수필확인서**(법 제22조 제3항, 법 제29조 제10호, 규칙 제44조)

   등기를 신청하는 경우 대법원규칙으로 정하는 바에 따라 수수료를 납부하여야 하므로, 이를 납부한 그 영수필확인서를 첨부정보로 제공한다.

9. 등기신청위임장(규칙 제46조 제1항 제5호, 규칙 제60조 제1항)

① 등기신청을 법무사 등 대리인에게 위임하는 경우 대리권한을 증명하여야 하므로, 법무사 홍길동은 이을순으로부터 받은 등기신청위임장을 첨부정보로 제공하여야 한다. 등기신청위임장에는 부동산의 표시, 위임인, 수임인 등이 기재되어 있어야 한다.

② 이을순은 상속인 본인으로서의 지위, 김일녀의 임의대리인으로서의 지위에서 인감을 날인하고(규칙 제60조 제1항 제1호), 김이남의 법정대리인의 지위에서 임감을 날인한다.

③ 상속재산분할협의서 작성이 아닌 등기신청행위까지 이해상반행위로 볼 것은 아니므로, 등기신청위임까지 특별대리인이 할 필요는 없고 김이남의 법정대리인인 이을순이 하면 족하다고 본다. 다만, 이와 관련하여 특별대리인이 등기신청까지 해야 한다는 의견도 있다.

10. 자격대리인의 등기의무자확인 및 자필서명정보(규칙 제46조 제1항 제8호)

공동으로 신청하는 권리에 관한 등기를 자격대리인이 신청하는 경우 등기의무자인지 여부를 확인하고 자필서명한 정보를 제공하여야 하므로, 법무사 홍길동이 이을순이 등기의무자인지 여부를 확인하고 작성한 자필서명정보를 제공한다.

11. 주식회사 무지개은행의 승낙서(법 제57조, 규칙 제46조 제1항 제3호 등)

① 법정상속등기 후 상속재산분할협의에 따라 하는 소유권경정등기는 형식은 경정등기이나 실질은 일마불소 의미의 경정등기이므로 등기상 이해관계 있는 제3자가 있는 경우 제3자의 승낙서를 첨부정보로 제공하여야 한다.

② 사안의 경우, 협의분할에 따라 상실되는 이을순의 지분을 목적으로 한 근저당권자인 주식회사 무지개은행은 등기상 이해관계 있는 제3자에 해당하므로, 주식회사 무지개은행의 승낙서를 첨부정보로 제공한다.

③ 위와 같이 등기상 이해관계 있는 제3자의 승낙서를 제공하는 경우 승낙서에 인감을 날인하고 인감증명 등을 제공한다(규칙 제60조 제1항 제7호). 인감증명을 제공하는 자가 법인인 경우이므로 주식회사 무지개은행의 등기소의 증명을 얻은 법인인감을 제공한다.

④ 승낙서에 대표이사의 인적사항을 기재하고 대표이사의 법인인감을 날인하여야 하므로, 그 대표이사를 증명하기 위하여 주식회사 무지개은행의 법인등기사항(전부)증명서를 첨부정보로 제공한다(규칙 제46조 제1항 제4호 유추적용).

12. 유효기간

위 서면 중 기본증명서, 가족관계증명서, 인감증명서, 법인등기사항증명서 등은 발행일로부터 3개월 이내일 것을 요한다(규칙 제62조).

등기신청서류의 작성
2023년 제29회 기출문제

문제 1

다음에 제시된 사실관계와 부동산의 등기기록 및 답안작성 유의사항에 따라 법무사 김법무가 제출할 등기신청서를 작성하고, 필요한 첨부서면의 제공 이유와 근거에 대하여 간략하게 설명하시오(서면에 의한 방문신청임을 전제로 함). [30점]

- 다 음 -

1. 사실관계

    가. 채권자 최대출은 채무자 박산하에게 금 50,000,000원을 대여하였으나 채무자 박산하는 변제기 이후에 채권자의 수차례 변제요구에도 이를 이행하고 있지 않은 상황이다. 채권자 최대출은 자신의 채권을 보전하기 위해 채무자 박산하 명의로 된 부동산을 알아 보던 중 채무자 박산하의 부(父) 박길동이 2019년 3월 5일 사망하였으나 아직 상속등기를 하지 않고 있다는 사실을 알게 되었다. 박길동에게는 처(妻) 김사랑과 그 사이의 자녀로 채무자 박산하와 박보름이 있다. 채권자 최대출은 아래 등기기록에 해당하는 부동산에 대하여 채무자가 법정상속받은 지분 비율만큼 2023년 7월 7일 서울중앙지방법원의 가압류결정을 받았다. 그 후 채권자 최대출은 법무사 김법무[사무소 소재지 : 서울특별시 서초구 법원로 11(서초동), 전화번호 : (02)581-5300]에게 위 가압류결정에 따른 집행을 위한 선행조치로 상속을 원인으로 한 소유권이전등기 신청을 자기 이름으로 위임하였고, 법무사 김법무는 해당 등기신청을 위해 필요한 첨부서면 등을 준비하여 2023년 10월 17일 관할 등기소에 등기신청을 하려고 한다.

    나. 인적사항

    ① 피상속인
    - 박길동
      주민등록번호 : 720717-1530333
      주소 : 서울특별시 서초구 서초대로 321, 101동 101호(서초동, 서초아파트)

    ② 상속인
    - 박길동의 처(妻) 김사랑
      주민등록번호 : 780703-2562316
      주소 : 서울특별시 서초구 서초대로 321, 101동 101호(서초동, 서초아파트)

- 박길동과 김사랑의 자(子) 박산하
  주민등록번호 : 010212-3384579
  주소 : 서울특별시 서초구 서초대로 321, 101동 101호(서초동, 서초아파트)
- 박길동과 김사랑의 자(子) 박보름
  주민등록번호 : 130402-4982597
  주소 : 서울특별시 서초구 서초대로 321, 101동 101호(서초동, 서초아파트)

③ 최대출
  주민등록번호 : 680717-1530275
  주소 : 서울특별시 서초구 반포대로 321, 501동 501호(반포동, 반야아파트)

2. 부동산(집합건물)의 등기기록

【표 제 부】 (1동의 건물의 표시)

표시번호	접 수	소재지번, 건물명칭 및 번호	건물내역	등기원인 및 기타사항
1	2014년 3월 25일	서울특별시 서초구 서초동 123 서초아파트 제101동 [도로명주소] 서울특별시 서초구 서초대로 321	철근콘크리트조 슬래브지붕 5층 공동주택(아파트) 1층 637m^2 2층 637m^2 3층 637m^2 4층 637m^2 5층 637m^2	

(대지권의 목적인 토지의 표시)

표시번호	소재지번	지 목	면 적	등기원인 및 기타사항
1	1. 서울특별시 서초구 서초동 123	대	1,000m^2	2014년 3월 25일 등기

【표 제 부】 (전유부분의 건물의 표시)

표시번호	접 수	건물번호	건물내역	등기원인 및 기타사항
1	2014년 3월 25일	제1층 제101호	철근콘크리트조 84m^2	

(대지권의 표시)

표시번호	대지권 종류	대지권 비율	등기원인 및 기타사항
1	1. 소유권대지권	100분의 20	2014년 2월 15일 대지권 2014년 3월 25일 등기

【 갑　　구 】			(소유권에 관한 사항)	
순위번호	등기목적	접　수	등기원인	권리자 및 기타사항
2	소유권이전	2015년 5월 3일 제1234호	2015년 3월 2일 매매	공유자 지분 2분의 1 박길동 720717-1530333 서울특별시 서초구 서초대로 321, 101동 101호(서초동, 서초아파트) 지분 2분의 1 김사랑 780703-2562316 서울특별시 서초구 서초대로 321, 101동 101호(서초동, 서초아파트) 거래가액 100,000,000원

(서울중앙지방법원 등기국 관할)

3. 답안작성 유의사항

　가. 신청서 양식의 첨부서면란 등이 부족할 경우에는 답안지에 기재할 수 있습니다.

　나. 신청서 양식의 첨부서면란에는 첨부서면의 명칭과 통수를 기재합니다. 첨부서면의 제공이유와 근거는 답안지에 간략하게 기재하십시오.

　다. 위임장은 작성하지 않으셔도 됩니다. 다만, 첨부서면으로는 기재하고 그 내용(위임인 등)도 답안지에 기재하시기 바랍니다.

　라. 취득세 등 설문에서 정보가 주어지지 않은 것은 신청서에 기재하지 않으셔도 됩니다. 그 밖에 설문에서 주어지지 않은 사항은 고려할 필요가 없습니다.

　마. 날인이 필요한 곳에는 "(인)"이라고 기재합니다.

　바. 제시된 주민등록번호나 부동산등기용등록번호는 법령상의 부여 규칙이나 구성 체계 등과 맞지 않을 수 있으나, 이 점은 고려하지 않으셔도 됩니다.

　사. 설문의 부동산과 사실관계는 모두 가상의 것들임을 알려 드립니다.

등기신청서류의 작성 | 2023년 제29회 기출문제해설

✓ 해설 1

<h2 style="text-align:center">소유권일부이전대위등기신청(상속)</h2>

접 수	년 월 일 제 호	처리인	등기관 확인	각종 통지

부동산의 표시

1동의 건물의 표시
    서울특별시 서초구 서초동 123
    서초아파트 제101동
    [도로명주소] 서울특별시 서초구 서초대로 321

전유부분의 건물의 표시
    건물의 번호 : 101-1-101
    구 조 : 철근콘크리트구조
    면 적 : 제1층 제101호 84m²

대지권의 표시
    대지권의 목적인 토지의 표시
        1. 서울특별시 서초구 서초동 123 대 1,000m²
    대지권의 종류 : 1. 소유권대지권
    대지권의 비율 : 1000분의 20

- 이 상 -

등기원인과 그 연월일	2019년 3월 5일 상속
등기의 목적	2번 박길동지분 전부이전
이전할 지분	2분의 1
대위 원인	2023년 7월 7일 서울중앙지방법원의 가압류결정

구 분	성 명 (상호·명칭)	주민등록번호 (등기용등록번호)	주 소 (소재지)	지 분 (개인별)
피상속인	망 박길동	720717-1530333	서울특별시 서초구 서초대로 321 101동 101호(서초동, 서초아파트)	
등기 권리자	김사랑	780703-2562316	서울특별시 서초구 서초대로 321 101동 101호(서초동, 서초아파트)	14분의 3
	박산하	010212-3384579	서울특별시 서초구 서초대로 321 101동 101호(서초동, 서초아파트)	14분의 2
	박보름	130402-4982597	서울특별시 서초구 서초대로 321 101동 101호(서초동, 서초아파트)	14분의 2
	대위신청인 최대출		서울특별시 서초구 반포대로 321 201동 501호(반포동, 반야아파트)	

취득세(등록면허세)	금 원
지방교육세	금 원
세액합계	금 원
등기신청수수료	금 원 납부번호 : 일괄납부 : 건 원

등기의무자의 등기필정보		
부동산고유번호		
성 명(명칭)	일련번호	비밀번호

첨부서면 | 간 인 |

1. 기본증명서(상세)	4통	1. 취득세영수필확인서	1통
(망 박길동, 김사랑, 박산하, 박보름)		1. 등기신청수수료영수필확인서	1통
1. 가족관계증명서(상세)	4통	1. 집합건물대장등본(전유부)	1통
(망 박길동, 김사랑, 박산하, 박보름)		1. 토지대장등본(대지권등록부)	1통
1. 친양자입양관계증명서(상세) (망 박길동)	1통	1. 등기신청위임장	1통
1. 제적등본(망 박길동)	1통	1. 가압류결정정본 또는 등본	1통
1. 주민등록표초본(말소자)(망 박길동)	1통		
1. 주민등록표등·초본(김사랑, 박산하, 박보름) 3통			

2023년 10월 17일

위 신청인
위 대리인   법무사 김법무 (인) (전화 : (02)581-5300)
　　　　　서울특별시 서초구 법원로 11(서초동)

서울중앙지방법원 등기국 **귀중**

알림서비스 (선택)	등기접수 및 처리결과에 대한 문자 수신에 동의합니다. (□ 동의 □ 미동의) (성 명 : 휴대전화번호 :)

― 신청서 작성요령 ―

* 1. 부동산표시란에 2개 이상의 부동산을 기재하는 경우에는 그 부동산의 일련번호를 기재하여야 합니다.
  2. 신청인란 등 해당란에 기재할 여백이 없을 경우에는 별지를 이용합니다.
  3. 알림서비스 동의 시 「개인정보보호법」 제15조 제1항 제4호에 따라 알림서비스 제공을 위해 신청인의 휴대폰번호를 수집·이용합니다.

⊃ 첨부서면의 제공이유와 근거

1. 상속을 증명하는 정보(규칙 제46조 제1항 제1호 등)

① 등기원인이 상속인 때에는 상속을 증명하는 시·구·읍·면의 장의 서면 또는 상속을 증명함에 충분한 정보를 첨부정보로서 등기소에 제공하여야 한다(규칙 제46조 제1항 제1호).

② 피상속인의 사망사실과 사망일자(등기원인일자)를 증명하기 위하여 피상속인 망 박길동 기준의 기본증명서(상세)를 제공하고, 상속인의 범위를 확정하기 위하여 피상속인 망 박길동 기준의 가족관계증명서(상세), 친양자입양관계증명서(상세), 제적등본을 첨부정보로 제공한다.

③ 상속인들이 피상속인의 가족관계증명서에 표시된 상속인임을 증명하고 상속인에게 신분변동(예 사망, 개명 등)의 사유가 발생하였는지 여부를 확인하기 위하여 상속인 김사랑, 박산하, 박보름 기준의 기본증명서(상세), 가족관계증명서(상세)를 첨부정보로 제공한다.

2. **피상속인 박길동의 주민등록표초본(말소자)**(규칙 제46조 제1항 제6호 단서)

   상속등기를 신청할 때 피상속인의 주소를 증명하는 서면은 원칙적으로 법적으로 요구되는 서면은 아니다. 다만, 피상속인의 등기부상 주소가 등록기준지(본적지)와 일치하지 않거나, 피상속인의 주민등록번호가 등기부에 기록되어 있지 않은 경우, 피상속인의 등기부상 주소와 사망 당시의 최종주소가 다른 경우 등에는 등기부상 명의인과 피상속인의 동일성을 증명하기 위하여 주소변동내역이 포함된 주민등록표초본(말소자)을 첨부정보로 제공한다.

3. **상속인 김사랑, 박산하, 박보름의 주민등록표등본·초본**(규칙 제46조 제1항 제6호 본문)

   새로이 등기명의인이 되는 등기권리자의 주소 및 주민등록번호를 증명하는 정보를 제공하여야 하므로, 등기권리자인 상속인 김사랑, 박산하, 박보람의 주소 및 주민등록번호를 증명하는 정보로서 주민등록표등본·초본을 첨부정보로 제공한다.

4. **취득세영수필확인서**(지방세법시행령 제36조, 법 제29조 제10호, 규칙 제44조 등)

   ① 상속을 등기원인으로 소유권이전등기를 신청하는 경우 시가표준액을 기초로 산정한 취득세 등을 신고·납부하여야 하고 납부하지 아니한 경우 각하사유에 해당하므로(법 제29조 제10호), 이를 납부하고 취득세영수필확인서를 첨부정보로 제공한다.

   ② 채권자가 채무자를 대위하여 소유권이전등기를 신청하는 경우, 본래의 신청인인 채무자가 소유권이전등기를 신청하는 경우와 다르지 않으므로 채권자가 취득세를 납부하여야 한다(등기예규 제1744호 참조).

5. **등기신청수수료영수필확인서**(법 제22조 제3항, 법 제29조 제10호, 규칙 제44조 등)

   등기를 신청하는 경우 대법원규칙으로 정하는 바에 따라 수수료를 납부하여야 하고(법 제22조 제3항) 납부하지 아니한 경우 각하사유에 해당하므로(법 제29조 제10호), 이를 납부하고 등기신청수수료영수필확인서를 첨부정보로 제공한다.

6. **집합건물대장(전유부) 및 토지대장등본(대지권등록부)**(규칙 제46조 제1항 제7호, 제62조 등)

   ① 건물에 대한 소유권이전등기를 신청하는 경우이므로 건물의 표시를 증명하는 정보로서 건축물대장등본(전유부)을 첨부정보로 제공한다.

   ② 대지권이 있는 구분건물에 대한 소유권이전등기는 성질상 토지에 대한 소유권이전등기에도 해당하므로 토지의 표시를 증명하는 토지대장등본(대지권등록부)을 첨부정보로 제공한다.

7. 등기신청위임장(규칙 제46조 제1항 제5호, 규칙 제60조 제1항 등)

① 등기신청을 법무사 등 대리인에게 위임하는 경우 그 권한을 증명하는 정보를 제공하여야 하므로, 대위신청인 최대출로부터 위임받은 등기신청위임장을 첨부정보로 제공한다. 등기신청위임장에는 부동산의 표시, 위임인, 수임인 등이 기재되어 있어야 한다.

② 채권자가 상속등기를 대위신청하는 경우, 위임장에는 대위신청인 최대출이 기명날인하거나 서명을 하면 된다. 부동산등기규칙 제60조 제1항 각 호에 해당하지 아니하므로, 등기신청위임장에 대위신청인 최대출의 인감을 날인할 필요는 없다.

8. 가압류결정정본 또는 등본(규칙 제50조)

① 채권자가 민법 제404조 및 부동산등기법 제28조에 의하여 채무자를 대위하여 등기를 신청할 때에는 대위원인을 증명하는 정보를 제공하여야 한다(규칙 제50조).

② 대위의 기초인 권리가 특정채권인 때에는 당해 권리의 발생원인인 법률관계의 존재를 증명하는 서면(예 매매계약서 등)을, 금전채권인 때에는 당해 금전채권증서(예 금전소비대차계약서 등)를 첨부하여야 한다. 이때의 매매계약서 등은 공정증서가 아닌 사서증서라도 무방하다(등기예규 제1432호 3.).

③ 상속등기를 하지 아니한 부동산에 대하여 가압류결정이 있을 때 가압류채권자는 그 기입등기촉탁 이전에 먼저 대위에 의하여 상속등기를 함으로서 등기의무자의 표시가 등기기록과 부합하도록 하여야 한다. 이 경우 대위원인은 "○년 ○월 ○일 ○○지방법원의 가압류 결정"이라고 기재하고 <u>대위원인증서로 "가압류결정의 정본 또는 그 등본"을 첨부한다</u>(등기예규 제1432호 5. 가.).

등기신청서류의 작성
2022년 제28회 기출문제

문제 1

다음에 제시된 부동산의 등기기록 및 사실관계와 답안작성 유의사항에 따라 법무사 김고수가 제출할 등기신청서를 작성하고, 필요한 첨부서면의 제공 이유와 근거에 대하여 간략하게 설명하시오(서면에 의한 방문신청임을 전제로 함). [30점]

- 다 음 -

1. 부동산(토지)의 등기기록

【표 제 부】		(토지의 표시)			
표시번호	접 수	소재지번	지 목	면 적	등기원인 및 기타사항
1	2000년 5월 3일	서울특별시 강남구 수서동 11	답	1,000m²	

【갑 구】				(소유권에 관한 사항)
순위번호	등기목적	접 수	등기원인	권리자 및 기타사항
2	소유권이전	2002년 5월 3일 제4000호	2002년 4월 19일 협의분할에 의한 상속	소유자 지분 2분의 1 김길동 주민등록번호 420717-1530333 서울특별시 서초구 강남대로 21(서초동) 지분 2분의 1 김미연 주민등록번호 480703-1562316 서울특별시 마포구 마포대로 25(공덕동)

(서울중앙지방법원 등기국 관할)

2. 사실관계

가. 김길동은 2015년 6월 1일 자신의 모교인 "학교법인 우정"에 "서울특별시 강남구 수서동 11번지" 부동산을 유증하기로 하고 "법무법인 강남"을 방문하여 자신의 지분 전부를 유증하는 내용과 유언집행자를 자신의 아들인 김철중으로 지정하는 내용의 공정증서를 작성하였다. 2022년 9월 2일 김길동은 사망하였고 김길동의 상속인으로는 妻 이정숙과 子 김철중이 있다. 위 유언은 적법한 방식과 절차에 따라 이뤄졌다.

법무사 김고수[사무소 소재지 : 서울특별시 서초구 법원로 11(서초동), 전화번호 : (02)581-5300]는 위임에 따른 등기신청을 위해 필요한 첨부서면 등을 준비하여 2022년 11월 11일 관할 등기소에 등기신청을 하려고 한다.

나. 인적사항

① 유증자
  - 김길동
    주민등록번호 : 420717-1530333
    주소 : 서울특별시 서초구 강남대로 21(서초동)

② 상속인
  - 이정숙
    주민등록번호 : 491212-2384579
    주소 : 서울특별시 서초구 강남대로 21(서초동)
  - 김철중
    주민등록번호 : 730402-1982597
    주소 : 서울특별시 송파구 송파로 1

③ 수증자
  - 학교법인 우정
    등록번호 : 111132-0000036
    주사무소 : 서울특별시 강동구 2(고덕동)
  - 이사장 진기호
    주민등록번호 : 620913-1540739
    주소 : 서울특별시 강동구 강동로 1(암사동)

3. 답안작성 유의사항

   가. 신청서 양식의 첨부서면란 등이 부족할 경우에는 답안지에 기재할 수 있습니다.

   나. 신청서 양식의 첨부서면란에는 첨부서면의 명칭과 통수를 기재합니다. 첨부서면의 제공이유와 근거는 답안지에 간략하게 기재하십시오.

   다. 위임장은 작성하지 않으셔도 됩니다. 다만, 첨부서면으로는 기재하고 그 내용(위임인 등)도 답안지에 기재하시기 바랍니다.

   라. 등록면허세, 등기신청수수료 등 설문에서 정보가 주어지지 않은 것은 신청서에 기재하지 않으셔도 됩니다. 그 밖에 설문에서 주어지지 않은 사항은 고려할 필요가 없습니다.

   마. 날인이 필요한 곳에는 (인)이라고 기재합니다.

   바. 제시된 주민등록번호나 부동산등기용등록번호는 법령상의 부여 규칙이나 구성 체계 등과 맞지 않을 수 있으나, 이 점은 고려하지 않으셔도 됩니다.

   사. 설문의 부동산과 사실관계는 모두 가상의 것들임을 알려 드립니다.

등기신청서류의 작성 | 2022년 제28회 기출문제해설

해설 1

<h2 style="text-align:center">소유권일부이전등기신청(유증)</h2>

접 수	년 월 일 제 호	처리인	등기관 확인	각종 통지

부동산의 표시
서울특별시 강남구 수서동 11 답 1,000m²   - 이 상 -

등기원인과 그 연월일	2022년 9월 2일 유증
등기의 목적	2번 김길동지분 전부이전
이전할 지분	2분의 1

구 분	성 명 (상호·명칭)	주민등록번호 (등기용등록번호)	주 소 (소재지)	지 분 (개인별)
등기 의무자	유증자 망 김길동	420717-1530333	서울특별시 서초구 강남대로 21 (서초동)	2분의 1
	위 유언집행자 김철중	730402-1982597	서울특별시 송파구 송파로 1	
등기 권리자	학교법인 우정	111132-0000036	서울특별시 강동구 2(고덕동)	2분의 1
	이사장 진기호		서울특별시 강동구 강동로1(암사동)	

취득세(등록면허세)	금 원
지방교육세	금 원
세액합계	금 원
등기신청수수료	금 원
	납부번호 :
	일괄납부 : 건 원

등기의무자의 등기필정보			
부동산고유번호			
성 명(명칭)	일련번호		비밀번호

<table>
<tr><td colspan="2" align="center">첨부서면 　간 인　</td></tr>
<tr><td>
1. 유언공정증서　　　　　　　　　　1통
1. 망 김길동의 기본증명서(상세)　　1통
1. 등기필증　　　　　　　　　　　　1통
1. 김철중의 인감증명　　　　　　　　1통
1. 망 김길동의 주민등록표등·초본(말소자)　1통
1. 김철중의 주민등록표등·초본　　　1통
1. 학교법인 우정의 법인등기사항전부증명서　1통
1. 토지대장등본　　　　　　　　　　1통
</td><td>
1. 농지취득자격증명　　　　　　　　1통
1. 취득세영수필확인서　　　　　　　1통
1. 등기신청수수료영수필확인서　　　1통
1. 등기신청위임장　　　　　　　　　1통
1. 자격자대리인의 등기의무자 확인
　및 자필서명정보　　　　　　　　1통
</td></tr>
</table>

2022년 11월 11일

위 신청인
위 대리인　법무사 김고수 (인) (전화 : (02)581-5300)
　　　　　　서울특별시 서초구 법원로 11(서초동)

서울중앙지방법원 등기국　**귀중**

알림서비스 (선택)	등기접수 및 처리결과에 대한 문자 수신에 동의합니다. (□ 동의　□ 미동의) (성 명 :　　　　　　　휴대전화번호 :　　　　　　　　　　)

― 신청서 작성요령 ―

* 1. 부동산표시란에 2개 이상의 부동산을 기재하는 경우에는 그 부동산의 일련번호를 기재하여야 합니다.
2. 신청인란 등 해당란에 기재할 여백이 없을 경우에는 별지를 이용합니다.
3. 알림서비스 동의 시 「개인정보보호법」 제15조 제1항 제4호에 따라 알림서비스 제공을 위해 신청인의 휴대폰번호를 수집·이용합니다.

㉡ 첨부서면의 제공이유와 근거

1. 유언공정증서

① 등기원인을 증명하는 정보로서 유증의 사실을 증명하는 유언공정증서를 첨부정보로 등기소에 제공하여야 한다(규칙 제46조 제1항 제1호). 유언증서가 공정증서 방식에 의한 것이므로 가정법원의 검인을 받을 필요가 없다.

② 사안의 경우, 유언공정증서에 김철중이 유언집행자로 지정되었으므로 유언공정증서는 유언집행자의 자격을 증명하는 기능도 한다.

2. 기본증명서(상세)(망 김길동)

유증은 유언자의 사망으로 그 효력이 발생하므로(민법 제1073조), 등기원인을 증명하는 정보로서 유증자(유언자)의 사망사실과 사망일자(등기원인일자)를 증명하기 위하여 유증자 망 김길동 기준의 기본증명서(상세)를 첨부정보로 제공하여야 한다(규칙 제46조 제1항 제1호).

3. 등기필증(법 제50조 제2항, 법 부칙 제2조)

유증을 원인으로 하는 소유권이전등기는 권리에 관한 등기를 공동으로 신청하는 경우에 해당하므로, 망 김길동의 (지분)소유권 취득 후 교부받은 등기필정보를 첨부정보로 제공하여야 한다(법 부칙 제2조).

4. 유언집행자의 인감증명 등(규칙 제60조, 제62조)

① 유증을 원인으로 하는 소유권이전등기의 경우 유언집행자가 등기의무자가 되므로 지정된 유언집행자 김철중의 인감증명을 첨부정보로 제공한다. 이 경우 등기원인이 매매가 아닌 유증이므로 매도용인 감증명을 제공할 필요는 없다.

② 인감날인 및 인감증명에 갈음하여, 서명하고 본인서명사실확인서 또는 전자본인서명확인서

5. 유증자 박길동의 주민등록표초본(말소자)(규칙 제46조 제1항 제6호 단서)

① 유증으로 인한 소유권이전등기를 하는 경우 유증자의 주소를 증명하는 서면은 원칙적으로 법적으로 요구되는 서면은 아니다.

② 다만, 유증자의 등기부상 주소가 등록기준지(본적지)와 일치하지 않거나, 유증자의 주민등록번호가 등기부에 기록되어 있지 않은 경우, 유증자의 등기부상 주소와 사망 당시의 최종주소가 다른 경우 등에는 등기부상 명의인과 유증자의 동일성을 증명하기 위하여 주소변동내역이 포함된 주민등록표초본(말소자)을 첨부정보로 제공한다.

6. 유언집행자의 주민등록표등본·초본(규칙 제46조 제1항 제6호)

소유권이전등기를 신청하는 경우에는 등기의무자의 주소(또는 사무소 소재지)를 증명하는 정보를 제공하여야 한다. 유증으로 인한 소유권이전등기의 경우 유언집행자가 등기의무자이므로 유언집행자의 주소를 증명하는 정보로 주민등록표등본·초본을 첨부정보로 제공한다.

7. 학교법인 우정의 법인등기사항전부증명서

학교법인 우정이 소유권이전등기에서 새로 등기명의인이 되는 등기권리자이므로 학교법인 우정의 주소(사무소 소재지)와 부동산등기용등록번호를 증명하는 정보를 첨부정보로 제공하여야 한다(규칙 제46조 제1항 제6호 본문). 한편, 등기신청인이 법인인 경우에는 그 대표자의 자격을 증명하는 정보를 첨부정보로 제공하여야 하므로(규칙 제46조 제1항 제4호), 학교법인 우정의 대표자인 이사장의 자격을 증명하는 정보로 법인등기사항증명서를 첨부정보로 제공한다. 이 경우 법인당기사항증명서는 학교법인 우정의 주소 및 부동산등기용등록번호를 증명하는 정보인 동시에 대표자인 이사장의 자격을 증명하는 정보에 해당한다.

8. 취득세영수필확인서(지방세법시행령 제36조, 법 제29조 제10호, 규칙 제44조 등)

유증을 등기원인으로 소유권이전등기를 신청하는 경우 시가표준액을 기초로 산정한 취득세 등을 신고·납부하여야 하고 납부하지 아니한 경우 각하사유에 해당하므로(법 제29조 제10호), 이를 납부하고 취득세영수필확인서를 첨부정보로 제공한다.

9. 등기신청수수료영수필확인서(법 제22조 제3항, 법 제29조 제10호, 규칙 제44조 등)

등기를 신청하는 경우 대법원규칙으로 정하는 바에 따라 수수료를 납부하여야 하고(법 제22조 제3항) 납부하지 아니한 경우 각하사유에 해당하므로(법 제29조 제10호), 이를 납부하고 등기신청수수료영수필확인서를 첨부정보로 제공한다.

10. 토지대장등본(규칙 제46조 제1항 제7호)

토지에 대한 소유권이전등기를 신청하는 경우이므로 토지의 표시를 증명하는 정보로서 토지대장등본을 첨부정보로 제공한다.

11. 농지취득자격증명(규칙 제46조 제1항 제2호)

등기원인에 대하여 제3자의 허가, 동의 또는 승낙이 필요한 경우에는 이를 증명하는 정보를 첨부정보로 제공하여야 하므로(규칙 제46조 제1항 제2호), 농지를 상속인 아닌 자에게 특정적으로 유증한 경우에는 농지취득자격증명을 첨부정보로 제공하여야 한다. 학교법인이라도 농지법 제6조 제2항 제2호에 해당하는 경우에는 농지취득자격증명을 첨부하여 그 농지를 취득할 수 있다.

12. 등기신청위임장(규칙 제46조 제1항 제5호)

등기신청을 법무사 등 대리인에게 위임하는 경우 그 권한을 증명하는 정보를 제공하여야 한다(규칙 제46조 제1항 제5호). 등기신청위임장에는 부동산의 표시, 위임인, 수임인 등이 기재되어 있어야 한다.

13. 자격자대리인의 확인 및 자필서명정보(규칙 제46조 제1항 제8호)

유증으로 인한 소유권이전등기는 공동으로 신청하는 권리에 관한 등기이므로 자격자대리인이 위임인이 등기의무자인지 여부를 확인하고 자필서명항 정보를 첨부정보로 제공하여야 한다(규칙 제46조 제1항 제8호). 등기의무자란에는 등기가 실행되면 등기기록의 기록 형식상 권리를 상실하는 유증자 김길동을 기재한다.

등기신청서류의 작성
2021년 제27회 기출문제

✓ 문제 1

다음에 제시된 부동산 및 사실관계와 답안작성 유의사항에 따라 법무사 최정상이 제출할 등기신청서를 작성하고, 필요한 첨부서면의 제공 이유와 근거에 대하여 간략하게 설명하시오(서면에 의한 방문신청임을 전제로 함). [30점]

1. 부동산

> 토지 : 경기도 화성시 서신면 송교리 543-21 공장용지 1500m²
>
> 건물 : 경기도 화성시 서신면 송교리 543-21
>   [도로명주소] 경기도 화성시 서신면 송교산단로 37
>   일반철골구조 기타지붕 단층 공장 1000m²
>
> (위 토지와 건물은 수원지방법원 화성등기소의 관할 구역에 속함)

2. 사실관계

가. 자동차 부품을 생산하는 '주식회사 미래로'의 대표이사 김웅장은 사업 확장을 위해 새로운 공장 건물을 물색하던 중 마침 비어 있던 홍길동 소유의 토지와 건물(위 1. 기재)을 찾게 되었다(등기기록상 위 토지와 건물은 2000년 3월 17일 홍길동 명의로 소유권이전등기가 마쳐져 있다). 대표이사 김웅장이 알아 보니, 홍길동은 재외국민 등록을 한 재외국민이었고 그 토지와 건물은 홍길동의 형님인 홍갑동이 근처에 거주하면서 관리를 하고 있었다. 대표이사 김웅장은 홍갑동을 통해 홍길동의 연락처를 알아낸 후 전화와 이메일로 몇 차례 협의를 하였고, 그 결과 위 토지와 건물 전부에 대해 전세권을 설정하기로 합의하였다. 홍길동은 우리나라에 입국하지 않고 전세권 설정에 관한 일체의 권한을 홍갑동에게 수여했으며, 홍갑동과 대표이사 김웅장은 2021년 7월 21일 전세권설정계약을 체결하였다. 2021년 8월 3일 대표이사 김웅장은 홍갑동이 지정한 홍길동 명의의 예금계좌로 전세금 전액을 이체했고, 이체된 사실을 확인한 홍갑동은 대표이사 김웅장과 함께 전세권설정등기신청을 법무사 최정상에게 위임하였다. 같은 날 법무사 최정상은 필요한 서면을 갖춘 후 전세권설정등기신청서를 작성해 관할 등기소에 제출하려고 한다.

나. 전세권설정계약의 주요 내용

> ① 전세금 : 금 1,000,000,000원
>
> ② 존속기간 : 2021년 8월 3일부터 2026년 8월 3일까지

다. 주소(또는 본점이나 사무소 소재지), 주민등록번호(또는 부동산등기용등록번호) 등

주식회사 미래로	서울특별시 강남구 강남대로 1357 110111-1234561
대표이사 김웅장	서울특별시 강동구 양재대로 2468 630527-1711113
홍길동	미국 노스캐롤라이나주 웨이크카운티 캐리시 데이비스드라이브 1977(등기기록상 주소와 일치한다) 720317-1512345
홍갑동	경기도 화성시 서신면 서신로 211 700707-1543211
법무사 최정상	서울특별시 서초구 서초대로 7531 전화번호 : 010-1234-4321

3. 답안작성 유의사항

가. 신청서 양식의 첨부서면란 등이 부족할 경우에는 답안지에 기재할 수 있습니다.

나. 신청서 양식의 첨부서면란에는 첨부서면의 명칭과 통수를 기재합니다. 첨부서면의 제공 이유와 근거는 답안지에 간략하게 기재하십시오.

다. 어느 첨부서면을 다른 첨부서면으로 서로 대체할 수 있는 경우 신청서 양식의 첨부서면란에는 그중 하나를 기재하고, 대체할 수 있는 다른 첨부서면에 대하여는 답안지에 기재하시기 바랍니다.

라. 위임장은 작성하지 않으셔도 됩니다. 다만 첨부서면으로는 기재하고 그 내용(위임인 등)도 답안지에 기재하시기 바랍니다.

마. 등록면허세, 등기신청수수료 등 설문에서 정보가 주어지지 않은 것은 신청서에 기재하지 않으셔도 됩니다. 그 밖에 설문에서 주어지지 않은 사항은 고려할 필요가 없습니다.

바. 날인이 필요한 곳에는 "(인)"이라고 기재합니다.

사. 제시된 주민등록번호나 부동산등기용등록번호는 법령상의 부여 규칙이나 구성 체계 등과 맞지 않을 수 있으나, 이 점은 고려하지 않으셔도 됩니다.

아. 설문의 부동산과 사실관계는 모두 가상의 것들임을 알려 드립니다.

등기신청서류의 작성 | 2021년 제27회 기출문제해설

해설 1

전세권설정 등기신청

접 수	년 월 일 제 호	처리인	등기관 확인	각종 통지

부동산의 표시

1. 경기도 화성시 서신면 송교리 543-21 공장용지 1,500m^2
2. 경기도 화성시 서신면 송교리 543-21
 [도로명주소] 경기도 화성시 서신면 송교산단로 37 일반철골구조 기타지붕 단층 공장 1,000m^2

- 이 상 -

등기원인과 그 연월일	2021년 7월 21일 전세권설정계약
등기의 목적	전세권설정
전세금	금 1,000,000,000원
범 위	토지 및 건물 전부
존속기간	2021년 8월 3일부터 2026년 8월 3일까지

구 분	성 명 (상호·명칭)	주민등록번호 (등기용등록번호)	주 소 (소재지)	지 분 (개인별)
등기 의무자	홍길동	720317-1512345	미국 노스캐롤라이나주 웨이크카운티 캐리시 데이비스드라이브 1977	
등기 권리자	주식회사 미래로 대표이사 김웅장	110111-1234561	서울특별시 강남구 강남대로 1357 서울특별시 강동구 양재대로 2468	

등록면허세	금 원
지방교육세	금 원
세액합계	금 원
등기신청수수료	금 원
	납부번호 :
	일괄납부 : 건 원

등기의무자의 등기필정보			
부동산고유번호			
성 명(명칭)	일련번호		비밀번호

첨부서면	간 인	
1. 전세권설정계약서 1통 1. 처분위임장 1통 1. 인감증명서 1통 1. 재외국민등록부등본 1통 1. 등기필증 1통 1. 주식회사 미래로의 법인등기사항전부증명서 1통	1. 등기신청위임장 1통 1. 자격자대리인의 등기의무자 확인 및 자필서명정보 1통 1. 등록면허세영수필확인서 1통 1. 등기신청수수료영수필확인서 1통	

2022년 11월 11일

위 신청인
위 대리인   법무사 최정상 (인) (전화 : 010-1234-4321)
          서울특별시 서초구 서초대로 7531

수원지방법원 화성등기소 **귀중**

알림서비스 (선택)	등기접수 및 처리결과에 대한 문자 수신에 동의합니다. (□ 동의 □ 미동의) (성 명 : 휴대전화번호 :)

― 신청서 작성요령 ―

* 1. 부동산표시란에 2개 이상의 부동산을 기재하는 경우에는 그 부동산의 일련번호를 기재하여야 합니다.
  2. 신청인란 등 해당란에 기재할 여백이 없을 경우에는 별지를 이용합니다.
  3. 알림서비스 동의 시 「개인정보보호법」 제15조 제1항 제4호에 따라 알림서비스 제공을 위해 신청인의 휴대폰번호를 수집·이용합니다.

⊃ 첨부서면의 제공이유와 근거

1. 전세권설정계약서

① 등기원인을 증명하는 정보로서 전세권설정계약서를 첨부정보로 등기소에 제공하여야 한다(규칙 제46조 제1항 제1호).

② 권리의 처분권한을 수여받은 대리인(홍갑동)은 본인(홍길동)의 대리인임을 현명하고 대리인의 자격으로 작성한 원인증서(전세권설정계약서)를 제공하여야 한다(등기예규 제1778호 제5조 제2항).

2. 처분위임장

등기명의인인 재외국민(홍길동)이 국내 또는 국외에서 부동산의 처분권한을 대리인(홍갑동)에게 수여한 경우에는 처분대상 부동산과 처분의 목적이 되는 권리 및 대리인의 인적사항을 구체적으로 특정하여 작성한 처분위임장을 등기소에 첨부정보로서 제공하여야 한다(등기예규 제1778호 제5조 제1항).

3. 인감증명서

① 전세권설등기는 전세권설정자인 소유권의 등기명의인이 등기의무자로서 등기를 신청하는 경우에 해당하므로, 등기의무자인 홍길동의 인감증명을 첨부정보로 제공하여야 한다(규칙 제60조 제1항 제1호).

② 부동산등기규칙 제60조 제1항 제1호부터 제3호까지에 해당하는 등기신청을 하는 경우에는 처분위임장에 등기명의인의 인감을 날인하고 그 인감증명을 제출하여야 한다. 다만, 인감증명을 제출하여야 하는 자가 재외국민인 경우에는 체류국을 관할하는 대한민국 재외공관에서 인감을 날인해야 하는 서면에 공증을 받았다면 인감증명을 제출할 필요가 없다(등기예규 제1778호 제5조 제3항 및 제9조 제1항).

4. 재외국민등록부등본

전세권설정자인 소유권의 등기명의인이 등기의무자로서 등기를 신청하는 경우(규칙 제60조 제1항 제1호), 등기의무자가 재외국민임을 증명하는 정보로서 재외국민등록부등본을 첨부정보로 제공하여야 한다(등기예규 제1778호 제9조 제2항).

5. 등기필증(법 제50조 제2항, 법 부칙 제2조)

전세권설정등기는 권리에 관한 등기를 공동으로 신청하는 경우에 해당하므로 홍길동이 토지와 건물의 소유권 취득 후 교부받은 등기필증을 첨부정보로 제공하여야 한다(법 부칙 제2조). 등기기록상 토지와 건물은 2000년 3월 17일 홍길동 명의로 소유권이전등기가 마쳐져 있었으므로 등기필증을 소지하고 있을 것이다.

6. 주식회사 미래로의 법인등기사항전부증명서

주식회사 미래로가 전세권설정등기의 등기권리자이므로 주식회사 미래로의 주소(사무소 소재지)와 부동산등기용등록번호를 증명하는 정보로서 법인등기사항전부(일부)증명서를 첨부정보로 제공하여야 한다(규칙 제46조 제1항 제6호 본문). 한편, 등기신청인이 법인인 경우에는 그 대표자의 자격을 증명하는 정보를 첨부정보로제공하여야 하므로(규칙 제46조 제1항 제4호), 주식회사 미래로의 대표자의 자격을 증명하는 정보로 법인등기사항전부(일부)증명서을 첨부정보로 제공한다. 이 경우 법인등기사항전부(일부)증명서는 주식회사 미래로의 주소 및 부동산등기용등록번호를 증명하는 정보인 동시에 대표자의 자격을 증명하는 정보에 해당한다.

7. 등기신청위임장(규칙 제46조 제1항 제5호)

① 등기신청을 법무사 등 자격대리인에게 위임하는 경우 그 권한을 증명하는 정보를 제공하여야 한다(규칙 제46조 제1항 제5호). 등기신청위임장에는 부동산의 표시, 위임인, 수임인 등이 기재되어 있어야 한다.

② 권리의 처분권한을 수여받은 대리인(홍갑동)이 본인을 대리하여 등기를 신청할 때에는 등기신청서에, 자격자대리인 등에게 등기신청을 위임할 때에는 <u>등기신청위임장에 대리인(홍갑동)의 인감을 날인하고 그 인감증명을 제출하여야</u> 한다(등기예규 제1778호 제5조 제4항).

8. 자격자대리인의 확인 및 자필서명정보(규칙 제46조 제1항 제8호)

전세권설정등기는 "공동으로 신청하는 권리에 관한 등기"이므로 자격자대리인이 위임인이 등기의무자인지 여부를 확인하고 자필서명한 정보를 첨부정보로 제공하여야 한다(규칙 제46조 제1항 제8호).

9. 등록면허세영수필확인서(법 제29조 제10호, 규칙 제44조)

전세권설정등기를 신청하는 경우 지방세법령이 정하는 등록면허세(지방세법 제28조 제1항 제1호 다. 4))를 납부하지 아니한 경우 각하사유에 해당하므로(법 제29조 제10호), 이를 납부하고 등록면허세영수필확인서(지방세법시행령 제49조)를 첨부정보로 제공한다.

10. 등기신청수수료영수필확인서(법 제22조 제3항, 법 제29조 제10호, 규칙 제44조 등)

등기를 신청하는 경우 대법원규칙으로 정하는 바에 따라 수수료를 납부하여야 하고(법 제22조 제3항) 납부하지 아니한 경우 각하사유에 해당하므로(법 제29조 제10호), 이를 납부하고 등기신청수수료영수필확인서를 첨부정보로 제공한다.

등기신청서류의 작성
2020년 제26회 기출문제

◎ 문제 1

법무사 최우선은 아래 부동산에 대한 소유권이전등기신청을 위임받았다. 제시된 부동산 및 사실관계와 답안작성 유의사항에 따라 법무사 최우선의 등기신청서를 작성하고 필요한 첨부정보에 대하여 간략하게 설명하시오(서면에 의한 방문신청임을 전제로 함). [30점]

1. 부동산

   서울특별시 서초구 서초동 123-45 대 250m^2
   (서울중앙지방법원 등기국의 관할에 속하는 부동산임)

2. 사실관계

   가. 위 부동산은 등기기록상 현재 김일남과 김이선이 공유하고 있다(각 공유지분은 2분의 1). 김일남과 김이선은 1993.9.15.에 그들 명의로 소유권이전등기를 마쳤다. A종중의 대표자 홍길동은 종중의 은행 예금으로 나대지인 위 부동산을 매수하여 그 지상에 종중회관을 건립하기로 생각하였다. 홍길동은 종중 총회를 소집하였고, 2020.5.30. 개최된 총회에서 위 부동산의 매수를 승인하고 취득(소유권이전등기 등)에 필요한 일체의 권한을 종중 대표자 홍길동에게 위임하기로 하는 내용의 결의가 적법하게 이루어졌다. 2020.6.19. 홍길동은 A종중을 대표하여 김일남, 김이선과 위 부동산에 대한 매매계약을 체결하고, 2020.8.28. 잔금을 지급하면서 소유권이전등기신청에 필요한 서류들을 받아 동석한 법무사 최우선에게 건네주었다.

   나. 주소(또는 사무소 소재지), 주민등록번호(또는 부동산등기용등록번호) 등

   - 김일남 : 서울특별시 서초구 서초대로 987, 750621-1234567
   - 김이선 : 서울특별시 서초구 서초대로 654, 770306-2234568
   - A종중 : 서울특별시 강동구 양재대로 456, 123456-3456789
   - 홍길동 : 서울특별시 강동구 양재대로 789, 420107-1311115
   - 법무사 최우선 : 서울특별시 서초구 서초대로 123, 전화번호 010-1234-1234

   다. 거래신고 관리번호 : 12345-2020-4-1234567, 거래가액 : 1,700,000,000원

3. 답안작성 유의사항

　가. 첨부서면란 등이 부족할 경우에는 답안지에 기재할 수 있습니다.

　나. 첨부서면으로는 그 명칭과 통수를 기재하고, 제공해야 하는 이유와 근거를 답안지에서 간략하게 설명하시기 바랍니다. 첨부서면 중 대체할 수 있는 것이 있으면 그 대체 서면에 대하여도 답안지에서 설명하십시오.

　다. 위임장은 작성하지 않아도 됩니다. 다만, 첨부서면으로는 기재하고 그 내용(위임인 등)도 답안지에 적으시기 바랍니다.

　라. 시가표준액 및 국민주택채권매입금액, 취득세(등록면허세), 등기신청수수료 등 설문에서 정보가 주어지지 않은 것은 신청서에 기재하지 않으셔도 됩니다. 그 밖에 설문에서 주어지지 않은 사항은 고려할 필요가 없습니다.

　마. 날인이 필요한 곳에는 "(인)"이라고 기재합니다. 신청서 작성일자는 답안 작성일자로 합니다(답안 작성일자가 공휴일인지 여부는 고려할 필요가 없습니다).

　바. 제시된 거래신고 관리번호, 주민등록번호 또는 부동산등기용등록번호는 법령상의 부여 규칙이나 구성 체계 등과 맞지 않을 수 있으나, 이 점은 고려하지 않으셔도 됩니다. 또한, 설문의 부동산과 사실관계는 모두 가상의 것임을 알려 드립니다.

등기신청서류의 작성 | 2020년 제26회 기출문제해설

✅ 해설 1

소유권이전등기신청(매매)

접 수	년 월 일	처리인	등기관 확인	각종 통지
	제 호			

부동산의 표시(거래신고 관리번호/거래가액)
서울특별시 서초구 서초동 123-45 대 250m²   거래신고 관리번호 : 12345-2020-4-1234567   거래가액 : 금 1,700,0000,000원   - 이 상 -

등기원인과 그 연월일	2020년 8월 28일 매매
등기의 목적	공유자전원지분전부이전

구 분	성 명 (상호·명칭)	주민등록번호 (등기용등록번호)	주 소 (소재지)	지 분 (개인별)
등기 의무자	김일남	750621-1234567	서울특별시 서초구 서초대로 987	2분의1
	김이선	770306-2234568	서울특별시 서초구 서초대로 654	2분의 1
등기 권리자	에이종중44)	123456-3456789	서울특별시 강동구 양재대로 456	
	대표자 홍길동	500101-1234567	서울특별시 강동구 양재대로 789	

등록면허세	금 원
지방교육세	금 원
세액합계	금 원
등기신청수수료	금 원
	납부번호 :
	일괄납부 : 건 원

---

44) 신청서는 한글과 아라비아 숫자로 기재하여야 하므로 "A종중"의 명칭을 "에이종중"으로 기재하여야 한다. 이 경우 등기기록에도 "에이종중"으로 기록한다(등기예규 제1628호 1.).

등기의무자의 등기필정보			
부동산고유번호			
성 명(명칭)	일련번호		비밀번호

<table>
<tr><th colspan="2">첨부서면</th></tr>
<tr><td>
1. 매매계약서　　　　　　　　　　1통
1. 부동산거래계약신고필증　　　　1통
1. 등기필증　　　　　　　　　　　1통
1. 토지대장등본　　　　　　　　　1통
1. 등기의무자의 인감증명서　　각 1통
1. 종중의 정관이나 그 밖의 규약　1통
1. 종중의 사원총회결의서　　　　　1통
1. 2인 이상의 성년자의 인감증명 각 1통
1. 홍길동의 주민등록표등·초본　　1통
1. 종중의 부동산등기용등록번호증명서 1통
</td><td>
1. 등기의무자의 주민등록표등·초본 각 1통
1. 등기신청위임장　　　　　　　　1통
1. 자격자대리인의 등기의무자 확인
　 및 자필서명정보　　　　　　　1통
1. 취득세영수필확인서　　　　　　1통
1. 등기신청수수료영수필확인서　　1통
</td></tr>
</table>

2020년 9월 19일

위 신청인
위 대리인　법무사 최우선 (인) (전화 : 010-1234-1234)
　　　　　　서울특별시 서초구 서초대로 123

서울중앙지방법원 등기국 **귀중**

알림서비스 (선택)	등기접수 및 처리결과에 대한 문자 수신에 동의합니다. (□ 동의　□ 미동의) (성 명 :　　　　　　　휴대전화번호 :　　　　　　　　　　)

― 신청서 작성요령 ―

* 1. 부동산표시란에 2개 이상의 부동산을 기재하는 경우에는 그 부동산의 일련번호를 기재하여야 합니다.
  2. 신청인란 등 해당란에 기재할 여백이 없을 경우에는 별지를 이용합니다.
  3. 알림서비스 동의 시 「개인정보보호법」 제15조 제1항 제4호에 따라 알림서비스 제공을 위해 신청인의 휴대폰번호를 수집·이용합니다.

⊃ 첨부서면의 제공이유와 근거

1. 매매계약서

<u>등기원인을 증명하는 정보</u>로서 검인받은 매매계약서를 첨부정보로 등기소에 제공하여야 한다(규칙 제46조 제1항 제1호). 다만, 부동산거래계약신고필증을 첨부정보로 등기소에 제공한 경우에는 매매계약서에 검인을 받을 필요는 없다(부동산 거래신고 등에 관한 법률 제3조 제6항).

2. 부동산거래계약신고필증

거래가액 등기의 대상이 되는 소유권이전등기를 신청하는 경우에는 신청서에 관할 관청이 확인한 거래신고일련번호를 기재하고, 신고필증을 첨부정보로 제공하여야 한다(규칙 제124조 제2항). 신고필증에는 거래신고일련번호, 거래당사자, 거래가액, 목적 부동산이 표시되어 있어야 한다.

3. 등기필증

① 매매로 인한 소유권이전등기는 등기권리자와 등기의무자가 공동으로 권리에 관한 등기를 신청하는 경우에 해당하므로 신청인은 그 신청정보와 함께 등기의무자의 등기필정보를 등기소에 제공하여야 한다(법 제50조 제2항).
② 등기의무자가 등기필증을 소지하고 있는 경우라면 등기의무자(김일남, 김이선)의 등기필증을 첨부정보로 등기소에 제공하여야 한다(법 부칙 〈제10580호, 2011.4.12.〉 제2조).

4. 토지대장등본

소유권이전등기를 신청하는 경우에는 토지대장·임야대장·건축물대장정보나 그 밖에 부동산의 표시를 증명하는 정보를 제공하여야 한다(규칙 제46조 제1항 제7호).

5. 등기의무자의 인감증명서의 제출

① 소유권의 등기명의인이 등기의무자로서 등기권리자와 공동으로 등기를 신청하는 경우, <u>등기의무자의 인감증명서</u>를 첨부정보로 제공하여야 한다(규칙 제60조 제1항 제1호). 인감증명을 제출하는 대신 신청서 등에 서명을 하고 <u>본인서명사실확인서</u>를 제출하거나 <u>전자본인서명확인서</u>의 발급증을 제출할 수 있다(규칙 제60조의2).
② 매매를 원인으로 한 소유권이전등기신청의 경우에는 매수인의 인적사항이 기재된 <u>부동산매도용 인감증명서</u>를 제출하여야 한다.
③ 인감증명법에는 인감증명의 유효기간에 관한 규정이 없으나, 규칙에서는 등기신청서에 첨부하는 인감증명은 발행일로부터 3개월 내의 것으로 제한하고 있다(규칙 제62조).

6. 종중의 정관이나 그 밖의 규약

① 법인 아닌 사단에 해당하는 A종중은 그 존재를 공시하는 법인 등기기록이 존재하지 아니하므로 등기를 신청하는 경우에는 <u>A종중의 실체를 증명할 수 있는 정보</u>로서 종중의 정관이나 그 밖의 규약을 제출하여야 한다(규칙 제48조 제1호).

② A종중이 소유권이전등기의 등기권리자이므로 <u>A종중의 주소(사무소 소재지)를 증명하는 정보</u>로서 정관 기타 규약을 첨부정보로 제공하여야 한다(규칙 제46조 제1항 제6호 본문, 규칙 제48조 제1호).

③ 정관 기타의 규약에는 단체의 목적, 명칭, 사무소의 소재지, 자산에 관한 규정, 대표자 또는 관리인의 임면에 관한 규정, 사원자격의 득실에 관한 규정이 기재되어야 한다(등기예규 제1621호 3. 가.).

7. 대표자나 관리인임을 증명하는 정보(사원총회결의서)

① 법인 아닌 사단에 해당하는 A종중이 등기를 신청하는 경우에는 대표자나 관리인임을 증명하는 정보를 제공하여야 한다(규칙 제48조 제2호). 대표자나 관리인임을 증명하는 정보란 정관이나 그 밖의 규약에서 정한 방법에 의하여 대표자나 관리인이 선임되었음을 증명하는 서면(⑩ <u>정관 기타의 규약에서 대표자 또는 관리인의 선임을 사원총회의 결의에 의한다고 규정되어 있는 경우에는 사원총회결의서</u>) 등을 말한다.

② 부동산등기용등록번호대장이나 기타단체등록증명서는 위 대표자 또는 관리인을 증명하는 서면으로 제출할 수 없다(등기예규 제1621호 3. 나.).

8. 2인 이상의 성년자의 인감증명(규칙 제60조 제1항 제8호)

<u>대표자나 관리인임을 증명하는 정보의 서면에는 그 사실을 확인하는 데 상당하다고 인정되는 2인 이상의 성년자가 사실과 상위 없다는 취지의 성명을 기재하고 인감을 날인하여야 하며, 날인한 인감에 관한 인감증명을 제출하여야 한다.</u> 다만, 변호사 또는 법무사가 등기신청을 대리하는 경우에는 <u>변호사 또는 법무사가 위 각 서면에 사실과 상위 없다는 취지를 기재하고 기명날인함으로써 갈음할 수 있다</u>(등기예규 제1621호 3. 라.).

9. 대표자의 주소 및 주민등록번호를 증명하는 정보(홍길동의 주민등록표등·초본)

등기권리자가 법인 아닌 사단(종중)인 경우 그 대표자나 관리인의 성명·주소 및 주민등록번호는 신청서 기재사항이자 등기사항이므로(법 제48조 제3항, 규칙 제43조 제2항), 이를 소명하는 서면으로 대표자 또는 관리인의 주민등록표등·초본 등을 첨부하여야 한다(규칙 제48조 제4호, 등기예규 제1621호 3. 마.).

10. 종중의 부동산등기용등록번호증명서

법인 아닌 사단에 해당하는 A종중이 <u>등기권리자인 경우, 부동산등기용등록번호는 등기사항</u>이므로 신청서에 기재하여야 하고, 이를 증명하는 서면을 제출하여야 한다(규칙 제46조 제1항 제6호, 등기예규 제1621호 3. 마.). 부동산등기용등록번호는 시장, 군수 또는 구청장이 부여한다(법 제49조 제1항 제3호). 그러나 부동산등기용등록번호증명서는 주소를 증명하는 서면이나 대표자를 증명하는 서면이 될 수 없다.

11. 주소를 증명하는 서면

새로 등기명의인이 되는 등기권리자의 주소(또는 사무소 소재지)를 증명하는 서면도 첨부정보로 제공하여야 한다. 다만, 소유권이전등기를 신청하는 경우에는 등기의무자의 주소증명정보(주민등록표등·초본)도 제공하여야 한다(규칙 제46조 제1항 제6호). 주소는 등기사항인바, 그 증명정보를 제공하도록 함으로써 잘못된 주소의 등기나 허무인 명의의 등기를 막기 위한 것이다. 법인 아닌 사단이나 재단의 경우에는 정관이나 그 밖의 규약, 결의서 등이 주소를 증명하는 서면이 된다. 부동산등기용등록번호증명서는 주소증명정보도 아니고 대표자를 증명하는 정보도 아니다.

12. 등기신청위임장

등기신청을 법무사 등 자격대리인에게 위임하는 경우 그 권한을 증명하는 정보를 제공하여야 한다(규칙 제46조 제1항 제5호). 등기신청위임장에는 부동산의 표시, 위임인(김일남, 김이선, A종중 대표자 홍길동), 수임인 등이 기재되어 있어야 한다.

13. 자격자대리인의 확인 및 자필서명정보

매매로 인한 소유권이전등기는 "공동으로 신청하는 권리에 관한 등기"이므로 자격자대리인이 위임인이 등기의무자인지 여부를 확인하고 자필서명한 정보를 첨부정보로 제공하여야 한다(규칙 제46조 제1항 제8호).

14. 취득세영수필확인서

매매를 등기원인으로 소유권이전등기를 신청하는 경우 시가표준액을 기초로 산정한 취득세 등을 신고·납부하여야 하고 납부하지 아니한 경우 각하사유에 해당하므로(법 제29조 제10호), 이를 납부하고 취득세영수필확인서를 첨부정보로 제공한다(규칙 제44조).

15. 등기신청수수료영수필확인서

등기를 신청하는 경우 대법원규칙으로 정하는 바에 따라 수수료를 납부하여야 하고(법 제22조 제3항) 납부하지 아니한 경우 각하사유에 해당하므로(법 제29조 제10호), 이를 납부하고 등기신청수수료영수필확인서를 첨부정보로 제공한다(규칙 제44조).

하느냐의 문제가 아니야,
언제 하느냐의 문제야.

- 미생 中 -

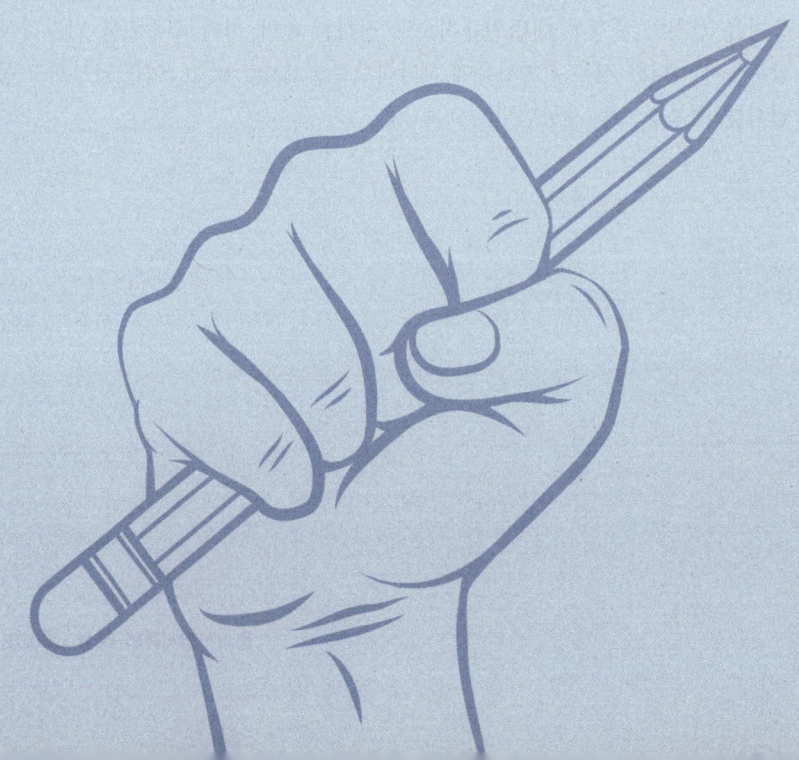

2025 시대에듀 법무사 2차시험 전과목 5개년 기출문제해설

초 판 발 행	2025년 07월 30일(인쇄 2025년 06월 26일)
발 행 인	박영일
책 임 편 집	이해욱
편 저	박종화·시대법학연구소
편 집 진 행	박종필·이재성
표지디자인	조혜령
편집디자인	표미영·고현준
발 행 처	(주)시대고시기획
출 판 등 록	제10-1521호
주 소	서울시 마포구 큰우물로 75 [도화동 538 성지 B/D] 9F
전 화	1600-3600
팩 스	02-701-8823
홈 페 이 지	www.sdedu.co.kr
I S B N	979-11-383-9365-2 (13360)
정 가	33,000원

※ 이 책은 저작권법의 보호를 받는 저작물이므로 동영상 제작 및 무단전재와 배포를 금합니다.
※ 잘못된 책은 구입하신 서점에서 바꾸어 드립니다.

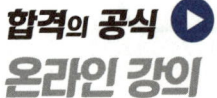 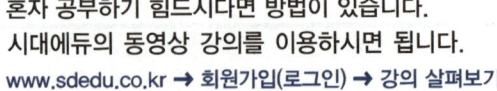